清代學術名著叢刊

〔清〕王念孫 撰
徐煒君 樊波成 虞思徵 張靖偉 等 校點

讀書雜志

二

上海古籍出版社

讀漢書雜志

程羽黑　趙思木　龔志偉　點校

漢書弟一

高紀

高帝紀

「高帝紀第一」。念孫案：宋景祐監本無「帝」字，下文《惠帝紀》至《平帝紀》亦皆無「帝」字，景祐本是也。《敘傳》云「述《高紀》第一」下至「述《平紀》第十二」皆無「帝」字。又《項籍傳》云「語在《高紀》」，他篇言「語在某紀」者竝同。師古注《惠紀》云「解在《高紀》」，他篇注言「解在某紀」者竝同。皆其證。

欲奇此女

「公始常欲奇此女，與貴人」。師古曰：「奇，異也。謂顯而異之，而嫁於貴人。」朱子文曰：「『欲』字宜在『女』字之下，當曰『公始常奇此女，欲與貴人』於文爲順。」念孫案：朱說非也。「欲」字本在「奇」字上,《外戚傳》「霍光夫人顯謂淳于衍曰:『將軍素愛小女成君,欲奇貴之。』」語意與此相似。《史記》亦作「常欲奇此女,與貴人」。不得移「欲」字於「與貴人」上也。

踰城保高祖

「沛令閉城,欲誅蕭、曹。蕭、曹恐,踰城保高祖」。《史記集解》引韋昭曰:「以爲保鄣。」師古曰:「保,安也。就高祖以自安。」念孫案:韋、顔二説皆失之迂。保者,依也。僖二年《左傳》「保於逆旅」,杜注訓「保」爲「依」。《史記·周本紀》曰:「百姓懷之,多從而保歸焉。」「保歸」,謂依歸也。《荆燕世家》曰:「與彭越相保。」《莊子·列御寇篇》「人將保女矣」,司馬彪注曰:「保,附也。」「附」亦「依」也。王逸注《七諫》曰:「依,保也。」

所殺者

「由所殺蛇白帝子,所殺者赤帝子故也」。念孫案:下「所」字涉上「所」字而衍。殺者,謂殺蛇者也,則「殺者」上不當有「所」字。《文選·王命論》注引此無「所」字,《史記》同。《郊祀志》曰:「蛇,白帝子,而殺者赤帝子也。」「殺者」上亦無「所」字。《史記·封禪書》同。

追北

「沛公、項羽追北」。服虔曰：「師敗曰北。」韋昭曰：「古『背』字也，背去而走也。」師古曰：「北，幽陰之處，故謂退敗奔走者爲北。《老子》曰『萬物向陽而負陰』，許慎《説文解字》云『北，乖也』，《史記・樂書》曰『紂爲朝歌北鄙之音。朝歌者，不時；北者，敗也；鄙者，陋也』，是知『北』則訓『乖』、訓『敗』，無勞借音，韋昭之徒竝爲妄矣。」念孫案：《説文》：「北，乖也。從二人相背。」《廣雅》曰：「背，北也。」「北」音「背」。則「北」爲古「背」字明矣。《管子・君臣篇》曰：「爲人君者，倍道弃法而好行私，謂之亂；爲人臣者，變故易常而巧官以諂上，謂之騰。亂至則虐，騰至則北。」「北」，謂背其君也。尹知章注以「北」爲「敗北」，非是。《齊策》曰「食人炊骨，士無反北之心。」「反北」即「反背」也。北取乖背之義，故敗走亦謂之北。桓九年《左傳》：「以戰而北」，釋文：「北，嵇康音胷背。」《吴語》「吴師大北」，韋昭曰：「軍敗奔走曰北。北，古之『背』字。」是敗北之「北」，古讀爲「背」，取「背而去之」之義。《甘誓》正義云：「奔北謂背陳走也。」《説文》訓「北」爲「乖」，正與此義相合，而師古乃云「北，幽陰之處，故謂退敗奔走者爲北」，其失也鑿矣。《後漢書・臧宮傳》注：「人好陽而惡陰，北方幽陰之地，故軍敗者皆謂之北。」此亦襲師古之謬説。唯《荀子・議兵篇》注「北者，乖背之名，故以敗走爲北」，尚能遵用古訓，不爲顔説所惑。師古不讀

「北」爲「背」者，特以「北」爲入聲，「背」爲去聲，不可合而一之耳。不知「背」、「北」古同聲，故「北」爲古「背」字，而「背」、「邶」二字竝從北聲。敗北之「北」亦取乖背之義，故嵇康、韋昭相承讀爲「背」。《樂書》訓「北」爲「敗」，安知其不讀爲「背」乎？《大雅·行葦》之「黄耇台背」與「翼」、「福」爲韻，《桑柔》之「職涼善背」與「極」、「克」、「力」爲韻，《瞻卬》之「譖始竟背」與「忒」、「極」、「慝」、「識」、「織」爲韻，「背」字皆讀入聲，此「背」、「北」同聲之明證也，膠柱之見亦可以廢然而反矣。

禍賊　猜禍吏

「項羽爲人慓悍禍賊」。師古曰：「禍賊者，好爲禍害而殘賊也。」念孫案：「禍賊」當從《史記》作「猾賊」。《一切經音義》一引《三倉》曰：「猾，黠惡也。」《酷吏傳》曰「寧成猾賊任威」是也。《史記》作「滑賊」。「猾賊」與「慓悍」義相承，「禍賊」則非其義矣。隸書「禍」字或作「祸」，「猾」字或作「猧」，二形相近，故「猾」誤爲「禍」。漢安帝《賜豫州刺史馮焕詔》「僩輕狡猾」，「猾」字作「猧」，是其證。「僩輕狡猾」，猶言「慓悍猾賊」耳。《晉語》「齒牙爲猾」，《史記·晉世家》「猾」字亦誤作「禍」。「猾」之爲「禍」，猶「渦」之爲「滑」。《吕氏春秋·開春篇》「昔王季歷葬於渦山之尾」，《論衡·死僞篇》作「滑山」。又《酷吏傳》：「徒請召猜禍吏與從事。」「猜禍」二字皆「猾」字之譌，辯見《史記》。

道碭

「乃道碭」。孟康曰：「道由碭。」念孫案：「道」即「由」也，見《禮器》、《中庸》注。不當分爲二義，後皆放此。

大破之

「與南陽守齮戰犨東，大破之」。念孫案：「大」字後人所加，景祐本無，《史記》亦無。

遲明

「沛公乃夜引軍還，遲明，圍宛城三帀」。服虔曰：「遲明，欲天疾明也。」文穎曰：「遲，未也。天未明之，頃已圍其城矣。」師古曰：「此言圍城事畢，然後天明，明遲於事，故曰『遲明』。遲，音丈二反。《史記》『遲』字作『邌』，亦徐緩之意也，音『黎』。」今本《史記》「邌」作「黎」，索隱曰：「黎，猶比也，謂比至天明也。」念孫案：小司馬說是也。「黎」、「遲」聲相近，故《漢書》作「遲」。「黎明」、「遲明」皆謂比明也。《通典·兵十一》載此事用文穎說，又別出一解云「黎，黑也，亦未明之候也」，亦非。《史記・南越傳》之「犂旦」一作「比旦」，《衛將軍傳》之「遲明」一作「黎明」，《漢書》作「會明」，則「黎」之不訓爲「黑」可知。後人皆謂「黎明」爲將明未明之時，與「昧爽」、「昧旦」同義，其誤實由於此。此言高祖夜引軍還至宛城，比及天明，已圍城三帀耳。「黎」字亦作「犂」，《史記・呂后紀》：「帝晨出射，太后使人持酖飲趙王。犂，孝惠還，趙王已死」，徐廣曰：「犂，猶比也。」今本「犂」下有「明」字，《集解》内有「諸言犂明者，將明之時」九字，皆後人所加，辯見《史記》。《漢書・外戚傳》作「遲帝還，趙王死」。「遲帝還」，比帝還也。《史記・南越傳》：「犂旦，城中皆降伏波。」「犂」一作「比」，《漢書》作「遲」。《史記・衛將軍傳》「遲明，行二百餘里」，一作「黎明」，《漢書》作「會明」。「會」亦「比」、「及」之意。《魏志・張郃傳》：「諸葛亮急攻陳倉。帝問郃曰：『遲將軍到，亮得無已得陳倉乎？』郃對曰：『比臣未到，亮已走矣。』」是「遲」與「比」同義。服虔以「遲明」爲欲天疾明，文穎以爲未明，師古以爲明遲於事，故曰「遲明」，皆非是。

生此

「此沛公左司馬曹毋傷言之，不然，籍何以生此」。念孫案：「生」當爲「至」，字之誤也。《史記・項羽紀》《高祖紀》竝作「至」，《通鑑・漢紀一》同。

拔劍舞

「因拔劍舞，項伯亦起舞」。念孫案：下句言「亦起舞」，則上句「舞」上亦當有「起」字，而今本脱之也。舊本《北堂書鈔·樂部三》明陳禹謨本改引《史記》。《太平御覽·兵部七十三》所引《御覽》乃鈔本，非刻本也。後皆放此。《文選·西征賦》注引此竝作「拔劍起舞」，《史記·項羽紀》曰「項莊拔劍起舞，項伯亦拔劍起舞」，皆其證。

春正月

「元年春正月」。如淳注曰：「以十月爲歲首，而正月更爲三時之首。」引之曰：歲有四時，自歲首冬十月至十二月已歷一時矣，而春夏秋三時更以春正月爲首，故曰「十月爲歲首，正月爲三時之首」。各本下「首」字誤作「月」，而文義遂不可通。金氏《禮箋》不能釐正，而曰「三時之月，謂三正月」，非也。三時凡九月，三正月纔三月耳，不得謂之三時。且正月謂人正建寅之月，不兼天正、地正言之，何得以爲三正？服虔曰：「漢正月也。」引之曰：上下文皆言楚項羽事，而中閒言「春正月」，恐人不知爲何代之正月，故注表之曰「漢正月也」，謂事在漢高帝元年之正月也。金氏不達注意而强解之曰「謂漢太初改正之月，與前襲秦正者不同」，其説亦非。上文「秦二世二年」及此「元年」皆先言十月，次十一月，次十二月，次正月，俱謂建寅之月爲正月也。秦曆以十月爲歲首，漢《太初曆》以正月爲歲首，歲首雖異，而以建寅之月爲正月則同。太初元年正曆但改歲首耳，未嘗改月號也。辯見下。顏師古曰：「凡此諸月號，皆太初正曆之後記事者追改之，非當時本稱也。『以十月爲歲首』，即謂十月爲正月，上文「秦二年十月」，文穎注曰「秦謂十月爲正月」，則已誤説秦之月號矣。師古之説本此。今此真正月，當時謂之四月耳，他皆類此。」引之曰：如説是，顏説非也。古者三正迭用。夏以寅月爲歲首，商以丑月爲歲首，周以子月爲歲首，而皆謂之正月。正者，長也，十二月之長也。獨秦自謂獲水德之瑞，於是詔改年始，朝賀自十月朔。《史記·曆書》謂之「正以十月」，又謂之「秦正朔，漢初襲用之」。[一]《孝文紀》所謂「今水德，始明正十月」也。然當時以十月爲歲首，究未嘗以爲四時之首，四時之首惟春耳。萬物孳萌於子，紐芽於丑，引達於寅。故夏之寅月，商之丑月，周之子月，皆謂之春。若亥月則天地閉塞，不可謂之春矣。《秦始皇紀》：「維二十九年，時在中春，陽和方起。」云「陽和方起」，則爲建卯之月可知。然則孟春在建寅之月，而建亥之月不謂之春矣。不可謂之春則不可以爲正月，故《史記·秦始皇紀》、漢高、惠、高后、文、景《紀》《秦楚之際月表》及本書《武帝紀》元封六年以前，凡歲首皆稱十月，無以爲正月者。其所謂正月，則在建寅之月。蓋當時曆用《顓頊》。見《史記·張蒼傳贊》及本書《律曆志》。建寅之月，《顓頊曆》之正月也。《大衍曆議》引《洪範傳》曰：「曆記始於《顓頊》上元太始閼蒙即閼逢。攝提格之歲，畢

[一] 秦正朔漢初襲用之，《史記·曆書》作「襲秦正朔服色」。

陬之月，朔旦己巳立春，七曜俱在營室五度。」見《唐書・曆志》。案《爾雅》：「月在甲曰畢。正月爲陬。」畢陬之月，正月，月在甲也。蔡邕《明堂月令論》引《顓頊曆術》亦曰：「天元正月己巳朔旦立春，日月俱起於天廟營室五度。」其以建寅之月爲正月明矣。秦及漢初皆用《顓頊曆》，正月安得不建寅乎？曆譜最重建元，又安得於曆元所起之寅月，不謂之正月，而以非曆元所起之亥月爲正月乎？請更以十七證明之。《月令》「季秋之月，合諸侯制，百縣爲來歲受朔日」，鄭注曰：「秦以建亥之月爲歲首，於是歲終使諸侯及鄉遂之官受此法焉。」案：秦雖以建亥之月爲歲首，然《月令》謂之孟冬。若建寅之月爲秦弟四月矣，而《月令》謂之孟春，且以冠十二月之首。則秦所謂正月者，仍是建寅之月矣。其證一也。《史記・秦紀》：「昭襄王四十八年十月，韓獻垣雝。秦軍分爲三軍。武安君歸。王齕將伐趙武安、[二]皮牢，拔之。司馬梗北定太原，盡有韓上黨。正月，兵罷，復守上黨。」案：先言十月，後言正月，則十月爲歲首建亥之月，正月爲建寅之月矣。其證二也。《始皇紀》：「三十七年十月癸丑，始皇出游。七月丙寅，始皇崩於沙丘平臺。九月，葬始皇酈山。」《六國

[二] 趙武安，「武安」係衍文，梁玉繩已言之。

表》：「秦二世元年十月戊寅，大赦罪人。十一月，爲兔園。十二月，就阿旁宮。〔一〕其九月，郡縣皆反。」案：自十月至九月同在一年之内，則十月爲歲首，九月爲歲終，而十月後之弟三月爲正月明矣。其證三也。《秦楚之際月表》二世元年先十月，次十一月，次十二月，次端月，索隱曰：「二世二年正月也。秦諱正，故曰端月。」案：《月表》始十月，而端月在其後弟三月，則建亥之月爲歲首十月，而建寅之月爲正月矣。若當時謂建亥之月爲正月，則端月之名當在十月，豈得在十月後之弟三月乎？其證四也。《史記·高祖紀》：「十年十月，淮南王黥布、梁王彭越、燕王盧綰、荆王劉賈、楚王劉交、齊王劉肥、長沙王吴芮皆來朝長樂宫。春夏無事。七月，太上皇崩櫟陽宫。」案：「春夏無事」謂自正月至六月皆無事也。若當時謂十月爲正月，則正月爲孟夏四月，六月爲季秋九月，《紀》當言「夏秋無事」，不得言「春夏」矣。其證五也。此《紀》下文曰：「十一年二月，詔曰：『令諸侯王、通侯皆以十月朝獻。』」〔二〕案：詔云「十月朝獻」，則爲歲首可知。若當時謂十月爲正月，則何以不云「正月朝獻」而云「十月」乎？其證六也。《文帝紀》：「二年十一月癸卯晦，日有食之。詔曰：

〔一〕旁，《史記·秦本紀》作「房」。
〔二〕皆，《漢書》作「常」。

『乃十一月晦，日有食之，適見於天，災孰大焉！』」《史記・孝文紀》同。案：當時若謂十月爲正月，則十一月爲二月，詔當云「二月晦」，不得云「十一月」矣。其證七也。《文帝紀》又曰：「十五年春，黄龍見於成紀。上乃下詔議郊祀。夏四月，上幸雍，始郊見五帝。」若當時謂十月爲正月，則夏四月當爲秋七月矣。然《史記》云：「有司禮官皆曰：『古者天子夏躬親禮祀上帝於郊。』於是天子始幸雍，郊見五帝，以孟夏四月荅禮焉。」則當時之四月實爲孟夏建巳之月，上推正月則孟春建寅之月矣。其證八也。《文帝紀》又曰：「元年三月詔曰：『方春和時，草木羣生之物皆有以自樂。』」案：詔云「方春和時」，則三月爲建辰之月可知。三月爲建辰之月，則上推正月爲建寅之月。若云當時謂正月爲四月，則三月當爲六月，可謂之夏，不可謂之春矣，詔何以云「春和」乎？其證九也。《賈誼傳》：「單閼之歲，四月孟夏，庚子日斜，服集余舍。」案：「單閼之歲」，文帝六年丁卯歲也。據《文帝紀》「三年冬十月丁酉晦，日有食之。十一月丁卯晦，日有食之」，下推至五年後九月，據《文帝紀》及《百官公卿表》，高后八年有「後九月」，爲閏法一章之弟三閏。至文帝二年爲弟四閏，五年爲弟五閏。晦日當在己卯。再推至六年三月，晦日當在丙子。然則四月二十四日當在庚子也。若云當時之四月爲今之正月，則六年正月有庚戌、庚申、庚午而無庚子，於義不可通矣。其證十也。《淮南・天文篇》：「天一元始，正月建寅，日月俱入營室五度。天一以始建七十六歲，日月復以正月入營室五度無餘分，名曰一紀。」案：淮南王安以元狩元年誅，在《太初曆》未作以前，當時猶用《顓頊曆》，而其書所謂「正月」者，在日月俱入營室之月，正《月令》所謂「孟春，日在營室」也，非建寅之月而何？其證十一也。秦及漢初以十月爲歲首，九月爲歲終，而歸餘於終，故閏月謂之「後九月」，《史記·呂后紀》《秦楚之際表》《高祖功臣侯表》《建元以來侯表》《王子侯表》《將相名臣表》及本書《高祖紀》《異姓諸侯王表》《王子侯表》《百官公卿表》皆言「後九月」是也。若當時謂十月爲正月，則九月爲十二月，閏月當爲「後十二月」矣，何以紀、表皆言「後九月」乎？其證十二也。本書《武帝紀》：「元光四年冬，魏其侯竇嬰有罪，棄市。春三月乙卯，丞相蚡薨。」而《史記·魏其武安侯傳》曰：「魏其以十二月晦論棄市渭城。其春，武安侯病，死。」案：十二月謂之「冬」，建丑之月也。三月謂之「春」，建辰之月也。先冬後春，同在一年，故有「其春」之文。若當時以建亥之月爲正月，則建丑之月爲三月，建辰之月爲六月，可云「其夏」，不可云「其春」矣。其證十三也。《武帝紀》：「元封元年詔曰：『其以十月爲元封元年。』」案：是年下距太初元年凡六年，曆猶未改也。若當時謂歲首十月爲正月，則詔當云「以正月爲元封元年」，必不稱十月矣。其證十四也。《武帝紀》又曰：「太初元年夏五月，正曆，以正月爲歲首。」師古注曰：「謂以建寅之月爲正也。未正曆之前謂建亥之月爲正，今此言『以正月爲歲首』者，史追正其月名。」何氏屺瞻《讀書記》曰：「既曰『正曆，以正月爲歲首』，明前此不改月，固以建寅之月爲正月矣。若前此果謂建亥之月爲正，則當云以建寅之月爲正也。」案：何説是也。《史記·將相名臣表》同。蓋建寅之月前此本謂之正月，而不以爲歲首，直至是時始以正月爲歲首也。故《武帝紀》太初元年以前歲首皆書「冬十月」，而春正月在其後。二年以後歲首皆書「春正月」，而冬十月在其後。此改歲首而不改月之明證。若謂漢初以建亥之月爲正月，建寅之月爲四月，則《史表》《漢紀》當云「太初元年，以四月爲歲首」，或云「以四月爲正月」，其義始明，何得但云「以正月爲歲首」而無以别於建亥之正月乎？其證十五也。《史記·秦楚之際表》：「漢元年正月，項羽分關中爲漢。二月，漢王始，故沛公。三月，都南鄭。」《將相名臣表》：「高皇帝元年春，沛公爲漢王，之南鄭。」蓋事在正月、二月、三月，故統謂之春也。若謂當時以正月爲四月，二月爲五月，三月爲六月，則是夏而非春矣。《將相名臣表》何以云春乎？其證十六也。《史記·律書》説十二律始於十月，律中應鐘；終於九月，律中無射。正義曰：「漢初依秦以十月爲歲首，故起應鐘。」案：《律書》雖依秦法以十月爲首，然但謂之十月，不謂之正月，其所謂正月乃在律中泰蔟之月，然則建寅之月爲正月，建亥之月爲十月矣。其證十七也。合考諸書，則知亥月爲十月，寅月爲正月，乃當時本稱如是，非太初以後記事者所追改也。《史記·叔孫通傳》「諸侯羣臣皆朝十月」，索隱曰：「按小顏云：『漢以十月爲正，故行朝歲之禮，史家追書十月也。』」見本書《叔孫通傳》注。

按：諸書云十月爲歲首，不言以十月爲正月，《古今注》亦云『羣臣始朝十月』也。」以上《索隱》。然則師古追改之説，小司馬固已非之矣。蓋師古但知「正以十月」之文，以爲秦及漢初之正月必在此月，及其不合，則以爲後人追改。不知所謂「正以十月」者，謂歲首以十月，非謂改十月之號爲正月也。當時所用《顓頊曆》術惟以建寅之月爲正月。若以亥月爲正月，則《顓頊曆》無此法，故當時不能謂十月爲正月也。《顓頊曆》術湮廢已久，後世鮮有習之者，宜乎昧於秦人月號之所由來而妄生臆説矣。且秦及漢初之月號若與《太初》有異，記事者正當存之以表沿革，何以改爲？子長、孟堅身爲漢臣，何敢擅改武帝以前之月號乎？本書所載高帝、文帝詔書及武帝太初以前之詔，所稱月號悉與《太初曆》合，詳見前。孟堅縱欲遵《太初曆》法，亦安敢舉先帝詔書而改之乎？然則追改之説，其不足信亦明矣。

或曰：《賈山傳》「願少衰射獵，以夏歲二月，定明堂、造太學，脩先王之道」，師古注曰：「時以十月爲歲首，則謂夏正之二月爲五月。今欲定制度，循於古法，故特云『用夏歲二月』也。」然則漢初謂建卯之月爲五月，與夏時之稱二月者不同，上推歲首，建亥之月當爲正月矣。何以必謂當時之正月爲建寅乎？曰：夏與漢之二月皆建卯之月也。因脩先王之道，故以三代言之，而稱「夏歲二月」，欲明所用之二月合於古耳，非謂漢之二月在子月不在卯月也。《漢紀·文帝紀》載此文正作「歲二月」，無「夏」字，蓋漢初之二月與夏同，故或言

「夏歲二月」，或言「歲二月」，義得兩通。若漢初以夏之二月爲五月，則漢月之名與夏絶殊，荀悦不得省「夏」字矣。未可據此以證亥月之爲正月，而伸追改之説也。近世秦尚書蕙田《五禮通考》、金修撰榜《禮箋》皆惑於顔氏追改之説，故具論之。

楚子諸侯人

「羽使卒三萬人從漢王，楚子、諸侯人之慕從者數萬人」。文穎曰：「楚子，猶言楚人也。諸侯人，猶諸侯國人。」念孫案：訓「楚子」爲「楚人」，於義未安。「子」當爲「予」，字之誤也。「予」即「與」字，「與共」之「與」通作「予」，猶「賜予」之「予」通作「與」。《大雅·皇矣篇》「此維與宅」，《漢書·郊祀志》《谷永傳》竝作「予」。《論語·顔淵篇》「君孰與足」，《漢書·谷永傳》作「予」。《史記·衛將軍驃騎傳》「與壯士，爲剽姚校尉」，《儒林傳》「與博士弟子，崇鄉里之化」，《漢書》竝作「予」。言楚國與諸國之人皆慕從漢王也。《史記》作「楚與諸侯之慕從者數萬人」，是其明證矣。

往從之

「漢王往從之」。念孫案：「往」字後人所加，景祐本無。《史記·高祖紀》亦無。

圍漢

「項羽圍漢滎陽」。念孫案：「漢」下脱「王」字，則文義不明。《文選·幽通賦》注引此無「王」字，亦後人以誤本《漢書》删之。其《漢高祖功臣頌》注引此正作「項羽圍漢王滎陽」。《漢紀》《通鑑》竝作「楚圍漢王於滎陽」。

與苦甚　與嘉之

「兵不得休八年，萬民與苦甚」。如淳曰：「『與』音『相干與』之『與』。」師古曰：「音弋庶反。」劉攽曰：「『與』讀曰『歟』，助辭。」又《文帝紀》：「今乃幸以天年終，今本脱「終」字，據如、顔注及《史記》《漢紀》補。得復供養于高廟，朕之不明與嘉之，其奚哀念之有？」如淳曰：「與，發聲也。四字師古删去，據《史記集解》引補。得卒天年，已幸矣。」晉灼曰：「若以朕不明，當嘉善朕之儉約，何哀念之有也？」師古曰：「如、晉之説非也。『與』讀曰『歟』。帝自言或者豈朕見之不明乎，以不可嘉爲嘉耳，然朕自謂得終天年，供養高廟，爲可嘉之事，無所哀念也。」劉攽曰：「言得以天年供養於高廟。案：劉所見本已脱「終」字。我之不明而蒙此歟？是可嘉也，其奚哀念乎？」念孫案：如解《文帝紀》以「與」爲發聲，是也。萬民與苦甚，萬民苦甚也。朕之不明與嘉之，朕之不明嘉之也。「與」皆助句之詞，本無意義，亦不當讀爲「歟」。「與嘉之」三字連讀，顏、劉以「與」字絕句，尤非也。僖二十三年《左傳》曰：「夫有大功而無貴仕，其人能靖者與有幾？」言能靖者有幾也。與，語助也，「與有幾」三字連讀。《釋文》曰：「其人能靖者與，音『餘』，絕句。」誤與顏、劉同。襄二十九年曰：「是盟也。其與幾何？」言其幾何也。《周語》曰：「若壅其口，其與能幾何？」言能幾何也。韋注：「與，辭也。」《晉語》曰：「諸臣之委室而徒退者，將與幾人？」言將幾人也。韋注：「與，辭也。」又昭十七年《左傳》曰：「其居火也久矣，其與不然乎？」言其不然乎也。《周語》曰：「余一人其流辟於裔土，何辭之與有！」言何辭之有也。《晉語》曰：「亡人何國之與有！」言何國之有也。《越語》曰：「如寡人者，安與知恥？」言安知恥也。「與」字皆爲語助。

辨告

「吏以文法教訓辨告，勿笞辱」。念孫案：「辨」讀爲「班」。班告，布告也。謂以文法教訓布告衆民也。《王莽傳》曰「辨社諸侯」，孟康曰：「辨，布也。」師古曰：「辨，讀曰班。」又曰：「非五威將帥所班。」蕭該曰：「班，舊作辨。」韋昭曰：「辨，布也，音『班』。」皆其證。《士虞禮記》「明日以其班祔」，古文「班」或爲「辨」。襄二十五年《左傳》「男女以班」，劉炫曰：「哀元年『蔡人男女以辨』與此同。」師古曰：「辨告者，分别義理以曉喻之。」此望文生訓，而非其本旨。

吾知與之矣

「陳豨反。上問豨將，皆故賈人。上曰：『吾知與之矣。』乃多以金購豨將」。師古曰：「與，如也，言能如之何也。」念孫案：顔說甚迂。與，猶敵也，言吾知所以敵之矣。《史記》作「吾知所以與之」。襄二十五年《左傳》：「閭丘嬰與申鮮虞乘而出。行及弇中，將舍，嬰曰：『崔慶其追我。』鮮虞曰：『一與一，誰能懼我？』」與，敵也。懼，病也。出《方言》。言狹道之中，一以敵一，雖崔慶之衆，不能病我也。《秦策》曰：「以此與天下，天下不足兼而有也。」言以此敵天下也。《史記·孫子傳》曰：「今以君之下駟與彼上駟，取君上駟與彼中駟，取君中駟與彼下駟。」《燕世家》曰：「龐煖易與耳。」《白起傳》曰：「廉頗易與。」《淮陰侯傳》曰：「吾平生知韓信爲人，易與耳。」「與」皆謂敵也。

各以其口數率

「及郡各以其口數率，人歲六十三錢，以給獻費」。師古以「率」字屬上讀，云：「率，計也。」劉攽曰：「『率』當屬下句，大率也。」念孫案：顔讀是也。《文紀》云：「以户口率置三老孝弟力田常員。」《鹽鐵論·未通篇》云：「以口率被墾田而不足。」鄭注《周官·大宰》云：「賦，口率出錢也。」「率」字皆屬上讀。

疾可治不醫曰可治

「上問醫曰：『疾可治不？』醫曰：『可治。』」念孫案：景祐本作「上問醫，句曰疾可治句」，無「不醫曰可治」五字，是也。「上問醫」者，問疾之可治否也。「曰疾可治」者，醫言可治也。《史記》作「高祖問醫，醫曰『病可治』」，是其證。後人誤以「上問醫曰」連讀，則下文義不可通，故增此五字耳。宋祁亦曰：「舊本及越本竝無『不醫曰可治』五字。」

滎陽

「陳平、灌嬰將十萬守滎陽」。宋祁曰：「滎，舊本作熒。」又《高后紀》「灌嬰至滎陽」，宋祁曰：「景德本『滎』作『熒』。」念孫案：作「熒」者是也。凡《史記》《漢書》中「熒陽」字作「滎」者，皆後人所改。唯此二條作「熒」，乃舊本之僅存者，而子京未能訂正也。段氏若膺《古文尚書撰異》曰：「玫『熒澤』字古從火不從水。《周官經》『其川熒雒』，《逸周書》同。《詩·定之方中》鄭箋『及狄人戰於熒澤』，《春秋左氏傳·閔公二年》『及狄人戰于熒澤』，《宣十二年》『及熒澤』，杜預《後序》云『即《左傳》所謂「熒澤」也』，《爾雅注》『圃田在熒陽』，《釋文》凡六『熒』字皆從火。《隱元年》注『虢國，今熒陽縣』，釋文云：『本或作滎，非。』尤爲此字起例。《玉篇·焱部》『熒』字下云：『亦熒陽縣。』漢《韓勑後碑》『河南熒陽』，《劉寬碑陰》『河南熒陽』，《鄭烈碑》『熒陽將封人也』，字皆從火，而唐盧藏用撰《書紀信碑》：『嘗以百萬之兵困高祖於熒陽。』字正從火，至今明畫。《隋書·王劭傳》上表言符命曰：『龍鬬於熒陽者，「熒」字三「火」，明火德之盛也。』然則『熒澤』、『熒陽』古無從水者。《尚書·禹貢》『熒波既豬』，《唐石經》及諸本從水，《釋文》亦同者。《崇文總目》云：『宋開寶中，詔以德明所釋乃《古文尚書》，與唐明皇所定今文駁異，令太子中舍陳鄂删定其文，改從隸書。蓋今文自曉者多，故音切彌省。』然則衞包庸妄，改『熒』作『滎』，而陳鄂和之，所當訂正者也。至於經典、《史記》《漢書》《水經注》，『熒』字多作『滎』，蓋天寶以前確知『熒陽』、『熒澤』不當從水，而其後淺人以爲水名不當從火，遂爾紛紛改竄，然善本亦時有存者。」又曰：「《說文·水部》『滎』字下曰：『滎濘，絶小水也。從水，熒省聲。』户扃切。『濘』字下曰：『滎濘也，從水，寧聲。』奴泠切。此依《文選·七命》李善注所引訂正。閻氏《潛邱劄記》以『絶小水』爲《爾雅》『正絶流曰亂』之『絶』，與《禹貢》『泲泆爲滎』相發明，其穿鑿傅會，由不知《禹貢》字本作『熒』故爾。中斷曰絶，絶者，窮也，故引伸爲極至之用。『絶小水』者，極小水也。念孫案：「絶小水」者，最小水也。「絶」、「最」聲相近，「最」之爲「絶」，猶「緜蕝」之爲「緜蕞」矣，餘見《唐韻正》「絶」字下。』『正絶流曰亂』者，中斷之意也，字同而義別矣。」至熒澤則非小水之名，與此言「絶小水」者無涉。

惠紀

民有罪

「元年冬十二月，民有罪，得買爵三十級以免死罪」。念孫案：「民有罪」上當有「令」字。《高紀》曰：「令郎中有罪耐以上，請之。」是其例也。故師古曰：「令出買爵之錢以贖罪。」今本脱「令」字，則文義不明。《太平御覽·封建部一》引此已脱「令」字。舊本《北堂書鈔·封爵部下》引此有「令」字。陳禹謨本删去。

懼然　瞿然

「聞叔孫通之諫則懼然」。師古曰：「『懼』讀曰『瞿』。瞿然，失守皃，音居具反。」念孫案：懼然，驚懼皃也。叔孫諫築復道事，「帝懼曰急壞之」是也。又《吴王濞傳》「膠西王瞿然駭」，師古曰：「瞿然，無守之皃。」案：瞿然，即駭皃也。訓爲「無守皃」，轉失之迂。又《鄒陽傳》「長君懼然曰：『將爲之奈何？』」師古曰：「『懼』讀曰『瞿』，瞿然無守之皃。」《東方朔傳》「於是吴王懼然易容」，師古曰：「懼然，失守之皃。」案：懼然皆驚皃也。師古訓爲「失守皃」、「無守皃」者，《齊風·東方未明篇》「狂夫瞿瞿」，毛傳云：「瞿瞿，無守之皃。」此師古注所本。不知《傳》以下文言「不能辰夜，不夙則莫」，故以「瞿瞿」爲無守皃，與此言「瞿然」者不同也。李頤注《莊子·徐无鬼篇》曰：「瞿然，驚皃。」〔二〕《檀弓》曰：「曾子聞之，瞿然曰：『呼！』」又曰：「公瞿然失席。」《雜記》曰：「見似目瞿，聞名心瞿。」皆謂驚皃也。《莊子·庚桑楚篇》「南榮趎懼然顧其後」，《史記·孟子傳》「王公大人初見其術，懼然顧化」，義竝與「瞿然」同。《説文》本作「界」，云：「舉目驚界然也。」

〔二〕瞿然驚皃，《經典釋文》引李頤注作「瞿然，驚視皃」。

高后紀

猶豫

「計猶豫未有所決」。師古曰：「猶，獸名也。《爾雅》曰：『猶如麐，善登木。』此獸性多疑慮，常居山中，忽聞有聲，即恐有人且來害之，每豫上樹，久之無人，然後敢下，須臾又上，如此非一，故不決者稱『猶豫』焉。一曰隴西俗謂犬子爲『猶』，犬隨人行，每豫在前，待人不得又來迎候，故云『猶豫』也。」念孫案：「猶豫」雙聲字，猶《楚辭》之言「夷猶」耳。非謂獸畏人而豫上樹，亦非謂犬子豫在人前，師古之説皆襲《顔氏家訓》而誤。説見《廣雅》。

文紀

郢

「宗正臣郢」。文穎曰：「劉郢。」念孫案：此及《儒林傳》「郢」下皆脱「客」字，《史記》同。《諸侯王表》《王子侯表》《百官公卿表》《楚元王傳》及《史記·惠景閒侯者表》皆作「郢客」。

其宜

「宗室、將相、王、列侯以爲其宜寡人，寡人不敢辭」。念孫案：「其」字文義不順，當依《史記》作「莫」，字之誤也。漢《武都太守李翕析里橋郙閣頌》：「雖昔魯班，亦莫儗象。」「莫」字作「其」。「莫宜寡人」，言無若寡人之宜者也。上文丞相平等曰「大王奉高祖宗廟最宜稱，雖天下諸侯、萬民皆以爲宜」，故曰「宗室、將相、王、列侯以爲莫宜寡人」。

廢遷蜀嚴道死雍

「淮南王長謀反，廢遷蜀嚴道，死雍」。念孫案：「死雍」上當更有一「道」字，而今本脱之。師古曰：「行至扶風雍縣，在道而死。」此正釋「道死雍」三字也。《五行志》云：「淮南王遷于蜀，道死廱。」《史記·將相名臣表》云：「廢淮南王，遷嚴道，道死雍。」皆其證。

罘罳

「未央宫東闕罘罳災」。宋祁曰：「江南本『罳』作『思』。」念孫案：江南本是也。《説文》無「罳」字，《漢書》作「罘思」，《考工記·匠人》注作「浮思」，《明堂位》注作「桴思」，皆古字假借他書。或作「罘罳」者，皆因「罘」字而誤加「网」也。且顏注「罘」字有音而「罳」字無音，則本作「思」明矣。《五行志》正作「罘思」。

景紀

薦草莽

「郡國或地磽陿，今本脱「地」字，據《通典·食貨一》補。「地磽陿」與下「地饒廣」對文。無所農桑毄畜。或地饒廣，薦草莽，水泉利，而不得徙」。如淳曰：「莊周云麋鹿食曰薦。一曰草稠曰薦，深曰莽。」念孫案：如以「薦」爲草，則「薦」、「草」、「莽」三字詞意重複。余謂「薦」者，聚也，言地饒廣而草莽聚其中也。「薦」與「荐」同，襄四年《左傳》「戎狄荐居」，《晉語》「戎狄荐處」，韋、杜注竝云：「荐，聚也。」《漢書·翟義傳》「薦樹之棘」，師古曰：「『薦』讀曰『荐』。荐，重也，聚也。」「地饒廣」爲句，「薦草莽」爲句，「水泉利」爲句。

其薨葬

「其薨葬，國得發民輓喪，穿復土，治墳無過三百人畢事」。念孫案：「其薨葬」，「薨」字涉上文四「薨」字而衍。諸王侯薨事已見上文，此文則專指葬事言之，故師古云「畢事，畢葬事也」，不當更有「薨」字。《漢紀・孝景紀》無「薨」字。

武紀

則

「然則於鄉里先耆艾，奉高年，古之道也」。念孫案：景祐本「然則」作「然即」。古字通以「即」爲「則」。今作「則」者，後人不識古字而改之也。

有如日

「夏四月戊申，有如日夜出」。念孫案：此言星狀如日而夜出也，「有」下脱「星」字，則文義不明。《漢紀・孝武紀》《通鑑・漢紀九》竝作「有星如日夜出」。

率俾

「日月所燭，莫不率俾」。師古曰：「率，循也。俾，使也。言皆循其貢職而可使也。」引之曰：「率俾」猶「率從」也，說見《經義述聞·尚書》。

治鴈門阻險

「發巴蜀治南夷道，又發卒萬人治鴈門阻險」。師古曰：「所以爲固，用止匈奴之寇。」劉攽曰：「予謂『治險阻』者，通道令平易，以便伐匈奴耳。」念孫案：劉説非也。《匈奴傳》云「因邊山險，塹谿谷，可繕者繕之」，即此所云「治阻險」，若謂「通道以便伐匈奴」，則匈奴之入寇亦便矣，未聞欲伐人而先自去其阻險者也。且上句是治道，下句是治阻險，各爲一事，不得以上句例下句也。

續食

「徵吏民有明當世之務、習先聖之術者，縣次續食，令與計偕」。宋祁曰：「舊本『續』作『給』。」念孫案：舊本是也。據注云「縣次給之食」，則本作「給食」明矣。《平紀》亦有「縣次給食」之語，若作「續食」則義不可通。《通鑑·漢紀十》作「續食」，則所見《漢書》本已誤。《太平御覽·治道部九》引此正作「給食」，《通典·選舉一》同。

旅耆老

「故旅耆老，復孝敬」。師古曰：「『旅耆老』者，加惠於耆老之人，若賓旅也。」念孫案：《廣雅》曰：「旅，養也。」即《王制》所云「養耆老」。

内長文

「夫刑罰所以防姦也，内長文所以見愛也」。晉灼曰：「『長』音『長吏』之『長』。」張晏曰：「長文，長文德也。」師古曰：「言有文德者，即親内而崇長之，所以見仁愛之道。」《困學紀聞》曰：「或云古寫本無注，《漢書》『内長文』三字作『而肆赦』。」念孫案：舊注皆牽强。或説「内長文」作「而肆赦」，雖無明據而於上下文義甚合，下文云「其赦天下」可證也。「而」與「内」，「肆」與「長」，「赦」與「文」，皆字形相近而誤。

方聞

「故詳延天下方聞之士，咸薦諸朝」。師古曰：「方，道也。聞，博聞也。言悉引有道博聞之士而進於朝也。一曰『方』謂方正也。」念孫案：訓「方」爲「道」，或訓爲「方正」，皆與「聞」

字義不相屬。余謂「方聞之士」即「博聞之士」也。《廣雅》曰：「博、方，廣大也。」是「方」與「博」同義。上文曰「今禮壞樂崩，朕甚閔焉」，下文曰「其令禮官勸學，講議洽聞，舉遺興禮，以爲天下先」，是武帝欲舉博聞之士以興禮樂，非舉賢良方正也。若舉賢良方正，則建元元年已有詔矣，《儒林傳》亦載此詔。齊氏息園曰：「案《史記》作『詳延天下方正博聞之士』，義甚明晳，當是《漢書》寫本脱『正博』二字。」念孫案：齊説亦非也。《史記》有「正博」二字者，後人襲取顔注，增成意義耳。《漢書》兩載此詔，皆作「方聞之士」，且皆本《史記》，則《史》《漢》皆無「正博」二字明矣。

論臣　諭三老孝弟

「孔子對哀公以論臣」。如淳曰：「韓非云：哀公問政，仲尼曰：『政在選賢。』見《難篇》。」念孫案：韓子言「選賢」，此言「論臣」，「論」亦「選」也。《齊語》「論比協材」，《呂氏春秋·當染篇》「善爲君者，勞於論人」，高、韋注竝云「論，擇也」。「擇」亦「選」也，字本作「掄」，《説文》：「掄，擇也。」

「諭三老孝弟以爲民師，舉獨行之君子，徵詣行在所」。念孫案：「諭」當爲「論」，字之誤也。論，選也，謂選三老孝弟以爲民師也。下云「舉獨行之君子」，「舉」與「論」義相近，故古書或以「論舉」連文。《荀子・成相篇》云：「天乙湯，論舉當。」「論舉」，即選舉也。若云「論三老孝弟」，則與「以爲民師」四字義不相屬矣。

怵於邪説

「淮南、衡山兩國接壤，怵於邪説，而造篡弑」。服虔本「怵」作「怢」，云：「怢，音裔。」案：《釋詁》釋文云：「怢，音逝。張揖《雜字》音曳。」「曳」與「裔」同音，故服云「怢，音裔」。應劭曰：「狃怢也。」如淳本作「怵」，云：「『怵』音『怵惕』，見誘怵於邪説也。」師古曰：「作『怢』者非。如説云『見誘怵』，其義是也，而音『怵惕』，又非也。『怵』，或體『訹』字耳。訹者，誘也，音如戌亥之『戌』。《南越傳》曰：『不可怵好語入朝。』諸如此例，音義同耳。」念孫案：作「怢」者是也。《晉語》注云：「狃怢也。」《後漢書・馮異傳》注云：「狃怢，猶慣習也。」言淮南、衡山兩國接壤，故習於邪説而謀叛逆也。《淮南衡山傳贊》云：「剸懷邪辟之計，謀爲畔逆。此非獨王也，亦其俗薄，臣下漸靡使然。」「漸靡」者，習於邪説之謂也。又《史記・漢興以來諸侯表》云「諸侯驕奢，怢邪臣計，謀爲淫亂」，索隱曰：「『怢』音『誓』，『怢』訓『習』，言習於邪臣之謀。」彼云「怢邪臣計」，此云「怢於邪説」，其義一也，故服、應本皆作「怢」，而訓爲「狃怢」。至如本始作「怵」，而訓爲「誘怵」耳，蓋俗書「怢」字作「怢」，今書傳中「狃怢」字多作「怢」，猶「杕杜」之「杕」俗作「杕」

也。與「怵」相似而誤。若《韓長孺傳》之「訹邪臣浮説」，《南越傳》之「怵好語」，則其字皆從术而訓爲「誘怵」，然不可以彼而例此也。

戰死

「兩軍士戰死者數萬人」。念孫案：「戰」字後人所加，云「死者數萬人」，則戰死可知。景祐本無「戰」字。《匈奴傳》作「漢士物故者萬數」，亦無「戰」字。

崇嵩

「翌日親登崇嵩」。念孫案：「嵩」當依景祐本作「高」，「崇高」，即嵩高。

崇高

「㠯山下户三百爲之奉邑，名曰崇高」。師古曰：「謂之崇者，示尊崇之。」又《郊祀志》「以山下户凡三百封崈高，爲之奉邑」，師古曰：「崈，古『崇』字耳，以崇奉嵩高之山，故謂之『崈高奉邑』。」念孫案：「崇高」即「嵩高」，師古分「崇」、「嵩」爲二字，非也。詔曰「翌日親登崇高」，《志》曰「以山下户凡三百，封崈高」，則「崇高」本是山名，而因以爲邑名，非以崇奉中嶽而名之也。古無「嵩」字，以「崇」爲之，故《説文》有「崇」無「嵩」，經傳或作「嵩」，或作「崧」，皆是「崇」之異文。《地理志》潁川郡崈高下云：「古文以崈高爲外方山。」《周語》「融降于崇山」，韋注云：「崇，崇高山也。」是「嵩高」之「嵩」本作「崇」也。漢《仙人唐公房碑陰》：「南鄭祝岱字子華，祝恒字仲華，祝崇字季華。」「崇」即「嵩」字，此三人之名與字皆取諸五嶽。《郊祀志》又云「祠中嶽、泰室於嵩高」，是邑名之「崇高」，字亦作「嵩」也。《爾雅》：「嵩、崇，高也。」「嵩」、「崇」聲近而義同，故「崇」或作「嵩」。《列子·湯問篇》「塊然見之，若嵩山之阿」，謂崇山之阿也。楊雄《河東賦》「瞰帝唐之嵩高兮」，謂堯德之崇高也。漢《桐柏淮源廟碑》「宮廟嵩峻」，《三公山碑》「厥體嵩厚，峻極于天」，《成陽令唐扶頌》「如山如岳，嵩如不傾」，《大尉劉寬後碑》「公目嵩高之門，好謙儉之操」，「嵩」字竝與「崇」同，「嵩如不傾」即「崇而不傾」。是經傳中汎言「崇高」者，其字亦作「嵩」也。山名嵩高，本取崇高之義。《爾雅》「山大而高崧」，郭璞曰「今中嶽嵩高，山蓋依此名」是也。後世小學不明，遂以崇爲汎稱，嵩爲中嶽。漢靈帝時，中郎將堂谿典請改崇高山爲嵩高山，《後漢書·靈帝紀》注引《東觀記》云。則已分「崇」、「嵩」爲二字，而魏晉以下皆沿其誤。

皆來觀

「作角抵戲，三百里内皆來觀」。念孫案：「來」字後人所加，景祐本無，《太平御覽·工藝部十二》引此亦無，《漢紀》作「三百餘里内人皆觀」。

射蛟

「自尋陽浮江，親射蛟江中，獲之」。師古曰：「許慎云：『蛟，龍屬也。』」念孫案：蛟爲神物，不可得而射，「蛟」當讀爲「鮫」，謂江中大魚也。《説文》：「鮫，海魚也，皮可飾刀。」《史記·秦始皇紀》：「方士徐市等入海求神藥不得，乃詐曰：『常爲大鮫魚所苦，故不得至。』始皇乃令入海者齎捕巨魚具，而自以連弩候大魚出射之，至之罘，射殺一魚。」事與此相類也。鮫爲海魚，而江中亦有之者。《吕氏春秋·季夏篇》「令漁師伐蛟，取鼉升龜取黿」，高注曰：「蛟、鼉、黿皆魚屬。」《中山經》曰：「荆山漳水出焉，而東南流注于雎，其中多鮫魚。」是他水中亦有鮫魚也。《月令》《吕覽》《淮南》「鮫魚」字竝作「蛟」。《荀子·議兵篇》：「楚人鮫革犀兕以爲甲。」《韓詩外傳》及《淮南·兵略篇》亦作「蛟」。此言「射蛟江中」，亦是借「蛟」爲「鮫」也，《漢紀·孝武紀》作「親射鮫魚于江中」，是其證。

妻子

「丞相屈氂下獄、要斬，妻子梟首」。念孫案：「妻」下「子」字乃後人依《劉屈氂傳》加之也，

《劉屈氂傳》云「妻子梟首華陽街」。景祐本無「子」字。宋祁亦曰：「舊本無『子』字。」據鄭氏注云「妻作巫蠱，夫從坐，但要斬也」，則鄭所見本無「子」字明矣。《五行志》曰：「屈釐坐祝禮要斬，妻梟首。」《漢紀》曰：「屈氂妻坐爲巫蠱祝詛。屈氂要斬，妻梟首。」「妻」下皆無「子」字。

昭紀

捕斬反虜重合侯馬通

「大將軍光、左將軍桀皆以前捕斬反虜重合侯馬通功，封光爲博陸侯，桀爲安陽侯」。《漢紀・孝昭紀》「重合侯馬通」上有「侍中僕射莽何羅」七字。念孫案：《武帝紀》曰：「侍中僕射莽何羅與弟重合侯通謀反，侍中駙馬都尉金日磾、奉車都尉霍光、騎都尉上官桀討之。」《霍光金日磾傳》具載其事，則此紀脱去「侍中僕射莽何羅」七字明矣。當據《漢紀》補。

宣紀

古

「廣川王吉有罪」。宋祁曰：「吉，一作去字。」念孫案：一本是也。作「吉」者，字之誤耳。《諸侯王表》及《景十三王傳》竝作「去」，《漢紀》同。

魯郡

「鳳凰集魯郡」。齊氏息園曰：「案魯是時尚爲國，不得稱郡。《通鑑》但云『集魯』，可謂至慎。」念孫案：漢有魯國，無魯郡，「郡」字後人所加。魯即魯國，猶上文言「鳳皇集膠東」耳。《通鑑》作「鳳皇集魯」，即用《漢書》之文，非《漢書》有「郡」字而《通鑑》删之也。《文選·四子講德論》注、《藝文類聚·祥瑞部下》、《太平御覽·刑法部十八》《羽族部二》引此竝作「鳳皇集魯」，《宋書·符瑞志》同。

粲而不殊

「蓋聞象有罪，舜封之。骨肉之親，粲而不殊」，師古曰：「粲，明也。殊，絶也。當明於仁恩不離絶也。」念孫案：師古訓「粲」爲「明」，「骨肉之親，明而不殊」，則文不成義，故又加數字以解之曰「當明於仁恩不離絶」，甚矣其鑿也。今案：「粲」之言散也，言骨肉之親，雖分散而終不殊絶也。《文選·求通親親表》「骨肉之恩，爽而不離」，李善曰：「《漢書》宣帝詔曰『骨肉之親，粲而不殊』，如淳曰：『粲或爲散。』」是其明證矣。《武五子傳》載此詔作「骨肉之親，析而不殊」，「析」亦散也。《説文》：「𥽦，糅𥽦散之也。」昭元年《左傳》「周公殺管叔而蔡蔡叔」，杜注曰：「蔡，放也。」釋文曰：「上『蔡』字音素葛反，放也。《説文》作『𥽦』。」正義曰：「𥽦爲放散之義，故訓爲放也。」「散」、「𥽦」、「蔡」、「粲」，語之轉，皆謂分散也。「蔡」之爲「粲」，猶「翠蔡」之爲「翠粲」矣。《文選·琴賦》「新衣翠粲」，李善曰：「《子虛賦》曰『翕呷翠蔡』，張揖曰：『翠蔡，衣聲也。』班婕妤《自傷賦》曰『紛翠蔡兮紈素聲』，《洛神賦》曰『披羅衣之璀粲』，字雖不同，其義一也。」此注甚合古人同意相受之旨。惠氏《左傳補注》謂《漢書》《文選》「粲」字皆「𥽦」字之誤，非也。如淳曰：「粲，或爲散。」「散」、「粲」聲相近，則「粲」非「𥽦」之誤。且《洛神賦》之「璀粲」即「翠粲」之轉，固不可改爲「璀𥽦」也。應瑒《迷迭賦》亦云：「振纖枝之翠粲。」吴仁傑《兩漢刊誤補遺》謂隸書改「𥽦」作「粲」，遂失本體，誤與惠氏同。

晦

「五鳳四年夏四月辛丑晦，日有食之」。念孫案：「晦」當爲「朔」。《五行志》云「五鳳四年四月辛丑朔，日有食之」，是爲正月朔，慝未作。《左氏》以爲重異，則當作「朔」明矣。下文詔曰：「皇天見異，以戒朕躬。」諸日食不言異，而此獨言異，亦以其在正月之朔也。《漢紀·孝宣紀》《通鑑·漢紀十九》竝作「朔」。

元紀

蓋寬饒

「大臣楊惲、蓋寬饒等」。念孫案：景祐本「蓋」作「盇」，古字假借也。蓋寬饒之「蓋」，本音公盇反，故與「盇」通。《藝文類聚·鳥部上》引《韓詩外傳》「船人蓋胥跪而對」，今本作「盇胥」。後人依本傳改「盇」爲「蓋」，未達假借之旨。

令就農

「其罷甘泉、建章宮衞，令就農。百官各省費」。宋祁曰：「唐本、監本『衞』字下有『各』字。」念孫案：唐本、監本是也。「各令就農」、「各省費」，兩「各」字文義相承。《漢紀》作「令各就農」，亦有「各」字。

人人

「人人自以得上意」。宋祁曰：「『人人』，南本只一个『人』字。」念孫案：南本是也。今本多一「人」字者，後人依《匡衡傳》加之。正文只一「人」字，故注申之云「人人各自以當天子之意」，若正文本作「人人」，則無庸注矣。《匡衡傳》「人人自以爲得上意」，師古無注，即其證。

爲父後者

「賜吏六百石以上爵五大夫，勤事吏二級，爲父後者民一級」。念孫案：「爲父後者」四字涉上文而衍，景祐本無此四字，是也。宋祁亦云「越本無此四字」，《漢紀》亦無。上文以立皇太子故，賜天下當爲父後者爵一級，初元二年四月此不當有。其初元二年正月、四年三月，永光元年正月、二年二月，建昭五年三月，賜民爵一級皆無「爲父後者」之文，他篇放此。

原上

「以渭城壽陵亭部原上爲初陵」。念孫案：「原」字上有「北」字，而今本脱之，則不知在何方矣。《漢紀》正作「北原上」，《宣紀》云「以杜東原上爲初陵」，《哀紀》云「以渭城西北原上永陵亭部爲初陵」，皆其例也。

脱四字

「益三河大郡大守秩」。念孫案：《漢紀》「秩」下有「中二千石」四字，是也。大守秩二千石，益之則爲中二千石，下文「令三輔都尉、大郡都尉秩皆二千石」與此文同一例。若無「中二千石」四字，則文義不明。

藍田地

「建昭四年夏六月，藍田地沙石雍霸水」。念孫案：此文當依《漢紀》《通鑑》作「藍田地震，山崩，沙石雍霸水」，此因地震，故山崩而沙石壅水也。今本脱「震山崩」三字，則敘事不明。《太平御覽·咎徵部七》引此正作「地震」，下文安陵岸崩，亦承地震言之。

成紀

云

「乃著令，令大子得絶馳道云」。師古曰：「言『云』者，此舉著令之文。」念孫案：師古説非也。「云」猶「焉」也，足句之詞，本無意義。《封禪書》：「乃令祠官進畤犢牢具，色食所勝，而以木禺馬代駒焉。」《郊祀志》「焉」作「云」，是其證。《漢書》中若是者多矣，若必求「云」字之義，則皆不可通。

孝景廟闕

「孝景廟闕災」。念孫案：「闕」上當有「北」字。《五行志》及《漢紀》皆作「孝景廟北闕災」，又《文紀》「未央宫東闕罘思災」，《景紀》「未央宫東闕災」，《元紀》「孝宣園東闕災」，皆其例也。

哀紀

延于側陋

「其與大司馬、列侯、將軍、中二千石州牧守相，舉孝弟惇厚能直言通政事，延于側陋可親民者，各一人」。念孫案：「延于側陋」四字與上下文義不相屬，此四字當别爲一句，在「州牧守相」之下，而以「舉孝弟惇厚能直言通政事可親民者」十五字連讀，則上下文皆貫通矣。師古注云：「孝弟惇厚直言通政事之人，雖在側陋，可延致而任。」則所見本已與今本同。

建平四年春

「建平四年春，大旱，關東民傳行西王母籌」。《五行志》曰：「建平四年正月，民驚走，持稾或掫一枚，傳相付與曰『行詔籌』。」念孫案：依《五行志》，則此紀「建平四年春」下當有「正月」二字，下文曰「二月，封帝大大后從弟侍中傅商爲汝昌侯」，則此所紀爲正月事明矣。《漢紀·孝哀紀》亦有「正月」二字。

漢書弟二

異姓諸侯王表

章文繆獻

「秦起襄公，章文、繆，獻、孝、昭、嚴稍蠶食六國」。顔師古斷「章文繆獻」爲句，「孝昭嚴」爲句，解上句云「至文公、繆公、獻公更爲章著也」。念孫案：獻公在繆公之後十六世而與文、繆竝數之，既爲不倫，且上下句法亦屬參差。當斷「章文繆」爲句，「獻孝昭嚴」爲句，孝公即獻公之子也，「章文繆」據春秋時言之，「獻、孝、昭、莊蠶食六國」則據戰國時言之，文義甚明。《史記·秦楚之際月表序》曰：「秦起襄公，章於文、繆，獻、孝之後稍以蠶食六國。」是其明證也。師古不以「獻孝昭嚴」爲句者，其意以蠶食六國自孝公始，不當并及於獻耳。今案：《史記·六國表》曰：「秦獻公十九年，敗韓、魏洛陰。」舊本「陰」譌作「陽」，今據《魏世家》集解所引改正。《周本紀》曰：「顯王五年，賀秦獻公。獻公稱伯。」《秦本紀》曰：「獻公二十一年，與晉戰於石門，斬首六萬，天子賀以黼黻。二十三年，與晉戰少梁，虜其將公孫痤。」舊本「晉」上有「魏」字，今删，説見《史記》。則秦之彊寔自獻公始。《六國表序》曰：「秦始小國僻遠，諸夏賓之，比於戎狄，至獻公之後常雄諸侯。」此又一證也。

初置

「孝惠七年初置淮陽國」。念孫案：「初置」當依《史表》作「復置」。《地理志》云：「淮陽國，高帝十一年置。」《高五王傳》云：「趙幽王友，十一年立爲淮陽王，孝惠元年徙王趙。」是既徙之後國除爲郡，至惠帝崩後，高后復置淮陽國以封所詐立惠帝子强，不得言初置也。此涉上文「初置魯國」而誤。

諸侯王表

共王不周

「河閒獻王德　共王不周嗣」。念孫案：「不周」當爲「不害」，字之誤也。隸書「害」字或作「𡧓」，與「周」相似而誤。《景十三王傳》及《史表》《五宗世家》皆作「不害」。

三年

「常山憲王舜 真定 元鼎三年，頃王平以憲王子紹封。 泗水 元鼎三年，思王商以憲王少子立」。念孫案：「三年」皆當爲「四年」，此涉上文「元鼎三年王勃嗣」而誤。《武紀》云：「元鼎四年，立常山憲王子商爲泗水王。」《地理志》云：「真定國，武帝元鼎四年置。泗水國，故東海郡，武帝元鼎四年别爲泗水國。」《史記·漢興以來諸侯表》云：「元鼎四年，思王商元年，頃王平元年。」《漢興以來將相名臣表》云：「元鼎四年，立常山憲王子平爲真定王，商爲泗水王。」《五宗世家》云：「真定王平，元鼎四年用常山憲王子爲真定王。泗水思王商，元鼎四年用常山憲王子爲泗水王。」皆其證。

王子侯表

脱二字

「沈猷夷侯歲」。念孫案：《史表》「猷」作「猶」，索隱曰：「《漢表》在高苑」。又《楚元王傳》「封元王子歲爲沈猶侯」，晉灼曰：「《王子侯表》屬千乘高苑。」《地理志》作「高宛」。今本末一格脱「高苑」二字，當補入。

豫章

「安城思侯蒼豫章」。念孫案：「安城」，《史表》作「安成」，《地理志》安成屬長沙，不屬豫章，豫章本在下條「宜春侯成」下，因此條脱「長沙」二字，而「豫章」二字遂移入此條矣。《史表》索隱引此已誤。《水經·贛水注》云：「《十三州志》稱，廬水西出長沙安成縣。今本「安成」作「安復」，乃後人所改，依新校本訂正。武帝元光六年，封長沙定王子劉蒼爲侯國。」是其證。

脱二字

「宜春侯成」。念孫案：此條末一格當有「豫章」二字，今誤入上條。《地理志》豫章郡宜春，《水經·贛水注》云：「牽水西出宜春縣。漢武帝元光六年，封長沙定王子劉成爲侯國。」是其證。

勝容　勝侯客

「勮俗作「劇」。原侯錯　侯勝容嗣」。念孫案：「勝容」二字義無所取，當是「勝客」之譌。《高祖功臣表》有樊噲曾孫勝客，《恩澤侯表》有丙吉元孫勝客，《急就篇》有薛勝客，未有名勝容者。又《高祖功臣表》河陵頃侯郭亭「河陵」當作「阿陵」，説見《功臣表》。下云「勝侯客嗣」，「勝侯客」亦當依《史表》作「侯勝客」。

東海

「臨朐夷侯奴　東海」。念孫案：《地理志》東海無臨朐縣，此涉下條「東海」而誤也。「東海」當爲「東萊」，《地理志》曰：「東萊郡臨朐。」《水經·巨洋水注》曰：「巨洋水逕臨朐縣故城東。漢武帝元朔二年，封菑川懿王子劉奴爲侯國。」是其證。

雷侯

「雷侯豨」。念孫案：「雷」當爲「盧」，《史表》亦誤作「雷」。《地理志》城陽國有盧縣，今本「盧」誤作「慮」。或云「盧」、「慮」古字通，非也。辯見《地理志》。《水經·沂水注》云：「盧川水東南流逕城陽之盧縣，故蓋縣之盧上里也。漢武帝元朔二年，封城陽共王弟劉豨爲侯國。」是其證。《周官·職方氏》「其浸盧維」，鄭注云：「『盧維』當爲『雷雍』，字之誤也。」隸書「盧」字作「⿱雷皿」，其上半與「雷」相似，故《周官》之「雷」誤作「盧」，而《史》《漢》表之「盧」又誤作「雷」。或謂古字通用，非也。韻書「盧」在模部，「雷」在灰部，灰部之字不得與模部通，故鄭不云「聲之誤」，而云「字之誤」。

辟土

「辟土節侯壯」。念孫案：《史表》「辟」下無「土」字，蓋「壁」、「辟」古字通，成二年《左傳》「辟司徒」，杜注：「主壘壁者。」《爾雅·釋天》「營室、東壁」，《曲禮》注「壘，軍壁也」，《釋文》「壁」竝作「辟」。故《漢表》作「壁」，而寫者誤分爲二字，師古音「闢」，非也。《水經·沭水注》云：「葛陂水西南流逕辟城南，世謂之辟陽城。漢武帝元朔二年，封城陽共王子劉壯爲侯國。」則作「辟土」者誤也。漢之辟城在城陽莒縣，見《沭水注》。與東海相近，故《表》在東海也。

平城　脱二字

「平城侯禮」。念孫案：「平城」當依《史記》作「成平」。《水經·濁漳水注》云：「成平縣故城，漢武帝元朔三年，封河間獻王子劉禮爲侯國。」《地理志》成平、南皮俱屬勃海，故《索隱》云「《表》在南皮縣」，相近故也。若平城則在北海，去南皮遠矣。又末一格脱「南皮」二字，當依《索隱》補。

前侯

「前侯信」。師古曰：「字或作『菆』，音側流反。」念孫案：「前」即「菆」字之誤，隸書「菆」字作「菆」，因譌而爲「前」。《史記》作「叢」，徐廣曰：「一作散。」索隱曰：「叢，音緅。」蓋書傳「叢」字或作「菆」，「叢」、「菆」皆以「取」爲聲，故皆有「緅」音也。《公羊春秋・僖三十三年》「公伐邾婁，取叢」，《釋文》「叢」作「菆」，疏云：「『叢』有作『鄒』字者。」其作「散」者亦「菆」之譌。

二月

「胡毋侯楚　二月癸酉封」。念孫案：「二月」當依《史表》作「十月」，自蒲領侯以下二十四侯，皆以元朔三年十月癸酉封，若此侯獨以二月封，則不當列於正月之前矣。

安意

「象氏節侯賀　侯安意嗣」。念孫案：「安意」當作「安悳」。「悳」，古「德」字，與「意」相似而誤。《史表》正作「安德」，又《高后功臣表》有齊受玄孫安德。

脱二字

「建成侯拾」。念孫案：《史表》索隱云：「《表》在豫章。」今本末一格脱「豫章」二字，當補入。《地理志》建成屬豫章郡。《水經·贑水注》云：「濁水東逕建成縣，漢武帝元朔四年，封長沙定王子劉拾爲侯國。」是其證。

敦侯　敷侯

「臨樂敦侯光」。師古曰：「『敦』字或音弋灼反，又作『敫』，古『穆』字。」念孫案：「敦」字無弋灼反之音，「敫」亦非古「穆」字，此傳寫脱誤，當作「『敦』字或作『敫』，音弋灼反，又作『斆』，古『穆』字」。《説文》「敫」讀若「龠」，正合弋灼反之音。《玉篇》「『穆』古文作『斆』」，《集韻》云「『穆』，古作『斆』」，皆其證。《玉篇》作「斆」，與俗書「敦」字尤相似，「敦」與「敫」皆《周書·謚法》所無，《史記》亦作「敦」，《索隱》引《謚法》「善行不怠曰敦」，未詳所出。則皆「斆」之譌也。「斆」，古「穆」字，《謚法》曰「布德執義曰穆，中情見貌曰穆」是也。

下文「定敷侯越」，「敷」亦《謚法》所無，《史記》作「敫侯」。「敫」爲「斆」之譌，「敷」又「敫」之譌耳。今本《史記》「敫侯」作「敬侯」，後人以意改之也。《索隱》單行本作「敫」，引《説文》

「『敫』讀如『躍』」，則司馬所見本正作「敫」，而《謚法》無「敫」，則其爲「斆」字之譌可知。今本《史記》既改「敫」爲「敬」，又改《索隱》云「《漢表》作『敷』，《說文》云『「敷」讀如「躍」』」，殊爲可笑。或又謂《漢表》「敷」字爲「敬」字之譌，不知「敬」字左畔與「敷」字絕不相似，若本是「敬」字，無緣譌爲「敷」也。「敫」字左畔與「敬」字亦不相似，又不得改「敫」爲「敬」也。

三十五年

「牟平共侯渫　元狩三年節侯奴嗣，三十五年薨，大始二年敬侯更生嗣」。念孫案：「三十五年」當依景祐本作「二十五年」。自元狩三年至大始二年凡二十六年，侯奴之薨在前一年，故曰「二十五年」。

歊

「歊安侯延年」。師古曰：「『歊』音許昭反。」念孫案：「歊」當依《史表》作「鄗」。李奇注《韓信傳》曰：「『鄗』音『羹臛』之『臛』。」《地理志》鄗縣屬常山，即《左傳·哀四年》齊國夏伐晉取鄗者也。延年爲趙敬肅王子，故封於常山，鄗縣故城在今趙州柏鄉縣北。後有鄗侯舟，亦敬肅王子，蓋延年以元鼎五年坐酎金失侯，故又封舟於鄗也。鄗侯舟下書「常山」，則此亦當有「常山」二字，而寫者脱之。「郜」與「歆」字形相似而誤，師古望文爲音，失之矣。

乘丘

「乘丘節侯將夜」。念孫案：「乘丘」當依《史表》作「桑丘」。《史記・趙世家》「韓舉與齊、魏戰，死于桑丘」，正義曰：「《括地志》云：『桑丘城在易州遂城縣界。』」今保定府安肅縣西南有桑丘城，漢之北新城地也，《地理志》作北新成，屬中山國。將夜爲中山靖王子，故封於中山。若乘丘則屬泰山，故城在兖州府滋陽縣西北，去中山遠矣。《水經・洙水注》云：「洙水西南逕泰山郡乘丘縣故城東。趙肅侯二十三年，韓將舉與齊、魏戰於乘丘，即此縣也。漢武帝元朔五年，封中山靖王子劉將夜爲侯國。」蓋所見《趙世家》《王子侯表》之「桑丘」皆誤爲「乘丘」，遂有此謬證矣。隸書「桑」字作「桒」，「乘」字或作「乗」，見漢《安平相孫根碑》。二形相似，故「桑」譌作「乘」耳。又《史表》之桑丘，索隱云「《表》在深澤」，蓋《地理志》深澤與北新成皆屬中山，地相近故也。今末一格脱「深澤」二字，當補入。

脱一字

「柳宿夷侯蓋」。念孫案：此條末一格有「涿」字，而今本脱之，《史表》柳宿，索隱云「《表》

在涿郡」，是其證。涿與中山相連，此侯爲中山靖王子，故封邑在涿也。

蕢 脱二字

「蕢侯方」。師古曰：「『蕢』音口怪反，字或作『費』，音扶未反，又音『祕』。」念孫案：「蕢」字從艸貴聲，音求位、口怪二反，不音扶未反，亦不音「祕」，且不得與「費」通。「蕢」當爲「蕡」，字之誤也。隷書「賁」字或作「貴」，形與「貴」相近，故「蕡」譌作「蕢」。《列子·楊朱篇》「宋國有田夫，常衣緼黂」，今本「黂」譌作「𪎭」。《莊子·天運篇》「乃憤吾心」，「憤」本又作「憒」，皆其類也。「蕡」字從艸賁聲，「賁」音「奔」，又音彼義反，故「蕡」音「墳」，又音扶未反，又音「祕」，聲與「費」同，故字亦相通。《内則》「菽、麥、蕡、稻、黍、粱、秫」，釋文：「蕡，扶云反，徐扶畏反。」《爾雅》「黂，枲實」，釋文：「『黂』本或作『蕡』，符分反，或扶沸反。」《方言》「蘇，周、鄭之閒謂之公蕡」，郭注曰：「蕡，音翡翠。」皆其證也。師古不知「蕡」爲「蕢」之譌，故音口怪反。《史記》「蕡」作「費」，索隱曰：「『費』音『祕』，又扶味反。」汲古閣所刻《索隱》單行本如是，今本《史記》作「蕢」。《索隱》曰「或作費」，此後人據《漢書注》改之。「蕡」與「費」字異而義同，即《地理志》之東海費縣也。又《索隱》云「《表》在琅邪。」琅邪、東海二郡相連，故《志》在東海而《表》在琅邪，今本末一格脱「琅邪」二字，當補入。

瓡

「瓡節侯息」。師古曰：「『瓡』即『瓠』字也，「瓠」音「狐」。又音『孤』。」《地理志》北海郡瓡，師古曰：「『瓡』即『瓠』字。」《史記·建元以來王子侯者表》報侯劉息，今本「報」作「瓡」，乃後人據《漢書》改之。集解：「徐廣曰：『一作瓡。』」今本作「報」，亦後人轉改。《索隱》單行本曰：「報，今本刪此字。縣名，《志》屬北海，《表》作『瓡』。韋昭以『瓡』爲諸埶反。」「表作瓡」以下十一字，今本刪。念孫案：「瓡」與「報」皆「執」字之譌也。隸書「執」字或作「执」，見漢《淳于長夏承碑》。故譌爲「瓡」，又譌爲「報」。《史記·建元以來王子侯者表》鈞丘侯劉執德，《漢表》「執」作「報」。《家語·七十二弟子篇》「子若執其書曰『吾斯之未能信』」，今本「執」譌作「報」。《史表》之「報侯息」即《漢表》之「瓡侯息」，而韋昭音諸埶反，則非「報」字明矣。《地理志》之「瓡」師古以爲即「執」字，正與諸埶之音相合，而《說文》《玉篇》皆有「執」無「瓡」，隸書「執」字又與「瓡」相似，則「瓡」爲「執」之譌明矣。凡「執持」之「執」，《史》《漢》中無作「瓡」者，惟縣名之「執」作此字，蓋「執持」之「執」隸書作「瓡」者，人皆知其爲「執」字之譌，故隨處改正，惟縣名之「瓡」不敢輒改，遂相沿至今。師古既云「瓡」即「執」字，又云「瓡」即「瓠」字，又音「孤」，前後自相矛盾，則涉河東郡之「瓡讘」而誤也。辯見下。《廣韻·入聲二十六緝》：「瓡，之入切，縣名，在北海。」而《平聲十一模》無「瓡」字，是讀「瓡」爲「執」而不讀爲「瓠」矣。但未知「瓡」爲「執」之譌耳。又案：《說文》「㚔」女涉反。字注云：「讀若『瓠』，一曰讀若『籋』。女涉反。」「瓠」亦「執」之譌也。隸書「瓠」或作「瓡」，「執」或作「𢀸」，二形相似，故「執」譌爲「瓠」，「執」與「籋」聲相近，故「㚔」讀若「執」，又讀若「籋」。如讀若「瓠」，則聲與「籋」遠而不可通矣。又《說文》：「執，從丮，居逆反從㚔，㚔亦聲。」「㚔」讀若「執」，故「執」從㚔聲。如讀若「瓠」，則聲又與「執」遠而不可通矣。

千乘

「枸侯賢，今本「枸」譌作「拘」，據《索隱》引改。《史表》「枸」字又譌作「栒」。千乘。」念孫案：「枸」者，「朐」之借字也。「千乘」當爲「東海」。《索隱》引《漢表》正作「東海」，《地理志》朐縣屬東海，是其證。朐縣故城在今海州南，去漢之千乘郡尚遠，不得言枸在千乘也。

淯

「淯侯不疑」。念孫案：「淯」當依《史表》作「涓」。《水經·濰水注》云：「涓水出馬耳山，北注於濰水。」馬耳山在今青州府諸城縣西南，涓水出於其陰，北過諸城縣西，又北入濰水。

此侯封於涓，蓋鄉聚之以水得名者。若淯水則在南陽，此侯爲城陽頃王子，不當遠封南陽也。俗書「涓」字作「洧」，與「淯」相似而誤，師古音「育」，失之矣。《地理志》琅邪有諸縣，其故城在今諸城縣西南，而琅邪與東海相近，故《表》在東海也。

桑丘

「桑丘侯頃」。念孫案：「桑丘」當爲「乘丘」。《地理志》泰山郡乘丘，師古曰：「《春秋·莊公十年》『敗宋師于乘丘』即此是也。」此侯爲東平思王子，故封於乘丘，其地與東平相近，下文之桃鄉頃侯宣、富陽侯萌皆思王子。富陽、桃鄉與乘丘竝屬泰山，亦與東平相近。桃鄉故城在今兖州府汶上縣東北，乘丘故城在滋陽縣西北。又上文之栗鄉頃侯護，下文之西陽頃侯竝，亦皆思王子。栗鄉、西陽竝屬山陽，去東平亦不甚遠也。若中山國北新城縣之桑丘城，則在今保定府安肅縣西南，去東平遠矣。説見前「乘丘」下。《史記·趙世家》「韓舉與齊魏戰，死于桑丘」，此中山之桑丘城。集解曰：「《地理志》云泰山有桑丘縣。」則所見《地理志》泰山郡之乘丘亦誤爲「桑丘」，故謬引爲桑丘之證，《正義》駁之是也。《史記·六國表》：「楚悼王二年，三晉來伐我，至乘丘。」今本亦譌作「桑丘」。隸書「桑」、「乘」相似，故「乘」譌爲「桑」。互見前「乘丘」下。

疌　埶　嚊

「廣城侯疌」。師古曰：「疌，音竹二反。」念孫案：「疌」音「捷」，不音竹二反。「疌」當爲「疐」，《息夫躬傳》「卑爰疐强盛」，師古曰：「疐，音竹二反。」是「疌」爲「疐」之譌。又《古今人表》「衛疌，明監本依《詩正義》改「疌」爲「建」，非也，辯見下。嗣伯子」，「疌」亦當爲「疐」，「疐」下當有「伯」字。《史記・三代世表》衛疌伯，索隱曰：「疌，音捷。」《衛世家》「嗣伯卒，子疌伯立」，今本作「⿸广疌」，即「疌」之俗書，《玉篇》《廣韻》《集韻》皆無此字。徐廣音義曰：「疌，音捷。」索隱曰：「《世本》作『摯伯』。」余謂「疌」與「摯」聲不相近，無由通借，當本是「疐」字，聲與「摯」相近，故字亦相通也。徐及小司馬音「捷」，皆失之。隸書「疐」、「疌」相似，故「疐」譌作「疌」。《邶風・終風篇》「願言則嚏」，《釋文》作「疌」，云「本又作疐」。《豳風・狼跋篇》「載疐其尾」，釋文：「疐，本又作疌。」晉灼注《息夫躬傳》曰：「『疐』音《詩》『載疐其尾』之『疐』。」師古曰：「以字言之，晉音是，而《匈奴傳》服虔乃音『獻捷』之『捷』，既已失之，末俗學者又改『疐』字爲『疌』以應服氏之音，尤離真矣。」摯伯之「摯」或作「疐」，而今本譌作「疌」，猶上文帝摯之「摯」或作「疐」，而《路史・後紀》譌作「疌」也。《邶譜》正義引《史記》作「建伯」，「建」又「疌」之譌矣。隸書「疌」、「建」亦相似，説見《賈誼傳》「揵之江」下。又《律曆志》「魯獻公即位五十年，子慎公埶立，嚊」，「埶」當爲「摯」，「嚊」當爲「嚏」，慎公之名或作「摯」，或作「嚏」，故并記之。上文

「子考公就立，酉」，師古曰：「又記此『酉』者，諸説不同而名字或異也，下皆放此。」師古曰：「嚊，音皮祕反，又音許器反。」《史記·十二諸侯年表》魯真公濞，「慎」、「真」古字通。索隱曰：「《世本》作『慎公摯』，鄒誕本作『慎公嚊』。」《魯世家》「獻公卒，子真公濞立」，索隱曰：「濞，《世本》作『摯』，或作『鼻』，鄒誕本作『慎公嚊』。」余謂《志》作「埶」者，「摯」譌爲「埶」，又譌爲「埶」也。其或作「嚊」者，則「嚏」之譌。「嚏」即「疐」之借字，見上注。而聲與「摯」近，故《世本》作「摯」，《漢志》作「嚏」也。《史表》及《世家》作「濞」者，又爲「嚊」之譌，其或作「鼻」者，則「疐」之譌也。師古望文爲音，失之矣。

高惠高后文功臣表

黄河

「使黄河如帶，泰山若厲」。念孫案：「黄」字乃後人所加，欲以「黄河」對「泰山」耳，不知西漢以前無謂河爲黄河者，且此誓皆以四字爲句也。《北堂書鈔》《藝文類聚·封爵部》引此皆有「黄」字，則所見本已誤，《漢紀》及《吴志·周瑜傳》有「黄」字，亦後人依誤本《漢書》加之，《史表》無「黄」字。如淳注《高紀》引《功臣表》誓詞云「使河如帶，大山若厲」，此引《漢表》，非引《史表》也，《史表》作「如厲」，《漢表》作「若厲」。而亦無「黄」字，則「黄」字爲後人所加甚明。

虞夏以之

「昔唐以萬國致時雍之政，虞夏以之多羣后饗共己之治」。念孫案：「以」下「之」字涉上下文而衍，《漢紀·孝成紀》無。

豈無刑辟

「燕、齊之祀與周竝傳，子繼弟及，歷載不墮，豈無刑辟？繇祖之竭力，故支庶賴焉」。師古曰：「言國家非無刑辟，而功臣子孫得不陷罪辜而能長存者，思其先人之力，令有嗣續也。」念孫案：「刑辟」當爲「邪辟」，字之誤也。「辟」與「僻」同，言燕、齊後世豈無邪僻之君，皆賴其先祖之功以免於禍也。成八年《左傳》「三代之令王皆數百年保天之禄，夫豈無辟王？賴前哲以免也」，杜注曰：「言三代亦有邪辟之君，但賴其先人以免禍耳。」杜業之説即本於《左傳》。若謂國家「豈無刑辟」，則非其指矣。《漢紀》正作「豈無邪辟」。

以綴續前記

「以綴續前記，究其本末，并序位次，盡于孝文，以昭元功之侯籍」。念孫案：「以綴」上當有「是」字，而今本脱之。《諸侯王表敘》云「是以究其終始彊弱之變，明監戒焉」，《外戚恩澤侯表敘》云「是以別而敘之」，皆其例也。

清河

「清河定侯王吸」。念孫案：「清河」當依《史表》作「清陽」。考《元和郡縣志》「後漢始省信成縣，置清河縣」，前漢無此縣也。蓋漢之清陽縣本爲清河郡治，見《地理志》。因此而誤矣。然下文「汾陰悼侯周昌功比清陽侯」，則此文本作「清陽」，而「清河」乃後人所改也。《水經·河水注》作「清河」，則所見《漢表》已誤。《史記索隱》引《楚漢春秋》亦作「清陽侯」。

定漢

「曲周景侯酈商以將軍從起岐，攻長社以南，別定漢」。念孫案：「漢」下脱「中」字，當依《史記》補。定漢中事見《商傳》。

費侯

「費侯陳賀」。師古曰：「『費』音扶味反，説者以爲季氏邑，非也。」念孫案：《地理志》：「東海郡費，故魯季氏邑。」《水經·沂水注》云：「治水東南，逕費縣故城南，《地理志》東海之屬縣也，爲魯季孫之邑。漢高帝六年，封陳賀爲侯國。」是陳賀所封之費即故季氏邑也。「費」字當音彼冀反，今師古音扶味反，又云「非季氏邑」，皆所未詳。又《史表》作「圉侯陳賀」，此脱「圉」字，《謚法》：「威德剛武曰圉。」

陽信

「陽信胡侯呂青」。念孫案：「陽信」當依《史表》作「新陽」。《地理志》汝南郡新陽，應劭曰：「在新水之陽。」新陽故城在今潁州府太和縣西北。《水經·潁水注》曰：「新溝水東北逕新陽縣故城南，漢高帝六年，封呂青爲侯國。」即《陳勝傳》所云「呂臣爲蒼頭軍，起新陽」者也。若陽信自屬勃海郡，乃文帝時劉揭所封，非呂青所封。蓋「新」字古通作「信」，《王子侯表》之「新鄉侯」，《王莽傳》作「信鄉侯」。師古曰：「古者『新』、『信』同音。」《史記·高祖紀》「呂青爲令尹」，索隱曰：「案《表》，青封信陽侯也。」是小司馬所見《史表》正作「信陽」。又倒在「陽」字下耳。

沛公

「武彊嚴侯嚴不職以舍人從起沛公霸上」。景祐本「霸上」上有「至」字。念孫案：此當作「以舍人從起沛，至霸上」，「沛」謂沛縣也，上文「平陽懿侯曹參以中涓從起沛，至霸上」，即其證，後文若此者多矣。「沛」下「公」字乃淺學人所加，景祐本衍「公」字，此本又脱「至」字矣。

建御史大夫陽

「侯青翟坐爲丞相建御史大夫陽不直，自殺」。念孫案：「建」當爲「逮」，注同。「陽」當爲「湯」，皆字之誤也。「逮御史大夫湯不直」者，言青翟爲丞相，與長史謀逮張湯，其事不直也。《史記》作「坐爲丞相與長史朱買臣等逮御史大夫湯不直」，是其證。陳氏少章曰：「『建』下疑脱『治』字，建議劾治謂之『建治』，見《谷永傳》。」案：「建治」二字文不成義，亦是「逮治」之譌，說見《谷永傳》。陳說非。

票客

「淮陰侯韓信　爲連敖票客」。師古曰：「《高紀》及《信傳》竝云爲治粟都尉，而此云『票客』，參错不同。或者以其票疾而賓客禮之，故云『票客』也。」念孫案：《百官表》有治粟内史，掌穀貨。《高紀》及《信傳》竝云信爲治粟都尉，《漢紀》同。則「票」爲「粟」字之譌甚明，《史表》索隱引《漢表》正作「粟客」。而師古本獨譌作「票客」，遂望文生義而曲爲之説矣。

迫騎

「祁穀侯繒賀以連敖擊項籍，漢王敗走，賀擊楚迫騎」。念孫案：「迫」當依《史記》作「追」，字之誤也。「楚追騎」正承上「漢王敗走」而言。

底

「魯侯奚涓，涓亡子，封母底爲侯」。念孫案：「底」《史表》作「疵」，而徐廣引《漢書》云「涓死無子，封母疵」，是徐所見《漢表》正作「疵」，今本作「底」，誤也。草書「疵」字作「[illegible]」，因譌作「底」。《考工記》「車人爲耒，庛長尺有一寸」，今本《月令》正義「庛」譌作「底」，是其例也。

河陵　陽河

「河陵頃侯郭亭」。念孫案：「河陵」當依《史表》作「阿陵」，索隱云「縣名，屬涿郡」，見《地理志》。而不言「《漢表》作『河陵』」，則今本「河陵」爲傳寫之譌也。又下文「陽河齊侯其石，七年十月甲子封」，今本「十」下衍「一」字，據《漢書考證》删。「陽河」亦當作「陽阿」，《史表》亦作「陽河」，而《索隱》云「縣名，屬上黨」，則當作「陽阿」。《地理志》曰：「上黨郡陽阿。」《水經・沁水注》曰：「陽泉水東逕陽陵城南，即陽阿縣之故城也。漢高帝七年，封卞訢爲侯國。」案：《水經注》作「卞訢」而《表》作「其石」，未知孰是。是其證。「阿」、「河」形聲相亂，故「阿」譌作「河」。互見《五行志》「河陽主」下。

終陵

「終陵齊侯華毋害」。念孫案：《地理志》無終陵縣，「終陵」當爲「於陵」，濟南郡之屬縣也。於陵故城在今濟南府長山縣西南，本齊於陵邑。下文有「毋害曾孫於陵大夫告」，則毋害之封於陵明矣。上文「南安嚴侯宣虎有曾孫南安簪褭」，「護肥如敬侯蔡寅有曾孫肥如大夫福」，「高宛制侯丙猜有玄孫之孫高宛大夫齮」，下文若此者不可枚舉。篆文「於」字作「[illegible]」，與「終」相似而誤。《史表》作「絳陽」，則又「終陵」之誤。《水經・澮水注》以爲河東之絳縣，非也。

類

「北平文侯張蒼，孝景後元年，侯類嗣」。又《張蒼傳》「至孫類，有罪，國除」。念孫案：「類」皆當爲「纇」，讀如聾聵之「聵」，説見《史記》。此字師古無音，則所見本已譌作「類」矣。

盧綰

「⿰木⿱旬子舊本譌作「⿰扌⿱旬子」。案：《説文》《玉篇》《廣韻》《集韻》皆無「⿰扌⿱旬子」字，當作「⿰木⿱旬子」，此即右扶風栒邑縣也。作「⿰木⿱旬子」者，借字耳。《説文》：「⿰木⿱旬子，大木可爲鉏柄。」《廣韻》相倫、祥勻二切，故師古曰「『⿰木⿱旬子』音『詢』，又音『旬』也。」《史記》作「⿰扌旬」，即「栒」之誤，今改正。頃侯温疥以燕相國定盧綰。」念孫案：「盧綰」當依《史記》作「盧奴」。盧奴，縣名，故言「定」，猶上文費侯陳賀之定湖陽也。若云「定盧綰」則文不成義矣。「綰」字蓋淺學人所改。

稾祖侯陳鍇

「稾祖侯陳鍇」。師古曰：「稾音公老反，鍇音口駭反。」《史記》作「稾祇侯陳錯」。念孫案：

「槀」當爲「橐」，字之誤也。《水經・泗水注》曰：「泗水又南逕高平縣故城西，縣故山陽之橐也。漢高帝七年，封將軍陳錯爲橐侯。」《漢書・五行志》「山陽橐茅鄉社有大槐樹」，師古曰：「橐，縣名也，音『拓』。」《地理志》山陽郡橐，薛瓚曰：「音『拓』。」則其字本作「橐」，師古此注「音公老反」，失之矣。《史記索隱》曰：「《漢志》橐縣屬山陽。」則司馬所見本正作「橐」，故引《漢志》爲解，而今本《索隱》亦作「槀」，則後人以師古注改之也。古無以「祖」爲謚者，「祖」當依《史記》作「祇」，亦字之誤也。隸書「氐」字或作「互」，又作「⿱口乚」，形與「且」相似，故「祇」字譌而爲「祖」。《地理志》：「常山郡元氏，泜水首受中丘西山窮泉谷。」今本「泜」譌作「沮」，是其例也。蔡邕《獨斷》説《謚法》曰「治典不殺曰祇」，是其證。殺，色界反。《史記正義・謚法解》注曰「秉常不衰」是也。今本《獨斷》「祇」作「祈」，亦是隸書之誤。一本作「震」，「震」、「祇」古字通，則本作「祇」明矣。説見惠氏《尚書古義》。師古不解「祇」字，蓋所見本已譌爲「祖」矣。「鍇」與「錯」未知孰是，《史記索隱》亦云：「錯，《漢表》作『鍇』。」引《三蒼》云：「九江人名鐵曰『鍇』。」

閼氏

「閼氏節侯馮解散」。「閼」，於乾反，「氏」音「支」。《水經・清漳水注》曰：「梁榆城，即閼與故城也。秦伐韓閼與，惠文王使趙奢救之，奢破秦於閼與，謂此也。司馬彪、袁山松《郡國志》竝言『涅縣有閼與聚』，漢高帝八年，封馮解散爲侯國。」全氏謝山曰：「閼氏非閼與。《索隱》曰『在安定』，亦非。」趙氏東潛曰：「《史》《漢》表之閼氏，《索隱》以爲在安定，蓋即《地理志》安定郡之烏氏縣也，《續漢志》作『烏枝』。古篆文『烏』與『於』相似，後人又加一『門』，疑馮解散之封宜在彼。全氏以小司馬爲非，未之審耳。」念孫案：趙云「閼氏」即「烏氏」，是也。云「篆文『烏』、『於』相似，後人又加『門』」，則非也。「烏」之爲「閼」，乃聲之通，非字之誤，「閼」字本以「於」爲聲，而「於」即古文「烏」字，「烏氏」之爲「閼氏」，猶「商於」之爲「商安」也。《鹽鐵論・非鞅篇》「封之於商安之地」，「商安」即「商於」，「於」、「烏」古同聲，「閼」、「安」古同聲，「於」之爲「安」猶「烏」之爲「閼」矣。又襄二十九年《公羊傳》「僚焉得爲君乎」，釋文：「焉，本又作惡。」《荀子・禮論篇》「無天地惡生？無先祖惡出？無君師惡治」，《大戴記禮・三本篇》「惡」竝作「焉」。《楚辭・天問》「焉有石林」，劉逵《吴都賦注》引「焉」作「烏」。《呂氏春秋・季春篇》「天子焉始乘舟」，《淮南・時則篇》「焉」作「烏」。「烏」與「惡」之爲「焉」，亦猶「烏」之爲「閼」矣。故《史記・酈商傳》「破雍將軍烏氏」，《索隱》本作「焉氏」，音於然反。《匈奴傳》：「涇北有烏氏之戎。」《吕氏春秋·當賞篇》「秦公子連去，入翟，從焉氏塞」，高注云：「塞在安定。」「焉氏」即「烏氏」，故曰「塞在安定」。此皆聲近而通，非字之誤也。而《水經注》乃以安定之閼氏爲上黨涅氏之閼與聚，失之矣。或謂《史》《漢》表之「閼氏」皆「閼與」之誤，不知「與」、「氏」二字形聲皆不相近，「與」字何由誤爲「氏」？又謂其地在涅氏縣，因「涅氏」譌作「閼氏」，則尤爲曲説。

十二年

「安丘懿侯張説　孝文十三年，其侯奴嗣，十二年薨。孝景三年，敬侯執嗣」。念孫案：「十二年」當依景祐本作「十三年」，自孝文十三年至孝景三年凡十四年，侯奴之薨在前一年，故曰「十三年」。

平

「平嚴侯張瞻師」。《史表》「平」作「繁」。或曰：《漢表》作「平」，誤，前有平悼侯工師喜，豈一地兩封乎？念孫案：此平縣即繁縣也。《地理志》繁縣屬蜀郡。「繁」、「平」聲近而字通，若《詩》之「平平左右」，《左傳》作「便蕃左右」矣。見襄十一年。

侯意

「長脩平侯杜恬侯意嗣」。念孫案：「意」當爲「憙」，「憙」與「喜」古字通，故《史表》作「喜」而師古無音，則所見本已譌爲「意」矣。《古今人表》之司馬喜，《中山策》作「憙」。《史記·張儀傳》之馮喜，舊本作「憙」，餘見《史記》。

單右車

「中牟其侯單右車」。念孫案：「單右車」，《史表》作「單父聖」，索隱曰：「《漢表》作『單父左車』。」單父，複姓也，今本脱「父」字。「左車」譌作「右車」，古無名「右車」者，《韓信傳》有李左車，《高祖功臣表》有周昌之孫左車，則作「左」者是也。又案：「左」疑當讀爲「佐」，《少儀》曰「乘貳車則式，佐車則否」，鄭注曰：「貳車、佐車皆副車也，朝祀之副曰貳，戎獵之副曰佐。」左車之名蓋取於此。

李必　二十年

「戚圉侯季必」。師古曰：「《灌嬰傳》云『李必』，今此作『季』，表、傳不同，當有誤。」念孫案：《灌嬰傳》是也。《史表》亦作「李必」，又《灌嬰傳》索隱引《漢紀》云「桓帝追録李必後黄門丞李遂爲晉陽關内侯」，《百官表》云「元狩四年，戚侯李信成爲太常」，即必之曾孫。見下文。《水經・河水注》云：「故瀆東北逕戚城西。漢高帝十二年，封將軍李必爲侯國。」皆其證也。又下文「建元三年，侯信成嗣。二十年，元狩五年，坐爲太常縱丞相侵神道，爲隸臣」。念孫案：「二十年」當依景祐本作「二十一年」，自建元三年至元狩五年凡二十一年。

以列侯入

「高梁其侯酈疥父食其以列侯入」。念孫案：「入」下脱「漢」字，上下文言「入漢」者多矣。舊本《北堂書鈔・封爵部中》引此正作「入漢」，陳禹謨删「漢」字。《史表》同。

漢書弟三

景武昭宣元成功臣表

脱八字

「江陽康侯蘇息」。《史表》作「蘇嘉」。念孫案：此條第三格内當有「四月壬申封三年薨」八字。「四月」者，景帝六年四月也。至中元年凡三年，而康侯息薨，其中二年則爲懿侯盧之元年。《史表》云「六年四月壬申，康侯蘇嘉元年」，是其證。其「中二年懿侯盧嗣」云云則當在第四格内。今本第三格内脱去八字，而第四、第五、第六三格内之字皆以次移上一格，當改正。

陸彊

「邇侯陸彊」。念孫案：「陸彊」，《史表》作「隆彊」，《釋名》謂車蓋弓爲「隆强」，云「隆强，言體隆而强也」。《索隱》本作「李隆彊」，案：今本《史》《漢》表及《水經注》皆無「李」字。而不言《漢表》作「陸彊」，則今本作「陸」者，譌也。《水經·巨馬河注》云：「淶水東南流逕遒縣故城東。漢景帝中三年，以封匈奴降王隆彊爲侯國。」字亦作「隆」。

擕侯徐盧

「容城擕侯徐盧」。念孫案：「擕」當爲「唯」，且當在「侯」字下。「容城侯唯徐盧」者，「唯徐」其姓也，「盧」其名也。《史表》作「侯唯徐盧」。宋本、王本、游本、毛本皆如是，或改「唯」爲「擕」者，非。《水經·易水注》曰：「易水東逕容城縣故城南。漢景帝中三年，以封匈奴降王唯徐盧爲侯國。」《百官表》曰：「太始三年容城侯唯塗光爲太常。」「唯塗」即「唯徐」，光乃盧之孫也。或以《謚法》「息政外交曰攜」，而謂「攜」爲謚，非也。此字各本皆作「擕」不作「攜」，乃是「唯」之誤字耳，後人既誤以「擕」爲謚，又誤以「徐盧」二字爲上姓下名，遂改「侯擕徐盧」爲「擕侯徐盧」，而不自知其謬也。「容城侯唯徐盧」與上文之安陵侯于軍、桓侯賜、「桓」《史表》作「垣」，縣名也。遒侯陸彊，下文之易侯僕黚、翕侯邯鄲皆匈奴降王，而皆無謚，唯范陽侯代、亞谷侯盧它之有謚耳。又《周勃傳》「匈奴王徐盧等五人降漢」，師古曰：「《功臣表》云睢徐。」案：彼文「徐盧」上脱「唯」字，《史記》同。而注文之「睢徐盧」即「唯徐盧」之誤，則此文之本作「唯徐盧」益明矣。引之曰：「徐」疑當作「涂」，「涂」與「塗」同，故《百官表》作「唯塗」。

「涂」、「徐」字形相似，世人多見「徐」少見「涂」，故「涂」譌爲「徐」矣。

范代

「范陽靖侯范代」。念孫案：下「范」字衍，《史表》作「靖侯代」，《水經·易水注》曰：「易水逕范陽縣故城南。漢景帝中三年，封匈奴降王代爲侯國。」皆無「范」字。《史記·孝景紀》正義引《漢表》亦無「范」字。上文之桓侯賜、下文之翕侯邯鄲皆不書姓，則匈奴降王固有不書姓者。

舞陽

「親陽侯月氏舞陽」。念孫案：「舞陽」當作「舞陰」，此涉下文「舞陽」而誤也。《史表》索隱云「《漢表》在舞陽」，則所見本已誤。「親」與「瀙」同，《説文》《地理志》《水經》竝言瀙水出南陽舞陰，今本《説文》譌作「舞陽」，據《漢志》《水經》改。此侯所封在瀙水之北、舞水之南，故曰「瀙陽侯」，而其地則屬於舞陰也。舞陰與瀙水皆在舞水之南，今瀙水出南陽府泌陽縣東北，漢舞陰故城在泌陽縣西北。而舞陽乃在舞水之北，舞陽故城在今舞陽縣西。則瀙陽之不屬舞陽審矣。

安樂　昌

「安樂侯李蔡昌」。念孫案：「安樂」當爲「樂安」，《地理志》樂安屬千乘郡，《水經·濟水注》曰：「濟水東北逕樂安縣故城南。漢武帝元朔五年，封李蔡爲侯國。」《史表》《百官公卿表》及《史》《漢》李廣傳、衛青傳皆作「樂安」，唯此《表》作「安樂」，故《李廣傳》注以此爲誤也。「昌」上當有「博」字，寫者脱之耳。《索隱》引此已誤。《地理志》博昌、樂安竝屬千乘，樂安故城在今青州府博興縣北，博昌故城在博興縣南。二縣本相近，蓋封於樂安，而食邑在博昌，故上書「樂安侯」而下書「博昌」，小司馬以爲琅邪之昌縣，非也。

軹　陟軹

「軹侯李朔」。念孫案：「軹」上有「涉」字，而寫者脱之，據《表》云在西安。《地理志》西安屬齊郡，則非河内之軹縣也。《史表》及《衛將軍傳》竝作「涉軹」，本書《衛青傳》作「陟軹」，字之誤耳。「涉軹」乃侯名，非縣名。《史表》索隱云：「涉軹，猶從驃，皆當時意也。故上文有涉安侯。」

匈奴河

「從票侯趙破奴　元封三年以匈奴河將軍擊樓蘭，封浞野侯」。念孫案：「奴」字涉上下文「匈奴」而衍，《史表》無「奴」字，《武紀》云「遣匈河將軍趙破奴出令居」，薛瓚曰：「匈河，水名，在匈奴中，去令居千里，見《匈奴傳》。」《匈奴傳》：「從票侯趙破奴將萬餘騎出令居數千里，至匈河水。」今本「匈」下亦衍「奴」字。《衛霍傳》亦云趙破奴「爲匈河將軍，攻胡至匈河水」。《史記》同，又《大宛傳》云：「遣從驃侯破奴將兵，至匈河水。」

龍侯　龒侯

「龍侯摎廣德」。又《南粵傳》「封摎樂子廣德爲龒侯」，晉灼曰：「『龒』，古『龍』字。」各本「龒」譌作「龒」，《説文》《玉篇》《廣韻》《集韻》皆無「龒」字，今據《史傳》索隱引改。《史表》作「龍亢」，索隱曰：「晉灼云：『龍，闕。』《左傳》『齊侯圍龍』，龍，魯邑。蕭該云：『廣德所封止是龍，有「亢」者，誤也。』」《南越傳》亦作「龍亢」，索隱曰：「龍亢屬譙國。」念孫案：此當依《史表》作「龍亢侯」，《漢表》作「龍侯」者，傳寫脱「亢」字耳。《南粵傳》作「龒侯」者，「龍」、「亢」二字合譌爲一字，而「亢」又譌爲「木」耳。「龒」乃房室之疏，非古「龍」字，晉灼以《表》作「龍侯」，故强爲之說。《集韻》：「龍，古作龒。」即沿晉灼之誤。而蕭該遂以有「亢」字者爲非。《地理志》龍亢屬沛郡，龍亢故城在今鳳陽府懷遠縣西。後漢屬沛國，晉改屬譙郡，《史表》《史傳》皆以龍亢爲廣德封邑，必確有所據，不得以《漢書》之譌脱而謂「龍」下本無「亢」字也。小司馬云「龍亢屬譙國」本不誤，而其注《史表》又爲蕭該所惑，且附會以魯之龍邑，則其謬滋甚矣。

下鄜

「下鄜侯左將黃同」。師古曰：「『鄜』音『孚』。」念孫案：師古音非也。「鄜」當爲「酈」，南陽郡之屬縣也。如淳曰：「『酈』音『蹢躅』之『蹢』。」《史表》作「下酈」，《水經·湍水注》曰：「湍水東南流逕南陽酈縣故城東。漢武帝元封元年，封左將黃同爲侯國。」字皆作「酈」，且《表》在南陽，則是「酈」字明矣。若鄜縣則在左馮翊，不在南陽也。

瓡讘

「瓡讘侯扜者」。師古曰：「『瓡』讀與『狐』同。『讘』音之涉反。」《地理志》曰：「河東郡狐讘。」《史記·建元以來侯者表》瓡讘侯扜者，集解：「徐廣曰：『在河東。瓡音胡。』」索隱曰：「即狐字。」念孫案：《功臣表》之「瓡讘」即《地理志》之「狐讘」，則「瓡」乃「瓠」之譌也。

隸書「瓠」或作「瓡」，因譌爲「瓡」，又譌爲「瓡」耳。《説文》《玉篇》皆無「瓡」字，《廣韻·十一模》亦無「瓡」字。《集韻·十一模》：「瓠，洪孤切。瓠讘，晉地名。又攻乎切，瓠讘，漢侯國，在河東。」則「瓡讘」爲「瓠讘」之譌明矣。師古注《王子侯表》之瓡音「執」。節侯息云：「『瓡』即『瓠』字，又音『孤』。」即涉此而誤也。

康侯最

「涅陽康侯最以父朝鮮相路人，漢兵至，首先降，道死，子侯」。念孫案：「最」上當有「路」字。

題侯 邘侯

「題侯張富昌以山陽卒與李壽共得衛大子，侯鉅鹿。謂食邑鉅鹿。邘侯李壽以新安令史得衛大子，侯河内。謂食邑河内。」師古曰：「『邘』音『于』。」《百官表》亦作「邘侯」，又《武五子傳》：「詔曰：『其封李壽爲邘侯，張富昌爲題侯。』」韋昭曰：「邘在河内。」孟康曰：「題，縣名也。」晉灼曰：「《地理志》無也，《功臣表》食邑鉅鹿。」師古曰：「晉説是也。」《漢紀·孝武紀》「題侯」作「踶侯」，「邘侯」作「抱侯」。念孫案：《漢紀》是也。「踶」音特計反，《莊子·馬蹄篇》

「馬怒則分背相踶」，李頤云：「踶，蹋也。」「封李壽爲踶侯」者，爲其足蹋開户以救大子，上文云大子「入室距户自經，山陽男子張富昌爲卒，足蹋開户」是也。《廣韻》「踶」、「題」竝特計切，聲相同，故字相通。而師古「題」字無音則已，不知其爲「踶」之借字矣。「封李壽爲抱侯」者，爲其抱解大子，上文云「新安令史李壽趨抱解大子」是也。《功臣表》在河内者，謂抱侯之食邑在河内，非謂河内有抱縣也。隸書「抱」字或作「抱」，「邘」字或作「𣬛」，二形相似，故「抱」譌作「𣬛」，後人以河内野王縣有邘城，僖二十四年《左傳》「邘晉應韓」，杜注：「河内野王縣西北有邘城。」正與《功臣表》之河内相合，遂改「𣬛」爲「邘」，不知「𣬛」乃「抱」字之譌。且踶侯、抱侯皆以救大子得名，非舊有之縣名也。韋云「邘在河内」，則已誤認爲邘城之「邘」。《水經·沁水注》亦云「邘城當大行南路，漢武帝封李壽爲侯國」，蓋此字之譌已久，不始於師古。《漢紀》云：「男子張富昌爲卒，足蹋開户，新安令史李壽趨抱解大子，上乃封李壽爲抱侯，張富昌爲踶侯。」即用《漢書》之文，足正諸家之謬矣。

厲温敦　呼連累

「義陽侯厲温敦，以匈奴譌連累單于率衆降侯」。念孫案：「厲」上當有「烏」字。「烏厲」其姓，「温敦」其名也。「連」當爲「速」，字之誤也。《宣紀》「五鳳二年，匈奴呼遬累單于帥衆來降」，《匈奴傳》「呼韓邪單于左大將烏厲屈與父呼遬累烏厲温敦率其衆數萬人南降」，師古曰：「『遬』，古『速』字。」

外戚恩澤侯表

漢陽

「建成康侯吕釋之，漢陽侯禄」。念孫案：「漢陽」當作「湖陵」，《史表》作「胡陵」，《地理志》湖陵屬山陽郡，若漢陽則屬楗爲郡，楗爲自武帝始開，則吕禄斷無封漢陽之理。「湖」「漢」、「陵」「陽」，皆字之誤。

侯祖

「周陽懿侯田勝侯祖嗣」。念孫案：《史表》作「侯彭祖」，此脱「彭」字。

發平

「發平侯登」。景祐本「發平」作「發于」。念孫案：當依《史記》作「發干」。《建元以來侯者表》

《衛青傳》亦作「發干」。《地理志》「東郡發干，莽曰戢楯」，則當作「干」明矣。

濟陽

「陽城侯田延年下云濟陽」。念孫案：《續史表》陽成田延年，「城」、「成」古字通。索隱云：「《表》在濟陰，非也。濟陰有成陽縣耳，而潁川、汝南又各有陽城縣，『城』字從土，在『陽』之下。」據此則今本作「濟陽」乃「濟陰」之誤。濟陰有成陽縣，而潁川、汝南皆有陽城縣。考延年所封之邑，此《表》及《宣紀》《酷吏傳》竝作「陽城」，則非濟陰之屬縣矣，而《表》云濟陰，故小司馬非之。若濟陽則是陳留之屬縣，與陽城、成陽皆不相涉。

十八年

「陽城繆侯劉德　五鳳二年節侯安民嗣，十八年薨，初元元年釐侯慶忌嗣」。念孫案：「十八年」當依景祐本作「八年」，自五鳳二年至初元元年凡九年，安民之薨在前一年，故云「八年」。

侯輔

「建成定侯黄霸，陽朔四年忠侯輔嗣，二十七年薨，居攝二年侯輔嗣」。念孫案：忠侯之子不當與父同名，考《黄霸傳》云「忠侯輔薨，子忠嗣」，侯是輔之子，名忠不名輔也。此即因上文「忠侯輔」而誤。

百官公卿表

左内史

「内史，周官，秦因之，景帝二年分置左内史」。念孫案：此本作「分置左、右内史」，今本脱「右」字，下文之「右内史」、「左内史」皆承此句言之。據注云《地理志》「武帝置左、右内史」，而此《表》云「景帝分置」，誤矣。則此文本作「景帝分置左、右内史」甚明。《史記正義·論例》及《北堂書鈔·設官部二十八》《白帖》七十六、《太平御覽·職官部五十》引此正作「左、右内史」，《漢紀·孝惠紀》《通典·職官十五》竝同。

掌北軍壘門内外掌西域

「中壘校尉掌北軍壘門内，外掌西域」。師古曰：「掌北軍壘門之内而又外掌西域。」念孫案：師古説非也。此條自「城門校尉」以下所掌皆京師及畿輔之事，不當兼掌西域。下條「西域都護」護西域三十六國，有副校尉，此自别爲一官，與中壘校尉無涉。《續漢書·百官志》云：「舊有中壘校尉，領北軍營壘之事，武帝置，中興省中壘，但置中候以監五營。」亦不言兼掌西域也。「西域」當爲「四城」，謂掌北軍壘門内外及四城之事也。《漢紀·孝惠紀》云「中壘校尉，掌北軍壘門内外及掌四城」，是其證。「四」「西」、「城」「域」字相似，又涉下文「西域」而誤耳。據《漢紀》，則「外」字當屬上讀，舊本《北堂書鈔·設官部十三》引此云「掌北軍壘門内外」，陳禹謨本於此下加「掌西域」三字，又引師古注爲證。亦以「外」字上屬，《太平御覽·職官部三十八》《四十》竝同。師古以「外」字屬下讀，亦非。

將大夫

「中黄門有給事黄門，位從將大夫」。念孫案：「將」下有「軍」字，而今本脱之。上文云「所加或列侯、將軍、卿大夫」是其例也。《藝文類聚·職官部四》引此正作「將軍、大夫」，《漢紀》同。

皇大后

「皇大后、皇后、公主所食曰邑」。念孫案：「皇大后」三字後人以意加之也。不言「皇大后」者，言后與公主則大后可知。《漢紀》及《通典・職官十五》竝作「皇后、公主所食曰邑」，今本竝作「皇大后」，「大」字乃後人依誤本《漢書》加之。《史記・呂后紀》集解、本書《高紀》注竝引如淳曰「《百官表》『皇后、公主所食曰邑』」，無「皇大后」三字，張晏注《高紀》亦同。

戊戌

「孝文後二年八月戊戌，丞相倉免」。《通鑑・漢紀七》同。念孫案：「戊戌」當爲「戊辰」，其後二日爲庚午，故下文云「庚午，御史大夫申屠嘉爲丞相」。下文又云「八月庚午，開封侯陶青爲御史大夫」，《漢紀》亦云「八月庚午，御史大夫申屠嘉爲丞相，開封侯陶青爲御史大夫」，則「庚午」二字不誤。若戊戌，則在庚午前三十二日，乃七月，非八月矣。《漢紀・孝文紀》正作「戊辰」。

殷容

「元朔五年，中尉殷容」。念孫案：「殷容」當爲「殷宏」，草書之誤也。《史記·淮南衡山傳》「元朔五年，遣漢中尉宏即訊驗王」，《漢書》同。索隱曰：「案《百官表》姓殷也。」則此文之作「殷宏」甚明。

錯簡十九字

「元狩三年三月壬辰，廷尉張湯爲御史大夫，六年，有辠自殺」。念孫案：此十九字當在「二年」下。二年三月壬辰，御史大夫李蔡爲丞相，而張湯即以是日爲御史大夫，不得遲至三年也。《史表》書「御史大夫湯」正在「二年」下，《漢紀》亦云「二年三月壬辰，御史大夫李蔡爲丞相，張湯爲御史大夫」。

錯簡十二字

「地節三年七月壬辰，大司馬禹下獄要斬」。念孫案：此十二字當在「四年」下，「七月」二字與上文相複，則其爲「四年之七月」可知。《宣紀》《外戚》《表》《五行志》及《漢紀》《通鑑》

載誅霍禹事皆在四年。

七月

「綏和元年七月甲寅，大司馬根賜金安車駟馬，免」。念孫案：「七月」當爲「十月」，《漢紀》云「綏和元年秋八月庚戌，中山王興薨。冬十月甲寅，大司馬根病免」，則《漢表》本作「十月」明矣。《通鑑·漢紀二十四》云「綏和元年冬十月甲寅，王根病免」，亦本於《漢表》。

十一月

「二年十一月丁卯，大司馬莽賜金安車駟馬，免」。《漢紀》「十一月丁卯」作「七月丁巳」。《通鑑·漢紀二十五》作「七月丁卯」，《考異》曰：「《公卿表》：『十一月丁卯，大司馬莽免。』又曰：『十月癸酉，丹爲大司空。』荀《紀》：『七月丁巳，大司馬莽免。』」案：丹若以十一月爲司馬，四月徙官，不得以十月爲司空也。七月丁卯朔，無丁巳，《年表》月誤，荀《紀》日誤。

古今人表

柏夷亮父

「柏夷亮父顓頊師」。引之曰：「亮」即「夷」字之譌，隸書「夷」字或作「𡗝」，形與「亮」相似，因譌爲「亮」。今作「柏夷亮父」者，一本作「夷」，一本作「亮」，而後人誤合之耳。《海内經》「伯夷父生西岳」，郭璞曰：「伯夷父，顓頊師。」「伯」與「柏」古字通，故《表》中伯、仲之「伯」多作「柏」，《穆天子傳》注云「古『伯』字多以『木』」是也。《吕氏春秋·尊師篇》：「帝顓頊師伯夷父。」皆其證。《路史》分柏夷父、柏亮父爲二人，非也。

邘侯

「邘侯、鬼侯」。又《史記·魯仲連傳》「昔者九侯、鄂侯、「鄂」，俗書作「鄂」。文王，紂之三公也」，徐廣曰：「九，一作鬼。《明堂位》「脯鬼侯以饗諸侯」，正義曰：「『鬼侯』，《殷本紀》作『九侯』，『九』與『鬼』聲相近，故有不同也。」鄂，一作邘。」「邘」一本作「邘」，《趙策》作「鄂」。《殷本紀》「以西伯昌、九侯、鄂侯爲三公」，徐廣曰：「鄂，一作邘。」《竹書紀年》曰：「帝辛元年，命九侯、周侯、邘侯。」羅泌《路史・國名紀》曰:「九侯、鄂侯,紂三公,邢侯亦紂三公。或云邢侯即鄂侯,或云即邘侯,俱非。《世紀》邢侯事紂以忠諫死,而邘爲文王所伐,文王豈伐賢哉?」念孫案:羅説非也。《魯仲連傳》之「鄂侯」一作「邢侯」,又作「邘侯」;《殷本紀》之「鄂侯」一作「邘侯」;《紀年》有「邘侯」而無「鄂侯」;《趙策》有「鄂侯」而無「邘侯」;《古今人表》有「邢侯」而無「鄂侯」,是「邘」即「鄂」之譌,而「邢」又「邘」之譌也。《趙策》曰:「紂醢鬼侯,鄂侯争之急、辨之疾,故脯鄂侯。」此即《世紀》所謂「鄂侯以忠諫死」者也,作「邢」者字之誤耳。羅謂鄂侯、邢侯皆紂之三公,非也。鬼侯、鄂侯、文王爲三公,若加邢侯,則爲四公矣。

寺人

「齊寺人費」。師古曰:「即徒人費也。」引之曰:《左傳》「徒人費」本作「侍人費」,「侍」與「寺」同,説見《經義述聞》。

雍人稾

念孫案:此當作「雍稾人」。「稾」,古「廩」字。《左傳・莊八年》「初,公孫無知虐于雍廩。九年春,雍廩殺無知」,賈注曰:「雍廩,渠丘大夫也。」見《史記・齊世家》集解。昭十一年《傳》

「齊渠丘實殺無知」，杜注曰：「渠丘，齊大夫。雍廩，邑。」《史記》則謂之「雍林人」，「廩」、「林」聲近而字通。《秦本紀》曰：「齊雍林人殺無知、管至父等。」今本「雍林人」作「雍廩」，乃後人依《左傳》改之，辯見《史記》。《齊世家》曰：「齊君無知游於雍林，雍林人嘗有怨無知，及其往游，雍林人襲殺無知。」不曰「雍林」而曰「雍林人」者，當史公時，《左傳》尚未有章句，故誤以雍林爲邑名，而言雍林人殺無知也。此《表》作「雍稟人」，亦沿史公之誤，而今本作「雍人稟」，則義不可通。或以「人」爲衍字，亦未合班氏之旨。

陳應

梁氏曜北《人表攷》曰：「未詳。」念孫案：《潛夫論・慎微篇》曰：「楚莊出陳應，爵命管蘇，故能中興，彊霸諸侯。」則應爲楚莊王臣，故列於五參、申公子培之閒。

衛殤公焱

「衛殤公焱」。師古曰：「《春秋》『焱』作『剽』。」襄二十六年。念孫案：「焱」當爲「猋」，字之誤也，「猋」、「焱」字形相似，書傳傳寫多譌，不可枚舉。「剽」、「猋」聲相近，故字相通。襄十四年《左傳》「衛人立公孫剽」，釋文：「剽，匹妙反，一音甫遙反。」「甫遙」則與「猋」同音。《蒯通傳》「飄至風起」，師古曰：「『飄』讀曰『猋』。」

《月令》「猋風」，《淮南·時則篇》作「飄風」。《爾雅》「迴風爲飄」，《月令》注作「回風爲猋」。「飄」之爲「猋」，猶「剽」之爲「猋」矣。《史記·十二諸侯表》作「狄」，《衛世家》作「秋」，「狄」與「秋」又皆「焱」之譌也。《淮南·兵略篇》「發如猋風」，今本「猋」作「秋」，亦是「猋」譌爲「焱」，又譌爲「秋」也。或謂「秋」亦音七遥反，與「剽」、「猋」音近而通，失之。

琴牢

引之曰：「牢」本作「張」，後人據《家語》改之也。《人表》所載皆經傳所有，昭二十年《左傳》及《孟子·盡心篇》皆作「琴張」，《莊子·大宗師篇》作「子琴張」，無作「琴牢」者。《論語·子罕篇》「牢曰：『子云：吾不試，故藝。』」鄭注以爲子牢，蓋據《莊子·則陽篇》「長梧封人問子牢」之文，然亦不以爲琴張牢與琴張本非一人也。惟《家語·弟子篇》始云：「琴牢，衛人，字開，一字張。」又《序》云：「《語》云：『牢曰：「子云：吾不試，故藝。」』」，談者不知爲誰，多妄爲之說。《孔子家語》：『弟子有琴張，一名牢，字子開，亦字張，衛人也。』」是琴牢字張始見於《家語》，乃王子雍所僞撰，何得據之而改《漢書》乎？杜預《左傳注》「琴張，字子開，名牢」，殆爲《家語》所惑。賈逵、鄭衆注《左傳》以琴張爲顓孫師，而服虔駁之曰：「子張少孔子四十餘歲，孔子是時四十，知未有子張。」趙岐注《孟子》亦以琴張爲子張，云：「子張善鼓琴，號曰琴張。」如《漢書》有琴牢，則《論語》鄭注，《孟子》趙注，《左傳》賈、鄭、服三家注，何不據之以釋「牢曰」及「琴張」乎？然則《人表》不作「琴牢」明甚。

孟丙

念孫案：「孟」當爲「盂」。昭二十八年《左傳》「孟丙爲盂大夫」，《杜解補正》改「孟」爲「盂」，說云：「《漢書·地理志》云『盂，晉大夫盂丙邑』，以其爲盂大夫而謂之盂丙，猶魏大夫之爲魏壽，餘閻大夫之爲閻嘉，邯鄲大夫之爲邯鄲午也。」案：顧說是也。《左傳釋文》：「『盂』音『于』，下文同。」「盂音于」者，指盂丙而言；「下文同」者，指盂大夫而言，是陸氏所見本兩「盂」字皆作「盂」也。或謂「下文同」三字指注文之「太原盂縣」而言，非也。若然，則當云「注同」，不當云「下文同」矣。《廣韻》「盂」字注云：「又姓，《左傳》晉有盂丙。」《廣韻》本於《唐韻》，是孫愐所見本亦作「盂」也。自《唐石經》始譌爲「孟丙」，而各本遂沿其誤，蓋世人多聞孟姓，少聞盂姓，故「盂」譌作「孟」。下文之狐黶，師古曰「即盂黶」，「盂」字亦譌作「孟」也。《地理志》作「盂丙」，而此《表》作「孟丙」，明是後人以誤本《左傳》改之。或謂此字師古無音，則當是「孟」字，不知《地理志》之「盂縣」師古亦無音，蓋「盂」字本不須作音也。《水經·汾水注》云：「洛陰水西逕盂縣故城南。《春秋左傳》昭公二十八年，分祁氏七縣爲大夫之邑，以盂丙爲盂大夫。」即本於《地理志》。

今本作「盂丙」亦是後人所改，或據此以駁顧，非也。《續漢南·郡國志》亦云「盂，晉大夫盂丙邑」，明汪文盛本如是，他本或作「孟丙」，亦後人所改。《元和郡縣志》：「陽曲縣，故盂城，漢盂縣也。本春秋時晉大夫祁氏邑，晉滅祁氏，以盂丙爲盂大夫。」《太平寰宇記》同。此皆本於《水經注》，而「盂丙」之「盂」無作「孟」者。

榮聲期

「榮聲期」。師古曰：「即榮啟期也。『聲』或作『啟』。」《攷異》曰：「『聲』當爲『罄』之譌，『啟』、『聲』聲相近。」念孫案：此因隸書「啟」字作「啓」，形與「聲」近而譌耳。據師古注，則他本固有作「啟」者矣。不必迂其說而以爲「罄」之譌也。

蕩疑

「蕩疑」。師古曰：「即薄疑也。」念孫案：「蕩」即「薄」之譌，雖姓亦有蕩，然據《元和姓纂》薄姓下引《風俗通義》云「衞賢人薄疑」，《通志·氏族略》、《通鑑·周紀四》注竝同。則當作「薄」明矣。《吕覽》《務本》《審應》《韓子》《内外儲説》《淮南内篇》《道應》竝作「薄疑」，無作「蕩疑」者。

脱三字

「慎靚王」。念孫案：此下各本皆脱「顯王子」三字，當依景祐本補。

漢書弟四

律曆志

比黄鍾之宫

「制十二筩以聽鳳之鳴，其雄鳴爲六，雌鳴亦六，比黄鍾之宫，而皆可以生之」。念孫案：「比黄鍾之宫」本作「以比黄鍾之宫」，與上文「以爲黄鍾之宫」句同一例。今本脱「以」字。《舜典》及《左傳·昭二十年》正義、《文選·琴賦》注、《七命》注、《白帖》三十一引此竝作「以比黄鍾之宫」。《吕氏春秋·大樂篇》《説苑·脩文篇》及《晉書·律曆志》竝同。

著於其中

「中吕，言微陰始起未成，著於其中，旅助姑洗宣氣齊物也」。念孫案：著者，居也。居中以助陽也。《史記·貨殖傳》「子贛廢著，鬻財於曹、魯之閒」，徐廣曰：「《子贛傳》云『廢居』，『著』猶『居』也。『著』讀音如『貯』。」《漢書》「廢著」作「發貯」，「貯」與「著」皆「居」也。「著」又音直略反，《樂記》「樂著大始而禮居成物」，「著」亦「居」也。故鄭注云「『著』之言處」也。《漢紀》作「中呂，陰始起未發，居中而助陽也」，是其證。

振美

「振美於辰」。念孫案：「美」當爲「羨」，字之誤也。《淮南・主術篇》「羨者止於度，而不足者逮於用」，《文選・陸雲〈爲顧彦先贈婦詩〉》「佳麗良可羨」，今本「羨」字竝譌作「美」。「羨」之言「延」也。三月陽氣方盛，句萌奮發，萬物莫不振起而延長，故曰「振羨於辰」。《周官・典瑞》「璧羨」，鄭仲師曰：「羨，長也。」《考工記》「玉人璧羨」，康成曰：「羨猶延。」張衡《東京賦》「乃羨公侯、卿士」，薛綜曰：「羨，延也。」《周官・冢人》注曰：「隧，羨道也。」隱元年《左傳》注作「延道」，是「羨」爲延長之義也。《太玄・玄數》「辰戌丑未」，范望曰：「『辰』取其延長。」是「辰」亦延長之義也。《釋名》曰：「辰，伸也。物皆伸舒而出也。」「伸」亦延長之義。「振」、「羨」二字俱是「辰」字之訓，「孳萌於子，引達於寅，冒茆於卯，甹布於午，昧薆於未，申堅於申，留孰於酉，該閡於亥」，皆以兩字共釋一字。若作「振美」則非其指矣。《月令》正義引作「美」，亦後人以誤本《漢志》改之。《續漢書・律曆志》《史記・律書》索隱引此竝作「振羨於辰」。

斂更

「斂更於庚」。念孫案：「斂」、「更」二字義不相屬，諸書亦無訓「庚」爲「斂」者，「斂」當爲「改」，字之誤也。鄭注《月令》云：「庚之言更也，萬物皆肅然改更。」范望注《太玄·玄數》云：「庚，取其改更。」皆其證也。《續漢書》注引作「斂」，亦後人依誤本《漢志》改之，《月令》正義引此正作「改更於庚」。

一爲一分

「以子穀秬黍中者，一黍之廣，度之九十分，黄鍾之長，一爲一分」。念孫案：「一爲一分」本作「一黍爲一分」，脱去「黍」字，則文義不明。《周官·司市》疏、《典同》疏、《合方氏》疏、《大行人》疏、《月令》正義、《左傳·文六年》正義及《隋書·律曆志》《史記·五帝紀》正義引此皆作「一黍爲一分」，《漢紀》同。

四千六百一十七歲

「迺以前曆上元泰初四千六百一十七歲，至於元封七年，復得閼逢攝提格之歲」。《漢書攷異》曰：「歲陰與大歲，案：歲陰即大歲也，不當分以爲二。皆百四十四歲而超一辰，故四千六百一十七歲而復其初。」引之曰：大歲超辰之説始於劉歆《三統曆》，説詳《大歲攷》。當大初元年議造漢曆，安得有超辰之法？錢説非也。今案：「四千六百一十七歲」本作「四千五百六十歲」，此後人以《三統曆》改之也。《史記·曆書》索隱引此已誤。凡甲子六十而周，周而復始，由上元泰初甲寅之歲四千五百六十歲，立以爲法，展轉相承，每一元皆如是，至於元封七年又逢甲寅，故曰「復得閼逢攝提格之歲」。若四千六百一十七歲則得辛亥，而非甲寅矣。後人因下文《三統曆》曰「凡四千六百一十七歲，與一元終」，故據彼以改此，不知前曆乃《殷曆》，説見下。與《三統曆》不同。《開元占經·古今曆積篇》：「劉歆《三統曆》上元庚戌，元法四千六百一十七，而《黄帝曆》上元辛卯，則元法四千五百六十，《顓頊》上元乙卯，《夏曆》上元乙丑，《殷曆》上元甲寅，《周曆》上元丁巳，《魯曆》上元庚子。」元法皆與《黄帝曆》同。此云「前曆上元泰初閼逢攝提格之歲」，正所謂《殷曆》「上元甲寅」也，則當依《殷曆》「元法四千五百六十」，不當依《三統術》矣。緯候之書多據《殷曆》，《大衍曆議》曰：「緯所據者，《殷曆》也。」故《易乾鑿度》曰：「曆元名《握先》，紀日甲子歲甲寅，七十六爲一紀，二十紀爲一部首。」注曰：「此法三部首而一元，一元而大歲復於甲寅，一部首一千五百二十歲，三之則四千五百六十歲矣。」《續漢書·律曆志》注引《樂叶圖》曰：「天元以四千五百六十爲紀，甲寅窮。」此紀即元也。《周髀算經》注引《考靈曜》曰：「青龍甲寅攝提格孳，今本「孳」誤作「並」，依《太平御覽・時序部二》改。四千五百六十歲積，反初。」反，復也，謂復於甲寅也。今本作「及」，誤，今據《初學記・人事部上》引改。正與前曆復得甲寅之歲相合，不當如今本所云。

大歲在子

「中冬十一月甲子朔旦冬至，日月在建星，大歲在子，已得大初本星度」。引之曰：「大歲在子」，「子」當爲「寅」，後人改之也。《玉海・律曆部》引此已誤。大歲在寅曰攝提格，上言「攝提格之歲」，則下當言「大歲在寅」，蓋所謂「前曆」者，《殷曆》也，《黄帝》以下六曆惟《殷曆》元用甲寅。見《續漢書・律曆志・論》及《開元占經・古今曆積篇》。《殷曆》上元泰初中冬十一月甲子朔旦冬至，《大衍曆議》曰：「湯作《殷曆》，以十一月甲子合朔冬至爲上元。」日月在建星，大歲在寅，故得閼逢攝提格之歲。元封七年與《殷曆》上元泰初同，故復得閼逢攝提格之歲也。一元四千五百六十歲，爲甲寅者七十有六，而惟上元泰初甲寅年冬至，七曜皆起於丑宮，故以其年爲曆元。後漢劉洪上言曰：見《續漢志》。「甲寅元天正正月夏十一月。甲子朔旦冬至，七曜之起始於牛初。」《太平御覽・時序部二》引《尚書考靈曜》曰：「月首甲子冬至，日月五緯俱起牽牛初，青龍甲寅。」今本誤作「甲子」，《周髀算經注》引此正作「甲寅」。案：《御覽》引《考靈曜》注曰：「青龍，歲也。歲在寅曰攝提格。」則當作「甲寅」，故《續漢志》曰：「《考靈曜》有甲寅元。」攝提格孳，建星、牽牛皆丑宮之星，日月起於丑宮而曰「青龍甲寅」，正與此同法也。《易乾鑿度》曰：「曆元名握先，紀日甲子，歲甲寅。」《太平御覽·天部一》引《禮稽命徵》曰：「太素十一月，閼逢之歲在攝提格之紀。」其曰「紀日甲子」曰「太素十一月」即此，所謂「十一月甲子朔旦冬至」也。其曰「歲甲寅」，曰「閼逢之歲在攝提格之紀」即此，所謂「大歲在寅」也。古人言大歲皆用夏正，自元封六年正月至七年前十二月，七年即大初元年。據《武帝紀》，大初元年五月正曆，以正月爲歲首，故是年九月以後獨多三月，凡十五月，其十月、十一月、十二月皆前後兩見。爲夏正甲寅年之一歲。六年正月，日在亥宮，歲星在丑宮。據《漢志》，七年前十一月朔，歲星在婺女六度。卻數至六年正月朔，當在斗十五度，《天官書》所謂「歲陰在寅，歲星居丑，正月與斗、牽牛晨出東方也」。與日隔子宮而晨見東方，晨見之月斗建於寅，故大歲應之，而在寅七年前十一月，乃夏正甲寅年之仲冬，故曰「大歲在寅」也，詳見《大歲考·殷曆甲寅元表》。後人見下文《歲術》曰「數從丙子起」，又說大初元年引《漢志》曰「歲名困敦」，遂改「寅」爲「子」。不知「歲名困敦」乃漢《大初曆》之大歲，應歲星與日同次之子月者也。說見《大歲考》。「大歲在寅」，乃《殷曆》之大歲，應歲星晨見之寅月者也。在寅則不在子，在子則不在寅，豈有攝提格之歲而大歲在子者乎？錢氏曉徵不悟「在子」之文爲後人所改，而見其與攝提格之歲不合，乃爲之説曰「大歲在子爲大歲，攝提格之歲則爲大陰」，見《潛研堂文集》。豈知「在子」本爲「在寅」，即上文之「攝提格」，而無庸强爲分别乎？或曰：漢《大初曆》元固丙子也，大歲在子，安知非《大初曆法》而必以爲《殷曆》，而謂其「在寅」，何與？曰：請以上句「日月在建星」例之。《續漢志》載賈逵論曰：「《大初曆》冬至日在牽牛，古黄帝、夏、殷、周、魯冬至日在建星。」然則「日月在建星」乃《殷曆》之文，而非《大初曆法》。「日月」、「大歲」二句相連，其皆爲《殷曆》之法明矣。更以下句「已得泰初本星度」例之。「已得泰初本星度」謂得《殷曆》泰初之建星，則此句以上皆《殷曆》之法可知。豈有上下句皆言《殷曆》，而中閒乃言漢《大初曆》者乎？《殷曆》紀元爲攝提格之歲，大歲安得不在寅乎？據《漢志》及《續漢志》謂大史令張壽王挾甲寅元以非漢曆，《壽王曆》迺大史官《殷曆》也，是《殷曆》爲大史官所有之書。元封七年，大史令司馬遷與公孫卿、壺遂議造《漢曆》，故用大史官《殷曆》，而以甲寅爲元。至鄧平造曆，更以丙子爲元。徐榦《中論·曆數篇》：「成哀之閒，劉歆用鄧平術而廣之，以爲《三統曆》。」案《三統曆》以丙子爲元，歆用鄧平術，則鄧平所定曆元亦丙子也。下文載《三統曆世篇》曰：「《漢曆》大初元年前十一月甲子朔旦冬至，歲在星紀婺女六度，故《漢志》曰歲名困敦，正月歲星出婺女。」據此則《三統曆》所引《漢志》已謂大初元年歲名困敦。困敦者，大歲在子之號也。然則《漢曆》本以丙子爲元，不始於《三統曆》矣，非鄧平所定而何？《禮樂志》大初四年《西極天馬歌》曰「天馬徠，執徐時」，應劭注曰：「大歲在辰曰執徐，謂四年歲在庚辰也。」上推元年在丁丑，而是年之前二月則爲丙子年之冬，曆起丙子年之十一月甲子朔旦冬至，則《大初》之元在丙子矣。而是歌作於鄧平定曆之後三年，則鄧平之術以丙子爲元可知。而虧四分日之三，去小餘七百五分，見下文。故壽王挾甲寅元以非之，豈得預改《殷曆》之大歲在寅以從鄧平曆之丙子乎？曰：司馬遷等議造《漢曆》，何以元用甲寅，及鄧平造曆，何以又用丙子也？曰：《史記自序》曰：「大初元年十一月甲子朔旦冬至，天曆始改。」謂《顓頊曆》以立春爲蔀首，詳見《大歲考》。今改用冬至爲蔀首也。蔀首起於十一月甲子朔旦冬至，惟《殷曆》甲寅元而已，故曰閼逢攝提格之歲。又曰：大歲在寅，然六曆建元之歲古今不相沿襲，若黄帝元用辛卯，顓頊用乙卯，夏用丙寅，殷用甲寅，周用丁巳，魯用庚子，見《續漢志·論》。曆元所在，代有變易。《殷曆》元用甲寅，而《漢曆》因之，則無以别於《殷曆》，故又取是年《顓頊曆》之大歲而以丙子爲元，《顓頊曆》是年歲在丙子，詳見《大歲考》。以表一代之制作，此甲寅、丙子之所以不同也。《史記·封禪書》説大初元年事曰：「十一月甲子朔旦冬至，推曆者以本統。」夏、漢改曆，以正月爲歲首。」本書《武紀》則以爲五月正曆。蓋《漢曆》成於鄧平，鄧平之曆成於大初元年之五月，下文所謂「選鄧平等造漢《大初曆》」也。曆元之改用丙子必在此時，而當司馬遷等議造《漢曆》，則在前此之十一月，所謂「天曆始改」也。是時鄧平猶未造曆，安得有丙子元法？《史記·曆書》載武帝《詔》曰：「其更以七年爲大初元年，年名焉逢攝提格，月名畢聚。」此詔當亦在十一月議造《漢曆》之時，而云「年名焉逢攝提格」，則是時之曆元惟用甲寅，若謂是時已用丙子爲元，則《詔》何以不云「游兆困敦」，而云「焉逢攝提格」乎？是時曆元猶未改爲丙子，安得云「大歲在子」乎？曰「攝提格之歲」即謂大歲在寅也，何須更言「大歲在寅」乎？曰：寅者，大歲所在之辰，攝提格者，大歲在寅之號。上言其號，下指其辰，相承爲義也。《史記·天官書》曰：「攝提格歲，歲陰左行在寅。」《尚書考靈曜》曰：「青龍甲寅攝提格孶。」《後漢書·張純傳》曰：「今攝提之歲，蒼龍甲寅。」既言「攝提格」又言「在寅」，正與此同。此《志》下文引《漢志》曰：「歲在大棣，名曰敦牂，大歲在午。」亦相承爲義也。大歲在午曰敦牂。「大歲在寅」承上「攝提格之歲」，猶「大初本星度」承上「日月在建星」矣。考之曆法，案之文義，大歲「在子」當爲「在寅」明甚。

初六

「黄鍾初九，律之首，陽之變也。因而六之，以九爲法，得林鍾初六，吕之首，陰之變也」。念孫案：「林鍾」下更有「林鍾」二字。「林鍾初六」與「黄鍾初九」對文，而今本脱之，則文義不完，當依《周官·大師》疏引補。

易九戹

「三統閏法。《易九戹》曰：『初入元，百六，陽九；次三百七十四，陰九』」。孟康注曰：「《易傳》俗本「傳」下衍「也」字。《文選·左思〈魏都賦〉》注、《陸機〈樂府〉》注、《江淹〈雜體詩〉》注、《劉琨〈勸進表〉》注、《袁宏〈三國名臣序贊〉》注、《曹植〈王仲宣誄〉》注所引竝無。所謂陽九之戹，百六之會者也。」《漢書攷異》曰：「『九戹』當爲『无妄』。《易·雜卦傳》：『无妄，災也。』京房説『无妄』，以爲大旱之卦，萬物皆死，無所復望。應劭云：『萬物無所望于天，災異之最大者也。』漢儒引伸其義，故有陽九、陰九、經歲、災歲之説，此亦緯書之類。孟康以爲《易傳》，猶《稽覽圖》稱《中孚傳》也。劉淵林注《吴都賦》引《漢書》此條正作『易无妄』，可證魏晉時本尚未誤。李善注《文選》屢引此條，竝作『陽九戹』，則唐時已譌，不始於近代矣。」引之曰：作「陽九戹」者是也。下文孟康注曰「一元之中，有五陽四陰，陽旱陰水，九七五三，皆陽數也，故曰『陽九之戹』」。此正釋「陽九戹」三字。「陽九戹」蓋《三統曆》篇名也。陽戹五，陰戹四，合之則九，水旱之九七五三又皆陽數，故以「陽九戹」名篇「三統閏法陽九戹曰」者，言《三統》閏法，《陽九戹篇》有云也。孟康注曰：「《易傳》所謂陽九之戹，百六之會者。」謂《三統·陽九戹篇》所云，即《易傳》所謂「陽九之戹」也。俗本「陽」字誤而爲「易」，注内「易傳」下又衍「也」字，讀者遂以「易九戹」爲「易傳」，何不察之甚也。據李善注左思《魏都賦》、陸機《樂府》、江淹《雜體詩》、劉琨《勸進表》、袁宏《三國名臣序贊》、曹植《王仲宣誄》六引《漢書》，皆作「陽九戹」，足正今本之誤。至劉逵《吴都賦注》曰：「《易·无妄》」曰：『災氣有九，陽戹五，陰戹四，合爲九。一元之中四千六百一十七歲，各以數至。』《漢書·律曆志》具有其事。」以上《吴都賦》注。案「陽戹五，陰戹四，合爲九。一元之中四千六百一十七歲，各以數至」，此約舉《漢志》文也。而「災氣有九」，則《易緯》説无妄之語。蓋連引《易·无妄》説及《漢志》，非謂「易无妄」云云亦《漢志》所有也。若《漢志》「陽九戹」果爲「易无妄」之譌，則「陽九戹」曰下亦當有「災氣有九」四字，與《吴都賦》注所引《易·无妄》之文相同，今無此語，則非《易·无妄》也。且《志》文若作「易无妄」，則孟康及師古必釋「无妄」二字之義，何得但云「《易傳》所謂陽九之戹，百六之會」，而不及「易无妄」邪？錢説非。

脱一字

「實如法得一句陰一陽各萬一千五百二十」。念孫案：「實如法得一」下當更有「一」字。

大歲日

「算盡之外，則大歲日也」。《漢書攷異》曰：「『日』字誤，當云『大歲所在』。」引之曰：「日」字不誤，「日」下蓋脱「辰」字，日辰謂十日十二辰也。紀歲必以日辰，六十甲子周而復始，故謂之「大歲日辰」。《爾雅》曰：「大歲在甲曰閼逢。」此大歲所在之日名也。又曰：「大歲在寅曰攝提格。」此大歲所在之辰名也。《淮南・天文篇》曰：「大陰所居，日爲德，辰爲刑。」「大陰所居」謂大歲所在也。上文曰「數從丙子起」，丙子即大歲所起之日辰。

三月

「粤若來三月，五字連讀，説見《經義述聞・尚書》。既死霸」。引之曰：「三」當爲「二」，此引《書》以證上文之「二月朔日」，則當爲「二月」明矣。《武成》正義引此正作「越若來二月」，《逸周書・世俘篇》同。

二十二度

「歲在大棣之東井二十二度，鶉首之六度也」。念孫案：「二十二度」當爲「二十一度」。上文云「鶉首初井十六度」，然則鶉首之六度，井之二十一度也。景祐本作「二十度」，亦非。

禮樂志

夫婦之道苦

「故婚姻之禮廢則夫婦之道苦，而淫辟之罪多」。孟康曰：「『苦』音『鹽』，夫婦之道行鹽不固也。」師古曰：「苦，惡也。不當假借。」念孫案：孟說是也。「行鹽」謂不堅固也。《周官・司市》「凡治市之貨賄六畜珍異，利者使阜，害者使亡」，鄭注曰：「利，利於民，謂物實厚者。害，害於民，謂物行苦者。」釋文曰：「行，遐孟反，又如字。聶，胡剛反。『苦』音『古』。」「行苦」即「行鹽」。《唐律・雜律》曰：「諸造器用之物及絹布之屬有行濫短狹而賣者，杖六十。」注曰：「不牢謂之行，不真謂之濫。」《潛夫論・浮侈篇》曰：「以完爲破，以牢爲行。」「行」與「牢」正相反，今京師人謂貨物不牢曰「行貨」，與聶氏胡剛反之音合。高郵人言之則下庚反，皆古之遺語也。《小雅・四牡》傳曰：「鹽，不堅固也。」《齊語》「辨其功苦」，韋注曰：「功，牢也。苦，脃也。」夫婚姻之禮，敬慎重正而後親之，所以成男女之別，而立夫婦之義也。婚姻之禮廢，則夫婦之道行鹽不固，而淫辟之端以起，故曰「夫婦之道鹽，而淫辟之罪多」，作「苦」者假借字耳。師古乃云「苦，惡也。不當假借」，不知苦惡之「苦」古正讀如「鹽」。《食貨志》「器苦惡」，如淳曰：「『苦』或作『鹽』，不攻嚴也。」是也。而師古彼注又讀爲「甘苦」之「苦」矣。辯見《食貨志》。

曲爲之防

「事爲之制，曲爲之防。故稱禮儀三百，威儀三千」，顔師古解上二句云「言每事立制，委曲防閑也」。念孫案：大事曰事，小事曰曲。「事爲之制」，「禮儀三百」也；「曲爲之防」，「威儀三千」也。《禮器》「曲禮三千」，鄭注曰：「曲，猶事也。」《中庸》「其次致曲」，注曰：「曲，猶小小之事也。」《淮南・繆稱篇》「察一曲者」，高誘注曰：「一曲，一事也。」《主術篇》曰：「不偏一曲，不黨一事。」「事爲之制」、「曲爲之防」相對爲文，則「曲」非委曲之謂。

未嘗

「自古以來，未嘗以亂濟亂、大敗天下如秦者也」。念孫案：「未嘗」下脱「有」字，則文義不明，當依《董仲舒傳》補。

壽何以不若高宗

「則俗何以不若成、康，壽何以不若高宗」。師古曰：「高宗享國五十九年，故云壽。」念孫案：《古文尚書》「肆高宗之享國五十有九年」，《今文尚書》作「百年」。《漢書》所引皆《今文》，此云「壽若高宗」，正謂享國百年也。《漢石經》正作「百年」。《五行志》曰：「高宗致百年之壽」，劉向、杜欽《傳》亦云「百年」。《論衡·氣壽篇》曰：「高宗享國百年，周穆王享國百年，并未享國之時，皆出百三四十歲矣。」皆與《漢石經》同，則皆用《今文尚書》也。師古不見今文，又未旁考他書，故引古文「五十九年」以釋之，實與王吉所引不合。上文言「中宗享國七十五年」，若高宗享國五十九年，則年數不及中宗矣。吉何以不言中宗而言高宗乎？又《王吉傳》「壽何以不若高宗」，師古曰：「高宗享國百年。」此則承用《漢書》舊注，是以不誤也。

大不備

「是去小不備而就大不備，大不備或莫甚焉」。師古曰：「大不備者，事之虧失，莫甚於此。」念孫案：此文兩言「大不備」，語意重複，下「大不備」當是衍文。「或」，古「惑」字，言去小不備而就大不備，惑莫甚於此也。注非。

以功定天下

「武，言以功定天下也」。念孫案：「功」上脱「武」字，則文義不明，《白帖》六十一引此正作「以武功定天下」，《漢紀》及《風俗通義·聲音篇》今本無「武」字，乃後人依《漢書》删之，《意林》引有。《通典·樂一》竝同。

詩語

「音聲足以動耳，詩語足以感心」。念孫案：自漢以前無以「詩語」二字連文者，「詩語」當爲「詩謌」，字之誤也。《説文》「歌」，或作「謌」，《五行志》「怨謗之氣發於謌謡」。上文曰「和親之説難形，則發之於詩歌詠言，鍾石筦弦」，又引《堯典》「詩言志，歌詠言，聲依詠，律和聲，八音克諧」，此文「音聲足以動耳」承上「聲律八音」而言，「詩歌足以感心」承上「詩謌」而言，則「語」爲「謌」字之誤明矣。《漢紀·孝惠紀》正作「詩謌足以感心」。上文「詩歌詠言」，《漢紀》亦作「謌」，蓋此篇内「歌」字本皆作「謌」，後人多見「歌」少見「謌」，故皆改爲「歌」也。此「謌」字若不誤爲「語」，則後人亦必改爲「歌」矣。

鄭衞宋趙

「桑閒、濮上、鄭、衞、宋、趙之聲竝出」。念孫案：《漢紀》「趙」作「楚」，是也。自「設兩觀，乘大路」以下皆述春秋時事，春秋時未有趙也。下文「至於六國」以下，乃及六國時事耳。此以「楚」從疋，「趙」從走，二形相似而誤。

營亂富貴之耳目　爲妻妾役使所營

「巧僞因而飾之，以營亂富貴之耳目」。師古曰：「營，猶回繞也。」念孫案：師古訓「營」爲「回繞」，所謂望文生義者也。營者，惑也，言惑亂富貴之耳目也。「營」字本作「誉」，《説文》曰：「誉，惑也。從目，熒省聲。」《玉篇》唯并、胡亭二切，或作「熒」，通作「營」，又通作「榮」，《漢紀》作「榮亂富貴之耳目」。《否·象傳》「不可榮以禄」，虞翻本「榮」作「營」，言不可惑以禄也。説見《經義述聞》。《莊子·人閒世篇》「而目將熒之」，向、崔本「熒」作「營」。《大戴禮·文王官人篇》曰：「煩亂以事而志不營。」又曰：「臨之以貨色而不可營。」《楚策》曰：「好利，可營也。」《荀子·宥坐篇》曰：「言談足以飾邪營衆。」是「營」與「惑」同義。《吕氏春秋·尊師篇》「心則無營」，《淮南·原道篇》「精神亂營」，高注竝曰：「營，惑也。」「亂營」猶

「營亂」耳。《李尋傳》「爲妻妾役使所營」，亦謂爲其所惑也。師古訓「營」爲「繞」，誤與此同。「營」訓爲「惑」，故或謂之「營惑」。説見後「連語」下。

永至

「皇帝入廟門，奏《永至》」。《通典・樂一》同。念孫案：「永至」二字於義無取，《漢紀》作「禮至」是也。上言「大祝迎神于廟門，奏《嘉至》」，嘉神之至也。此言「皇帝入廟門，奏《禮至》」，謂皇帝以禮至于廟中，故下文云「以爲行步之節，猶古《采薺》《肆夏》也」。「禮」字古文作「礼」，「永」字隸書作「𣱵」，二形相似，又涉下文「永安之樂」而誤。

高祖廟

「高祖廟奏《武德》《文始》《五行》之舞，孝文廟奏《昭德》《文始》《四時》《五行》之舞，孝武廟奏《盛德》《文始》《四時》《五行》之舞」。念孫案：「高祖廟」「祖」字涉上下文而衍，景祐本作「高廟」，是也。高祖廟之但稱高廟，猶孝文帝、孝武帝廟之但稱孝文、孝武廟也。《漢書》凡稱「高祖廟」者皆曰「高廟」。《景紀》曰「高廟酎，奏《武德》《文始》《五行》之舞」，文義正與此同，其他不可枚舉。《後漢書・章帝紀》注、鈔本《北堂書鈔・樂部三》陳禹謨本依俗本《漢書》增「祖」字。《初學記·樂部上》《通典·樂一》引此皆無「祖」字。

曰

「《文始》舞者，曰本《舜招》舞也」。念孫案：此不當有「曰」字，蓋涉下文「更名曰」而衍，《通典》有「曰」字，亦後人依誤本《漢書》加之。《續漢書·禮儀志》注、《後漢書·明帝紀》注、《藝文類聚·樂部三》《太平御覽·樂部十二》引此皆無「曰」字，《漢紀》同。下文云「《五行》舞者，本周舞也」，亦無「曰」字。

明示

「《四時》舞者，孝文所作，以明示天下之安和也。蓋樂已所自作，明有制也。樂先王之樂，明有法也」。念孫案：上一「明」字涉下兩「明」字而衍，上言「示」下言「明」，「明」亦「示」也，無庸更加「明」字。景祐本作「以示天下之安和也」，無「明」字。宋祁亦曰：「邵本無『明』字。」《通典》所引與二本同。上文云「以示不相襲也」，亦無「明」字。

慶陰陰

「靈之至，慶陰陰」。師古曰：「言垂陰覆徧於下。」念孫案：「慶」讀爲「羌」，發聲也。

帝臨中壇　制數以五　后土富媪

「帝臨中壇，四方承宇」。師古曰：「言天神尊者來降中壇，四方之神各承四宇也。」劉攽曰：「予謂此『帝』指天子耳。」念孫案：《郊祀志》云「具泰一祠壇，五帝壇環居其下」，猶此歌之言「帝臨中壇」也。又云「其下四方地，爲腏食」，猶此歌之言「四方承宇」也。若如劉說以「帝」爲天子，則與「四方承宇」句義不相屬。第十五章云「神之揄，臨壇宇」，此云「帝臨中壇，四方承宇」，文義相同，則顔說是也。又下文「制數以五」，即《月令》所云「其神后土，其數五」，張晏以爲祭后土之歌，是也。劉云謂武帝改服色而尚黄，數用五，亦非。《郊祀志》：「有司議曰：『陛下親祠后土，宜於澤中圜丘爲五壇，而從祠衣上黄。』」又云：「禪泰山下阯東北肅然山，如祭后土禮，衣上黄。」故此歌云「后土富媪，昭明三光，穆穆優游，嘉服上黄」也。劉謂漢以土德，故言「后土富媪」，亦非。信如劉說，則非祭后土之歌矣，何以列於《郊祀》之二章乎？

巗處

「霆聲發榮，巗處頃聽」。晉灼曰：「巗，穴也，謂蟄蟲驚聽也。」師古曰：「『巗』與『巖』同，言靁霆始發，草木舒榮，〔一〕則蟄蟲處巖崖者莫不傾聽而起。『頃』讀曰『傾』。」念孫案：晉說是也。古書多以「巖穴」連文，故《說文》「𡨄」字注及《楚辭·七諫》注竝云「巖，穴也」。蟄蟲皆穴處，故曰「霆聲發榮，巗處頃聽」。師古以「巗」爲巖崖，非也，蟄蟲處處皆有，不當獨指山崖言之。

西顥

「《郊祀歌》：西顥沆碭，秋氣肅殺」。韋昭曰：「西顥，西方少昊也。」師古曰：「沆碭，白氣之皃也。」念孫案：韋以顥爲少昊，非也。西顥謂西方顥天也。《呂氏春秋·有始覽》「西方曰顥天」，高注曰：「金色白，故曰顥天。」《淮南·天文篇》作「晧天」，高注同。《說文》「顥，白皃」，《楚詞》曰「天白顥顥」，故曰「西顥沆碭，秋氣肅殺」。師古以沆碭爲白氣，是也。《四時之

〔一〕木，原作「本」，據《國學基本叢書》本及《漢書》改。

歌》春青陽，夏朱明，秋西顥，冬玄冥，則「顥」爲白色明矣。《爾雅》曰：「春爲青陽，夏爲朱明，秋爲白藏，冬爲玄英。」彼言「白藏」，猶此言「西顥」也。若「少昦」則對「大昦」以立名，非白色之義矣。

遠姚

「五音六律，依韋饗昭。雜變竝會，雅聲遠姚」。師古曰：「姚，僄姚，言飛揚也。」念孫案：「姚」讀爲「遥」。「遥」亦「遠」也，古人自有複語耳。昭二十五年《左傳》：「遠哉遥遥。」《荀子·榮辱篇》「其功盛姚遠矣」，案：「盛」與「成」同。「成」亦「功」也。説見《荀子》。楊倞曰：「『姚』與『遥』同。」是其證。注非。

闒流離

「闒流離，抑不詳」。師古曰：「流離不得其所者，爲開道路，使之安集。違道不祥善者，則抑黜之，以申懲勸也。」念孫案：師古以「闒」爲「開」，以「流離」爲「不得其所者」，則「闒流離」三字義不相屬，故增數字以釋之曰「爲開道路使之安集」，其失也迂矣。余謂「流離」者，梟也，所以喻惡人。《邶風·旄丘篇》「流離之子」，陸機曰：「流離，梟也，自關而西謂梟爲流離。」「闒」之言屏除，謂屏除惡人也。《荀子・解蔽篇》「闢耳目之欲」，楊注：「闢，屏除也，字亦作『辟』。」《周官・小司寇》「前王而辟」，先鄭司農注：「辟除姦人。」「闢流離」、「抑不詳」兩句同義，皆承上文「圖匈虐，熏鬻殛」而言。

求其清流

「猶濁其源而求其清流，豈不難哉」。念孫案：上句當作「猶濁其源而求清其流」，今本「清」、「其」二字倒轉，則文義不順。

刑法志

沈斥

「除山川沈斥，城池邑居，園囿術路，三千六百井」。薛瓚曰：「沈斥，水田舄鹵也。」師古曰：「沈，謂居深水之下也。」念孫案：「沈」當爲「沆」。胡朗反。沆，大澤也，其字或作「畂」，或作「坑」，或作「亢」。又爲鹽澤之名，其字或作「𪉖」，或作「坑」。《說文》「沆，大澤也」，徐鍇傳引《博物志》曰：「停水東方曰都，一名沆。」《廣雅》曰：「畂，斥澤池也。」《玉篇》曰：「𪉖，鹽澤也。」《太平御覽・地部四十》引《述征記》曰：「齊人謂湖曰沆。」「沆」與「斥」同類，故《志》

以「沆斥」連文，故薛瓚以爲水田舄鹵。《漢紀・孝文紀》作「除山川坑斥，「坑」與「沆」同。「斥」今本作「塹」，非。蓋後人誤以「坑」爲「坑塹」字，因改「斥」爲「塹」。城池邑居，園囿街路，三千六百井」。《王制》正義引《異義》《左氏》説曰：「賦法：積四十五井，除山川坑斥，「斥」，今本作「岸」，非。「斥」本作「㡿」，省作「厈」因誤而爲「岸」。三十六井，定出賦九井。」此皆其明證矣。凡從「亢」之字，隸或作「亢」，故「沆」字或作「沆」，一誤而爲「沉」，再誤而爲「沈」。師古不達，乃曰「沈，謂居深水之下」，其失甚矣。「沆」、「坑」、「亢」三字，諸書或誤爲「沉」，或誤爲「沈」，或誤爲「坈」，或誤爲「元」，而學者莫之能辨也。凡從亢、從元、從冘之字，傳寫易致差謬。《爾雅・釋木》「杬，魚毒」，今本「杬」誤作「杭」。《廣雅・釋宮》「䀏，道也，」今本「䀏」誤作「眈」。《齊語》「至于石抗」，補音：「抗，苦浪反，作『枕』者非。」《列子・黄帝篇》「攩拯挨抌」，釋文：「抌，一本作抗。」《淮南・説林篇》「在於批优」，今本「优」誤作「伉」。《楚辭・七諫》「與麋鹿同坑」，今本「坑」誤作「坈」。《史記・仲尼弟子傳》「原亢籍」，《正義》「亢」作「冗」。《漢紀・孝昭紀》「楚亢陽舉兵於外」，今本「亢」誤作「冗」。《後漢書・光武紀》「臧宮與延岑戰於沈水」，注本或作「沅水」及「沆水」者，竝非。《風俗通義》曰：「謹案《傳》曰：『沆者，莽也。言其平望莽莽無涯際也。』沆、澤之無水，斥鹵之類也，今俗語亦曰『沆澤』。」數「沆」字皆「沆」字之誤，「沆」與「莽」聲相近，皆大澤之貌。《説文》所謂「莽，沆大水。一曰大澤者也」。故曰「沆者，莽也」，言其平望莽莽無涯際也。《淮南・俶真篇》「茫茫沈沈，是謂大治」，高注：「茫茫沈沈，盛貌也。『茫』讀王莽之『莽』，『沈』讀『水出沈沈白』之

『沈』。」數「沈」字亦「沆」字之誤，「茫茫沆沆」即「莽莽沆沆」，故高注以爲盛貌。《漢書・禮樂志》「西顥沆碭」，師古曰：「沆碭，白氣之貌也。」故曰「『沆』讀『水出沆沆白』之『沆』。」若作「沈沈」，則非其義矣。又《兵略篇》：「天化育而無形象，地生長而無計量，渾渾沆沆，孰知其藏？」「沉」亦「沆」之誤。「沆」與「象」、「量」、「藏」爲韻，「渾」與「沆」一聲之轉，「渾渾沆沆」猶言「茫茫沆沆」耳。若作「沉沉」，則義既不合，而韻又不諧矣。沆又爲鹽澤，故曰「斥鹵之類」。《水經・巨馬河注》曰：「督亢溝水東逕督亢澤。澤包方城縣。《風俗通》曰：『沆，漭也，言乎淫淫漭漭無崖際』。」是其證也。《太平御覽》引作「言其平望沆漭無崖際也」。《水經・河水注》曰：「濕水東北爲馬常坑，坑東西八十里，南北三十里。」又《膠水注》曰：「膠水北歷土山，注於海。土山以北悉鹽坑。」數「坑」字皆「坑」字之誤。《北堂書鈔・酒食部五》引《齊地記》曰「齊有皮丘坑，民煑坑水爲鹽」，是其證也。《淮南・地形篇》：「東南方曰『具區』，曰『元澤』。」「元」者「亢」之誤，說見《淮南》。《初學記・地部上》《太平御覽・地部一》引《淮南》竝作「沆」，是其證也。又《文選・西京賦》：「游鷸高翬，絕阬踰斥。」「阬」與「斥」同類，皆謂澤也。「阬」即「沆」字也。故《漢書・趙充國傳》曰「出鹽澤，過長阬」，李善注「『阬』音『剛』」，失之。《後漢書・馬融傳》「彌綸阬澤，臯牢陵山」，「陵」與「山」同類，「阬」與「澤」同類，李賢注以阬爲壑，亦失之。

載旆

「《詩》曰：『武王載旆，有虔秉鉞』」。念孫案：「旆」本作「發」，今作「旆」者，後人依《毛詩》改之也。《荀子·議兵篇》《韓詩外傳》竝引《詩》「武王載發」，此《志》上下文所引皆《議兵篇》文，故其字亦作「發」。「發」謂興師伐桀也。《豳風·七月》箋曰：「載之言則也。」武王載發，武王則發也。《律曆志》述周武王伐紂之事曰「癸巳，武王始發」，與此「發」字同義。《毛詩》作「旆」者，借字耳。毛傳訓「旆」爲「旗」，非也，説見《經義述聞》。據師古注云「言湯建號興師，本由仁義，雖執戚鉞，以敬爲先」，「興師」二字正釋「發」字，而不言「載旆」，則所見本是「發」字明矣。

憐之

「或犇走赴秦，號哭請救，秦人憐之，爲之出兵」。念孫案：景祐本無「憐之」二字，《通典·兵一》亦無，疑後人所加。

入舂槁

「其奴男子入于罪隸，女子入舂槁」。念孫案：「女子入」下亦有「于」字，而今本脱之，當依《周官・司厲》補。

議事以制

「昔先王議事以制，不爲刑辟」。李奇曰：「先議其犯事，議定然後乃斷其罪，不爲一成之刑鑄於鼎也。」引之曰：「議」讀爲「儀」，儀度也，謂度事之輕重以斷其罪，不豫設爲定法也。古字多以「議」爲「儀」，説見《經義述聞・左傳》。

失本惠矣

「且除肉刑者，本欲以全民也。今去髡鉗一等，轉而入於大辟，以死罔民，失本惠矣」。念孫案：「本惠」當爲「本意」，字之誤也。除肉刑以全民，文帝之本意也，今以死罔民，則失其本意。「本意」二字承上「本欲以全民」而言，若作「本惠」，則非其指矣。《漢紀・孝成紀》作「非其本意矣」，是其證。唐魏徵《羣書治要》所引已誤。

食貨志

農民户人

「農民户人已受田，其家衆男爲餘夫，亦以口受田如比」。念孫案：「農民户人」本作「農民户一人」，「一人」二字對下「衆男爲餘夫」言之，下文「士工商家受田五口，乃當農夫一人」，又承此「農民户一人」言之，今本脱「一」字，則文義不明。《通典·食貨一》無「一」字，亦後人依誤本《漢志》删之。《周官·載師》注及疏引此竝作「農民户一人」，陳氏《禮書》引同，則北宋本尚未誤。

燎

「所以省費燎火」。念孫案：景祐本「燎」作「尞」，毛晃《增脩禮部韻略》、黄公紹《古今韻會》所引竝與景祐本同，又引顔注「尞以爲明，火以爲温」，今則正文、注文皆改爲「燎」矣。

世　天之行

「世之有飢穰，天之行也」。李奇曰：「天之行氣，不能常孰也。或曰，行，道也。」念孫案：或説是也。「世」猶「歲」也。《史記·貨殖傳》曰：「六歲穰，六歲旱，十二歲一大饑。」是歲之有飢穰，乃天之道也。《剥·彖傳》曰：「君子尚消息盈虚，天行也。」「天行」即「天道」，説見《經義述聞》「乾行也下」。《曲禮》「去國三世」，釋文：「盧、王云：『世，歲也。萬物以歲爲世。』」《晏子春秋·雜篇》曰：「以世之不足也，免粟之食飽。」謂歲之不足也。《史記·淮南王傳》曰：「萬世之後，吾寧能北面臣事豎子乎？」謂萬歲之後也。《楚策》曰：「寡人萬歲千秋之後。」《荀子·非相篇》「千世之傳」，《韓詩外傳》「世」作「歲」，是「世」與「歲」同義，故《漢紀·孝文紀》作「歲有飢餓，天之常行」。

慈母

「雖慈母不能保其子，君安能以有其民哉」。念孫案：「慈母」當依景祐本作「慈父」，此以父喻君，子喻民，則作「慈父」者是也。《通典·食貨一》《通鑑·漢紀七》竝作「慈父」。

聚於力

「粟米布帛，生於地，長於時，聚於力，非可一日成也」。念孫案：粟米布帛之生長與聚，皆由人力，不當專以聚言之，「力」當爲「市」。市者，粟米布帛之所聚，故曰「聚於市」，言始而生於地，繼而長於時，終而聚於市，其爲時甚久，故曰「非可一日成也」。「力」字本作「𠮦」，與「市」相似而誤。《太平御覽·百穀部一》引此已誤作「力」，《漢紀·孝文紀》正作「市」。

暴虐　暮改

「急政暴虐，賦斂不時，朝令而暮改」。景祐本「暴虐」作「暴賦」。念孫案：景祐本是也。「政」讀爲「征」，《周官》通以「政」爲「征」。征賦斂，其義同。言急其征，暴其賦，而斂之又不以時也。下文「賣田宅，鬻子孫」皆承「急征暴賦」言之。作「政」者，借字耳。「政」字師古無音，則已誤讀爲「政令」之「政」，後人不達，而改「暴賦」爲「暴虐」，失之遠矣。《白帖》八十四引此正作「急政暴賦」，《漢紀》及《通典·食貨一》《通鑑·漢紀七》竝同。朝令而暮改，「改」本作「得」，言急征暴賦，朝出令而暮已得，非謂其朝令而暮改也。今作「改」者，後人不曉文義而妄易之耳。《通典》已誤作「改」，《漢紀》正作「朝令暮得」。

生葉　稍耨隴草　隴盡

「后稷始甽田，以二耜爲耦，廣尺深尺曰甽，長終晦，一晦三甽，一夫三百甽，而播種於甽中。苗生葉以上，稍耨隴草，因隤其土以附苗根。故其《詩》曰：『或芸或芓，黍稷儗儗。』芸，除草也。耔，附根也。言苗稍壯，每耨輒附根，比盛暑，隴盡而根深，能風與旱，故儗儗而盛也」。念孫案：「苗生葉以上，稍耨隴草」本作「苗生三葉以上，稍壯，耨隴草」，言自生三葉以上禾苗，稍壯，乃耨去隴草，而隤其土，以附苗根也。苗生三葉以上，故曰「稍壯」。今本脱「三」字，則「以上」二字義不可通，下文云「言苗稍壯，每耨輒附根」，則此文之作「稍壯，耨隴草」甚明，今本脱「壯」字，則「稍」字可删矣。「隴盡而根深」本作「隴盡平而根深」，言每耨輒隤隴土以附苗根，及盛暑之時，則隴與甽平，而苗根深固也。今本脱「平」字，則文義不明。《小雅·甫田》正義所引與今本同，亦後人依誤本《漢書》删之。《左傳·昭元年》正義引此正作「苗生三葉以上，稍壯」，又作「隴盡平而根深」。

庸輓犂

「教民相與庸輓犂」。師古曰：「庸，功也。言换功共作也。義亦與庸賃同。」念孫案：庸者，更也，迭也，代也。《方言》曰：「庸、佽、比、侹、更、佚，與「迭」同。代也。《廣雅》同。齊曰佚，江淮、陳、楚之閒曰侹，餘四方之通語也。」《説文》：「庸，用也，從用、庚。庚，更事也。」又曰：「代，更也。」然則「庸輓犂」者，猶言更輓犂、代輓犂也。昭十六年《左傳》云「昔我先君桓公與商人庸次即《方言》「佽」字。比耦，以艾殺此地，斬其蓬蒿藜藋，而共處之」是也。上文「代田」二字已明著其訓矣。師古謂「換功共作，與庸賃同義」是矣，而仍訓「庸」爲「功」，則未考《方言》也。

減其賈而糴

「以穀賤時增其賈而糴，以利農，穀貴時減其賈而糴」。今本脱下「其」字，依上文及《太平御覽》引補。念孫案：此下有「以利民」三字，上文載李悝説云「糴甚貴，傷民；甚賤，傷農」，故壽昌請以穀賤時增賈而糴以利農，穀貴時減賈而糴以利民。此「民」字對「農」而言，下文「民便之」三字，則兼農而言。今脱去「以利民」三字，則語意不完。《通典·食貨十二》無此三字，亦後人依誤本《漢書》删之。《白帖》十一、《太平御覽·居處部十八》引此竝作「減其賈而糴，以利民」，《漢紀》作「減賈而糴，以贍貧民」，義亦同也。

脱三字

「凡輕重斂散之以時，則準平。使萬室之邑必有萬鍾之臧，臧繦千萬；千室之邑必有千鍾之臧，臧繦百萬」。念孫案：景祐本「則準平」下有「守準平」三字，是也。《義門讀書記》曰：「上『準平』句，其始事也，必行之經久而後能有藏蓄，『守』字極有關係。」《通典・食貨十二》亦有此三字。《管子・國蓄篇》曰「故守之以準平，使萬室之都必有萬鍾之藏」云云，是其證。

五穀不爲多

「賈誼諫曰：『今農事棄捐而采銅者日蕃，釋其耒耨，冶鎔炊炭，姦錢日多，五穀不爲多。』」師古曰：「言皆采銅鑄錢，廢其農業，故五穀不多也。『爲』音于僞反，『不爲多』猶言爲之不多也。」念孫案：師古之説甚迂。「五穀不爲多」，「多」字因上文「姦錢日多」而衍。《羣書治要》引此已誤。「爲」音于嬀反，不音于僞反。「五穀不爲」者，爲，成也，言五穀不成也。《晉語》「黍不爲黍，稷不爲稷」，韋注曰：「爲，成也。」《廣雅》同。《吕氏春秋・任地篇》曰：「種稑禾不爲稑，種重禾不爲重。」言不成稑不成重也。《墨子・襍守篇》曰「歲不爲」，《賈子・孽産子篇》曰「歲適不爲」，皆言歲不成也。《史記・天官書》曰「風從西北來，戎菽爲」，集解引孟康《漢書注》曰：「爲，成也。」《淮南·天文篇》曰：「敦牂之歲，禾不爲。協洽之歲，菽麥不爲。」《本經篇》曰：「君臣不和，五穀不爲。」高注曰：「不爲五穀。」《續漢書·律曆志》注引《易緯》曰：「小寒，晷未當至而至，來年麻不爲。穀雨，晷當至不至，水物雜稻等不爲。」是「不爲」即「不成」也。此言民皆棄其農事而鑄錢，故五穀不成。《賈子·銅布篇》曰：「采銅者棄其田疇，家鑄者捐其農事。穀不爲，則鄰於飢。」此尤其明證矣。

謀馬邑

「王恢謀馬邑」。念孫案：《羣書治要》引此「謀」上有「設」字，是也。漢伏兵馬邑旁，誘單于而擊之，王恢實設此謀，故曰「設謀馬邑」。今本脱去「設」字，則文義不明，《史記》亦有「設」字。

十餘萬衆

「衞青比歲十餘萬衆擊胡」。念孫案：《羣書治要》引此「十餘萬衆」上有「將」字，是也。脱去「將」字則文義不明。《史記》亦有「將」字。

富商賈

「而富商賈或滯財役貧」。念孫案：「賈」上有「大」字，而今本脱之。《文選·蜀都賦》注引此正作「富商大賈」，《史記》《通鑑》竝同。下文云「富商大賈亡所牟大利」，《張湯傳》云「排富商大賈」，《貨殖傳》云「關中富商大賈」，皆有「大」字。

苦惡

「見郡國多不便縣官作鹽鐵句器苦惡，賈貴」。如淳曰：「『苦』或作『鹽』，不攻嚴也。」臣瓚曰：「謂作鐵器，民患苦其不好也。」師古曰：「二説非也。鹽既味苦，器又脆惡，故揔云『苦惡』也。」念孫案：如説是也。「苦」讀與「盬」同。《唐風·鴇羽》傳云「盬，不攻致也」，言鐵器既盬惡，而鹽鐵之價又貴也。《史記·平準書》作「見郡國多不便縣官作鹽鐵，鐵器苦惡，賈貴」，《鹽鐵論·水旱篇》云「今縣官作鐵器多苦惡」，皆其證。師古讀「苦」爲「甘苦」之「苦」，而以「鹽鐵器苦惡」連讀，斯文不成義矣。《高惠高后文功臣表》云「道橋苦惡」，《息夫躬傳》云「器用盬惡」，《匈奴傳》云「不備善而苦惡」，《管子·度地篇》云「取完堅補弊，久去苦惡」，書傳言「苦惡」者多矣，若讀「甘苦」之「苦」，則其義皆不可通。

九寸

「公龜九寸」。念孫案：「九寸」下有「以上」二字，與下侯龜、子龜文同一例。而今本脱之。《通典·食貨八》已與今本同。《禮器》正義、《初學記·鱗介部》引此皆作「九寸以上」。

五均司市稱師

「更名長安東西市令及雒陽、邯鄲、臨甾、宛、成都市長皆爲五均司市稱師。東市稱京，西市稱畿，雒陽稱中，餘四都各用東西南北爲稱」。念孫案：第一「稱」字涉下四「稱」字而衍。五均司市師者，司市師即上文所云市令、市長。《貨殖傳》云王莽以王孫卿爲京司市師，是也。「師」上不當有「稱」字。《文選·西都賦》注、《鮑照〈詠史詩〉》注、《永明十一年策秀才文》注、《運命論》注引此竝作「五均司市師」，無「稱」字，《通典·食貨十一》《通鑑·漢紀二十九》竝作「五均司市」，無「稱師」二字。

蝗蟲

「枯旱蝗蟲相因」。念孫案：「蝗蟲」本作「蟲蝗」，「枯旱」、「蟲蝗」相對爲文，後人不解「蟲蝗」二字之義，故改爲「蝗蟲」。案：「蟲蝗」猶言「蟲螟」，見《月令》。亦猶《禮》言「草茅」，《傳》言「鳥烏」，荀子言「禽犢」，今人言「蟲蟻」耳。《五行志》引京房《易傳》曰：「厥風微而温，生蟲蝗，害五穀。」《月令》曰：「孟夏行春令，則蟲蝗爲災。」今本改爲「蝗蟲」，辯見《經義述聞》。《説文》：曰「禽獸蟲蝗之怪謂之蠥。」皆其證也。又《荆燕吴傳》「蝗蟲起」，《史記》亦誤作「蝗蟲」。《夏侯勝傳》「蝗蟲大起」，皆本作「蟲蝗」，而後人改之。凡言「蟲蝗」者，非獨蝗爲災也，他蟲亦有焉。考《五行志》，自武帝元光五年至征和四年兼有螟蝗之災，故夏侯勝總而言之曰「蟲蝗大起」，不得改「蟲蝗」爲「蝗蟲」也。又《酷吏傳》「河南界中又有蝗蟲」，「蟲」字亦後人所加。凡《漢書》之紀蝗，猶《春秋》之書螽也，加一「蟲」字，則大爲不詞。《後漢書·酷吏傳》注引《漢書》無「蟲」字。

漢書弟五

郊祀志

民以物序

故神降之嘉生，民以物序。孟康曰：「各有分敘也。」念孫案：「序」當依《楚語》作「享」。應劭曰：「嘉生，嘉穀也。」嘉穀既生，則民取之以供粢盛，故曰「神降之嘉生，民以物享」也。嘉穀不生，則民無以供粢盛，故《楚語》又曰「嘉生不降，無物以享」，與此文正相應也。《楚語》「享」字凡四見。若云「民以物序」，則義無所取，且與「無物以享」之文不相應。孟云「各有分敘」，此則望文生義，而非其本旨矣。「享」、「序」篆文相似，《趙策》「享萬古之勳」，《史記・趙世家》「享」誤作「序」，又涉上文「各司其序」而誤耳。《史記・曆書》亦作「民以物享」。

「其神常以夜，光煇若流星，從東方來，集于祠城，若雄雉，其聲殷殷云」。念孫案：「殷殷云」者，殷殷然也。上文曰「文公獲若石云，于陳倉北阪」，亦謂若石然也。僖二十九年《左傳》：「介葛盧聞牛鳴曰：『是生三犧皆用之矣，其音云。』」謂其音然也。《史記·周本紀》曰：「其色赤，其聲魄云。」謂其聲魄然也。師古曰：「云，傳聲之亂也。」則誤讀爲「紛紜」之「紜」矣。

野雞

野雞夜鳴。如淳曰：「野雞，雉也，吕后名雉，故曰野雞。」見《史記·封禪書》集解。師古曰：「上言『雄雉』，下言『野雞』，史駁文也。」引之曰：「雉」字之見於《史記》《漢書》者甚多，皆不爲吕后諱，何獨於此而諱之？《五行志》云有「飛雉集于庭」，又云「天水冀南山大石鳴，壄雞皆鳴」，一篇之中既言「雉」又言「野雞」，正與《郊祀志》同，不應駁文若是之多也。蓋書傳中稱野雞者有二：一爲雉之别名，《杜鄴傳》云「野雞著怪，高宗深動」是也；一爲野地所畜之雞，則此云「野雞夜鳴」是也。《易林·睽之大壯》云：「鷹飛雉遽，兔伏不起，狐張狼鳴，野雞驚駭。」四句之中而雉與野雞竝見，則野雞非雉也。又《急就篇》説飛鳥云「鳳、爵、鴻、鵠、鴈、鶩、雉」，其説六畜則云「豭、豶、狡、犬、野雞、雛」，然則野雞爲常畜之雞矣。師古注《急就篇》云：「野雞生在山，野鶉、雞、鶡、雞、天雞、山雞之類。」如此則非復常畜者矣，何以《急就篇》數六畜而及之乎？「野雞夜鳴」猶《淮南》言「雄雞夜鳴」耳，見《泰族篇》。《郊祀志》之「雄雉」、

「野雞」，《五行志》之「野雞」、「飛雉」，皆判然兩物。謂「野雞」避吕后諱者，惑於荀悦之説也。《史記・封禪書》作「野雞夜聲」，義與《漢書》同。「聲」亦「鳴」也。《白虎通義・禮樂篇》云「聲者，鳴也」，鄭注《論語・先進篇》云「鳴鼓，聲其罪以責之」，《淮南・兵略篇》云「彈琴瑟聲鍾竽」，是「聲」與「鳴」同義。宋王觀國《學林》引《封禪書》曰「野雞夜聲」，又引《郊祀志》曰「野雞夜鳴」，是王所見《史記》正作「夜聲」，而今本《史記》作「夜雊」。「雊」字，《集解》《索隱》《正義》皆無音釋，明是後人誤以「野雞」爲「雉」而妄改之。

盛山

「七曰日主，祠盛山」。齊氏息園曰：「案《封禪書》作『成山』，此《志》後文云『成山於不夜』『成山祠日』，又《地理志》亦作『成山』，則此文『盛』字譌也。然師古注云『「盛」音「成」』，則唐初本已作『盛山』矣。」念孫案：古字多以「盛」爲「成」，則「盛」非譌字。《繫辭傳》「成象之謂乾」，蜀才本「成」作「盛」。《公羊春秋・莊八年》「師及齊師，圍成」，《隱五年》《十年》《文十二年》「成」竝作「盛」。《左傳・文十八年》「以誣盛德」，《正義》本「盛」作「成」，引服虔曰「成德謂成就之德」。《秦策》「今王使成橋守事於韓」，《史記・春申君傳》「成」作「盛」。《荀子・王霸篇》「以觀其盛」，楊倞注：「『盛』讀爲『成』。」

怪迂

「然則怪迂阿諛苟合之徒自此興」。師古曰：「迂，謂回遠也。」念孫案：「迂」讀爲「訏」。《説文》：「訏，詭譌也。」字又作「譸」，《説文》：「譸，妄言也。」《法言·問明篇》曰：「譸言敗俗，譸好敗則。」「訏」「譸」竝與「迂」通，「妄言」與「詭譌」同義，「怪迂」猶「詭怪」也。《周語》：「郤犨見，其語迂。單子曰：『迂則誣人。』」迂亦謂詭譌也，故《賈子·禮容語篇》「迂」作「訏」。説見《經義述聞》。下文曰「海上燕齊怪迂之方士」，又曰「言神事，如迂誕」。《楊雄傳》曰「爲怪迂，析辯詭辭，以橈世事」，《史記·孟子荀卿傳》曰「作怪迂之變義」，竝同也。

參辰南北斗　風伯雨師

「雍有日、月、參、辰、南北斗、熒惑、大白、歲星、填星、辰星、二十八宿、風伯、雨師、四海、九臣、十四臣、諸布、諸嚴、諸逐之屬，百有餘廟」。師古曰：「風伯，飛廉也。雨師，屏翳也。而説者乃謂風伯箕星也，雨師畢星也。」此《志》既言二十八宿，又有風伯、雨師，則知非箕、畢也。」念孫案：《周官·大宗伯》：「以槱燎祀司、中司命、飌師、雨師。」鄭司農云：「風師，箕也。雨師，畢也。」鄭注《堯典》及《獨斷》《風俗通義》竝與此同，此漢儒相承之舊説，若飛廉爲風伯，屏翳爲雨師，雖見於《楚辭注》，而其名爲祀典所不載，不得援以爲據也。風伯、雨師雖已在二十八宿之中，而既有專祀，則不得不別言之，猶之上文「參、辰、南斗」已在二十八宿之中，而既有專祀，不得不別言之也。案：《晉語》曰：「辰、參天之大紀也。」故與南北斗竝有專祀。《史記·封禪書》索隱引《漢書舊儀》曰：「祭參、辰星於池陽、谷口。」是其證。《大宗伯》職既言「祀星辰」，而又言「祀司中、司命、風師、雨師」，其義亦猶是也。考《史記·封禪書》文，正與此同，而劉奉世乃謂「參」與「南斗」爲衍字，《義門讀書記》又讀「參辰」爲「三辰」，其謬滋甚。蓋諸家皆以後世屬辭之例求古人之文，故辯論紛紛，而卒無一當也。

冬

「二年冬，東擊項籍而還入關」。念孫案：景祐本無「冬」字，是也。《高紀》云「二年三月，漢王自臨晉渡河。六月，還櫟陽」，是高帝以三月東擊楚，以六月還入關，皆非冬時也。又下文詔曰「今上帝之祭及山川諸神當祠者，各以其時禮祠之如故」，而《高紀》云「六月，令祠官祀天地、四方、上帝、山川，以時祠之」，是詔祠上帝山川諸神亦是六月時事，非冬也。「冬」字乃後人所加，故《史記》無「冬」字。《通典·禮二》《禮五》竝同。

祠稷

「有司請令縣常以春二月及臘祠稷以羊彘」。念孫案：「稷」上脱「社」字，下文「民里社各自裁以祠」即其證。《初學記·歲時部下》《太平御覽·時序部十八》引此竝作「祠社稷」，《史記》同。

臣望東北汾陰直有金寶氣

「臣望東北汾陰直有金寶氣」。師古曰：「汾陰直，謂正當汾陰也。」念孫案：師古以「汾陰直」三字連讀，非也。當以「直有金寶氣」五字連讀。「直」猶「特」也，言東北汾陰之地特有金寶氣也。「直」「特」古字通，説見《史記》「直墮其履汜下」下。

奇書

「迺爲帛書以飯牛，陽不知，言此牛腹中有奇書，殺視得書，書言甚怪」。念孫案：「奇書」之「書」後人以意加之也。少翁若言牛腹中有書，則恐人覺其僞，故但言此牛腹中有奇，及殺視之，乃得帛書，而其言甚怪，正所以惑人也。後人不達，而於「奇」下加「書」字，謬矣。景祐本無「書」字，《史記·封禪書》《續孝武紀》皆無。

意

「而天子心獨意。其事祕，世莫知也」。師古曰：「『意』讀曰『喜』，喜，好也，音許吏反。」念孫案：景祐本「憙」作「喜」，是也。喜，樂也，音許里反。憙，好也，音許吏反。桓六年《穀梁傳》「陳侯憙獵」，釋文：「憙，虚記反。」獨憙，獨好也。而景祐本作「喜」者，借字耳。注當作「『喜』讀曰『憙』，憙，好也。音許吏反」，今本既改正文作「憙」，又互改注内「喜」「憙」二字，而其義遂不可通。《太平御覽·神鬼部一》引《漢書》正作「喜」，《史記》同。又《賈誼傳》「遇之有禮，故羣臣自喜」，《賈子·階級篇》同。「喜」亦借字也，故師古曰「『喜』讀曰『憙』，音許吏反。憙，好也，好爲志氣也」，而今本正文亦改爲「憙」，注文「喜」、「憙」二字亦互改矣。唯「憙，好也」之「憙」未改。

上雍

「其秋，上雍，且郊」。師古曰：「雍地形高，故云『上』也。」念孫案：「上雍」當從《封禪書》《續孝武紀》作「上幸雍」。「上」謂武帝也，「且郊」者，上將郊也。下文云「上遂郊雍」即其證。本書言「幸雍」者多矣，此文偶脱「幸」字，師古遂望文生義而爲之説。《索隱》本從師古作「上雍」，皆非。

冕侯

「黄帝得寶鼎冕侯」。「冕侯」,《封禪書》作「宛朐」,《續孝武紀》作「宛侯」。念孫案:「冕」當爲「冤」。冤句,音「劬」。濟陰之縣也,《地理志》《郡國志》竝作「冤句」。《水經·濟水篇》作「冤朐」,《王子侯表》《楚元王傳》竝作「宛朐」,今作「冕侯」者,「冤」「冕」形近而誤,「句」「侯」聲近而通,故《續孝武紀》作「宛侯」也。

封禪

「漢帝亦當上封禪,封禪則能僊登天矣」。念孫案:景祐本作「漢帝亦當上封,上封則能僊登天矣」,是也。下文曰:「秦皇帝不得上封,陛下必欲上,稍上即無風雨遂上封矣。」此涉上文兩「封禪」而誤。《封禪書》《續孝武紀》竝與景祐本同。

君七千　君之　君畜產

「黄帝萬諸侯,而神靈之封君七千」。念孫案:「君」當依《封禪書》作「居」。《孝武紀》亦作「居」。言黄帝時有萬諸侯,而神靈之封居其七千也。今本「居」作「君」,則義不可通,蓋「居」「君」

字形相似，又涉注文「汪芒氏之君」而誤。上文「昔三代之居皆在河洛之閒」，《史記・封禪書》「居」譌作「君」。《義門讀書記》曰：「『封君七千』當如李奇之説，此方士自爲地也。」念孫案：張晏曰：「神靈之封，山川之守也。」以「封」字絶句，則「封」下無「君」字明矣。李奇曰：「説僊道得封者七千國也。」此是誤解「神靈之封」四字，謂諸侯萬國而以僊道得封者居其七千耳，非若今本作「封君七千」也。「居」誤爲「君」而即以「封」、「君」連讀，則誤之又誤矣。又《張騫傳》「大月氏王既臣大夏而君之」，師古曰：「以大夏爲臣，爲之作君也。」念孫案：師古説非也。既言「臣大夏」，則爲大夏之君矣，無庸更言「君之」。《西域傳》但云「西擊大夏而臣之」，不更言「爲之君」也。「君」亦當依《史記・大宛傳》作「居」，《索隱》欲改「居」爲「君」，殆爲師古注所惑。謂居其地也。下文「地肥饒，少寇」正承「居之」二字而言。又《薛宣傳》：「禮，下公門，式路馬，君畜産且猶敬之。」念孫案：「君畜産」本作「居處畜産」。「居處」謂公門，「畜産」謂路馬也。若但云「君畜産」，則遺去「下公門」一事矣。此「居」誤爲「君」，又脱去「處」字也。《通典・刑四》正作「居處畜産」。

泰一鏠旗

「以牡荆畫幡日月北斗登龍，以象大一三星，爲泰一鏠旗，命曰『靈旗』」。念孫案：「鏠旗」

之「旗」，後人以意加之也，景祐本無「旗」字。注同。宋祁亦曰：「新本云『泰一鏠』，無『旗』字。」此謂畫日月北斗登龍於幡上，又畫三星於大一之前，爲泰一鏠。「鏠」與「鋒」同。命之曰「靈旗」，不得謂之「泰一鏠旗」也。《封禪書》《續孝武紀》皆無「旗」字，《集解》引晉灼云「畫一星在後，三星在前，爲泰一鋒」，亦無「旗」字。

空侯

「作二十五弦及空侯瑟自此起」。蘇林曰：「作空侯與瑟。」念孫案：景祐本「空侯」作「坎侯」，是也。宋祁亦曰：「邵『空』作『坎』。」《風俗通義》曰：「謹按《漢書》，孝武皇帝命樂人侯調依琴作坎侯之樂，言其坎坎應節奏也。侯以姓冠章耳。或説空侯取其空中，琴瑟皆空，何獨坎侯邪？斯論是也。《詩》云『坎坎鼓我』，是其文也。」據此則應所見《漢書》正作「坎侯」，《藝文類聚·樂部四》引《凡將篇》云「鍾磬竽笙筑坎侯」。蘇林曰「作空侯與瑟」，此是以空侯釋「坎侯」，非正文本作「空侯」也。今本作「空侯」者，後人誤以蘇注改之耳，《文選·曹植〈箜篌引〉》注引《漢書》亦作「坎侯」。「坎侯」即「空侯」也，故《封禪書》作「空侯」。

改元爲元封

「下詔改元爲元封」。念孫案：景祐本作「下詔改元封元年」，是也。此後人以意改之耳。《武紀》詔曰「其目十月爲元封元年」，《封禪書》亦曰「以今年爲元封元年」。

東萊

「遂至東萊，東萊宿，留之」。宋祁曰：「淳化本無下『東萊』二字。」念孫案：淳化本是也。「東萊」二字不當重見，景祐本及《史記》皆無。

明堂

「濟南人公玉帶上黄帝時明堂圖。明堂句中有一殿，四面無壁，以茅蓋，通水，水圜宫垣，爲復道，上有樓，從西南入，名曰昆侖」。念孫案：「明堂中有一殿」，「明堂」下亦當有「圖」字，此「圖」字統下九句而言，今本脱之，則文義不明。《太平御覽・禮儀部十二》引此已脱「圖」字，《初學記・禮部上》引作「明堂圖中有一殿」，《史記・封禪書》《孝武紀》竝同。《續漢書・祭祀志》注、《藝文類聚・禮部上》《初學記・居處部》竝引作「圖中有一殿」，此省去

「明堂」二字。《水經·汶水注》同。

商中

「其西則商中,數十里虎圈」。如淳曰:「商中,商庭也。」師古曰:「商,金也。於序在秋,故謂西方之庭爲商庭。」念孫案:「商中」本作「唐中」,如注本作「唐中,唐庭也」,《封禪書》《孝武紀》竝作「唐中」。索隱曰:「如淳云:『唐,庭也。今本脱此三字,據《後漢書注》《文選注》補,下文《詩》云「中唐有甓」云云乃小司馬語,非如淳語。《詩》云「中唐有甓」,鄭玄曰:「唐,堂塗也」,《爾雅》以廟中路謂之唐。《西京賦》曰「前開唐中,彌望廣象」是也。』」以上《史記索隱》。班固《西都賦》「前唐中而後太液」,《後漢書》注、《文選注》引《漢書》竝作「唐中」,又引如注云「唐,庭也」,是二李、司馬所見本竝作「唐中」。師古所見本譌作「商中」,如注亦譌作「商庭」也,乃又誤以「商」「庭」二字連讀,而訓爲「西方之庭」,其失甚矣。篆書「唐」、「商」相似,故「唐」譌作「商」。《韓詩外傳》「淳于髠曰:『昔者揖封生高商,而齊人好歌,杞梁之妻悲哭而人稱詠。』」與《孟子》所稱「綿駒處於高唐,而齊右善歌。華周杞梁之妻善哭其夫,而變國俗」者略相似,「高商」即「高唐」之譌。

脩

「脩武帝故事」。又《王褒傳》「宣帝時脩武帝故事」，又《王吉傳》「是時，宣帝頗脩武帝故事」，又《匡衡傳》「君遵脩法度」，又《孔光傳》「守法度，脩故事」，又《外戚傳》「脩許后故事」。念孫案：「脩」皆當爲「循」，凡言「循」者，皆率由舊章之謂，作「脩」則非其旨矣。劉向、何武傳竝云「宣帝循武帝故事」，《杜欽傳》云「鳳不能自立法度，循故事而已」，《貢禹傳》云「大臣循故事」，皆其證也。《太平御覽・皇親部二》引《外戚傳》正作「循」。隸書「循」、「脩」相似，傳寫易譌。說見《管子・形勢篇》。

孝惠帝

「自大上皇、孝惠帝諸園寢廟皆罷」。念孫案：「帝」字後人所加，說見《禮樂志》「高祖廟下」。景祐本無「帝」字，《韋玄成傳》云「太上皇、孝惠、孝文、孝景廟皆親盡宜毀」，亦無「帝」字。

莫大乎承天之序

「帝王之事，莫大乎承天之序。承天之序，莫重於郊祀」。念孫案：「莫大乎承天」下本無「之序」二字，此因下文而衍也。「帝王之事，莫大乎承天；承天之序，莫重於郊祀」四句相對爲文。「序」亦「事」也。《周頌·閔予小子》傳曰：「序，緒也。」《爾雅》曰：「緒，事也。」猶言帝王之事莫大乎承天，承天之事莫重於郊祀耳。《孟子·萬章篇》「孝子之至，莫大乎尊親。尊親之至，莫大乎以天下養」，文義正與此同。若弟二句内有「之序」二字，則詞重意複矣。《通典·禮二》有此二字，則所見《漢書》本已誤。《漢紀·孝成紀》無此二字。《續漢書·祭祀志》注引《黃圖》載王莽奏亦云「帝王之義，莫大於承天；承天之序，莫重於郊祀」。

竢

「歌大吕舞《雲門》以竢天神，歌大蔟舞《咸池》以竢地祇」。念孫案：竢，來也。來天神地祇，即所謂天神降、地祇出也。《説文》「𥏫」字解云：「詩曰『不𥏫不來』，此文有誤。從來矣聲。」《爾雅》「不俟，不來也」，《釋文》「俟」作「𥏫」，是「𥏫」與「來」同義，故其字從來也。「𥏫」、「俟」、「竢」古字通。

遙興輕舉

「世有僊人，服食不終之藥，遙興輕舉，登遐倒景」。如淳曰：「遙，遠也。」師古曰：「『遙』，古『遥』字也，興起也，謂起而遠去也。」念孫案：遥興者，疾興也。「疾興」與「輕舉」義正相承。《方言》曰：「摇，疾也。《廣雅》同。燕之外鄙朝鮮洌水之閒曰摇。」又曰：「遥，疾行也。」《楚辭·九章》曰「願摇起而横奔兮」，《淮南·原道篇》曰「疾而不摇」。「摇」與「遥」通，此但言其疾興輕舉，下文「登遐倒景」乃言其遠去耳。

足以揆今

「夫周秦之末，三五之隆，已嘗專意散材，厚爵禄，竦精神，舉天下以求之矣。曠日經年，靡有毫氂之驗，足以揆今」。念孫案：「足以揆今」上脱「往事之迹」四字，則語意缺而不完，當依《漢紀》補。

燔尞南郊　瘞于北郊

「天用牲左，及黍稷燔尞南郊。墬用牲右，及黍稷瘞于北郊」。念孫案：「燔尞南郊」，「瘞于北郊」當依《通典・禮二》作「燔尞於南郊」，「瘞薶于北郊」，上文云「燔尞瘞薶用牲一」，即其證。

天文志

背穴

「暈適背穴，抱珥虹蜺」。孟康曰：「『背』形如『北』字也。各本「北」作「背」，涉上文而誤。案韋注《吳語》曰：「『北』，古之『背』字。」《説文》：「北，乖也，從二人相背。」然則日兩旁氣外向者爲背，形與「北」字相似，故孟云「背形如北字也」。今改正。『穴』多作『鐍』，其形如半鐍也。」[一]如淳曰：「凡氣在日上爲冠爲戴，在旁直對爲珥，在旁如半鐶向日爲抱，向外爲背有氣刺日爲鐍。鐍，抉傷也。」念孫案：「抱」、「珥」皆内向之名，「背」、「鐍」皆外向之名。「背」字或作「倍」，「鐍」字或作「譎」，又作「僪」。《吕氏春秋・明理篇》「日有倍，僪有暈珥」，高注曰：「皆日旁之危氣也。在兩旁反出爲倍，在上反出爲僪，在上内向爲冠，兩旁内向爲珥。」《淮南・覽冥篇》曰：「君臣乖心，則背譎見

[一] 半鐍，《漢書》作「玉鐍」。

於天。」然則「背」、「鐍」同義，特有在旁、在上之分耳。《莊子·天下篇》曰：「墨者俱誦墨經，而倍譎不同。」謂其各守所見，分離乖異也。如以氣刺日爲鐍，失之。

中宮

「中宮天極星」。念孫案：「宮」當爲「官」，下文「東宮」、「南宮」、「西宮」、「北宮」竝同。説見錢氏《史記攷異》。

宗廟

「亢爲宗廟」。念孫案：「宗廟」本作「疏廟」，《天官書》「亢爲疏廟」，篇内凡兩見。索隱曰：「《文燿鉤》云：『亢爲疏廟。』宋均以爲，疏，外也。」《晉書·天文志》曰：「亢四星，天子之内朝也。一曰疏廟。」《隋書·天文志》同。皆作「疏廟」，無作「宗廟」者。此後人不曉「疏」字之義，而以意改之耳。《爾雅·釋天》疏引此已誤。

曰哀烏

「後聚十五星，曰哀烏郎位」。念孫案：「曰」字本在「哀烏」下。《史記》作「後聚一十五星，蔚然，曰郎位」，徐廣曰：「蔚然，一云哀烏。」索隱曰：「《漢書》作『哀烏』，則『哀烏』、『蔚然』皆星之貌狀，其星爲郎位。」以上《索隱》。是郎位爲星名，而哀烏乃衆星相聚之貌，故曰「後聚十五星，哀烏，句曰郎位」，今本作「曰哀烏郎位」，則哀烏亦似星名矣。《晉書·天文志》：「郎位十五星在帝坐東北，一曰依烏郎府也。」尤非。「依烏」即「哀烏」。引之曰：「烏」疑當作「焉」字，相似而誤。「哀焉」猶「依然」也，「依然」猶「蔚然」也，「蔚」與「依」皆衆盛之貌。《小雅·出車篇》「楊柳依依」，薛君《韓詩章句》曰：「依依，盛貌。」見《文選·潘岳〈金谷集詩〉》注。《車舝篇》「依彼平林」，毛傳曰：「依，茂木貌。」是也。「哀」、「依」古同聲，「哀」即「依」也。「焉」者，狀事之詞，與「然」同義。若《小弁》「惄焉如擣」、《秦誓》「其心休休焉」之類是也。衆星相聚依然甚多，故曰「後聚十五星，哀焉」。

隨星

「廷藩西有隨星四」。齊曰：「案《天官書》作『隋星』，注『隋音他果反』。此作『隨星』，蓋誤。」念孫案：「隨」字古音在歌部，讀與「隋」相近。說見《唐韻正》。故字亦相通，「隨」非誤字也。上文「前列直斗口三星，隨北耑鋭」，《史記索隱》亦云：「『隨』音他果反。」《淮南·齊俗篇》「闚面於盤水則員，於杯則隨」，「隨」與「橢」同，「橢」亦音他果反。

鳥喙　喙爲鳥星

柳爲鳥喙。念孫案：「喙」當爲「啄」，音「晝」。字之誤也。《淮南・氾論篇》「顔啄聚」，今本譌作「顔喙聚」。凡隸書從「豖」、從「彖」之字多相亂。字本作「咮」，或作「噣」，通作「啄」，又通作「注」。《説文》「咮，鳥口也。噣，喙也。」《玉篇》引《曹風・候人篇》「不濡其噣」，今《詩》作「咮」。毛傳曰：「咮，喙也。」《考工記・梓人》「以注鳴者」，釋文：「注，陟又反。」《韓詩外傳》引《傳》曰：「鳥之美羽句啄者，鳥畏之。」《漢書・東方朔傳》「尻益高者，鶴俛啄也」，師古曰：「啄，鳥觜也，音竹救反。」「咮」、「噣」、「注」、「啄」古同聲而通用，「喙」則聲遠而不可通。《天官書》作「柳爲鳥注」，「注」、「啄」古字通，則此「喙」字明是「啄」字之譌，而師古無音，則所見本已作「喙」矣。「喙」字不須作音，若「啄」字則當音竹救反。《五行志》引劉歆説「於天文南方喙爲鳥星」，「喙」亦「啄」之譌。《爾雅》曰：「咮謂之柳，柳，鶉火也。」襄九年《左傳》曰：「咮爲鶉火，心爲大火。」是柳星謂之咮，不謂之喙，不得言喙爲鳥星。《爾雅釋文》「咮，豬究反」，本或作「喙，許穢反」，則亦未知「喙」爲「啄」之譌也。

大白還之　鬼魅不能自還

「故熒惑從大白，軍憂。當其行，大白還之，破軍殺將」。念孫案：「還」當爲「逯」，字之誤也。「逯」之誤爲「還」，猶「鰥」之誤爲「鱞」。《律曆志》：「癸巳，武王始發。丙午，逯師。戊午，度于孟津。」「逯」與「逮」同，今本誤作「還」，《漢書攷異》已辯之。《墨子·非攻篇》「逯至乎夏王桀」，今本亦誤作「還」。「逯」與「逮」同，《中庸》「所以逮賤也」，《釋文》「逮」作「逯」。哀十四年《公羊傳》「祖之所逮聞也」，《漢石經》「逮」作「逯」。漢《太尉陳球後碑》「逯完徂齊，實爲陳氏」，《太尉劉寬碑》「未逯誅討，亂作不旋」，《吉成侯州輔碑》「逯事和熹后、孝安帝安思皇后」，竝以「逯」爲「逮」，又《墨子》見上。逮，及也，言熒惑行而大白及之，則主破軍殺將也。考《史記·天官書》及《開元占經·五星占》引《春秋文燿鉤》竝作「大白逮之」，又《天官書》曰：「熒惑與他星鬬，光相逮，爲害；不相逮，不害。」皆其明證也。又《楊雄傳〈甘泉賦〉》「鬼魅不能自還兮，半長途而下顛」，師古曰：「言屋之高深，雖鬼魅亦不能至其極，而反故於長途之半而顛墜也。『還』讀曰『旋』，或作『逮』，逮，及也。」念孫案：作「還」者，亦「逯」之誤，「逯」與「逮」同，故一本作「逮」也。《文選》亦作「逮」。張載《魏都賦》注引《甘泉賦》亦作「逮」。此言臺之高峻，鬼魅不能及其顛，故半途而下墜，非謂其不能還也。若云不能至其極而還，則加數字以解之，已非其本義矣。

歷大白右

「辰星歷大白右，數萬人戰，主人吏死」。念孫案：《説文》：「歷，過也。」言過大白右，則與下文「出大白右」無異。「歷」當爲「摩」，字之誤也。「摩」謂相切摩而過也。《繫辭傳》「剛柔相摩」，王注云：「相切摩也。」釋文：「京云：『相磑切也。』馬云：『摩，切也。』」《蓋寬饒傳》云「摩切左右」，《天官書》正作「摩大白右」，《開元占經·五星占》引《石氏》同，又引《春秋文燿鉤》云「辰星摩大白入相傾」，此三字有誤。又引《荆州占》云「辰星從大白，光芒相及若摩之，其下有數萬人戰」。

從填以重

「從填以重」。韋昭曰：「謂以威重得。」念孫案：「重」謂厚重也，説見《史記》。

揚

「牽牛、婺女揚州」，又《地理志》「揚州藪」、「揚州川」、「揚州山」，又《鼂錯傳》「南攻揚粤」，景祐本「揚」字竝作「楊」。念孫案：景祐本是也。凡「楊州」字古皆從木不從手，偏檢汪本如《何武傳》之「遷楊州太守」，《儒林傳》之「楊州牧」，《南粵傳》之「略定楊粵」，《王莽傳》之「荆楊之民」、「大將軍楊州牧」，其字皆作「楊」，與景祐本同。若他篇則景祐本亦有作「揚」者，至明監本則全書皆作「揚」矣。案：《藝文類聚・州部》《初學記・州郡部》《太平御覽・州郡部三》引《尚書》《周官》《爾雅》，「楊州」字皆從木。宋本《爾雅》「江南曰楊州」，字亦從木。宋本《史記・天官書》「牽牛、婺女楊州」及《夏本紀》「淮海維楊州」，《楚世家》「伐庸楊、粵」，《三王世家》「楊州保疆」，《蔡澤傳》「南收楊越」，《南越傳》「略定楊越」，其字亦從「木」。《佩觿》云「楊，柳也，亦州名」，又云「按《禹貢》『淮海惟楊州』，《正義》云『江南其氣燥勁，厥性輕揚』，則非當從木」，據此則郭氏所見本尚從木也。唐許嵩《建康實録》引《春秋元命苞》云「地多赤楊，因取名焉」，其説雖不足爲據，然亦可見「楊州」字之本從「木」矣。《夢溪筆談・雜誌篇》亦云「楊州宜楊，荆州宜荆」。自張參《五經文字》以從木者爲非，而《唐石經》遂定從手旁。《廣韻》「揚，舉也，又州名」，亦踵張氏之誤。《禹貢》正義引李巡《爾雅注》云：「兩河閒其氣清，厥性相近，故曰冀，冀，近也。濟河閒其氣專質，厥性信謹，故曰兖，兖，信也。淮海閒其氣寬舒，厥性安徐，故曰徐，徐，舒也。江南其氣燥勁，厥性輕揚，故曰揚，揚，揚也。今本作「揚，輕也」，乃後人所改，辯見下。荆州其氣燥剛，厥性彊梁，故曰荆，荆，彊也。河南其氣著密，厥性安舒，故曰豫，豫，舒也。河西其氣蔽壅，厥性急凶，故曰雍，雍，壅也。」

「冀」「近」、「兖」「信」、「徐」「舒」、「楊」「揚」、「荆」「彊」、「豫」「舒」、「雍」「壅」，皆同聲而異字，後人徒以「厥性輕揚」之語遂謂「楊州」字當從「手」旁，不知以「揚」釋「楊」猶以「壅」釋「雍」也。若改「楊州」爲「揚州」，則亦將改「雍州」爲「壅州」乎？「楊州」字既改爲「揚」，則「楊，揚也」之文不可通，故又改爲「揚，輕也」，以彌縫其闕，不知李釋九州皆取同聲之字爲訓，「輕」與「揚」不同聲也。又《公羊·莊十年》疏及《爾雅釋文》《廣韻》所引李注皆無「楊揚也」三字，蓋後人改「楊」爲「揚」，遂删此三字耳。據《尚書正義》所引，有「揚，輕也」三字，亦足證後人之妄删矣。《公羊疏》所引有「冀，近也」、「豫，舒也」、「雍，壅也」、「荆，彊也」、「兖，信也」、「徐，舒也」、「幽，要也」、「營，均也」，而無「楊，揚也」。《爾雅釋文》於荆、徐、營三州未引李注，所引六州有「冀，近也；豫，舒也；雍，壅也；兖，信也；幽，要也」，而亦無「楊，揚也」，較《尚書正義》所引獨少一句，明是後人所删。今《書傳》中「楊州」字皆改從手旁，唯漢、魏碑從木，人不能改，故至今尚存。《酸棗令劉熊碑》「出省楊土」，《郃陽令曹全碑》「兖豫荆楊」，《魏公卿上尊號》「奏領楊州刺史」，其字皆從「木」，《隸釋》所載《冀州刺史王純碑》「出使楊州」，《荆州刺史度尚碑》「楊賊畔於□□」，《車騎將軍馮緄碑》「督使徐楊二州」，此碑今本譌作「揚」依萬曆本改。《大尉陳球碑》「陸梁荆楊」，《陳球後碑》「剥落荆楊」，《無極山碑》「楊越之梳□條蕩」，《巴郡太守張納碑》「楊州寇賊」，其字亦皆從「木」，王獻之《進書訣帖》「乞食楊州市上」，其字亦從「木」，足正唐以後歷代相沿之誤。

寅趙

「子周，丑翟，寅趙，卯鄭，辰邯鄲，巳衛，午秦，未中山，申齊，酉魯，戌吴、越，亥燕、代」。念孫案：邯鄲即趙也，辰爲邯鄲，則寅非趙矣。隋蕭吉《五行大義》引此作「寅楚」，是也。《淮南·天文篇》及《廣雅》竝作「寅楚」。

路踵

「《石氏》曰：『名路踵。』」念孫案：「踵」本作「歱」，《説文》「歱，跟也」，「踵，追也」，義各不同。今經傳中「足歱」字皆作「踵」，而「歱」字遂廢。《天官書》「路踵」作「跰踵」，索隱曰「《天文志》作『路歱』」，引《字詁》云「『歱』今作『踵』」，是小司馬所見《漢志》本作「歱」，與《史記》不同，而今本亦作「踵」，則後人依《史記》改之也。漢《冀州從事張表碑》「繼歱相承」，其字正作「歱」。

其後發病

「見而去，其後發病，雖勝亡功」。念孫案：「其後發病」當依《天官書》作「其發疾」。疾，速也，言氣暈既見而速去也。今本「疾」作「病」，涉上文而誤，「後」字亦涉上文而衍，景祐本「疾」字不誤。

戰居上

「雲氣有戰居上者，勝」。念孫案：「戰」當依《天官書》作「獸」，字之誤也。《開元占經·雜雲氣占》曰：「雲氣如伏虎居上者，不可攻。」是其證。

前方而後高者鋭

「前方而後高者，鋭；後鋭而卑者，卻」。念孫案：當作「前方而高、後鋭而卑者，卻」，説見《史記》。

相遇

「氣相遇者，卑勝高，鋭勝方」。念孫案：「遇」本作「禺」，「禺」讀爲「偶」，謂兩氣相敵偶也。「偶」「禺」古字通，《管子·海王篇》「禺策之」，尹知章曰：「『禺』讀爲『偶』，偶，對也。」《史記·封禪書》「木禺龍欒車一駟，木禺車馬二匹」，〔一〕索隱曰：「『禺』一音『偶』，謂偶其形於木也。」又下文「以木禺馬代駒」，《孝武紀》「禺」作「耦」。《史記》作「遇」，索隱曰：「『遇』音『偶』，《漢書》作『禺』。」據此則司馬所見本正作「禺」，今作「遇」者，後人以《史記》改之耳。或曰：若本作「禺」而讀爲「偶」，則師古何以無音？不知師古此篇之注甚少而音亦甚略，後人正以師古無音，故徑改之耳。

穹閭

「北夷之氣如羣畜穹閭」。念孫案：《天官書》文與此同，索隱曰：「鄒氏云一作『弓閭』，《天文志》作『弓』，字音『穹』。」據此則《漢志》本作「弓」而讀爲「穹」，與《史記》作「穹」者異文，而今本亦作「穹」，則後人以《史記》改之也。案：車蓋弓，《說文》謂之穹隆，《說文》：「淮陽名車

〔一〕二匹，《史記》作「一駟」。

穹隆轒。」《考工記》謂之弓，《釋名》云：「弓，穹也，張之穹隆然也。」「穹」、「弓」聲近而義同，故字亦相通。

枯稾

「城郭門閭，潤息枯稾」。念孫案：「枯稾」當依景祐本作「稾枯」，汲古閣本亦作「稾枯」。「枯」與「閭」爲韻，上下文亦皆用韻也。《天官書》亦誤作「枯稾」，《史記攷異》已辨之。

十月五星聚于東井

「漢元年十月，五星聚于東井，以曆推之，從歲星也」。劉敞曰：「按曆，太白辰星去日率不能一兩次，今十月而從歲星於東井，非其理也。然則五星以秦之十月聚東井耳。秦之十月，今七月，日當在鶉尾，故太白辰星得從歲星也。」引之曰：此用崔浩「前三月聚東井」之說，見《魏書·高允傳》。其實非也。下文：「客謂張耳曰：『東井秦地，漢王入秦，五星從歲星聚，當以義取天下。』」是五星聚東井在入秦之月。《高紀》曰「秦三年九月，趙高立二世兄子子嬰爲秦王」，下遂云「元年冬十月，五星聚于東井，沛公至霸上，秦王子嬰封皇帝璽符節，降枳道旁」，是入秦在十月，上與九月相接，非建亥之月而何？若七月，則沛公猶未入秦，不足爲受命之符矣。《史記・張蒼傳》：「張蒼爲計相時，緒正律曆，以高祖十月始至霸上，因故秦時以十月爲歲首，弗革。」若以十月爲今七月，則非秦之歲首矣。據《秦楚之際月表》，歲首建十月而終於九月，其弟四月避諱改正月爲端月。漢高、惠、文、景《紀》及《武紀》元封六年以前正月皆在弟四月，無以十月爲正月者，亦無以七月爲十月者。蓋秦用《顓頊曆》，自正月建寅至十二月建丑，未嘗易其次也。豈得謂「秦之十月，今七月」乎？辨見《高紀》「春正月」下。十月，五星聚東井，乃事之必無者，高允以爲史官欲神其事，不復推之於理，見《高允傳》。是也。必欲强爲之説以遷就之，則謬矣。

三年　旦去

「孝景中元年填星當在觜觿、參，去居東井。其三年三月丁酉，彗星夜見西北，色白，長丈，在觜觿，旦去益小，十五日不見。」念孫案：「中三年」在下文，則此「三年」當作「二年」也。《開元占經・彗星占中》引此正作「中二年」。「旦去」當爲「且去」。且，將也，言始出長丈，將去則益小，至十五日則不見也。下文云「流星始出小，且入大」，即其證。《開元占經》引此正作「且去」，又下文「六月壬戌蓬星見西南，在房南，大如二斗器，色白；丁卯，在箕北，近漢，稍小，且去時，大如桃。壬申去」，「旦」亦當爲「且」。《開元占經・妖星占中》引此亦作「且去」，《太平御覽·咎徵部二》同。

傷成於戉

「占曰：『傷成於戉，木爲諸侯，誅將行於諸侯也。』」念孫案：「戉」當依景祐本作「戉」，「戉」古「鉞」字，故曰「誅將行於諸侯」。上文「傷成戉」，今本「戉」譌作「戎」，齊氏息園已辯之。《天官書》作「鉞」，是其證。下文兩「斧戉」，字亦譌作「戊」，皆當依景祐本改。

斗樞極

「孝昭元鳳四年九月，客星在紫宫中斗樞極閒」。念孫案：「樞」上本無「斗」字。樞，左右樞也；極，北極也。北極五星在紫宫中而左樞、右樞爲紫宫前門，故曰「在紫宫中樞極閒」，後人以樞爲北斗第一星，故加「斗」字，不知北斗在紫宫外，不得言「紫宫中斗樞極閒」也。《開元占經·客星占七》引此無「斗」字。

西羌反

「後二歲餘，西羌反」。念孫案：上文言「七國反」，則并及漢滅七國事；言「南越反」，則并及滅南越事；下文言「夜郎王歆大逆不道」，則并及捕殺歆事。此不當但言「西羌反」而不及平羌事也。《開元占經·彗星占中》引此文云「西羌反，右將軍奉世擊平之」，今本脱八字，當補入。

東方有赤白色　南方有

「孝成永始二年二月癸未夜，東方有赤白色，大三四圍，長二三丈，索索如樹，南方有大四五圍，下行十餘丈，皆不至地滅」。劉奉世曰：「『南方有』之下當有『氣』或『色』字，脱也。」念孫案：「東方有赤白色」下亦當有「氣」字，而今本脱之。下文「東方客之變氣，狀如樹木」正承此「氣」字而言。《太平御覽·咎徵部四》「氣」下引此作「東方有赤白色氣」，是其證。又下文「一日有兩氣同時起」，「兩氣」二字兼上文東、南兩方而言，則「南方有」下所脱亦是「氣」字，非「色」字。

西南行一刻而止

「哀帝建平元年正月丁未日出時，有著天白氣，廣如一匹布，長十餘丈，西南行，讙如雷，西南行一刻而止」。念孫案：下「西南行」三字涉上文而衍，《太平御覽·咎徵部二》引無此三字。「一刻而止」本作「一刻所止」，此後人不知「所」字之義而妄改之也。「一刻所」猶言「一刻許」，「許」與「所」聲近而義同。《小雅・伐木篇》「伐木許許」，《説文》引作「伐木所所」，《漢書・疏廣傳》「數問其家金餘尚有幾所」，師古曰：「『幾所』猶言『幾許』也。」言讙聲如雷者一刻許而止也。上文云「有流星在斗西北子亥間，留一刻所」，又曰「有流星從東南入北斗，二刻所息」，皆其證也。《檀弓》注「封高四尺所」，《正義》曰：「『所』是不定之辭。」《游俠傳》曰「原涉居谷口半歲所」，《史記・倉公傳》曰「受讀解驗之可一年所」，竝與此「所」字同義。《開元占經・妖星占中》引此正作「一刻所止」。

五行志

施

「上陽施不下通，下陰施不上達」。兩「施」字師古無音。念孫案：陽可言施，陰不可言施。「施」皆讀爲「弛」，經傳通以「施」爲「弛」。弛，解也，言陰陽俱解，故上下不交也。《開元占經・冰占篇》引此正作「弛」。

中山

「宣帝甘露元年四月丙申，中山太上皇廟災。甲辰，孝文廟災」。念孫案：景祐本無「中山」二字，是也。《宣紀》云「甘露元年夏四月丙申，太上皇廟火。甲辰，孝文廟火」，《漢紀》「火」作「災」，皆無「中山」二字。

有水旱之災　大水

「若乃奢淫驕慢，則土失其性。有水旱之災，而草木百穀不孰，是爲稼穡不成」。念孫案：景祐本、毛本「有水旱」作「亡水旱」，是也。此言「土失其性」，則雖無水旱之災而不能成稼穡，下文云「劉向以爲不書水旱而曰『大亡麥禾』者，土氣不養，稼穡不成者也」，是其證。《左氏春秋·莊二十八年》「冬，大無麥禾」，正義曰：「此年不言水旱而得無麥禾者。服虔曰：『陰陽不和，土氣不養，故禾麥不成也。』」即用劉向之説。此篇但説稼穡不成之事，若水旱之災，則在後篇「水不潤下」及「厥罰恒陽」下。後人既改下文之「大亡麥禾」爲「大水亡麥禾」，故又改此文之「亡水旱」爲「有水旱」以從之，而不自知其謬也。

「嚴公二十八年冬，大水亡麥禾」。念孫案：景祐本無「水」字，是也。後人以下文云「董仲舒以爲，夫人哀姜淫亂，逆陰氣，故大水也」，遂增入「水」字，不知三家經文皆無「水」字，且下文云「不書水旱而曰『大亡麥禾』」，則「大」下本無「水」字明矣。董仲舒獨言「大水」者，其意以爲無麥禾由於大水，大水由於夫人之淫亂，此是揣度之詞，非經文實有「水」字也。何注《公羊傳》云「此蓋秋水所傷夫人淫泆之所致」，即用仲舒之説。

燕壞民室

「藍田山水出，流九百餘家。燕壞民室八千餘所，殺三百餘人」。念孫案：「燕壞民室」本作「漢水出，壞民室」，今本「漢」譌作「燕」，《孔龢碑》「爲漢制作」，「漢」字作「㵪」，其右邊與「燕」相似而誤。又脱「水出」二字矣。「漢水出」與「藍田山水出」文同一例，若不言「水出」而但言「壞室」，則敘事不明。《漢紀·孝文紀》正作「漢水出，壞民室八千餘所」。

五曰思　思曰容　容作聖　思慮　宫爲土爲信爲思

「經曰：五事，一曰貌，二曰言，三曰視，四曰聽，五曰思。貌曰恭，言曰從，視曰明，聽曰聰，思曰容。恭作肅，從作艾，明作哲，聰作謀，容作聖」。應劭曰：「容，通也，古文作『睿』。」錢氏曉徵《攷異》曰：「按伏生傳本作『容』。董生《春秋繁露》述五行五事云『思曰容，容者言無不容』，又云『容作聖，聖者設也，王者心寬大無不容，則聖能施設，事各得其宜也』。此《志》説思心之不容，云容寬也。孔子曰：『居上不寬，吾何以觀之哉』，言上不寬大包容臣下則不能居聖位，則爲『包容』之『容』，非『睿智』字明矣。今《漢書》刊本作『容』，非『容』非『睿』，亦失班氏之舊。」念孫案：錢説是也。本《志》下篇曰「宋襄公區霿，自用不容臣下」，正所謂思心之不容也。《説苑·君道篇》「尹文曰：人君之事，無爲而能容下，大道容衆，大德容下，聖人寡爲而天下理矣，《書》曰『容作聖』。」今本「容」作「睿」，乃後人所改，與上文不合。此又一證也。今本《漢書》「思曰容」，本作「思心曰容」，「思心」説見下。應注「容，通也，古文作『睿』」，本作「容，寬也，古文作『睿』」。「容，寬也」，即用班氏原文。「睿」與「容」不同字，故別之曰「古文作『睿』」，若正文本作「睿」而訓爲「通」，則「睿」、「睿」聲義竝同，何必別言之乎？下文「容作聖」，亦本是「容作聖」，其注文張晏曰「容通達以至於聖」，七字文不成義，亦是後人所改也。又案上文「五曰思」本作「五曰思心」，注文應劭曰「『思，思慮』本作『心思慮』」，此是釋「思心」二字之義，非專釋「思」字之義。下篇曰：「『思心之不容，是謂不聖』，思心者，心思慮也。」此即應注所本。後人既於正文内删去「心」字，又改注文「心思慮」爲「思，思慮」，甚矣其妄也。其《春秋繁露》之「五曰思」「思曰容」，「思」下無「心」字，亦是後人所删。《洪範五行傳》曰：「次五事曰思心，思心之不容，是謂不聖。」今本改作「次五事曰心維思，思之不容，是謂不聖」，據鄭注及《續漢書》《晉書》《隋書·五行志》所引訂正。又本《志》中篇曰「劉歆以爲屬思心不容」，又曰：「劉歆以爲思心，臝蟲孽也」；下篇曰「思心氣毁，故有牛禍」，又曰「凡思心傷者病土氣」，又曰「劉歆思心傳曰時則有臝蟲之孽」，又曰「思心失，逆土氣」，又曰「貌、言、視、聽、思心五事皆失」；《藝文志》曰「貌、言、視、聽、思心失，而五行之序亂」，「思」下皆有「心」字。蓋《古文尚書》作「五曰思，思曰睿，睿作聖」，《今文尚書》作「五曰思心，思心曰容，容作聖」，《漢書》及《五行傳》《春秋繁露》《説苑》皆本《今文》，故與《古文》不同，後人見《古文》而不見《今文》，故以其所知改其所不知也。又本《志》下篇曰：「梁孝王田北山，有獻牛，足上出背上。劉向以爲近牛禍。内則思慮霿亂，外則土功過制，故牛旤作。」「思慮」亦本作「思心」，而後人改之也。下文曰「周景王思心霿亂」，《敘傳》曰「思心既霿，牛旤告妖」，《漢紀·孝景紀》曰「梁王北獵梁山，有獻牛，足出背上。本《志》以爲牛禍，思心瞀亂之咎也」，皆其證矣。又《律曆志》「宫爲土、爲信、爲思」，「思」下無「心」字，亦是後人所删。《天文志》曰：「填星曰中央季夏土，信也，思心也。」義正與此同，下文「貌言視聽，以心爲主」，「心」上亦當有「思」字。《漢紀・孝武紀》曰「宫爲土、爲信、爲思心」，此尤其明證。今本作「爲思爲心」，下「爲」字因上而衍。

不可以終

「民所不則，以在民上，不可以終」。念孫案：「不可以終」各本及《左傳》竝同。景祐本作「何以終世」，僖十一年《左傳》「禮不行則上下昏，何以長世」，文義與此相似。疑向、歆所見《左傳》與今本不同，而各本作「不可以終」，轉是後人以《左傳》改之也。

天虖

「趙孟曰：『天虖？』」念孫案：「天」當從景祐本作「夭」，下文「其幾何」正承「夭」字言之，今本《左傳》亦譌作「天」，昭元年。唯《唐石經》不誤。

丙之晨

「《左氏傳》晉獻公時童謡曰：『丙之晨，龍尾伏辰。』」景祐本「丙」下有「子」字。念孫案：景祐本是也。「丙子之晨」正與「丙子旦」之文相應，且此謡皆以四字爲句也，若但云「丙之晨」，何以知其必爲丙子乎？此《志》所論《左傳》事，文皆本於劉歆，蓋歆所見傳文「丙」下有「子」字，故所引如是。自賈、服以下，諸本皆脱「子」字，故《釋文》《正義》不言他本有「子」字。而《晉語》亦作「丙之晨」，韋注「丙，丙子也」，則《晉語》亦脱「子」字矣。若今本《漢書》無「子」字，則後人依《左傳》删之耳。《律曆志》引《傳》作「丙子之辰」，正與此《志》同，足徵景祐本之不謬。《律曆志》亦本於劉歆也。

介夏陽之阸

「是時虢爲小國，介夏陽之阸，怙虞國之助」。師古曰：「介，隔也。」念孫案：介、怙皆恃也，説見《史記·十二諸侯年表》。

摇摇

「鸜鵒之巢，遠哉摇摇」。師古曰：「摇摇，不安之貌。」念孫案：以「摇摇」爲不安貌，則與「遠」字義不相屬，師古説非也。「摇摇」即遠貌，「遠哉摇摇」猶言「殆哉岌岌」耳。《漢書攷異》曰：「《春秋傳》作『遥遥』，《説文》無『遥』字，當從《漢志》。」

河陽

「過河陽主作樂，見舞者趙飛燕而幸之」。念孫案：「河陽」當作「陽阿」。《外戚傳》云：「孝成趙皇后，本長安宫人，屬陽阿主家，學歌舞，號曰飛燕。成帝嘗微行出，過陽阿主，作樂，見飛燕而説之。」師古曰：「陽阿，平原之縣也。」案：《地理志》陽阿屬上黨，阿陽屬平原，師古以陽阿爲平原之縣，失之。今俗書「阿」字作「河」，又或爲「河陽」，皆後人所妄改耳。《文選·曹植〈箜篌引〉》「陽阿奏奇舞」李善注引《外戚傳》、《漢紀·孝成紀》亦作「陽阿」，則作「河陽」者誤也。互見《高祖功臣表》「陽河」下。

無冰

「小奧不書，無冰然後書」。念孫案：「無」當依上下文作「亡」，此後人依《春秋》改之也。凡《漢書》「無」字皆作「亡」，其或作「無」者，即是後人所改，他皆放此。

共御

「所謂『六沴作見，若是共御，五福迺降，用章于下』者也」。師古曰：「『共』讀曰『恭』，『御』讀曰『禦』，言恭己以禦災也。一說，御，治也，恭治其事也。」念孫案：下文云「改行循正，共御厥罰」，又云「人君能循政，〔一〕共御厥罰」，則禦災之說是也。故鄭注《五行傳》「共御」曰：「御，止也。」一說非是。

故冬華華者

「冬當殺，反生，象驕臣當誅，不行其罰也。故冬華華者，象臣邪謀有端而不成，至於實，則

〔一〕 循，《漢書》作「修」。

成矣」。念孫案：「故冬華華者」，景祐本作「故冬華者」，是也，「華」字不宜疊。

而葉

「元帝永光二年八月，天雨草，而葉相摎結，大如彈丸。平帝元始三年正月，天雨草，狀如永光時」。師古曰：「『摎，繞也，『摎』音居虯反。」念孫案：「葉」本作「莎」，先禾反。即《爾雅》所謂「薃侯莎」者也。「天雨草而莎」者，「而」讀曰「如」，謂天雨草，其狀如莎也。草必有狀，故曰「如莎」，下文又云「天雨草，狀如永光時」，不得泛言雨草也。「相摎結」者，謂其草皆互相摎結，不專指葉言之，後人不知「而」之讀爲「如」，遂不得其解，而改「莎」爲「葉」，其失甚矣。「而」「莎」二字師古皆無音釋，則所見已是誤本。《太平御覽·咎徵部四》引此誤與今本同。《漢紀·孝元紀》云「永光二年，天雨草如莎，相摎結如彈丸」，《孝平紀》云「元始三年，天雨草狀如莎，相摎結如彈丸」，皆本《漢志》，今據以訂正。

不然

「大司馬車騎將軍王音對曰：『今即位十五年，繼嗣不立，日日駕車而出，失行流聞。』「失」古「佚」字，各本皆作「泆」，今從景祐本及《文選·求自試表》注引改。外有微行之害，內有疾病之憂，皇天數見災異，欲人變更，終已不改。如有不然，老母安得處所？尚何皇太后之有！高祖天下當以誰屬乎！」師古曰：「不然者，謂不如所諫而自脩改也。老母，帝之母，即太后也。言帝不自脩改，國家危亡，太后不知處所，高祖天下無所付屬也。」念孫案：師古以「不然」爲「不如所諫自脩改」，非也。「終已不改」已見上文，此言「如有不然」者，「不然」謂非常之變也，非常之變即師古所謂「危亡」也，故下文即云「老母安得處所，高祖天下當以誰屬」。師古以「不然」爲不從諫，則與下文不相貫，注故又加「國家危亡」四字以聯合上下耳。言漢家如有非常之變，則太后不知處所，高祖天下無所付屬也。古謂非常之變曰「不然」，《墨子·辭過篇》「府庫實滿，足以待不然」，言足以待非常也。《漢書·司馬相如傳》：「發巴蜀之士各五百人以奉幣，衛使者不然。」張揖曰：「不然之變也。」

雪

「元鼎二年三月，雪」。念孫案：上下文皆言雨雪，則此亦當有「雨」字。雨，于具反。《太平御覽·咎徵部五》引此正作「雨雪」。

建昭　三月

「建昭四年三月，雨雪，燕多死」。念孫案：「建昭四年」當爲「成帝建始四年」，今本作「建昭」者涉上文「元帝建昭二年」而誤。又脱「成帝」二字。據下文云「其後許后坐祝詛廢」，則爲成帝時事明矣。且下文「陽朔四年」上無「成帝」二字，即蒙此文而省也。「三月」本作「四月」，後人以下文「谷永對云『皇后桑蠶以治祭服，正以是日大寒雨雪』」，故改「四月」爲「三月」，不知漢時行親蠶禮亦有用四月者。《續漢書·禮儀志》：「三月，皇后帥公卿諸侯夫人蠶。」注云：「案谷永對稱『四月壬子，皇后蠶桑之日也』，則漢桑亦用四月。」據此則《志》文本作「四月」明矣。《成紀》云「建始四年夏四月，雨雪」，此尤其明證。

十月　霍皇后廢

「宣帝地節四年十月，大司馬霍禹宗族謀反，誅，霍皇后廢」。念孫案：「十月」當爲「七月」。《宣紀》《百官表》及《漢紀》《通鑑》載誅霍禹事皆在七月，《太平御覽·咎徵部五》引此《志》亦作「七月」，其「霍皇后廢」上原有「八月」二字，後人以八月不當在十月後，故删此二字，而不知「十月」爲「七月」之譌也。《宣紀》及《漢紀》《通鑑》載廢霍后事皆在八月，《太平御覽》引此《志》亦云「八月，霍皇后廢」。

臨延登受策

「御史大夫朱博爲丞相，少府趙玄爲御史大夫，臨延登受策，有大聲如鍾鳴」。念孫案：「臨延登受策」本作「臨拜句延登受策」，今本脱去「拜」字，則文義不完。《通鑑》無「拜」字，則所見《漢書》本已然。《世説新語・言語篇》注引此正作「臨拜，延登受策」，《朱博傳》亦云「博、玄竝拜於前殿，延登受策，有音如鍾聲」。

力政

「天子弱，諸侯力政」。師古曰：「政，亦征也，言專以武力相征討。一説，諸侯之政當以德禮，今王室微弱，文教不行，遂乃以力爲政，相攻伐也。」又《游俠傳》「合從連衡，力政爭彊」，師古曰：「力政者，棄背禮義專任威力也。」又《南粤傳》「天子微弱，諸侯力政」，師古曰：「『力政』謂以兵力相加也。」又《蓺文志》「王道既微，諸侯力政」，又《吾丘壽王傳》「諸侯力政，彊侵弱，衆暴寡」，又《東方朔傳》「諸侯不朝，力政爭權，相禽以兵」，師古皆無注。念孫案：「政」讀爲「征」，謂以力相征伐也。若讀「政令」之「政」，則「力」、「政」二字義不相屬，必須改作「以力爲政」四字而其義始明矣。《逸周書·度訓篇》曰「力争則力政，力政則無讓」，《大戴記·用兵篇》曰「諸侯力政，不朝於天子」，義竝與此同。古字多以「政」爲「征」，不可枚舉也。《項籍傳贊》曰「霸王之國，欲以力征」，其字正作「征」。《吴語》曰：「將不長弟，以力征一二兄弟之國。」

夫人

「燕有黄鼠銜其尾舞王宫端門中，往視之，鼠舞如故。王使夫人以酒脯祠鼠」。念孫案：「夫人」二字有誤，夫人在宫中，不當使至端門祠鼠。上文記此事云「王使吏以酒脯祠鼠」，「吏」字是也。

專禄

「嗣子無德專禄，兹謂不順，厥震動丘陵，涌水出」。念孫案：《太平御覽·咎徵部七》引此「專禄」上有「臣」字，是也。此言嗣子無德而臣專禄則地震，故上文云：「臣事雖正，專必震也。」臣專禄，故曰「兹謂不順」，若無「臣」字則義不可通。

綏和二年

「綏和二年九月丙辰，地震」。念孫案：「綏和」上脱「成帝」二字。

齊楚地山二十九所

「文帝元年四月，齊、楚地山二十九所同日俱大發水，潰出」。念孫案：此當依《漢紀·孝文紀》作「齊、楚地震，山崩二十九所同日俱大發水，潰出」，此因地震，故山崩而水潰出也，且上下文皆紀山崩之事，則此亦當有「崩」字明矣。《文紀》亦云「齊、楚地震，二十九山同日崩，大水潰出」。

脱一字

「京房《易傳》曰：『亡天子，諸侯相伐，厥妖馬生人。』」念孫案：《開元占經·馬占》引此「亡」上有「上」字，是也。「上無天子」，語出《公羊傳》。

夫死父　下不壹　足多

「平帝元始元年二月，朔方廣牧女子趙春病死，斂棺積六日，出在棺外，自言見夫死父曰：『年二十七不當死。』」念孫案：「見夫死父」當作「見死夫、死父」，今脱一「死」字，則文不成義。《漢紀・孝平紀》作見「死夫與父」，是其證。又下文曰：「六月，長安女子有生兒，兩頭異頸面相鄉，四臂共匈俱前鄉。」又曰：「凡妖之作以譴失正，各象其類。二首，下不壹也；足多，所任邪也。」念孫案：「下不壹」當爲「上不壹」，人首在上，故上不專壹則人生二首，上文所謂「各象其類」也。今作「下」者，涉上下文諸「下」字而誤，《漢紀》作「二首，上不一也」，是其證。「足多」當爲「手多」，此承上文「四臂共匈」而言，故曰「手多」。今作「足」者，亦涉下文「足」字而誤。《漢紀》作「手多，下僭濫也」，《開元占經・人占篇》引此《志》作「手多，所任邪也」，是其證。

十月　門衛户者　而覺得

「成帝建始三年十月丁未，京師相驚，言大水至。渭水虒上小女陳持弓年九歲，走入横城門，入未央宫尚方掖門，殿門門衛户者莫見，至句盾禁中而覺得」。念孫案：「十月」當爲

「七月」，字之誤也。《成紀》曰「建始三年秋，關内大水。七月，虒上小女陳持弓聞大水至，走入横城門」云云，是其證。《開元占經·人占篇》引《五行志》正作「七月」也。又案：「門衛户者」當作「門户衛者」，言門户之衛者皆莫之見也。今作「門衛户者」則文不成義，《開元占經》引此正作「門户衛者」。又「至句盾禁中而覺得」，師古曰：「覺得，事覺而見執得也。」案此當作「至句盾禁中句覺而得句」，即師古所謂「事覺而見執」也。今作「而覺得」亦文不成義，《漢紀·孝成紀》正作「覺而得」。

其明甚著

「其明甚著」。念孫案：「其」當爲「甚」，謂所陳災異之象甚明甚著也。《漢紀·孝哀紀》作「甚明著」，是其證。

左氏春秋日食分野

引之曰：劉歆説《左氏春秋》日食分野凡三十七事，後人傳寫譌誤者六事。「昭公十五年『六月丁巳朔，日有食之』。劉歆以爲三月魯、衛分」。「魯」當爲「齊」。周之三月，今正月，是月之朔，日躔去危而入營室。危，齊也；營室，衛也，故曰「齊、衛分」。若作「魯」，則爲奎之分野，奎爲二月之朔，日躔所在非正月之宿矣。「定公五年『三月辛亥朔，日有食之』。劉歆以爲正月二日，燕、趙分」。「趙」當爲「越」。周之正月，今十一月，是月二日，日躔去箕而入斗。箕，燕也；斗，越也，故曰「燕、越分」。若作「趙」，則爲胃之分野，胃爲三月之朔，日躔所在非十一月之宿矣。此國名之誤也。「昭公十七年『六月甲戌朔，日有食之』。劉歆以爲六月二日魯、趙分」。「六月」當爲「五月」。周之五月，今三月，是月二日，日躔去婁而入胃。婁，魯也；胃，趙也，故曰「魯、趙分」。「嚴公二十五年『六月辛未朔，日有食之』。劉歆以爲五月二日魯、趙分」，是其證也。若作「六月」，則爲今之四月，四月之朔，日躔去畢而入參，當云「趙、晉」，不當云「魯、趙」矣。且凡歆以爲某月者，皆與《經》不同。《經》云「六月」，則歆之所定必非六月也。「定公十二年『十一月丙寅朔，日有食之』。劉歆以爲十二月二日楚、鄭分」。「十二月」當爲「十月」。周之十月，今八月，八月二日，日躔去軫而入角。軫，楚也；角，鄭也，故曰「楚、鄭分」。「桓公十七年『十月朔，日有食之』。劉歆以爲楚、鄭分」，是其證也。若作「十二月」，則爲今之十月，十月之朔，日躔去心而入尾，當云「宋、燕分」，不當云「楚、鄭分」矣。「僖公十二年『三月庚午朔。日有食之』。劉歆以爲三月齊、衛分」。「朔」衍字也。檢《左氏》《公羊》《穀梁》皆無「朔」字，《春秋》日食言「日」不言「朔」者凡七，《公羊》以爲二日，《穀梁》以爲晦日，故下文云「《穀梁》晦七，《公羊》二日七」：一隱公三年二月己巳，二僖公十二年三月庚午，三文公元年二月癸亥，《公羊》衍「朔」字，辯見《經義述聞》。四宣公八年七月甲子，五宣公十年四月丙辰，六宣公十七年六月癸卯，七襄公十五年八月丁巳也。此七者皆言「日」不言「朔」，故或以爲晦日，或以爲二日。若有「朔」字，則非晦亦非二日，而《穀梁》之晦、《公羊》之二日皆不得有七矣。且下文曰：「春秋日食三十六，《左氏》以爲朔十六」，今偏數上下文，劉歆以爲朔者已滿十六之數，若僖公十二年三月庚午日食又書「朔」，而歆無異辭，則以爲朔者十七，與下文不符矣。「三月」當爲「二日」。凡《春秋》日食不書「朔」者，劉歆皆實指其晦朔與二日，若隱公三年二月己巳日食，劉歆以爲正月二日；嚴公十八年三月日食，劉歆以爲晦；僖公十五年五月日食，劉歆以爲二月朔；文公元年二月癸亥日食，劉歆以爲正月朔；宣公十七年六月癸卯日食，劉歆以爲三月晦朓；襄公十五年八月丁巳日食，劉歆以爲五月二日，是也。今僖公十二年三月庚午日食不書「朔」，則歆亦當實指其晦朔與二日，不當但言「三月」也。下文曰「《左氏》以爲二日十八」，又曰「當春秋時，侯王率多縮朒不任事，故食二日仄慝者十八」，今偏數上下文，劉歆以爲二日者十六，哀公十四年「五月庚申朔日有食之」。劉歆以爲三月二日齊、衞分。此獲麟後事，不在日食三十六之內，故不數也。尚缺其二，蓋一爲僖公十二年三月二日，一爲宣公十年四月二日也。不然，則凡言「劉歆以爲」者，月日皆與經文不同，若經文言「三月」而歆無異辭，則但言「齊、衛分」可矣，桓公十七年「十月朔，日有食之」。劉歆以爲楚、鄭分」是也。何須重複經文而言「三月」乎？「宣公十年『四月丙辰，日有食之』。劉歆以爲二月魯、衛分」。「二月」當爲「二日」，蓋周之四月，今二月，是月二日，日躔去東壁而入奎。東壁，衛也；奎，魯也，故曰「魯、衛分」。若作「二月」則義不可通。周之二月，今十二月，十二月二日，日躔去須女而入虚，當言「越、齊分」，不當言「魯、衛分」矣。自僖公十二年三月之「二日」譌爲「三月」，宣公十年四月之「二日」譌爲「二月」，而《左氏》以爲二日之十八，遂缺其二矣。此月、日之誤也。

漢書弟六

地理志

以建萬國

「是故《易》稱先王以建萬國，親諸侯」。念孫案：「建」上本無「以」字，此後人依《易·象傳》加之也。孟堅引《易》以證上文「百里之國萬區」，加一「以」字則累於詞矣，景祐本無「以」字。

達于沸

「浮于汶，達于沸」。念孫案：「達」本作「通」，凡《古文尚書》言「達于某水」者，《今文尚書》皆作「通」。《漢書》皆用《今文》，故亦作「通」，上文「通于河」是也。《史記》亦作「通」，其閒有作「達」者，皆後人以《古文》改之也。凡古、今文之不同，段氏《古文尚書撰異》已詳言之。

達于河

「浮于淮、泗，達于河」。師古曰：「渡二水而入于河。」念孫案：「河」當依《説文》作「菏」，師古依文作解而不知其謬也。又下文「山陽郡湖陵，《禹貢》『浮于淮泗，今本譌作「泗、淮」。通于河』，水在南」，「河」亦當作「菏」。《尚書》《史記》皆譌作「河」，自《韻會舉要》始正其誤，而近世閻百詩、胡朏明言之益詳，毋庸復辯。《地理志》「菏」字多作「荷」，下文「道荷澤」「又東至于荷」，及濟陰郡下云「《禹貢》荷澤在定陶東」是也。《水經注》亦作「荷」，《泗水注》引《地理志》曰：「荷水在南。」《五經文字》云：「『菏』，古本亦作『荷』。」

逾于洛

「逾于洛」。念孫案：「洛」本作「雒」，此後人以俗本《尚書》改之也。凡伊、雒、瀍、澗之「雒」字從隹旁「各」，涇、渭、洛之「洛」字從水旁「各」，一爲豫州川，一爲雍州浸，載在《職方》，不相假借。故《説文·水部》「洛」字注内但有雍州之洛而無豫州之雒，今經傳中「伊雒」之「雒」多作「洛」者，後人惑於魏文帝之言而改之也。《尚書》有豫州之雒，無雍州之洛，其字古今文皆作「雒」，而今本作「洛」，則又衞包以俗書改之也。此《志》弘農郡上雒下云「《禹貢》雒水出冢領山，東北至鞏入河，豫州川」，左馮翊褱德下云「洛水東南入渭，雍州寖」，其秩然不紊如此。而後人猶改「雒」爲「洛」，弗思之甚也。然下文之「伊、雒、瀍、澗」「其川熒、雒」，今本「熒」作「滎」，辯見《高紀》「滎陽」下。及弘農郡盧氏、黽池、新安、上雒四縣下之「雒」字，河南郡穀成下之「雒」字，則仍然未改，幸其參差不一，猶可考見班氏原文。「雒」「洛」二字之辯，《古文尚書撰異》言之甚詳，今舉其大略如此。

豯養

「東北曰幽州，其藪曰豯養」。念孫案：「豯」本作「奚」，此後人依《職方氏》文改之也。杜子春讀「豯」爲「奚」，是「奚」爲本字，「豯」爲借字，故班《志》作「奚」，下文「琅邪郡長廣奚，養澤在西，幽州藪」是其證。《説文》「藪」字注及《風俗通義》竝作「奚」，若《志》文作「豯」，則注當云「『豯』音『奚』」，今注内無音，則本是「奚」字明矣。

七年

「京兆尹新豐，秦曰驪邑，高祖七年置」。念孫案：「七年」當爲「十年」，《史記・高祖紀》「十年七月，更命酈邑曰新豐」，是其證。

古國有扈谷亭

「右扶風鄠，古國，有扈谷亭。扈，夏啟所伐」。念孫案：「古國」，「國」上當有「扈」字，下文「扈，夏啟所伐」即承此「扈」字言之，《甘誓》正義及《史記‧夏本紀》索隱、正義引此《志》竝曰「扶風鄠縣，古扈國」，前京兆尹新豐下曰「驪山，故驪戎國」，杜陵下曰「故杜伯國」，左馮翊臨晉下曰「芮鄉，故芮國」，皆其例也。又案「有扈谷亭」，「亭」上當有「甘」字。《説文》曰：「扈，夏后同姓所封，戰于甘者。在鄠，有扈谷、甘亭。」《玉篇》同。《續漢書·郡國志》曰：「右扶風鄠有甘亭，」《帝王世紀》曰『在縣南』。」《水經·渭水注》曰：「甘水北逕甘亭西，亭在水東鄠縣南。昔夏啟伐有扈，作誓於是亭，故馬融曰『甘，有扈南郊地名也』。」是其證。

潏水

「有潏水，北過上林苑入渭」。師古曰：「『潏』音『決』。」念孫案：「潏」當爲「澇」字，或作「潦」，通作「勞」。《史記·封禪書》曰：「霸、産、長水、灃、澇、涇、渭。」《説文》曰：「澇水出右扶風鄠，北入渭。」《水經·渭水注》曰：「澇水出南山澇谷，《郊祀志》作「勞谷」。北逕鄠縣故城西，又北注甘水而亂流入於渭，即上林故地也。」據《說文》《水經注》，則出右扶風鄠，北過上林苑入渭者乃澇水，非潏水也。又案《說文》「潏水在京兆杜陵」，則非在扶風鄠也。《司馬相如傳》「酆、鎬、潦、潏」，師古曰：「潦水出鄠縣西南山潦谷，而北流入于渭。《地理志》鄠縣有潏水，北過上林苑入渭，而今之鄠縣則無此水。許慎云『潏水在京兆杜陵』，此即今所謂沈水，從皇子陂西北流經昆明池入渭者也。蓋爲字或作水旁『穴』，與『沈』字相似，俗人因名沈水乎？《水經・渭水注》曰：「沈水上承皇子陂於樊川，西北流注渭，亦謂是水爲潏水。」將鄠縣潏水，今則改名，人不識也。」案師古以「沈水」爲「泬水」之譌，是也。但未知《地理志》「潏水」乃「澇水」之譌，故明知鄠縣無潏水，而仍有改名不識之疑。

惠公

「雍秦惠公都之」。念孫案：「惠公」當爲「悳公」，「悳」，古「德」字也。《史記・秦本紀》曰：「德公元年，初居雍城大鄭宮。」《始皇紀》同。《封禪書》曰：「秦德公既立，卜居雍。」《郊祀志》同。《詩譜》亦曰：「秦德公徙於雍。」「悳」「惠」字相似，又涉下文「惠公」而誤。《史記・陳杞世家》「杞共公卒，子德公立」，徐廣曰：「《世本》曰『惠公』，『惠』亦『悳』字之誤。」而師古不云「『悳』，古『德』字」，蓋所見本已誤爲「惠」矣。

所都

「栒邑有豳鄉，《詩》豳國，公劉所都」。念孫案：「都」本作「邑」，後人改之也，上文美陽下云「《禹貢》岐山在西北。中水鄉，周大王所邑」，即其證。景祐本正作「邑」，《詩譜》正義、《文選・北征賦》注引此竝作「邑」。

脱四字

「杜陽，杜水南入渭」。念孫案：景祐本此下有「詩曰自杜」四字，是也。顏注云：「《大雅・緜》之詩曰『民之初生，自土沮漆』，今本「沮漆」誤作「漆沮」，辯見《經義述聞》「自土沮漆」下。《齊詩》作『自杜』，言公劉避狄而來居杜與沮、漆之地」，此正釋「詩曰自杜」四字，若無此四字，則顏注爲贅設矣。引「自杜沮漆」而但曰「自杜」者，省文也，猶下文引「芮阸之即」而但曰「芮阸」矣。王氏《詩攷》及胡氏《通鑑・周紀》注引《漢志》竝有此四字。

至南鄭

「武功。斜水出衙領山北，至郿入渭。褒水亦出衙領，至南鄭入沔」。念孫案：「至南鄭」當作「南至南鄭」，與「北至湄」對文。今褒水自漢中府鳳縣東界，流過褒城縣東入漢，皆南流。

伊水出　汝水出　灌水出　母血水出　女水出

「弘農郡盧氏，熊耳山在東。伊水出，句東北入雒」。念孫案：「出」上當有「所」字，言此山爲伊水所出也。脱去「所」字，則易與下句連讀矣，《禹貢》正義引此正作「伊水所出」。凡上言「某山」，則下言「某水所出」，班《志》皆然，若《續漢書·郡國志》則但言「某水出」而不言其所入，故例不用「所」字也。又汝南郡定陵下云「高陵山，汝水出」，廬江郡下云「金蘭西北有東陵鄉，灌水出」，今本「灌」作「淮」，辯見後「淮水出」下。益州郡弄棟下云「東農山，母血水出」；甾川國東安平下云「菟頭山，女水出」，《水經·淄水注》引作「女水所出」。「出」上皆脱「所」字。考各郡國下言「某水所出」者凡八十有六，唯此五條脱「所」字，當補入。

雍州

「陜，故虢國。北虢在大陽，東虢在滎陽，西虢在雍州」。念孫案：「西虢在雍州」，「州」字後人所加也，「西虢在雍」謂雍縣，非謂雍州也。大陽、滎陽、雍皆縣名。漢雍縣故城在今陜西鳳翔縣南，春秋時爲秦都，後置雍縣，僖十三年《左傳》「秦輸粟於晉，自雍及絳相繼」，《史記・秦本紀》「秦德公元年，初居雍城大鄭宫」，上文「右扶風雍，秦惪公都之」，舊本「惪」譌作「惠」，辯見前「惠公」下。皆其證也。《秦本紀》「武公十一年，滅小虢」，集解引班固曰：「西虢在雍。」今本「雍」下有「州」字，亦後人據誤本《地理志》加之。《路史・國名紀》引《漢志》曰「西虢在雝」，則羅泌所見本尚無「州」字。《水經・渭水注》曰：「雍縣，《晉書・地道記》以爲西虢地，《漢書・地理志》以爲西虢縣，《太康記》曰『虢叔之國矣』。」是漢之雍縣爲西虢地，故曰「西虢在雍」，不得言「在雍州」也。《後漢書・和帝紀》：「元興元年夏五月癸酉，雍地裂。」李賢曰：「流俗本『雍』下有『州』字者，誤。」蓋淺學人不知雍爲縣名，故每於「雍」下加「州」字耳。

春秋

「陸渾，春秋遷陸渾戎於此」。念孫案：《地理志》述春秋時事皆不加「春秋」二字，其加「春秋」二字者皆承上之詞，若河南郡雒陽下云「周公遷殷民，是爲成周。《春秋》昭公三十二年，晉合諸侯于狄泉，以其地大成周之城，居敬王」是也。若非承上之詞，則皆不加「春秋」二字，若河東郡絳下云「晉武公自曲沃徙此」是也。他皆放此。且但言「遷陸渾戎」而不言遷之者，則文義不明。「春秋」當爲「秦晉」，僖二十二年《左傳》「秦、晉遷陸渾之戎于伊川」是也。此因「秦」誤爲「春」，後人遂改爲「春秋」耳。

晉武公

「河東郡聞喜，故曲沃。晉武公自晉陽徙此」。念孫案：「武公」本作「成侯」，此後人妄改之也。《水經·涑水注》云：「左邑縣故城，故曲沃也，晉武公自晉陽徙此。」「武公」二字亦後人依誤本《漢志》改之。案《詩譜》云：「唐者，帝堯舊都之地，今曰太原晉陽。成王封母弟叔虞於此，曰唐侯，至子燮改爲晉侯，至曾孫成侯南徙居曲沃。」正義引《地理志》云：「河東郡聞喜縣，故曲沃也，晉成侯自晉陽徙此。」據此則自晉陽徙曲沃者乃成侯，非武公也。又下文絳縣下云「晉武公自曲沃徙此」，是武公自曲沃徙絳，非自晉陽徙曲沃也。且武公之祖桓叔已封於曲沃矣，何得謂武公徙曲沃乎？

班氏

「襄陵，有班氏鄉亭」。念孫案：《水經·汾水注》曰：「汾水又南，歷襄陵縣故城西，晉大夫郤犨之邑也，故其地有犨氏鄉亭矣。」據此則善長所見本作「犨氏」，而今本則「班氏」。《廣韻》「犨」字注曰：「又姓。」引《風俗通》云：「晉大夫郤犨之後。」然則犨氏爲郤犨之後，而襄陵又爲犨之故邑，故其地有犨氏鄉亭，作「班」者非也。蓋「犨」字或通作「讎」，《潛夫論·志氏姓篇》作「郤皣」。與「班」相似而誤。下文「南陽郡犨」，師古音昌牛反，而此處無音，則所見本已誤爲「班」矣。

河主

「太原郡廣武，河主、賈屋山在北」。念孫案：「河主」當爲「句注」，此因「句」字譌作「可」，漢《巴郡太守張納碑》「犴無拘紲之人」，「拘」字作「抲」；「朐忍蠻夷」，「朐」字作「胴」；《冀州從事郭君碑》「凋柯霜榮」，「柯」字作「柯」。其右畔極相似，故從句、從可之字往往譌溷。《說文》「抲」字解引《酒誥》「盡執抲」，今本作「盡執拘」。《攷工記》「妢胡之笴」，注：「故書『笴』爲『笱』。杜子春云：『笱，當爲笴。』」《說文・敘》曰：「廷尉說律，至以字斷法。『苛人受錢』，『苛』之字，『止句』也。」《管子・五輔篇》「上彌殘苟而無解舍」，「苟」今本譌作「苛」。《莊子・天下篇》「君子不爲苛察」，「苛」一本作「苟」，皆其證也。而「注」字之「水」旁又移置於「可」字之側，故譌爲「河主」二字也。又案後鴈門郡下云「句注山在陰館」，而此言在廣武北者，漢廣武故城在今代州西十五里，陰館故城在朔州東南八十里，句注山在陰館之南、廣武之北，故兩記之。《史記・劉敬傳》正義曰「廣武故城在句注山南」，是其證也。賈屋山在今代州東北，西與句注相連，故言「句注、賈屋山在北」。《史記・趙世家》正義曰：「《括地志》云：『夏屋山一名賈屋山，在代州鴈門縣東北三十五里，與句注山相接。』」是其證也。案《趙世家》曰「趙襄子北登夏屋，請代王」，而《張儀傳》曰「趙襄子約與代王遇於句注之塞」，或言「夏屋」，或言「句注」，蓋二山相連，遂得通稱也。

入海

「上黨郡屯留，桑欽言『絳水出西南，東入海』」。念孫案：「入海」本作「入漳」，後人以信都國信都下云「《禹貢》絳水亦入海」，故改「入漳」爲「入海」也。不知彼是班氏之説，此是班氏引桑欽説，不可强同也。《水經·濁漳水注》曰：「絳水東逕屯留縣故城南，東北流，入於漳。故桑欽云『絳水出屯留西南，東入漳』。」後又曰「《地理志》云『絳水發源屯留，下亂漳津』」，則此文本作「入漳」明矣。

大黽谷

「沾，大黽谷，清漳水所出」。念孫案：「黽」當爲「𡝩」，字之誤也。「𡝩」即「要領」之「要」。《玉篇》「𡝩」與「要」同，於宵切，又於笑切。漢《斥彰長田君斷碑》「究屆道要」，「要」字作「𡝩」，上缺一點者，省筆耳。此「大𡝩谷」當讀「要領」之「要」，謂谷之中廣者也。後北地郡有大𡝩縣，師古曰「『𡝩』即古『要』字，音一遥反」，是其證也。《説文》曰：「清漳出沾少山大要谷。」舊本脱「少」字，今據《山海經·水經》補。《水經》曰：「清漳出上黨沾縣西北少山大要谷。」舊本譌作「黽」，今據注改。是「大黽」爲「大叟」之譌。「黽」與「叟」字形相似，「叟」之譌爲「黽」，猶「黽」之譌爲「叟」。《後漢書·趙岐傳》「岐著《要子章句》」，「要」爲「孟」字之譌，此因「孟」「黽」聲相近而借「黽」爲「孟」，因譌爲「要」也。説見吴仁傑《兩漢刊誤補遺》。而「叟」字師古無音，至後「北地郡大叟」始音一遥反，是則「大叟谷」之「叟」，唐時本已譌作「黽」矣。

滎陽

「穀遠。羊頭山世靡谷，沁水所出，東南至滎陽入河，過郡三，行九百七十里」。師古曰：「今沁水至懷州武陟縣界入河。此云『至滎陽』，疑傳寫錯誤。」念孫案：《水經》云「沁水至滎陽縣北，東入於河」，即本於《地理志》，則「滎陽」非誤文也。又《汳水注》云「丹、沁亂流，於武德絶河，南入滎陽合汳」，即此《志》「沁水至滎陽入河」之説也。但不當先言「至滎陽」，後言「入河」耳。又案《志》言沁水「過郡三」，謂上黨、河内、河南也。若僅至武德，武德故城在今武陟縣東南。則有上黨、河内而無河南，不得言「過郡三」矣。《水經》云：「沁水出上黨涅縣，過穀遠、陭氏、陽阿、沁水、野王、州縣、懷縣、武德，至滎陽入河。」涅縣、穀遠、陭氏竝屬上黨；沁水、野王、州縣、懷縣、武德竝屬河内；滎陽屬河南，故曰「過郡三」。

内黄澤

「河内郡蕩陰。蕩水東至内黄澤」。念孫案：此文本作「蕩水東至内黄，入黄澤」，下文「魏郡内黄」，應劭曰：「黄澤在西。」下文曰「羑水亦至内黄入蕩」，文義正與此同。脱去「入黄」二字，則文不成義。《説文》曰「蕩水出河内蕩陰，東入黄澤」，《水經》曰「蕩水東北至内黄，縣入於黄澤」，皆本《地理志》。

保忠信鄉

「河南郡，莽曰保忠信鄉」。念孫案：「鄉」當爲「卿」。《王莽傳》曰：「分三輔爲六尉郡，河東、河内、弘農、河南、潁川、南陽，爲六隊。郡置大夫，職如大守；屬正，職如都尉。更名河南大尹曰保忠信卿。」是「保忠信卿」乃官名，非地名也。若作「保忠信鄉」，則義不可通。今本《水經·穀水注》亦誤作「鄉」，惟《王莽傳》不誤。保忠信卿乃官名，而列於《地理志》者，與京兆尹、左馮翊、右扶風同義，後漢謂之河南尹，義亦同也。

二十二年

「雒陽。《春秋》昭公二十二年，晉合諸侯于狄泉，以其地大成周之城」。念孫案：「二十二年」當依《春秋》作「三十二年」。

有筦叔邑

「中牟。有筦叔邑」。念孫案：此當作「有筦城，故筦叔邑」，上文弘農郡陝「有焦城，故焦國」是其例也，《志》文若是者多矣。今本脱「筦城故」三字，則文義不明。《續漢書·郡國志》曰：「中牟有管城。」宣十二年《左傳》「次于管」，杜注曰：「熒陽京縣東北有管城。」《正義》引《土地名》曰：「古管國也。」《水經·渠水注》曰：「不家溝水東北逕管城西，故管國也，周武王以封管叔矣。」皆本《地理志》。

范

「東郡范」。念孫案：景祐本「范」作「笵」，此古字之僅存者。漢《廬江太守范式碑》碑額篆文亦作「笵」，今則范縣、范姓字皆從艸，無從竹者矣。

南燕

「南燕，南燕國」。念孫案：上「南」字涉下「南」字而衍，國有南、北燕，而縣無南、北燕，可言南燕國，不可言南燕縣也。燕縣於戰國時爲魏地，秦置燕縣，而漢因之。《魏策》蘇秦説魏王曰：「大王之地北有河外、卷、衍、燕、酸棗。」又《秦策》「王舉甲而攻魏，拔燕、酸棗、虚、桃人」，高注曰：「燕，南燕也。」《史記・高祖紀》曰「復擊破楚軍燕郭西」，索隱曰：「故南燕國也。在東郡，秦以爲縣。」《曹丞相世家》曰「程處反於燕」，集解：「徐廣曰：『東郡燕縣。』」《灌嬰傳》曰「擊破柘公王武軍於燕西」，《漢書》竝同。《後漢書・樊儵傳》曰「徙封燕侯」，《續漢書・郡國志》曰「東郡燕，本南燕國」，《水經・河水注》曰「河水又東，逕燕縣故城北」，《濟水注》曰「濮渠又東北，逕燕城南，故南燕姞姓之國也。有北燕，故以南氏國」，今本「國」作「縣」，乃後人依誤本《漢書》改之，與上文不合。皆其證也。《通典・州郡十》云「漢南燕縣，古南燕國」，《元和郡縣志》云「古之燕國，漢爲南燕縣」，則杜、李所見《漢志》皆衍「南」字。隱五年《左傳》注「南燕國，今東郡燕縣」，正義引此《志》云「東郡燕縣，南燕國」，則唐初本尚不誤，師古注《高紀》曰：「燕，縣名，古南燕國。」則所見本亦不誤。今據以訂正。

二年

「潁川郡周承休，侯國，元帝置，元始二年更名鄭公」。念孫案：「二年」當爲「四年」，《水經·汝水注》引此已誤。《平紀》云「元始四年，改周承休公曰鄭公」，《漢紀》同。《恩澤侯表》亦云：「周承休侯，綏和元年進爵爲公，元始四年爲鄭公。」

鮦陽

《通雅》曰：「《漢書·地理志》『汝南郡鮦陽』，孟康曰：『鮦，音紂紅反。』襄四年《左傳》注：『繁陽，楚地，在汝南鮦陽縣。』『鮦』音『紂』，每訝其奇。《後漢書·陰興傳》汝南之鮦陽注『「鮦」音「紂」』，《廣韻》『鮦』字下云又直冢、直柳二切，此皆《地理志》注之『音紂紅』，而訛失其下『紅反』二字也。」錢氏曉徵《漢書攷異》曰：「《高惠高后文功臣表》『敬侯劉到曾孫鮦陽公乘咸』，師古曰：『「鮦」音「紂」。』按『鮦』從魚同聲，不得有『紂』音。《地理志》鮦陽，孟康曰：『「鮦」音紂紅反。』正合同聲。俗儒不通翻切，妄謂『鮦』有『紂』音，大可怪也。」引之曰：孟康但音「鮦」爲「紂」，「紂」下「紅反」二字乃後人妄加之也，請列七證以明之：《玉篇》「鮦，直壟切，又直久切」，直久正切「紂」字，而獨無紂紅之音，若孟康音紂紅反，則自魏以來相承之音，不應缺畧。今《玉篇》有直久而無紂紅，則孟康音「紂」可知，其證一也。《廣韻・平聲一東》「鮦，徒紅切」，引《爾雅》「鰹大鮦」，《上聲二腫》「鮦，直隴切，魚名」，皆未引鮦陽縣，至《四十四有》「鮦，除柳切」，始云「鮦陽縣，在汝南」。《集韻》《類篇》竝與《廣韻》同，則是《地理志》之鮦陽，孟康但音「紂」，其證二也。顏師古注《高紀》曰：「鮦陽音『紂』，蓮勺音『酌』。」當時所呼別有意義，豈得即定其字以爲正音乎？然則「鮦陽音『紂』」，師古方不解其意，則其爲孟康之音，而非師古所創甚明，其證三也。《後漢書・陰興傳》「汝南之鮦陽」，《吴祐傳》「鮦陽侯相」，李賢注竝曰「『鮦』音『紂』」，《晉書・地理志》「汝陰郡鮦陽」，何超《音義》曰「『鮦』音『紂』」。若孟康音紂紅反而師古音「紂」，二子不應舍自古相承之音而從近代一人之臆見，即不以音「紂」爲非，亦當兼存紂紅之音，而「紂」外更無他音，則孟康與師古竝音「紂」，其證四也。《太平御覽・州郡部・河南道》引《漢志》「鮦陽屬汝南郡，『鮦』音『紂』」，此是引孟康之音，非引師古之音，而「紂」下亦無「紅反」二字，其證五也。襄四年《左傳》釋文曰：「鮦陽，孟康音『紂』，直九反。」若孟康音紂紅反，《釋文》何得言「孟康音『紂』，直九反」？其證六也。又考景祐本、汪本《地理志》「『鮦』音『紂』」下原無「紅反」二字，則此二字之妄加寔自明監本始，其證七也。汲古閣本亦無「紅反」二字，蓋從舊本也。說者皆謂「鮦」從同聲，不當音「紂」，不知「紂」字古音在幽部，同字古音在東部，東部多與幽部相通。如《大戴禮・勸學篇》以「從」、「由」爲韻，《楚辭・天問》以「龍」、「遊」爲韻。又《齊風・南山篇》「衡從其畝」，韓《詩》「從」作「由」。昭五年《左傳》「吴子使其弟蹶由犒師」，《韓子・説林篇》「由」作「融」。《説文》「東北曰融風」，《易通卦驗》「融」作「調」，見隱五年《左傳》正義。「調」從周聲，古讀若「稠」，而《小雅・車攻篇》《楚辭・離騷》《七諫》《韓子・揚搉篇》竝以「同」與「調」韻，「銅」從同聲。而《史記・衛青傳》「大當户銅離」，徐廣曰：「一作『稠離』。」《漢書》作「調雖」，「同」與「調」「稠」同聲，則與「紂」聲相近，故「鮦」從同聲，而亦讀如「紂」。《説文》「鮦讀若絝襱」，「襱」從衣龍聲，或作「襩」，從衣賣聲。「賣」字古音在幽部，「龍」字古音在東部，則「襱」字即是東、幽兩通之字。「鮦」讀若「襱」，固宜其轉入幽韻而音「紂」矣。《洪範》「曰雺」之「雺」音武工反，而其字以矛爲聲；「尻」字以九爲聲，而《吕氏春秋・觀表篇》注「讀如穹窮之『穹』」，此諧幽部之聲而讀入東部也。「牢」字古讀若「留」，而《説文》從冬省聲；「峱」字從狃聲，古讀與「狃」近，而《齊風》「遭我乎峱之閒兮」，《漢書・地理志》引作「嶩」，其字以農爲聲，此諧東部之聲而讀入幽部也。又何疑於「鮦」之音「紂」乎？

樂家

「博陽，莽曰樂家」。念孫案：「樂家」，《水經・潁水注》作「樂嘉」，於義爲長。

脱四字

「定陵。高陵山，汝水出，「出」上脱「所」字，説見前「伊水出」下。東南至新蔡入淮，過郡四，行千三百四十里」。念孫案：此下脱「莽曰定城」四字。《水經·汝水注》曰：「汝水又東南，逕定陵縣故城北，王莽更之曰定城。」是其證。

北筮山

「南陽郡宛，縣南有北筮山」。念孫案：宛縣故城爲今南陽府治，其地無北筮山，「山」當爲「聚」，「筮」即「澨」字也。《水經·淯水注》曰：「淯水左右舊有二澨，所謂南澨、北澨。澨者，水側之濆。《楚辭·九歌》注：「澨，水涯也。」聚在淯陽之東北。」下文「育陽有南筮聚」，則此當爲「北筮聚」明矣。

蔡

「舞陰，中陰山，《説文》作「中陽」。瀙水所出，東至蔡入汝」。念孫案：「蔡」上脱「上」字，上蔡屬汝南郡，沛郡有下蔡，故加「上」。《水經》云「瀙水東過上蔡縣南，東入汝」，是其證。今瀙水東北過上蔡縣界，又東南過汝陽縣入汝。漢上蔡故城在今上蔡縣西。

比陽

「比陽」。應劭曰：「比水所出，東入蔡。」今本《水經》作「泚水」，云「泚水出泚陽東北大胡山」。趙氏東潛曰：「案泚陽《漢志》《續志》皆作『比陽』，誤也。應劭曰『比水東入蔡』，或是傳寫之譌，《後漢書·光武紀》『與甄阜、梁丘賜戰于沘水西』，章懷注云：『沘水在今唐州沘陽縣南，廬江灊縣亦有沘水，與此别也。「沘」音「比」。』竟作『比』字矣，大非。」念孫案：作「比」者正字，作「泚」者或字，作「泚」者譌字也。若《志》文本作「泚陽」，則當音且禮反，今注内無音，則其爲「比」字甚明，何得指爲傳寫之譌乎？洪氏《隸釋》載漢《北軍中候郭仲奇碑》云「舉廉，比陽長」，又《吉成侯州輔碑陰》有「比陽張超」，其字皆作「比」，豈亦傳寫之譌乎？《水經》曰：「比水東南過比陽縣南，今本作「泚」，非。據新校本改。泄水從南來注之。」善長駁之云：「比陽無泄水，蓋誤引壽春之沘泄耳。」「比」與「沘」同音，故《水經》誤以爲壽春之沘水，若字本作「泚」，則不得有斯誤，以此知《水經》之本作「比」也。又比水或謂之泌水，唐置泌陽縣，即因水以立名。漢比陽故城即在今泌陽縣西。「比」「泌」一聲之轉，猶壽春之沘水或謂之淠水也。若本名泚水，則不得轉而爲「泌」矣。《後漢書·和帝紀》《劉聖公傳》《東海恭王傳》《清河孝王傳》「比陽」字皆不誤，而《章德竇皇后紀》《桓帝鄧皇后紀》《竇融傳》《鮑昱傳》皆譌作「沘陽」。「比」或作「沘」，因譌而爲「沘」。《吕氏春秋·處分篇》今本「分」譌作「方」，據篇内三「分」字改。「章子與荆人夾沘水而軍」，今本亦譌作「沘水」，蓋後人多見「沘」少見「沘」，故「沘」譌作「沘」，然各史志中之比陽縣則無作「沘陽」者，《漢志》《續志》《晉志》《宋志》《後魏志》皆作「比陽」，正與漢碑相合。《光武紀》作「沘」，章懷注云「沘水在今唐州沘陽縣南，音『比』」，其言亦必有所據。乃趙氏皆以爲非，而唯誤本《水經》是從，傎矣。

有長城

「葉，楚葉公邑。有長城，號曰方城」。念孫案：「有長城」上原有「南」字，而今本脱之。《史記·齊世家》「楚方城以爲城」，索隱曰：「《地理志》葉縣南有長城，號曰方城。」是其證。《左傳·僖四年》注亦云「方城山在南陽葉縣南」。

魯山

「魯陽魯山，滍水所出」。念孫案：「魯山」當爲「堯山」，此涉上文「魯山」而誤。《説文》曰：「滍，水，出南陽魯陽堯山。」《水經》曰：「滍水出南陽魯陽縣西之堯山。」皆本《地理志》。今滍水出魯山縣西界之堯山，若魯山則在縣東，非滍水所出。

脱四字

「又有昆水，東南至定陵入汝」。念孫案：此下脱「莽曰魯山」四字，縣在魯山之陽，故曰魯陽，王莽因改爲魯山。《水經注》曰：「滍水又東逕魯陽縣故城南，王莽之魯山也。」是其證。

淮水出

「廬江郡金蘭西北有東陵鄉，淮水出」。「出」上脱「所」字，説見前「伊水出」下。念孫案：「淮」當爲「灌」，即下文「灌水北至蓼入決」者也。《水經·決水注》曰：「灌水導源廬江金蘭縣西北東陵鄉大蘇山，舊本此下有「即淮水也」四字，乃後人惑於誤本《漢書》而妄加之，近時全氏、趙氏皆爲其所惑，今依新校本删。許慎曰『出雩婁縣』，褚先生所謂神龜出於江灌之閒嘉林之中，今《史記·龜策傳》作在「江南嘉林」中，乃後人所改，辯見《史記》。蓋謂此水也。灌水東北逕蓼縣故城西，而北注決水也，故《地理志》曰：『決水北至蓼入淮，灌水亦於蓼入決。』」據此則「淮水」爲「灌水」之誤明矣。今灌水自商城縣流入固始縣界，北流入決水。大蘇山在商城縣東南。雩婁，廢縣，在商城縣東北。蓼縣故城在固始縣東北。全氏謝山、趙氏東潛竝以爲班《志》原是「淮」字，「淮水」即「灌水」，非出桐柏之淮水也。

余案《説文》「灌，水，出廬江雩婁，北入淮」，若灌水一名淮水，則是淮水入淮也。且信如全、趙之説，則《志》文上言「淮水出東陵鄉」，下言「灌水入決」，一水而上下異名，學者何以知淮水之即爲灌水乎？世人多聞淮水，寡聞灌水，故「灌」誤爲「淮」，不必曲爲之説也。或又曰：廬江郡下有灌水，雩婁縣下復有灌水，非重出乎？曰：非也。「灌水出金蘭西北東陵鄉」，是紀其所出也，「灌水北至蓼入決」，是紀其所入也。《志》文固有一水而兩見者，説見後「北地郡」下。

陶丘亭

「濟陰郡定陶。《禹貢》陶丘在西南，句陶丘亭」。念孫案：「陶丘亭」三字文義未明，其下蓋脱「在南」二字。《詩譜》正義所引已與今本同。《水經·濟水注》曰：「菏水東逕陶丘北，《地理志》曰『《禹貢》陶丘在定陶西南，今本譌作「《禹貢》定陶西南有陶丘」，據新校本改。陶丘亭在南』。」是其證。陶丘在今定陶縣西南七里，定陶故城在縣西北四里。

錯叔繡所封

「沛郡，公丘。故滕國，周懿王子錯叔繡所封」。景祐本「錯叔繡」下有「文公」二字。念孫案：景祐本是也。今本無「文公」二字者，後人以滕文公不當與祖同謚而删之也。不知子孫不可與祖父同名，未嘗不可同謚。周公之謚曰「文」，固與文王同謚矣。魯之文公又與周公同謚矣。推之他國，亦多有此，豈得憑臆妄删乎？《水經·泗水注》云：「公丘縣故城在滕西北，《地理志》『周懿王子錯叔繡文公所封也』。」正與景祐本同。《路史·後紀十》「叔繡」下亦有「文公」二字。

垓下

「洨垓下。高祖破項羽」。念孫案：「垓下」下脱「聚」字。《續漢書·郡國志》曰：「洨有垓下聚，高祖破項羽。」《水經·淮水注》曰：「洨縣有垓下聚，漢高祖破項羽所在也。」皆本《地理志》。《高紀》「圍羽垓下」，李奇曰：「沛洨縣聚邑名也。」此言「垓下聚」而《高紀》但言「垓下」者，猶上文言「垂鄉，高祖破黥布」而《黥布傳》但言「垂」也。此記各縣鄉聚之名，則必當言「垂鄉」、「垓下聚」矣。故垓下聚在今鳳陽府靈壁縣東南。

育成

「莽曰育成」。念孫案：「育成」當爲「肴成」，字之誤也。師古曰「『洨』音『肴』」，是「洨」、

「肴」同音，故莽改洨爲肴成，猶上文鄳縣之改鄳城，蘄縣之改蘄城也。《水經注》作「育城」，亦後人以誤本《漢書》改之，新校本改爲「肴城」是也。汲古閣本作「有城」亦誤。

沙

「魏郡沙」。《續漢書·郡國志》同，《水經·濁漳》《清漳》二水《注》「沙」竝作「涉」。趙氏東潛曰：「兩《漢志》本作沙縣，至三國時始有涉名，《魏書》云『太祖圍鄴，涉長梁岐以縣降』是也。」念孫案：趙説非也。《水經》：「清漳水東過涉縣西，屈從縣南。」注云：「《地理志》魏郡之屬縣也。漳水於此有涉河之稱，蓋名因地變也。」是善長所見《漢志》本作「涉」不作「沙」，且漳水至涉縣而有涉河之名，則涉縣之名由來已久，不然漳水何以無沙河之名乎？《魏志·武帝紀》稱「涉長梁岐」，則涉乃漢時舊名，非自三國時始。《元和郡縣志》云：「涉縣本漢舊縣，屬魏郡，因涉河水爲名。」《太平寰宇記》同。亦不言本名沙縣，後改爲涉縣也。趙氏以兩《漢志》皆作「沙」，遂謂涉縣本名沙縣。今考《王子侯表》云「離石侯綰後更爲涉侯」，則涉縣乃西漢時舊名，而今本兩《漢志》作「沙」，皆傳寫之誤明矣。

市樂

「鉅鹿郡新市，莽曰市樂」。念孫案：「市樂」當依《水經・濁漳水注》作「樂市」。

沮水　黄河

「常山郡元氏。沮水首受中丘西山窮泉谷，東至堂陽入黄河」。念孫案：「沮」當爲「泜」，字之誤也。凡隸書從「氐」之字，或作「互」，又作「𠀠」。故「泜」字或作「沍」，《玉篇》曰：「泜，俗作沍。」又作「⿰氵𠀠」，形與「沮」字相似，因譌而爲「沮」。《史記・高祖功臣侯者年表》「稾祗侯陳錯」，《漢表》「祗」作「祖」，亦是「祗」或作「⿰礻互」，因譌爲「祖」也。下文「濟水東至廮陶入泜」，《風俗通義》譌作「入沮」，是其明證也。《說文》曰：「泜，水，在常山。」郭璞注《北山經》曰：「今泜水出中丘縣西山窮泉谷，東至堂陽縣入於漳水。」皆本《地理志》，則「沮水」爲「泜水」之譌甚明。而「泜」字師古無音，至下文「洨水東南至廮陶入泜」始云「『泜』音『脂』，又音丁計反」，又《史記・張耳陳餘傳》「斬陳餘泜水上」，索隱曰：「郭景純注《山海經》云『泜水出常山中丘縣』。」不引《地理志》而引郭注，似唐時《地理志》「泜」字已譌作「沮」。然《文選・吴質〈在元城與魏太子牋〉》「重以泜水，漸漬疆宇」，李善注曰：「《漢書》恒山郡元氏縣有泜水，首受中丘西山窮泉谷，東入黄河。」則唐時本尚有作「泜」者矣。又案《北山經》注言「泜水入漳」，而此云「入黄河」者，蓋本借「章」爲「漳」。《禹貢》「至于衡漳」，《地理志》「漳」作「章」，又信都國信都下云「故章河在北」。「章」與「黄」字形相近，因譌而爲「黄」也。隸書「章」字作「䡅」，「黄」字作「黄」，二形相近。漢之堂陽即今之新河，乃漳水所經。《水經》曰「漳水過堂陽縣西」，非河水所經。《地理志》亦不謂河爲黄河也。而《文選》注亦作「黄」，則後人以誤本《漢書》改之耳。

北谷

「上曲陽，恒山北谷在西北」。《義門讀書記》曰：「北谷即飛狐口，《後書注》引《晉地道記》：『自縣北行四百二十五里，恒多山坂，《史記正義》作「得恒山岋」。名飛狐口。』」念孫案：飛狐口無北谷之名，「北谷」疑當作「代谷」。《管子·輕重戊篇》曰：「代王將其士卒葆於代谷之上。」《鹽鐵論·伐功篇》曰：「趙武靈王踰句注，過代谷。」《史記·趙世家》曰「從常山上臨代，代可取也」，正義曰：「《地道記》云：『恒山在上曲陽縣西北百四十里，北行四百五十里得恒山岋，號飛狐口，北則代郡也。』」《水經·㶟水注》引梅福上事曰：「代谷者，恒山在其南，北塞在其北。」蓋恒山與代谷相連，故竝及之也。大原郡廣武下云「句注、賈屋山在北」，文義與此同。

石濟水

「房子，贊皇山，石濟水所出」。念孫案：「濟水」上衍「石」字。《説文》：「濟，水，出常山房子贊皇山。」《風俗通義》同。案應劭誤以此濟水爲四瀆之濟，則「濟」上本無「石」字明矣。《續漢書·郡國志》曰：「常山國房子有贊皇山，濟水出。」「濟」上皆無「石」字。

世祖即位更名高邑　明帝改曰漢陽

「鄗，世祖即位，更名高邑，莽曰禾成亭」。念孫案：後漢所改郡縣皆班《志》所不載，「世祖」以下八字非班氏原文，蓋應劭注語也，且當在「莽曰禾成亭」之下。今則前後倒置，又脱「應劭曰」三字矣。考後漢所改郡縣，如河東郡彘縣「順帝改曰永安」，河内郡隆慮「避殤帝名，改曰林慮」，東郡觀縣「世祖更名衞國，以封周後」，清縣「章帝更名樂平」，壽良「世祖叔父名良，改曰壽張」，汝南郡滈縣「世祖更名固始」，新郪「章帝封殷後，更名宋」，山陽郡胡陵「章帝封東平王倉子爲侯，更名湖陸」，沛郡敬丘「明帝更名大丘」，芒縣「世祖更名臨睢」，清河郡厝縣「安帝以孝德皇后葬于厝，改曰甘陵」，勃海郡千童「靈帝改曰饒安」，平原郡富平「明帝更名厭次」，千乘郡「和帝更名樂安」，狄縣「安帝更名臨濟」，武陵郡索縣「順帝更名漢壽」，中山國苦陘「章帝更名漢昌」，安險「章帝更名安憙」，信都國「明帝更名樂安，安帝改曰安平」，梁國甾縣「章帝改曰考城」。以上二十條皆是應注，則鄗之「更名高邑」亦是應注明矣。又天水郡下云「明帝改曰漢陽」，「明帝」上亦當有「應劭曰」三字。

白陸谷

「南行唐。牛飲山白陸谷，滋水所出」。《攷異》曰：「《説文》作『白陘谷』。」念孫案：作「陘」者是也。《爾雅》曰「山絶陘」，考河北八陘有白陘之目，見《元和郡縣志》引《述征記》。與此白陘谷義相近也。若作「白陸谷」則義無所取，蓋俗書「陘」字作「陉」，與「陸」相似而誤。

芯題

「清河郡芯題」。師古曰：「『芯』，古『莎』字。」《廣韻》《集韻》亦作「芯」。引之曰：字從心聲者不得有「莎」音，「芯」當爲「莎」。《説文》「沙」或作「⿰氵尐」，故「莎」從沙聲而或作「⿱艸⿰氵尐」，今作「芯」者，「⿱艸⿰氵尐」之省文也。隸書「心」字作「⿺乚小」，與「尐」相似而誤。尐，少也，讀若「輟」。

「涿郡故安，閻鄉，易水所出，東至范陽入濡也」。念孫案：「也」字涉注文「入淶也」而衍。

也

水亦至范陽

「水亦至范陽入淶」。念孫案：「水」上脱「濡」字，此承上文而言。言易水至范陽入濡，濡水亦至范陽入淶也。《説文》曰：「濡，水，出涿郡故安，東入淶。」今本「淶」字譌作「漆涞」二字，據《一切經音義》六引改。《水經·易水注》曰：「濡水出故安縣西北，窮獨山南谷，東南合易水而注巨馬水。」又《巨馬河注》曰：「巨馬河即淶水也。」此易水入濡，濡水入淶之明證。師古所見本已脱「濡」字，乃曲爲之説曰「言易水又至范陽入淶也」，斯爲謬矣。又案遼西郡肥如下云「濡水南入海」，今本「海」下衍「陽」字，辯見後「海陽」下。此「濡」字音乃官反，《水經·濡水注》所謂「『濡』『難』聲相近」者也。此云「易水至范陽入濡」，「濡」音而于反，昭七年《左傳》「盟于濡上」是也。而師古曰「濡音乃官反」，則又誤以涿郡之濡爲遼西之濡矣。又案：遼西之「濡」字本作「渜」，説見後「溋水」下。

南東　「良鄉。垣水南東至陽鄉入桃」。念孫案：「南東」當爲「東南」。

民曰　「勃海郡成平，虖沱河，[一]民曰徒駭河」。《禹貢錐指》曰：「漳故徒駭也。土俗猶能識之，故不言漳、滹沱，仍曰徒駭。」念孫案：「某河民曰某河」，《地理志》文無此例，「民曰」當爲「或曰」，字之誤也。上文「河南郡開封，逢池在東北，或曰宋之逢澤也」，「成皋，故虎牢，或曰制」，下文「北海郡營陵，或曰營丘」，「琅邪郡姑幕，或曰薄姑」，皆其證。

五百六十里　八百九十里　七百五十里　「平原郡平原有篤馬河，東北入海五百六十里」。念孫案：「五百」上脱「行」字，又「武陵郡無陽，無水首受故且蘭，南入沅，行八百九十里」，「辰陽，三山谷辰水所出，南入沅，行七百

［一］沱，《漢書》作「池」。

五十里」，今本竝脱「行」字。

二年

「濟南郡，故齊，文帝十六年別爲濟南國，景帝二年爲郡」。念孫案：「二」當爲「三」，《史記·齊悼惠王世家》曰：「濟南王辟光十一年，與吴、楚反，漢擊破，殺辟光，以濟南爲郡，地入于漢。」濟南王十一年，景帝三年也，見《高五王傳》及《史記·漢興以來諸侯表》。

臨樂子山　至蓋

「泰山郡蓋，臨樂子山，洙水所出，西北至蓋入泗水」。今本「泗水」作「池水」，以字形相近而誤，《水經注》已辯之。又「沂水南至下邳入泗」。念孫案：「臨樂子山」，「子」字涉上注「肥子國」而衍。自景祐本以下皆作「子」，毛本又譌作「于」。臨樂山在今沂州府蒙陰縣東北，《説文》云：「洙，水，出泰山蓋臨樂山，北入泗。」《水經》云：「洙水出泰山蓋縣臨樂山。」注引《地理志》曰「臨樂山，洙水所出」，是其證。又《水經》云：「沂水出泰山蓋縣艾山。」注云「或云出臨樂山」，是洙水、沂水同出臨樂山，故《志》云「又沂水南至下邳入泗」也。「至蓋」當爲「至卞」，此涉正文「蓋縣」而誤。既言「洙水出蓋」，則不得又言「至蓋」，且《水經》與《注》竝言「洙水至卞縣入泗」，卞縣有泗水而蓋縣無泗水，又不得言「至蓋入泗」也。今本《水經注》引《地理志》作「至蓋」，此後人以誤本《漢志》改之，與經、注皆不合。下文言「泗水出卞」，卞縣故城在今兖州府泗水縣東，故云「洙水至卞入泗水」，而今之洙水乃在曲阜縣北，上源既不遠，而下流又入沂不入泗，與《漢志》《水經》故道迴殊矣。

丹

「東萊郡腄，丹水所出，丹東北入海」。念孫案：下「丹」字衍。

沂

「曲成陽丘山，治水所出，南至沂入海」。念孫案：沂非縣名，不得言「南至沂」，若沂水則去此甚遠，東萊一郡之水皆不得至沂也。「至沂」當爲「至計斤」，計斤縣屬琅邪。因脫去「計」字，後人遂於「斤」旁加「水」耳。《說文》：「治，水，出東萊曲成陽丘山，南入海。」《玉篇》除之切。治水即古之尤水，今之小沽河也，出萊州府掖縣之馬鞍山，即陽丘山，在掖縣東南三十里。南流至平度州，東南與大沽河合，又南逕即墨縣，西至膠州之麻灣口入海。大沽河，即古之姑水也。昭二十年《左傳》「姑尤以西」，杜注曰：「姑水、尤水皆在城陽郡東，句南入海。」

《齊乘》曰：「姑即大沽河，尤即小沽河。」曲成故城在今掖縣東北，計斤故城在今膠州西南，二沽入海之處即漢計斤縣地。則「沂」爲「計斤」之誤明矣。「尤」字古讀若「飴」，説見《唐韻正》。聲與「治」相近，故「治」字亦有「飴」音。下文鴈門郡陰館有治水，師古曰：「『治』音弋之反。」《左傳》作「尤」，《漢志》作「治」，古今字異耳。而全氏謝山乃謂《漢志》《説文》皆誤以沽水爲治水，是未曉古音而輕議前人也。

東至

「琅邪郡邞，膠水東至平度入海」。念孫案：《水經·膠水注》引此「東至」作「北至」，是也。漢之邞縣在今膠州西南，平度故城在今平度州西北，而平度州正當膠州之北，則當言「北至平度」，不當言「東至」也。今膠水出膠州之膠山北，流過高密縣東，又北過平度州西，又北過掖縣西，又北至海倉口入海。

黝

「丹陽郡黝，漸江水出南蠻夷中，東入海」。師古曰：「『黝』音『伊』，字本作『黟』，其音同。」念孫案：《説文》曰：「黟，黑木也，從黑多聲。丹陽有黟縣。」又曰：「漸，水，出丹陽黟南蠻中，東入海。」則《地理志》本作「黟」明矣。《水經注》引此亦作「黟」。「黟」從多聲，於古音屬歌部，於今音屬支部。若「黝」從幼聲，則古今音皆屬幽部，幽部之字無與支歌部通者，「黟」字不得借作「黝」也。此因字形相似而誤耳，各史志或作「黟」，或作「黝」，其作「黝」者皆爲誤本《漢志》所惑。《玉篇》「黝」字無「伊」音，《廣韻》「『黝』於脂切，縣名，屬歙州」，誤與各史志同。

在

「豫章郡餘汗，餘水在北，至鄡陽入湖漢」。念孫案：衍「在」字。餘水自餘汗北至鄡陽，則在餘汗可知，不必更言「在」矣。凡言「某水至某縣入某水」者，皆無「在」字，若弘農郡盧氏下云「育水南至順陽入沔」是也。其言「某水在縣之某方」者，皆不兼及他縣，若右扶風漆縣下云「水在縣西」是也，他皆放此。

南水

「宜春，南水東至新淦入湖漢」。念孫案：「南水」當爲「牽水」。隸書「牽」字或作「[illegible]」，與「南」相似而誤。《水經·贛水注》曰：「牽水西出宜春縣，東逕新淦縣，而注於豫章水。湖漢及贛竝通稱也。」是其證。

入湖

「桂陽郡郴，耒山，耒水所出，西至湘南入湖」。念孫案：「入湖」當爲「入湘」，「湘」「湖」字相似，又涉下文「入湖」而誤也。《水經》曰：「耒水出桂陽郴縣南山，北入於湘。」《湘水注》引《地理志》曰：「郴縣有耒水，出耒山西，至湘南入湘。」是其證。

匯

「臨武，秦水東南至湞陽入匯」。「秦」讀爲「溱」。師古曰：「『匯』音胡罪反。」[一] 又下文「桂陽，匯水南至四會入鬱」，今本「鬱」下有「林」字，辯見下條。念孫案：「匯」皆當爲「⿷匚⿰氵王」，字之誤也。「⿷匚⿰氵王」讀若「匡」，隸省作「洭」。《説文》曰：「⿷匚⿰氵王，水出桂陽盧聚，南出⿷匚⿰氵王浦關爲桂水。「出」字舊本譌作「山」，「山」上又脱「南」字，今據《水經》訂正。 ⿷匚⿰氵王，從水匡聲。」又曰：「溱，水出桂陽臨武，入⿷匚⿰氵王。」「⿷匚⿰氵王」字或作「⿷匚⿰氵圭」，形與「匯」相似，因譌而爲「匯」。案《方言》「南楚瀑洭之間」，郭璞曰：「『洭』音

[一] 罪，《漢書》作「賄」。

『匡』，洭水在桂陽。」《水經》曰：「滙水出桂陽縣盧聚，今本譌作「匯」。東南過含洭縣，南出洭浦關爲桂水」。《史記·南越傳》「出桂陽，下匯水」，今本譌作「匯」。《漢書》作「湟水」。《水經注》曰：「匯水，《山海經》謂之湟水。」今《山海經·海内東經》作潢水。「滙」與「湟」聲相近，故字相通。若作「匯」，則聲與「湟」遠，而不可通矣。《魏策》「楚王登强臺而望崩山，左江而右湖，以臨彷隍」，一本作「方湟」。《説苑·正諫篇》《後漢書·文苑傳》竝作「方淮」，「淮」亦「滙」之譌，故與「湟」通。下文有含洭縣，南海郡有洭浦關，舊本「關」譌作「官」，今據《説文》《水經》改。其字正作「洭」，不作「匯」也。又案漢《成陽令唐扶頌》曰：「賦政于外，爰及鬼方，匯夷來降，寇賊迸亡。」「匯」即「滙」字，「滙夷」，謂滙水上之夷也。上文云「除豫章鄡陽長，夷粤拺搤，忮强難化，君奮威颺武，視目好惡，蠻貉振疊，稽顙帥服」，以今輿地考之，滙水發源於連州，南至廣州府之三水縣入於鬱水。鬱水，今謂之西江。於漢爲桂陽、南海，兩郡之地，故云「夷粤拺搤」，又云「匯夷來降」也。而《隸釋》乃讀「匯」爲「匯」，而以爲匯澤之盜，《漢隸字原》又讀爲「淮夷來同」之「淮」，胥失之矣。據漢碑及《方言》《説文》，則此《志》之「匯水」明是「滙水」之譌，而《史記》《水經》亦譌作「匯」，唯含洭縣、洭浦關兩「洭」字不譌。師古又有胡罪反之音，後之學者多見「匯」，少見「滙」，遂莫有能正其失者矣。

鬱林

「桂陽滙水，南至四會入鬱林」。宋祁曰：「景本無『林』字。」念孫案：無「林」字者是也，後人不知「鬱」爲水名，故加「林」字耳。《水經》曰：「溱水過湞陽縣，出滙浦關，與桂水合，即滙水。南入於海。」注云：「溱水南注於鬱，而入於海。」是其證。餘見上條。下文「武陵郡鐔成玉山，潭水所出，東至阿林入鬱」，「鬱」下無「林」字，是也，而宋祁乃云當添「林」字，謬矣。又「零陵郡零陵陽海山有離水，東南至廣信入鬱林」，「林」字亦後人所加，《史記·南越傳》正義引此已有「林」字。《水經》曰「灕水出陽海山，南至廣信縣入於鬱水」，是其證。今灕水出桂林府興安縣陽海山，南至蒼梧縣入鬱。

陽山

「陽山侯國」。應劭曰：「今陰山也。」師古曰：「下自有陰山，應説非也。」念孫案：《水經》曰：「洣水西北過陰山縣南。」注云：「縣本陽山縣，即長沙孝王子宗之邑也。見《王子侯表》。形家言其勢王，故塹山湮谷改爲陰山縣。」是後漢之陰山即前漢之陽山，故應云「今陰山」也，師古自未之考耳。

監原

「武陵郡臨沅，莽曰監原」。念孫案：「監原」當依《水經·沅水注》作「監沅」，聲之誤也。凡縣名上一字稱「臨」者，王莽多改爲「監」，而下一字不改。

漢書弟七

鬵谷水　在谷水

「漢中郡安陽，鬵谷水出西南，北入漢。在谷水出北，南入漢」。念孫案：「鬵谷水」「谷」字涉下文「在谷水」而衍，《水經》「鬵」作「涔」，《沔水篇》云：「沔水東過魏興安陽縣南，涔水出自旱山，北注之。」注云：「涔水出西南，而東北入漢。」即《地理志》文也。《涔水篇》曰：「涔水出漢中南鄭縣東南旱山，北至安陽縣，南入於沔。」「涔」下皆無「谷」字，「涔」或作「潛」，《史記·夏本紀》索隱：「潛出漢中安陽縣西，北入漢。」亦無「谷」字。「在谷水」，《沔水注》作「左谷水」，亦於義爲長。

新都谷

「廣漢郡雒，章山，雒水所出，南至新都谷入湔」。念孫案：「新都」下衍「谷」字，新都乃縣名，非谷名也。《華陽國志》曰：「李冰導洛通山水出瀑口，經什邡，與郫別江會新都大渡。」

《水經·江水注》曰：「洛水出洛縣章山，又南逕洛縣故城西，又南逕新都縣，與緜水湔水合。」是其證。漢新都故城在今新都縣東。

小江入

「蜀郡有小江入，并行千九百八十里」。念孫案：「入」當爲「八」，字之誤也，謂此八小江并行千九百八十里也。下文曰「遼西郡有小水四十八，并行三千四十六里」，「鬱林郡有小谿川水七，并行三千一百一十里」，「九真郡有小水五十二，并行八千五百六十里」，「日南郡有小水十六，并行三千一百八十里」，皆其證也。

木官

「嚴道有木官」。念孫案：「木」當爲「橘」，寫者脱其右半耳。左思《蜀都賦》「户有橘柚之園」，劉逵注引《地理志》曰：「蜀郡嚴道有橘官。」下文巴郡朐忍、魚復二縣竝云有橘官。

七　二千

「湔氐道，《禹貢》嶓山在西徼外，江水所出，東南至江都入海，過郡七，行二千六百六十里」。趙氏《水經注釋》曰：「今本《漢書》誤也。宋本『是過郡九行七千六百六十里』。《禹貢錐指》曰：『今江水所過，於漢爲蜀郡、楗爲、巴郡、南郡、長沙、江夏、豫章、廬江、丹陽、會稽、廣陵，凡十郡一國。易祓曰：「江源自松州交川縣，至夷陵凡四千三百三十里，自夷陵至泰州凡三千六百三十里。是江自松潘至泰州行七千九百六十里，自泰州至海門又四百里，通計八千三百餘里。」』據此則俗本《漢書》固非，而宋本亦未合也。」以上《水經注釋》。念孫案：後人所記江行里數未必與班《志》原文相符，且《志》但云「至江都」，則里數固不及八千也。《錐指》又云「行二千六百六十里，『二』當作『八』或是『七』」。其言「或是七」者，正與趙氏所見宋本合。又《説文繫傳·水部》「江」下引《漢志》云「過郡九行七千六百六十里」，郡數、里數皆與宋本同，則是舊本相承如此，今據以訂正。

鄏

「楗爲郡郁鄏」。念孫案：「郁」本作「存」，此因「鄏」字而誤加「阝」也。《説文》曰：「存鄏，楗爲縣。」宋本如是，今本改「存」爲「郁」。而無「郁」字，自《玉篇》始有之，而字書、韻書皆仍其誤，《水經》作「郁鄏」，亦後人所改。《華陽國志》《晉書》尚作「存鄏」，且師古注「鄏」字有音而「郁」字無音，則本作「存」明矣。

則禺同山

「越嶲郡青蛉，則禺同山，有金馬、碧雞」。念孫案：《華陽國志》曰：「青蛉縣禺同山有碧雞、金馬。」《續漢書·郡國志》《後漢書·西南夷傳》《水經·淹水注》竝同。劉逵注《蜀都賦》引《地理志》曰：「金馬、碧雞在越嶲青蛉縣禺同山。」則「禺同山」上不當有「則」字，未知何字之誤，或此處尚有脱文也。

池

「益州郡俞元，池在南，橋水所出，東至母單入温」。念孫案：「池」上脱「南」字，池在縣南，故曰南池。《水經·温水注》曰：「橋水上承俞元之南池，東流至毋單縣，注於温。」即本《地理志》。

臘

「收靡，南山臘，涂水所出」。念孫案：「臘」下脱「谷」字。《水經·若水注》曰：「涂水導源收靡縣南山臘谷。」即本《地理志》。

脱三字

「巴郡，秦置，屬益州」。念孫案：桓九年《左傳》「巴子使韓服告于楚」，《正義》曰：「《地理志》巴郡故巴國。」據此則「巴郡，秦置」下當有「故巴國」三字，而今本脱之。應注云「《左氏》『巴子使韓服告楚』」，正釋此三字也。

潛水　徐谷

「宕渠，符特山在西南。潛水西南入江。明監本「入江」譌作「入灊」，而胡氏東樵遂引之以駁《水經》，大誤，趙氏東潛已辯之。不曹水出東北，南入灊徐谷」。念孫案：「潛水」本作「灊水」，即下文「入灊」之「灊」，今作「潛」者，後人以《水經》改之也。《説文》「灊，水，出巴郡宕渠，西南入江」，「潛，涉水也。一曰漢爲潛」，是出巴郡宕渠入江者，字本作「灊」，《水經》作「潛」者，借字耳。又案：「不曹水出東北，南入灊」，「灊」下不當有「徐谷」二字。《水經·潛水注》云：「宕渠縣西北有不曹水南逕其縣，下注潛水。」不言「入灊徐谷」也。「徐谷」二字未知何字之譌。

東漢水

「武都郡武都，東漢水受氐道水，一名沔」。念孫案：「東」字後人所加，下文隴西郡氐道下云「養水東至武都爲漢」，今本脱「東」字，辯見後。不言「東漢」也。《志》言「西漢水」者，别於漢水而言之，若漢水則本無「東漢」之稱。

循成道

「循成道」。念孫案：「循」當爲「脩」，隸書「循」、「脩」二字相似，傳寫易譌。説見《史記·倉公傳》。《魏書·地形志》《隋書·地理志》《水經·漾水注》竝作「脩城」。

至武都

「隴西郡氐道，《禹貢》養水所出，齊曰：「『養』當作『漾』，前文引《禹貢》『嶓冢道漾』即其證也。」念孫案：《説文》「漾」古文作「瀁」，今《志》作「養」者，「瀁」之假借字也。《續漢書·郡國志》亦作「養」。《淮南·地形篇》作「洋」，高注云「『洋』或作『養』」，是古書多以「養」爲「漾」。至武都爲漢」。念孫案：「至」上脱「東」字，《禹貢》「嶓冢導漾，東流爲漢」即班《志》所本。《説文》：「漾，水，出隴西豲道，今本「豲」譌作「柏」，據《水經注》

引改。貑道非漾水所出，當依《漢志》作「氐道」，《水經注》已辯之。東至武都爲漢。」《水經》云：「漾水出隴西氐道縣嶓冢山，東至武都沮縣爲漢水。」皆本班《志》。

西漢

「西。《禹貢》嶓冢山，西漢所出」。念孫案：「西漢」下脱「水」字。

脱三字

「東南至江州入江」。念孫案：此下脱「有鹽官」三字，《水經·漾水注》曰：「鹽官水北有鹽官，在嶓冢西五十許里，相承營煮不輟，味與海鹽同，故《地理志》云西縣有鹽官。」是其證。

脱七字

「金城郡河關」。念孫案：《水經·河水注》引《地理志》曰：「漢宣帝神爵二年，置河關縣。」則此縣下當有「宣帝神爵二年置」七字，而今本脱之也。

宣帝神爵二年置

「破羌，宣帝神爵二年置」。《水經注》曰：「湟水東逕破羌縣故城南。應劭曰：『漢宣帝神爵二年置。』」全氏謝山據此謂「宣帝神爵二年置」七字乃應劭注，非班《志》原文，今本脱「應劭曰」三字。念孫案：上文之河關、下文之允街竝云「宣帝神爵二年置」，則此亦班《志》原文，非應劭注也。《水經注》所引乃應劭《地理風俗記》耳。《淇水注》曰：「白溝又東北，逕平恩縣故城東。《地理風俗記》曰：『漢宣帝地節三年置。』」是其比例也。或曰：既係班《志》原文，善長何以不引班《志》而引《地理風俗記》乎？曰：西河郡鴻門下云「有天封苑火井祠，火從地中出」，此班《志》原文也，而《水經·河水注》以爲《地理風俗記》文；日南郡下云「故秦象郡，武帝元鼎六年開」，此班《志》原文也，而《水經·温水注》亦以爲《地理風俗記》文，然則《水經注》中固有不引班《志》而引《地理風俗記》者矣。右扶風渭城下云「故咸陽」，此班《志》原文也，而《水經·渭水注》則云「渭城，文穎以爲故咸陽」，彼言「文穎以爲故咸陽」，猶此言「應劭曰『宣帝神爵二年置』」也，豈得因「應劭曰」三字而遂謂其非班《志》原文乎？

脩遠　溝搜

「允街，莽曰脩遠」。念孫案：「脩遠」下脱「亭」字，王莽改允吾爲脩遠，故改此縣爲脩遠亭也。又「朔方郡，莽曰溝搜。渠搜，莽曰溝搜亭」，今本亦脱「亭」字，皆當依《水經注》補。

鹽羌

「臨羌，莽曰鹽羌」。念孫案：「鹽羌」當依《水經注》作「監羌」，凡縣名上一字稱「臨」者，王莽多改爲「監」。

南籍端水　其澤

「敦煌郡冥安，南籍端水出南羌中，西北入其澤，溉民田」。應劭曰：「冥水出北，謂出縣北。入其澤。」念孫案：「南籍端水」，「南」字涉下文「南羌」而衍，《太平御覽·州郡部十一》引此作「籍端水出羌中」，無「南」字。又案「西北入其澤」及應注「冥水出北入其澤」，兩「其」字疑皆「冥」字之譌。蓋縣曰冥安，本因冥水以得名，而冥水所入之澤，因謂之冥澤。《元和郡縣志》云：「晉昌縣本漢冥安縣，因縣界冥水爲名也。」又云：「冥水自吐谷渾界流入大澤。東西二百六十里，南北六十里，豐水草，宜畜牧。」猶菏水出於菏澤，因謂之菏水也，故曰「冥水出北，入冥澤」。冥澤既爲冥水所入，又爲籍端水所入，故曰「籍端水西北入冥澤」也。若云「入其澤」，則大爲不詞。

威戎

「北地郡，莽曰威成」。念孫案：「威成」當依《水經注》作「威戎」。

出東西入洛

「直路，沮水出東，西入洛」。念孫案：洛在沮東，不得言「西入洛」。《說文》作「瀘」，云「瀘，水，出北地直路西，東入洛」，《水經》曰：「沮水出北地直路縣，東過馮翊祋祤縣北，東入於洛。」則此文本作「沮水出西，東入洛」明矣。

入河

「歸德，洛水出北蠻夷中，入河」。又前左馮翊褱德下云「洛水東南入渭」。《禹貢錐指》曰：「歸德下云『洛入河』，褱德下云『入渭』，蓋雜採古記，故有不同。其曰『入河』者，以二水合流，渭亦可稱洛耳。」念孫案：「入河」二字後人妄加之也。「洛水出北蠻夷中」，記其所出也；「洛水東南入渭」，記其所入也。《説文》云：「洛，水，出北地歸德北夷界中，東南入渭。」今本「北地」作「左馮翊」。案歸德屬北地，不屬左馮翊，此後人不明地理而妄改之，今正。《淮南·地形篇》「洛出獵山」，高注云：「獵山在北地西北夷中，洛水東南流入渭。」皆本《地理志》，而但言「入渭」，不言「入河」，則《志》無「入河」之文明矣。或曰：許、高所據乃左馮翊褱德下「入渭」之注，非北地歸德下「入河」之注。曰：不然。許云「洛水出北地歸德北夷界中」，高云「獵山在北地西北夷中」，皆據北地歸德之注，而皆言「入渭」，則褱德下有「入渭」之文而歸德下無「入河」之文明矣。記大川所入而前後異文，《漢志》從無此例，東樵曲爲之説，非也。或曰：一水而前後兩見，或記其所出，或記其所入，《漢志》亦有此例乎？曰：有。隴西郡氐道下云「《禹貢》養水所出，東至武都爲漢」，今本脱「東」字，辯見前「至武都」下。武都郡武都下云「漢水受氐道水，今本漢上有「東」字，辯見前「東漢水」下。一名沔，過江夏，謂之夏水，入江」，漁陽郡白檀下云「濡水出北蠻夷中」，今本「濡」譌作「洫」，又脱「中」字，辯見後「洫水」下。遼西郡肥如下云「濡水南入海」，今本「海」下衍「陽」字，辯見後「海陽」下。臨渝下云「渝水首受白狼，東入塞外」，交黎下云「渝水首受塞外，南入海」，鬱林郡臨塵下云「有斤員水」，領方下云「斤員水入海」，皆一水兩見而分記其出入，洛水亦猶是也。下文郁郅下云「泥水出北蠻夷中」，亦不記其所入。此與洛水、濡水文同一例。或謂「蠻夷中」下有脱文，非也。《説文》：「泥，水，出北地郁郅北蠻中。」亦不言其所入。

圁水

「上郡白土，圁水出西，東入河」。師古曰：「『圁』音『銀』。」又下文「西河郡圜陰，惠帝五年置，莽曰方陰」，師古曰：「『圜』字本作『圁』，縣在圁水之陰，因以爲名也。王莽改爲方陰，則是當時已誤爲『圜』字。今有銀州、銀水，即是舊名猶存，但字變耳。」又下文「圜陽」，師古曰：「此縣在圁水之陽。」又《匈奴傳》「居于西河圜、洛之閒」，晉灼曰：「『圜』音『嚚』，《三倉》作『圁』。」師古説與《地理志》同。又《史記·匈奴傳》「居于西河圜、洛之閒」，集解：「徐廣曰：『圜在西河，音銀。』」索隱：「『圜』，晉灼音『嚚』，《三蒼》作『圁』，今本《史記》正文「圜」作「圁」，集解作「徐廣曰『圁在西河』」，索隱作「《三蒼》『圁』作『圜』」。此校書者以注文改正文，而後人復據已改之正文轉改注文也。今據《索隱》單行本及晉灼注訂正。《地理志》云：「圜水出上郡白土縣西，東流入河。」韋昭云：『「圜」當爲「圁」。』《續郡國志》及《太康地志》竝作『圁』字也。」以上《索隱》。念孫案：「圜」與「圁」聲相近，古無「圁」字，故借「圜」爲之。韋、顔竝以「圜」爲「圁」之誤，非也。《水經·河水注》引《地理志》「圜水」作「圁水」，全氏謝山校本曰：「觀善長所見之本卻不錯，豈後人因王莽有方陰之名而妄改爲『圜』字以實之乎？」案全説非也。若《漢志》本是「圁」字，則韋不當云「『圜』當爲『圁』」矣。《水經注》引作「圁」者，據韋注改之耳，乃謂善長所見本不錯，後人始改「圁」爲「圜」，何不察之甚也。王莽誤以「圜」爲方圜之「圜」，故改圜陰爲方陰。而圜陰之「圜」實非誤字，《史記》、《漢書》之圜水、圜陰、圜陽、圜洛，其字皆不作「圁」。漢《平周鉦》所紀縣名有平周、平定、圜陰，三縣皆屬西河。漢印有《圜陽宰印》，《少室神道石闕銘》《開母廟石闕銘》竝有「西河圜陽馮寶」，《劉寬碑陰》有「西河圜陽田植」，是圁水之「圁」古皆作「圜」也。王莽誤改圜陰爲方陰，即古無「圁」字之明證，故《説文》有「圜」無「圁」。

可難

「高奴，有洧水，可難」。師古曰：「『難』古然火字。」念孫案：「可難」本作「肥可難」。肥者，膏也，此謂水上之肥可然，非謂水可然也，脱去「肥」字則文不成義。《水經注》引《地理志》曰「高奴縣有洧水，肥可難」，又云：「水上有肥，可接取用之。《博物志》稱酒泉延壽縣南山出泉水，大如筥，注地爲溝水，有肥如肉汁，取著器中，始黄後黑，如凝膏，然極明，與膏無異。水肥亦所在有之，非止高奴縣洧水也。」以上《水經注》。據此則《志》文原有「肥」字，而師古不爲作解，蓋所見本已脱之矣。古者謂膏爲肥，故此云「肥可難」，而《説文》亦云「膏，肥也」，「肪，肥也」，「脟，腸閒肥也」。段氏《説文注》不得其解，乃謂此三「肥」字皆「脂」字之譌，豈其然乎？

火從地出

「西河郡鴻門，有天封苑火井祠，火從地出也」。念孫案：「地」下脱「中」字。「火從地中出」，謂從井中出也。《郊祀志》「祠天封苑火井於鴻門」，如淳曰：「《地理志》『西河鴻門縣有天封苑火井祠，火從地中出』。」《水經注》引《地理風俗記》文與此同，皆有「中」字。

原高

「五原郡成宜，中部都尉治原高，西部都尉治田辟」。《水經·河水注》「原高」作「原亭」，云：「河水又東，逕成宜縣故城南。又東，逕原亭城南，闞駰《十三州志》曰『中部都尉治』。」念孫案：作「原亭」者是也。亭所以守也。「中部都尉治原亭，西部都尉治田辟」，師古讀「辟」爲「壁」，壁亦謂築城以守也。《匈奴傳》曰「漢使光禄徐自爲出五原塞，築城障列亭至盧朐」是也。

樓煩鄉　富代

「鴈門郡陰館，樓煩鄉，景帝後三年置，莽曰富代」。念孫案：「樓煩」上當有「故」字，言陰館縣乃故樓煩鄉，景帝後三年始置縣也。《志》文若是者多矣。脱去「故」字，則文義不明，《水經·㶟水注》正作「故樓煩鄉」。「富代」《水經注》作「富臧」，亦於義爲長。

入沽

「代郡且如，于延水出塞外，東至廣寧入沽」。舊本脱「廣」字，今據《水經注》補。師古曰：「『沽』音『姑』，又音『故』。」又下文平舒，祁夷水北至桑乾入沽。念孫案：「沽」皆當爲「治」，字之誤也。上文「鴈門郡陰館，累頭山，治水所出東至泉州入海」，師古曰「治音弋之反」，即此水也。《水經·㶟水注》曰：「㶟水一曰治水。」舊本「㶟」譌作「濕」。《説文》曰：「㶟，水，出鴈門陰館累頭山，東入海，或曰治水也。從水纍聲。」《玉篇》音力追切，今據改。又曰：「㶟水東逕下洛縣故城南，《地理志》作「下落」。又東左得于延水口，水出塞外柔玄鎮西長川城南小山，東至且居縣故城南，東南流注於㶟水。《地理志》曰『于延水東至廣寧入治』，非矣。」案注曰：「于延水又東逕大寧縣故城南，《地理志》云廣寧也。又東南逕茹縣故城北，又南逕且居縣故城南，東南流注於㶟水。」是于延水至廣寧，尚未入治，故云「《地理志》曰『于延水東至廣寧入治』，非矣」。趙氏東潛未解「非矣」二字之意，而改「入治」爲「入沽」，謂六朝時《漢志》已譌「治」爲「沽」，故道元以爲非，蓋誤會也。又案注言「㶟水左會于延水於下洛縣故城東南」，㶟水即今之桑乾河，漢下落故城在今直隸保安州西，于延水即今之洋河，源出山西天鎮縣邊外，東至保安州入桑乾河，與《水經注》合。是于延水入治，非入沽也。又案《灅水注》曰：「祁夷水出平舒縣東，東北至桑乾故城東，而北流注於灅水。《地理志》曰『祁夷水出平舒縣北至桑乾入灅』，是也。」灅水即治水，是祁夷水入治，非入沽也。祁夷水即今之壺流河，源出山西廣靈縣西，東北至直隸蔚縣入桑乾河，即此《志》所謂「至桑乾入治」者也。漢桑乾故城在今蔚縣東北。又案下文「漁陽郡漁陽，沽水出塞外，東南至泉州入海」，此即今之白河源出直隸赤城縣邊外，東南至天津縣由直沽入海者也，非于延、祁夷二水所入。且廣寧、桑乾皆治水所經，非沽水所經，則此《志》「入沽」明是「入治」之譌，師古「音『姑』又音『故』」，胥失之矣。

參合　虖池別

「鹵城，虖池河東至參合入虖池別」。齊曰：「『參合』當是『參户』之譌，參户縣屬勃海，虖池所經也。若參合故城在北塞之外，限隔重山，非虖池所得至矣。」念孫案：齊説是也。「虖池別」下當有「河」字，下文河閒國弓高下云「虖池別河首受虖池河」，是其證。

溫餘水

「上谷郡軍都，溫餘水東至路南入沽」。念孫案：「溫餘」本作「灅餘」。灅，力追反。「灅」省作

「漯」，與「濟濕」之「濕」相亂，因譌而爲「㶟」，㶟，它合反，即「濕」字之省，故今本《水經注》作「㶟餘水」。又譌而爲「溫」。「㶟」字俗書作「湿」，「溫」字俗書作「温」，二形相似而誤。戴先生《水經注》校本已詳辯之，而師古「灅」字無音，則所見本已譌爲「溫」矣。

樂陽水　入海

「且居，樂陽水出東，東入海」。念孫案：「樂陽」當爲「陽樂」，「入海」當爲「入沽」。《水經・沽水注》曰「陽樂水出且居縣」，引《地理志》曰「水出縣東」，又曰「陽樂水東南合赤城河，又東南入沽水」，是其證。今猶謂之陽樂河，出宣化府龍門縣西娘子山，東南至鵰鶚堡合南河，即赤城河。又東至赤城縣入沽河，與《水經注》合。其入沽之處在赤城縣南界，尚未出山，不得言「入海」也。此涉下文「沽水入海」而誤。

庢奚

「漁陽郡庢奚」。孟康曰：「『庢』音『題』。」念孫案：「庢」皆當爲「虒」。韻書「虒」、「庢」二字竝有「題」音，易於相亂。又隸書「虒」字或作「帍」，形與「庢」亦相亂。案古諺云：「書三寫，魚成魯，帝成虎。」蓋俗書「虎」字作「帍」，與「帝」字相似，故二字互譌也。今經傳相承，「嗁」字作「啼」，「蹏」字作「蹄」，皆其類。然則「虒奚」之作「厗奚」，當亦是傳寫者以「厞」爲「庯」，因譌而爲「厗」矣。故「虒」誤作「厗」。《續漢書·郡國志》《水經·鮑丘水注》竝作「傂奚」。「傂」字以「虒」爲聲，則《漢志》之本作「虒奚」甚明。《集韻》「厗」、「虒」二字竝田黎切，「厗」字注引《説文》「唐厗石也」，「虒」字注云「虒奚，縣名」，是「厗」字自爲唐厗石，而「虒」字則爲虒奚縣，作「厗奚」者誤也。《太平御覽·州郡部八》引《十道志》云「檀州本漢虒奚縣」，又引《漢志》「虒奚屬漁陽，『虒』音『題』」，則宋初本尚不誤。

洫水　蠻夷

「白檀，洫水出北蠻夷」。師古曰：「洫，音呼鵙反。」《漢書攷異》曰：「案《水經注》：『濡水流逕漁陽白檀縣故城，《地理志》曰「濡水出縣北蠻夷中」。』念孫案：今《地理志》脱「中」字。蓋酈元所見之《漢書》本作『濡水』，不知何時譌『濡』爲『洫』，師古不能正也。漢之白檀縣在今古北口外，灤水所經。『濡』『灤』古今字，別無『洫水』之名。」念孫案：錢説是矣，而未盡也。余謂出漁陽白檀塞外之濡水，字本作「渜」，從水耎聲，「耎」俗作「軟」，故「渜」從其聲而音乃官反，聲相近故也。若出涿郡故安之濡水，則字從需聲而讀若「儒」，兩字判然各異。《説文》：「濡，《玉篇》音「儒」。水，出涿郡故安，東入淶。」不言出漁陽白檀北蠻夷中也。今本

《漢志》《水經》「渜」字皆譌作「濡」，學者莫能是正。余謂隸書「需」字或作「需」，《易·需卦》釋文曰：「需字從雨，重『而』者非。」與「耎」相似，故從「耎」之字多譌從「需」。若「愞」之爲「懦」，「㨎」之爲「擩」，「碝」之爲「礝」，「蝡」之爲「蠕」，皆是。「渜水」之爲「濡水」，猶《士喪禮》「渜濯棄于坎」之「渜」，《喪大記》譌作「濡」也。「渜」與「洫」字形相似，故「渜」譌爲「洫」，若本是「濡」字，不得譌爲「洫」矣。世人多見「濡」少見「渜」，故「渜水」字今皆作「濡」，此「渜」字若不譌爲「洫」，則後人亦必改爲「濡」矣。又考《水經注》濡水一名難水，又云「『濡』『難』聲相近，狄俗語譌耳」。蓋其字本從耎聲，故聲與「難」相近。渜水一名難水，猶有骨醢謂之「腝」，而字或作「臡」也。今人謂之灤河，聲與耎亦相近也。《集韻·平聲二十六桓》：「渜，奴官切，水名在遼西肥如，或作『濡』。」《類篇》同。云渜水在遼西肥如，即本於《漢志》，而又云「或作『濡』」，則仍爲俗本所惑，然以「渜」爲正文而以「濡」爲或字，則固非無據而云然矣。是書已將付梓，而友人以段氏若膺《經韵樓集》見贈，其中「渜」、「濡」、「灤」三字攷，大旨與予同，而引證互有詳略，因并記之。

灅水

「右北平郡俊靡，灅水南至無終東入庚」。師古曰：「灅，音力水反，又音郎賄反。」宋祁曰：「『灅』當作『㶟』。」念孫案：《説文》：「灅，水，出右北平俊靡，東南入庚，從水壘聲。」《玉篇》

力水切。《水經·鮑丘水注》云:「灅水出右北平俊靡縣,東南流逕石門峽,又西南入於庚水。」引《地理志》「灅水」云云,其字皆作「灅」不作「纝」。子京言「『灅』當作『纝』」,蓋誤以爲出鴈門陰館之纝水矣。《說文》:「纝,水,出鴈門陰館累頭山,東入海。從水纍聲。」《玉篇》力追切。此即今之桑乾河,與出右北平俊靡之灅水了不相涉。

海陽

「遼西郡肥如,濡水南入海陽」。念孫案:「陽」字涉上文「海陽」而衍,《水經》雖云「濡水東南過海陽縣,西南入於海」,然可言「入海」,不可言「入海陽」也。且善長駁之云:「濡水東南至絫縣碣石山,南入海,而不逕海陽西也,蓋《經》誤證耳。」據此則漢水入海之處在絫縣而不在海陽也。漢海陽故城在今灤州西南,絫縣故城在今昌黎縣南。

四年

「元菟郡,武帝元封四年開」。念孫案:「四年」,《水經·遼水注》作「三年」,是也。《武帝紀》《朝鮮傳》竝作「三年」,《史記·朝鮮傳》《漢紀》竝同。樂浪郡下亦云「元封三年開」。

水

「鬱林郡定周,水首受無斂入潭」。念孫案:「水」上脱「周」字。《水經》曰:「存水出犍爲郁鄢縣,東南至鬱林定周縣爲周水,又東北至潭中縣注於潭。」注云:「存水東逕牂柯郡之毋斂縣北,而東南與毋斂水合,又東逕鬱林定周縣爲周水。」案此所敘周水來源與班《志》不同,而周水之在定周則同,其言合毋斂入潭亦與《志》同,則《志》文「水」上當有「周」字明矣。又《温水注》曰:「潭水東流逕鬱林郡潭中縣,周水自西南來注之。」皆其證。

入高要

「合浦郡臨允,牢水北入高要入鬱」。念孫案:「入高要」當爲「至高要」,《水經・温水注》曰:「牢水出交州合浦郡臨允縣,北流逕高要縣,入於鬱水。」高要縣屬蒼梧,即今肇慶府高要縣也。臨允縣在今新興縣南。

十八年

「菑川國,故齊,文帝十八年别爲國」。念孫案:「十八年」當爲「十六年」。《水經・巨洋水注》作「十八年」，則善長所見本已誤。《高五王傳》曰：「分齊爲六國，盡立前所封悼惠王子列侯見在者六人爲王，齊孝王將閭、濟北王志、菑川王賢、膠東王雄渠、膠西王卬、濟南王辟光，孝文十六年同日俱立。」《諸侯王表》及《史記·漢興以來諸侯表》《齊悼惠王世家》竝同，《漢紀》亦同，上文濟南郡下云「故齊，文帝十六年別爲濟南國」，下文膠東國下云「故齊，文帝十六年別爲國」，高密國下云「故齊，文帝十六年別爲膠西國」，皆與《表》《傳》相符，唯甾川不合。

三石山

「膠東國下密，有三石山祠」。念孫案：「三石」當爲「三户」，字之誤也。《水經·濰水注》引此正作「三户」，《郊祀志》曰「宣帝祠三户山於下密」，山在今平度州西南七十里。

慮

「城陽國慮」。念孫案：「慮」當爲「盧」，字之誤也。《水經·沂水注》曰：「盧川水東南流逕城陽之盧縣，故蓋縣之盧上里也。」是其證。全氏謝山曰：「今本《漢書》『盧』作『慮』，『慮』有『盧』音，如昌慮、取慮之類。」念孫案：全説非也。「慮」字雖有「盧」音，而古書「盧」字無通作「慮」者，若「盧」通作「慮」，則注當云「『慮』音『盧』」，今注内無音，則本是「盧」字明矣。

脱四字

「淮陽國圉」。念孫案：《王莽傳》「其以益歲以南付新平」，蘇林曰：「陳留圉縣，莽改曰益歲。」然則「圉縣」下當有「莽曰益歲」四字，而今本脱之也。

脱三字

「梁國睢陽，《禹貢》盟諸澤在東北」。念孫案：此下當有「青州藪」三字。

屬豫州

「魯國屬豫州」。念孫案：《續漢書·郡國志》云「魯國本屬徐州，光武改屬豫州」。此記前漢郡國，則當云「屬徐州」，不當云「屬豫州」，蓋後人所改。

沛　沛渠

「卞，泗水西南至方與入沛」。念孫案：「入沛」當爲「入泲渠」，今本「泲」譌作「沛」，又脱「渠」字。泲渠者，泲水分出之渠，東入於泗水，一名菏水，即前山陽郡湖陵下所云「《禹貢》

浮于淮泗，通于菏，水在南」者也。《水經》曰：「濟水東至乘氏縣西，分爲二，其一水東南流者，東過方與縣北爲菏水，又東過湖陸縣南，東入於泗水。」湖陸即湖陵，章帝更名。又曰：「泗水又南過方與縣東，菏水從西來注之。」注云：「菏水即濟水之所苞注以成湖澤也。而東與泗水合於湖陵縣西六十里穀庭城下。」即此所云「泗水西南至方與入泲渠」者也。《水經·泗水注》云：「泗濟合流，故《地記》或言濟入泗，泗亦言入濟，互受通稱。」又下文蕃下云「南梁水西至湖陵入沛渠」，「沛渠」亦當爲「泲渠」，《水經注》引此正作「沛渠」。今本《水經注》脱「渠」字。此言「入泲渠」，則知上文「泗水至方與入泲」「泲」下當有「渠」字矣。

荆州　十一年　四年

「廣陵國，高帝六年屬荆州，十一年更屬吴，景帝四年更名江都」。《漢書攷異》曰：「『州』字衍，高帝六年封劉賈爲荆王，兼有廣陵之地，故云『屬荆』。其時未設諸州刺史，不得言『荆州』也。」念孫案：錢説是也。「十一年」當爲「十二年」。《文選·蕪城賦》注引此已誤。《諸侯王表》曰：「高祖十二年十月辛丑，吴王濞以故代王子沛侯立。」《史記·漢興以來諸侯表》曰：「高祖十二年，更荆爲吴。十月辛丑，初王濞元年。」故曰「高帝十二年更屬吴」也。景帝「四年」當爲「三年」，《諸侯王表》曰：「江都易王非以景帝二年三月甲寅立爲汝南王。二年，徙江都。」「二年」者，景帝之三年也。《史表》誤在四年，梁氏曜北《史記志疑》已辯之。《史記・孝景紀》曰：「三年六月乙亥，徙汝南王非爲江都王。」《漢紀》同，故曰「景帝三年更名江都」也。

山川林澤

「邑居道路，山川林澤，羣不可墾」。念孫案：「山川林澤」當依《漢紀》作「山林川澤」，見《周官・大司徒》。

其剛柔緩急

「凡民函五常之性，而其剛柔緩急，音聲不同」。念孫案：「其」本作「有」，言五常之性不同，故民函五常之性，亦有剛柔緩急及音聲之不同也。今本「有」作「其」，字之誤耳。《管子・小匡篇》「則有制令」，《史記・律書》「非有聖心以乘聰明」，今本「有」字竝誤作「其」。《周南・關雎》正義、《小雅・谷風》正義、《采菽》正義、《左傳・文六年》《昭二十一年》正義、《文選・東都賦》注、《後漢書・班固傳》注引此竝作「有」。

秦豳

「故秦地天下三分之一而人衆不過什三，然量其富居什六。秦豳吴札觀樂，爲之歌秦」。念孫案：「秦豳」二字與上下文皆不相屬，蓋涉上文「兼秦、豳兩國」而衍。

洋洋

「《邶》詩曰：『河水洋洋。』」師古曰：「今《邶》詩無此句。」段氏《詩經小學》引盧氏紹弓説曰：「《玉篇·水部》『⿰氵芈，亡爾切，亦「瀰」字』，《集韻》『「瀰」或作「⿰氵芈」』，然則『洋洋』乃『⿰氵芈⿰氵芈』之譌，即《新臺》之『河水瀰瀰』也。《廣雅·釋丘》有『⿰氵芈』字，今亦譌爲『洋』。」念孫案：《廣雅·釋丘》：「涘，厓也。」宋本「涘」譌作「洚」，《集韻》遂誤收入。洚字音迷浮切，引《廣雅》「洚，厓也」，今本《廣雅》又譌「洚」爲「洋」。盧以「洋」爲「⿰氵芈」之誤，非也。「河水⿰氵芈⿰氵芈」之「⿰氵芈」不得訓爲「厓」。念孫案：盧説是也。「⿰氵芈」字本作「⿰氵芈」，以芈姓之「芈」爲聲，俗書芈姓字作「芉」，與篆文「羊」字無異，故「⿰氵芈」譌爲「洋」也。下文引《衛詩》「河水洋洋」，則此「洋洋」爲「⿰氵芈⿰氵芈」之譌明矣。

巫鬼

「婦人尊貴，好祭祀，用史巫，故其俗巫鬼」。念孫案：「巫鬼」上原有「好」字，此言大姬好祭而用巫，故其民化之而皆好巫鬼也，脱去「好」字，則文義不明。《詩譜》云：「大姬無子，好巫覡禱祈、鬼神歌舞之樂，民俗化而爲之。」正義引此《志》正作「其俗好巫鬼」，又云「在女曰巫，在男曰覡」。巫是揔名，故《漢書》唯言「好巫」，《正義》兩引此，皆云「好巫」，則有「好」字明矣。《匡衡傳》亦云「陳夫人好巫而民淫祀」。

一都之會

「宛，西通武關，東受江、淮，一都之會也」。念孫案：「都」、「會」之閒不當有「之」字，篇内皆言「一都會」，無「之」字，《史記·貨殖傳》亦無。

昴畢

「趙地，昴、畢之分壄」。引之曰：「昴」上當有「胃」字。《史記·天官書》正義引《星經》曰：「胃、昴，趙之分野。」《晉書·天文志》引費直《周易分野》曰：「自婁十度至畢八度，胃、昴在其中。趙之分野。」又引蔡邕《月令章句》曰：「自胃一度至畢五度，趙之分野。」高注《吕氏春秋·有始篇》《淮南·天文篇》竝曰「胃、昴、畢，趙之分野」，皆其證。《漢紀·高后紀》云「胃、昴、畢，趙也」，《廣雅》同。即本《漢書》，尤其明證矣。《史記正義·論例》引此已脱「胃」字。

冰紈

「織作冰紈綺繡純麗之物」。如淳曰：「紈，白熟也。」臣瓚曰：「冰紈，紈細密堅如冰者。」師古曰：「如説非也。冰，謂布帛之細其色鮮潔如冰者也。紈，素也。」念孫案：「冰紈」謂素色鮮潔如冰也。師古分冰、紈爲二物，亦非。

溝洫志

釃二渠

「迺釃二渠以引其河」。孟康曰：「釃，分也。」師古曰：「釃，音山支反。」念孫案：「釃」本作「灑」，注内「釃」字竝同。此後人不識古字而以意改之也。《河渠書》作「廝」，索隱曰：「『廝』，

《漢書》作『灑』，《史記》舊本亦作『灑』，字從水。韋昭云：『疏決爲灑。』」據此則《漢書》本作「灑」明矣。《司馬相如傳》「決江疏河，灑沈澹災」，《楊雄傳》「灑沈菑於豁瀆」，師古竝云「灑，分也，所宜反」，則此注亦作「灑」明矣。《墨子·兼愛篇》「灑爲九澮」，字亦作「灑」。《文選·南都賦》「開竇灑流」，李善曰：「《漢書音義》曰：『灑，分也。』」所引即孟康注。

溉注

「渠成而用溉注填閼之水，溉舄鹵之地四萬餘頃」。念孫案：上「溉」字涉下「溉」字而衍，下言「溉舄鹵之地」，則此句不得先言「溉」。據注云「引淤濁之水灌鹹鹵之田」，則上句無「溉」字明矣。上文云「竝北山，東注洛，欲以溉田」，亦是先言注而後言溉也。《史記》及《水經·濾水注》《通典·食貨二》皆無上「溉」字。

慮殫爲河　慮亡不帝制而天子自爲者　慮莫不王　慮有德色　慮非顧行也　慮不動於耳目

「瓠子決兮將奈何？浩浩洋洋，慮殫爲河」。師古曰：「慮，猶恐也。」念孫案：師古訓「慮」爲「恐」，謂恐殫爲河，非也。下句云「殫爲河兮，地不得寧」。則是已殫爲河矣。今案「慮」

猶「大氏」也，言河水所漫之地，浩浩洋洋，大氏盡爲河矣。《荀子・議兵篇》：「焉慮率用賞慶、刑罰、埶詐而已矣。」楊倞曰：「慮，大凡也。」《漢書・賈誼傳》「慮亡不帝制而天子自爲者」，「亡」與「無」同。師古曰：「慮，大計也。」言諸侯皆欲同帝制而爲天子之事。」下文曰「宗室子孫慮莫不王」，亦言大氏莫不王也。師古曰：「慮，計也。」計亦謂大計也。今本「慮莫」譌作「莫慮」，《賈子・五美篇》曰「宗室子孫慮莫不王」，今據改。又曰「借父耰鉏，慮有德色」，言大氏有德色也；又曰「逐利不耳，慮非顧行也」，言大氏非顧行也；師古曰：「念慮之中，非顧行之善惡。」失之。又曰「慮不動於耳目，以爲是適然耳」，言大氏不動於耳目也。是「慮」爲大氏之稱也。或謂之「無慮」，疊韻字也。高誘注《淮南・俶真篇》曰：「無慮，大數名也。」《漢書・食貨志》曰：「天下大氏無慮皆鑄金錢矣。」師古以「無慮」爲「無小計慮」，非是，辯見《經義述聞》。或作「亡慮」，《趙充國傳》「亡慮萬二千人」，師古曰：「無慮，大計也。」「慮」與「閭」古同聲而通用。宣十一年《左傳》注「無慮，計功」，釋文曰：「無慮，如字，一音力於反。」《爾雅・釋木》「諸慮山櫐」，釋文曰：「諸慮，如字，又力余反。」又《地理志》河内郡隆慮、東海郡昌慮、臨淮郡取慮、遼西郡且慮、遼東郡無慮，竝音「閭」。故《河渠書》作「閭殫爲河」，猶遼東之無慮縣因醫無閭山以爲名也。裴駰謂州閭盡爲河，尤失之。

弗鬱

「吾山平兮鉅野溢，魚弗鬱兮柏冬日」，孟康曰：「鉅野滿溢，則衆魚弗鬱而滋長，近冬日乃止也。」師古曰：「孟説非也。汪本「非」作「是」，涉上注韋説「是也」而誤，據景祐本改。别本或删此四字，尤非。弗鬱，憂不樂也。水長涌溢，濊濁不清，故魚不樂。又迫於冬日，將甚困也。『柏』讀與『迫』同。」念孫案：顔説亦非也。河水本濁，不待汎濫而始。濁魚本生於河中，亦不以水濁而不樂也。余謂「弗鬱」讀爲「沸渭」，《河渠書》作「沸鬱」。「沸渭」猶「汾沄」，魚衆多之貌也。楊雄《長楊賦》「汾沄沸渭」，李善曰：「汾沄沸渭，衆盛貌也。」河溢鉅野，則其地皆魚矣，故曰「魚弗鬱」。下文「蛟龍騁兮放遠游」，意亦與此同。「迫冬日」者，言時已近冬而水猶汎濫也。「迫冬日」指水災言之，非指魚言之。《武紀》「元鼎二年詔曰『今水潦移於江南，迫隆冬至，朕懼其饑寒不活』」，與此「迫冬日」同意。

鬲

「自鬲以北至徒駭閒，相去二百餘里」。念孫案：「鬲」下有「津」字，而今本脱之。鬲津爲九河之一，而鬲乃縣名，非河名。九河以徒駭爲極北，鬲津爲極南，故曰「自鬲津以北至徒駭」，不當言「自鬲以北」也。《周頌·般》正義引此無「津」字，亦後人依誤本《漢志》删之。案正義云：「徒駭是九河之最北者，鬲津是九河之最南者。」此正釋「自鬲津以北至徒駭」之文，則有「津」字明矣。《禹貢》正義、《爾雅·釋水》疏引此竝作自「鬲津以北」。

住十餘歲

「近黎陽南故大金隄，從河西西北行，至西山南頭，迺折東，與東山相屬。民居金隄東，爲廬舍住十餘歲，更起隄，從東山南頭直南與故大隄會」。念孫案：上既言「居」，則下不得更言「住」，「住」當爲「往」。言故大隄在河西，而民居在隄東，與水相迫，故往十餘歲時，民更於大隄内築直隄以自衛也。下文云：「内黄界中有澤，方數十里，環之有隄，往十餘歲太守以賦民，民今起廬舍其中。」是其證。隸書從彳從亻之字多相亂，故「往」譌作「住」。

藝文志

與不得已

「漢興，魯申公爲《詩》訓故，而齊轅固、燕韓生皆爲之傳。或取《春秋》、采雜説，咸非其本義，與不得已，魯最爲近之」。師古曰：「『與不得已』者，言皆不得也。三家皆不得其真，而魯最近之。」念孫案：既言「咸非其本義」，則無庸更言皆「不得其真」。余謂「與」者，「如」也。《廣雅》：「與，如也。」説見《釋詞》。「不得已」者，必欲求其本義也。言三家説《詩》皆非其本義，如必求其本義，則魯最爲近之也。《孟子》曰：「是謀非吾所能及也，無已，則有一焉。」語意與此相似。

后倉

「《曲臺后倉》九篇」。念孫案：「后倉」下脱「記」字，則文義不明。據如注云「行禮射於曲臺，后倉爲記，故名曰《曲臺記》」，則有「記」字明矣。《儒林傳》云「后倉説禮數萬言，號曰《后氏曲臺記》」，《初學記·居處部》《太平御覽·居處部五》引此竝作「曲臺后倉記」。

法式

「君舉必書，所以慎言行，昭法式也」。念孫案：「式」本作「戒」，字之誤也。隸書「戒」字或作「戎」，與「式」相似而誤。言行之是者，可以爲法，非者，可以爲戒，故曰「慎言行，昭法戒」。《劉向傳》云「言得失陳法戒」，是也。若作「法式」，則非其旨矣。《太平御覽·職官部三十三》

引作「式」，則宋時本已然。舊本《北堂書鈔・設官部七》作「戢」，「戢」亦「戒」之誤。陳禹謨不知「戢」爲「戒」之誤，遂依俗本《漢書》改爲「式」。《左傳序》正義引此正作「戒」。

魯論語

「傳《魯論語》者」。念孫案：「語」字涉上文而衍，「論」下無「語」字者，省文也。上文「傳《齊論》者」，亦無「語」字。皇侃《論語疏・敘》引劉向《別録》云：「魯人所學，謂之《魯論》；齊人所學，謂之《齊論》；合壁所得，謂之《古論》。」皆其證也。舊本《北堂書鈔・藝文部一》引此正作「傳《魯論》者」，無「語」字。陳禹謨依俗本《漢書》增「語」字。

羋子

「《羋子》十八篇，名嬰，齊人」。師古曰：「『羋』音『弭』。」《史記・孟子荀卿傳》「楚有尸子、長盧，阿之吁子焉」，索隱曰：「『吁』音『芋』，《別録》作『羋子』，今『吁』亦如字也。」正義曰：「《藝文志》『《羋子》十八篇』，顔師古云音『弭』。案羋子是齊人，阿又屬齊，恐顔公誤也。」念孫案：《正義》説是也。「羋」有「吁」音，故《別録》作「芋子」，《史記》作「吁子」。《小雅・斯干篇》「君子攸芋」，毛傳：「芋，大也。」釋文：「芋，香于反，或作吁。」作「羋」者，字之誤耳。

武帝時説

「《捷子》二篇，齊人，武帝時説」。念孫案：《古今人表》捷子在尸子之後、鄒衍之前，或作「接予」。《史記·田完世家》「自如騶衍、淳于髡、田駢、接予、慎到、環淵之徒」，正義曰：「接予，齊人，《藝文志》云：『《接子》二篇，在道家流。』」《孟子荀卿傳》正義同。是捷子乃六國時人，不言「六國時」者，蒙上條而省。非武帝時人。「武帝時説」四字乃涉下條注「武帝時説於齊王」而衍。

君人

「此君人南面之術也」。念孫案：「君人」當爲「人君」，《穀梁傳·序》疏、《爾雅·序》疏引此皆不誤。

非禮

「見儉之利，因以非禮」。念孫案：《羣書治要》引此「禮」下有「樂」字，是也。《墨子》有《節用》《節葬》《非樂》三篇，故曰「見儉之利，因以非禮樂」。《穀梁序》疏引此已脱「樂」字。

作賦以風

「大儒孫卿及楚臣屈原離讒憂國，皆作賦以風」。師古曰：「『風』讀曰『諷』。」念孫案：「風」下原有「論」字，而今本脱之。下文云「枚乘、司馬相如下及楊子雲，競爲侈麗閎衍之詞，没其風諭之義」，「風諭」二字正承此文言之。《文選·皇甫謐〈三都賦序〉》注、《藝文類聚·雜文部二》、《太平御覽·文部三》引此竝作作「賦以風諭」。

門人

「如孔氏之門人用賦也，則賈誼登堂，相如入室矣」。念孫案：「門」下「人」字涉上文兩「人」字而衍。據注云「孔氏之門不用賦」，則無「人」字明矣。此文本出《法言·吾子篇》，而《法言》亦無「人」字。鈔本《北堂書鈔·藝文部八》、陳禹謨本删去。《藝文類聚·雜文部二》《太平御覽·文部三》引此皆無「人」字。

傳周

「《耿昌月行度》二卷，《傳周五星行度》三十九卷」。念孫案：「傳」當爲「傅」，耿昌、傅周皆上姓下名。

太歲謀

「《太歲謀日晷》二十九卷」。引之曰：「謀」當爲「諜」。應劭注《楊雄傳》曰：「諜，譜也。」上文有「《漢元殷周曆諜》今本譌作「諜曆」。十七卷」，下文有「《帝王諸侯世譜》二十卷」，唐人避太宗諱，書「諜」字作「⿰言⿱廿木」，因譌而爲「謀」矣。僖二十五年《左傳》：「諜出，曰：『原將降矣。』」《呂氏春秋·爲欲篇》「諜出」譌作「謀士」。

奇胲

「《五音奇胲用兵》二十三卷，《五音奇胲刑德》二十一卷」。如淳曰：「『胲』音『該』。」師古曰：「許慎云：『胲，軍中約也。』」念孫案：《說文》：「奇侅，非常也。」《淮南·兵略篇》「明於刑德奇賌之數」，即此所云「奇胲」「刑德」。又曰「明於奇賌、陰陽、刑德、五行、望氣、候星、龜策、禨祥」，高注云：「奇賌陰陽，奇祕之要，非常之術。」《史記·倉公傳》：「受其脈書上下經、五色診、奇咳術。」然則「奇侅」者，非常也。「侅」正字也，「胲」、「咳」、「賌」皆借字耳。脈法之有五色診、奇侅術，猶兵法之有五音、奇侅，皆言其術之非常也。師古徒以「奇胲用兵」四字連文，遂以「胲」爲軍中約，不知軍中約之字自作「該」，《説文》：「該，軍中約也，字從言。」非奇胲之義。且「奇」「胲」二字同訓爲非常，若以「胲」爲軍中約，則與「奇」字義不相屬矣。

所施

「而用度箴石湯火所施，調百藥齊和之所宜」。念孫案：「所施」上亦當有「之」字，方與下句一例。《文選·東方朔畫贊》注引此有「之」字。

瘲瘛

「《金創瘲瘛方》三十卷」。念孫案：師古注「瘛」音在前，「瘲」音在後，則「瘲瘛」當爲「瘛瘲」。《説文》：「瘛，小兒瘛瘲病也。」諸書皆言「瘛瘲」，無言「瘲瘛」者。

漢書弟八

陳勝項籍列傳

次所

「又閒令廣之次所旁叢祠中，夜構火，狐鳴呼曰：『大楚興，陳勝王。』」張晏曰：「戍人所止處也。」師古曰：「張説非也。此言密於廣所次舍處旁側叢祠中爲之，非戍人所止也。」念孫案：張説是也。下文言「卒皆夜驚恐」，則此次所明是戍卒所止處，非廣所止處也。且構火、狐鳴所以驚戍卒也，若非戍卒所止處，則構火、狐鳴何爲乎？

兩勝廣

「旦日，卒中往往指目勝、廣，勝、廣素愛人，士卒多爲用」。念孫案：此文本作「旦日，卒中往往指目勝，句廣素愛人，士卒多爲用」。上文魚腹中書及構火狐鳴之語皆曰「陳勝王」，故卒中往往指目陳勝，而吴廣不與焉。吴廣素得士卒心，故忿尉辱己，以激怒其衆，見下文。而陳勝不與焉。《史記·陳涉世家》作「旦日，卒中往往語，皆指目陳勝，句吴廣素愛人，士卒多爲用者」，是其證。今本「指目勝」下有「廣」字，「廣素愛人」上又有「勝」字，則與上下文不合。

張楚

「勝乃立爲王，號張楚」。劉德曰：「若云張大楚國也。」張晏曰：「先是楚爲秦滅，已弛，今立楚，爲張也。」師古曰：「張説是也。」念孫案：《張耳陳餘傳》曰「陳王今以張大楚」，「以」與「已」同。則劉説不誤。

遙起

「楚遙起之將」。師古曰：「遙起，如遙之起，言其衆也。」念孫案：「遙起」本作「遙午」，説見《史記》。

諸軍

「願爲諸軍決戰」。念孫案：「諸軍」當依《史記》《漢紀》作「諸君」。羽此時但有二十八騎，不得言「諸軍」也。下文亦作「諸君」。

脱二字

「兼韓、魏、燕、趙、宋、衞、中山之衆」。念孫案：《史記·秦始皇紀》「燕」下有「楚」、「齊」二字是也。下文兩言「九國之師」，又云「陳涉之位，不齒於齊、楚、燕、趙、韓、魏、宋、衞、中山之君」，是其證。今本《漢書》及《史記·陳涉世家》《賈子》《文選》竝脱「楚齊」二字。

仰關

「仰關而攻秦」。念孫案：「仰」本作「卬」，古仰望字皆如此作，師古注當云「『卬』讀曰『仰』。此四字見於師古注者不可枚舉。今流俗書本『卬』字作『叩』，非也。」以上師古注。秦之地形高，而諸侯之兵欲攻關中者皆仰嚮，故云『仰關』也。今本則正文、注文「卬」字皆改爲「仰」，又删去「卬讀曰仰」四字矣。「卬」、「叩」字相似，故「卬」誤爲「叩」，若本是「仰」字，何緣誤爲

「叩」乎？

阡陌

「躡足行伍之閒，而免起阡陌之中」。如淳曰：「時皆辟屈在阡陌之中也。」念孫案：「阡陌」本作「什伯」，此因「什伯」誤作「仟伯」，故又誤作「阡陌」耳。今本《漢書》及《史記·陳涉世家》《賈子》《文選》皆誤作「阡陌」，唯《秦始皇本紀》作「什伯」，《羣書治要》引同。《集解》引《漢書音義》曰：「首出十長百長之中。」如淳曰：「時皆辟屈在十百之中。」據此則正文及如注皆本作「什伯」明矣。《陳涉世家》索隱亦作「什伯」，注云「謂在十人百人之長也」。今本「什伯」誤作「仟伯」，「十人」誤作「千人」，與《匈奴傳》索隱不合。且下文云「將數百之衆」，則不得言「千」明矣。《匈奴傳》索隱引《續漢書·百官志》云「里魁掌一里百家，什主十家，伍長五家」，又引《過秦論》云「俛起什百之中」，此皆其明證。上言「行伍」，故下言「什伯」。《淮南·兵略篇》所謂「正行伍、連什伯」也。或謂「陳涉起於田閒」當以作「阡陌」者爲是，不知陳涉起於大澤，乃爲屯長時事，非爲耕夫時事。上文先言「甿隸之人」，後言「遷徙之徒」，此文「行伍」「什伯」皆承「遷徙之徒」言之，下文「適戍之衆」又承「行伍」「什伯」言之。「躡足行伍之閒，免起什伯之中，率罷散之卒，將數百之衆」四句一意相承，皆謂戍卒也。若作「阡陌」，則與上下文不類矣。

棘矜

「鉏櫌棘矜不敵於鉤戟長鎩」。服虔曰：「以鉏柄及棘作矛穳也。」師古曰：「服説非也。櫌，摩田器也。棘，戟也。『矜』與『穳』同，謂矛鋋之把也。言往者秦銷兵刃，陳涉起時但用鉏櫌及戈戟之穳以相攻戰也。」念孫案：《方言》曰「矜謂之杖」，「棘矜」，謂伐棘以爲杖也。《淮南・兵略篇》曰「陳勝伐橪棗而爲矜」，義與此同。「伐棘爲矜」即上文所云「斬木爲兵」也。後《徐樂傳》曰「陳涉起窮巷，奮棘矜」，《嚴安傳》曰「陳勝、吴廣起窮巷，杖棘矜」，《史記・淮南厲王傳》曰「適戍之衆，鐖鑿棘矜」，義竝與此同。師古以棘爲戟，非也，下文「鉤戟長鎩」乃始言戟耳。

張耳陳餘傳

庸奴其夫亡邸父客

「外黄富人女甚美，庸奴，其夫，亡邸父客」。王楙曰：「《史記》謂『嫁庸奴，亡其夫』，是夫本庸奴，又亡去也。班史削去『嫁』、『亡』二字，義便不同。」念孫案：王説非也。《史記》本作

「庸奴其夫亡，去抵父客」，無「嫁」字，辯見《史記》。

乃

「乃求得趙歇」。宋祁曰：「『乃求』舊本作『仍求』，非是。」念孫案：《説文》「仍」從乃聲，「仍」、「乃」聲相近，故字亦相通。《周官·司几筵》「凶事仍几」，故書「仍」爲「乃」。鄭司農讀爲「仍」，是「仍」字古通作「乃」也。《爾雅》「仍，乃也」，則「仍」可訓爲「乃」。《史記·匈奴傳》「乃再出定襄」，《漢書》「乃」作「仍」。《淮南·道應篇》「盧敖乃與之語」，今本脱「乃」字，據《蜀志·郤正傳》注引補。《論衡·道虚篇》「乃」作「仍」，是「乃」字古亦通作「仍」也。《東方朔傳》「迺使大中大夫吾丘壽王」，《水經·渭水注》引「迺」作「仍」。《閩粵傳》「迺悉與衆處江淮之閒」，《通典·邊防二》「迺」作「仍」。子京未識古字，故以爲非而改之。

尚魯元公主

「尚魯元公主如故」。師古曰：「尚，猶配也。《易·泰卦》九二爻辭曰『得尚于中行』，王弼亦以爲配也。」案：「尚」之爲「配」，古無此訓，辯見《周易》。諸言『尚公主』者其義皆然，而説者乃云『尚公主』與『尚書』、『尚食』同意，訓『尚』爲『主』，言主掌之，失其理矣。公主既尊，又非物類，不得以主掌爲辭。」《史記索隱》曰：「韋昭曰：『尚，奉也，不敢言取。』崔浩曰：『奉事公主。』小顔云『尚，配也』，恐非其義。」引之曰：小司馬説是也。公主尊，故以奉事爲辭。《王吉傳》：「漢家列侯尚公主，諸侯則國人承翁主，使男事女，夫詘於婦。」則所謂「尚」者乃奉事之稱，「國人承翁主」，「承」亦「奉」也，不得以「尚」爲配。又《司馬相如傳》「卓王孫自以得使女尚司馬長卿晚」，師古曰：「尚，猶配也，義與『尚公主』同，今流俗書本此『尚』字作『當』，蓋後人見前云『文君恐不得當』，故改此文以就之耳。」念孫案：此「尚」字即「當」字也，與尚公主之「尚」不同。古字「當」與「尚」通，《史記·魏其武安傳》：「非大王立，當誰立哉？」《漢書》「當」作「尚」。故一本作「當」。《廣雅》：「配，當也。」「當」可訓爲「配」，「尚」則不可訓爲「配」。

魏豹田儋韓王信傳

陽爲

「儋陽爲縛其奴，從少年之廷，欲謁殺奴」。師古曰：「陽縛其奴，爲殺奴之狀也。今流俗書本『爲』字作『僞』，非也。『陽』即『僞』耳，不當重言之。」念孫案：「爲」字古通作「僞」，古書「爲」字多作「僞」，説見《史記·淮南衡山傳》。「陽僞」即「陽爲」，《史記》作「爲」，本字也；《漢書》作

「僞」，借字也。師古不識古字而讀爲「詐僞」之「僞」，故改「僞」作「爲」，而反以古本爲俗本。

韓彭英盧吴傳

蓐食

「迺晨炊蓐食」。張晏曰：「未起而牀蓐中食。」引之曰：《方言》：「蓐，厚也。」厚食猶言多食，説見《經義述聞》「秣馬蓐食」下。

又

「淮陰少年又侮信」。念孫案：此「又」字非承上之詞，「又」讀爲「有」，言少年中有侮信者也。古字通以「又」爲「有」，説見《釋詞》。《史記》正作「少年有侮信者」。或曰：《漢書》何以無「者」字？曰：「者」字可有可無，下文「人有言上」亦無「者」字。

唯信亦以爲大王弗如也　唯天子亦以爲國器　唯上亦難焉　唯其人之贍知哉

「信曰：『大王自料勇悍仁彊孰與項王？』漢王默然良久，曰：『弗如也。』信再拜賀曰：『唯信亦以爲大王弗如也。』」師古斷「唯」字爲句，注云「唯，應辭」。念孫案：「唯信亦以爲大王弗如也」當作一句讀。「唯」讀爲「雖」，言非獨大王以爲弗如，雖信亦以爲弗如也。「雖」字古多借作「唯」，《少儀》「雖有君賜」，《雜記》「雖三年之喪可也」，鄭注竝曰：「雖，或爲唯。」《表記》「唯天子受命於天」，注曰：「唯，當爲雖。」《荀子·性惡篇》曰：「今以仁義法正爲固無可知可能之理邪？然則唯禹不知仁義法正，不能仁義法正也。」楊倞曰：「唯，讀爲雖。」《秦策》曰：「弊邑之王所甚説者無大大王，唯儀之所甚願爲臣者，亦無大大王。弊邑之王所甚憎者，無先齊王，唯儀之所甚憎者，亦無先齊王。」《史記·張儀傳》「唯」皆作「雖」。《史記·汲黯傳》：「弘、湯深心疾黯，唯天子亦不説也。」《漢書》「唯」作「雖」。又《大戴禮·虞戴德篇》曰：「君以聞之，唯某無以更也。」《墨子·尚同篇》曰：「唯欲毋與我同，將不可得也。」《荀子·大略篇》曰：「天下之人，唯各持意哉，然而有所共予也。」《趙策》曰：「君唯釋虛僞疾，文信猶且知之也。」《史記·范雎傳》曰：「須賈問曰：『孺子豈有客習於相君者哉？』范雎曰：『主人翁習知之，唯雎亦得謁。』」《司馬相如傳》曰：「相如使時，蜀長老多言通西南夷不爲用，唯大臣亦以爲然。」「唯」竝與「雖」同。　又借作「惟」。《淮南·精神篇》：「不識天下之以我備其物與？且惟無我而物無不備者乎？」「惟」與「雖」同。《史記·淮陰侯傳》作「惟信亦爲大王不如也。」則不得斷「惟」字爲句而讀爲「唯諾」之「唯」矣。　又案《韓長孺傳》曰：「士以此稱慕之，唯天子亦以爲國器。」今本「亦」字誤在上句「士」字，下據顏注云

「天子一人亦以爲國器」，則「亦」字在下句明矣。《史記·汲黯傳》：「宏、湯深心疾黯，唯天子亦不説也。」語意正與此同，今改正。《史記·韓長孺傳》「亦」字亦在上句，則後人依誤本《漢書》改之耳。「唯」讀爲「雖」，言不獨士稱慕之，雖天子亦以國器許之也。師古曰：「言臣下皆敬重之，天子一人亦以爲國器。」云「天子一人」，則是訓「唯」爲獨，失其指矣。又《金安上傳》曰：「敞爲人正直，敢犯顔色，左右憚之，唯上亦難之也。」「唯」亦讀爲「雖」，言不獨左右憚之，雖上亦難之也。師古曰：「臣下皆敬憚，唯有天子一人亦難之。」又失之矣。又《楊雄傳》曰：「唯其人之贍知哉？亦會其時之可爲也。」「唯」亦讀爲「雖」，《文選·解嘲》正作「雖」。師古曰：「非唯其人贍知，乃會時之可爲也。」又失之矣。

令齊趙

「令齊、趙共擊楚彭城」。念孫案：「令」當依《史記》作「合」，謂漢與齊、趙合而共擊楚也。

必不爲二子所禽矣

「願君留意臣之計，必不爲二子所禽矣」。念孫案：「必不爲二子所禽矣」，本作「不，句必爲二子所禽矣」。「不」與「否」同，言若不用臣之計，則必爲二子所禽也。《史記》作「否，必爲二子所禽矣」，是其證。後人不知「不」字自爲一句，而以「不」、「必」二字連讀，遂不得其解，而改「不必」爲「必不」，以爲陳餘用李左車之計，則必不爲二子所禽，不知上文明言「兩將之頭可致戲下」，豈特不爲所禽而已乎？弗思甚矣。《通典·兵十三》作「不然，必爲所禽矣」，《通鑑·漢紀二》作「否，則必爲二子所禽矣」。

未肯擊前行恐吾阻險而還

「且彼未見大將旗鼓，未肯擊前行，恐吾阻險而還」。師古以「前行」屬上句，云「『行』音户郎反」。劉奉世曰：「『前行』當屬下句，言我若前行，又恐阻險而還耳，所以先使萬人陳也。『行』如字。」念孫案：劉説非是。「恐吾阻險而還」者，趙軍恐漢軍阻險而還也，若謂韓信自恐阻險，則當曰「吾恐阻險而還」，不當云「恐吾阻險而還」矣。下文「使萬人先行出正」，所謂前行也。而趙軍不擊之正，所謂「未見大將旗鼓，未肯擊前行」也。「行」字仍當音户郎反，而以「前行」屬上句。

幾是乎

「少時，客相之當刑而王，及壯，坐法，黥布欣然笑曰：『人相我當刑而王，幾是乎？』」薛瓚曰：「幾，近也。」念孫案：「幾」讀爲「豈」，言人相我當刑而王，今豈是乎？《史記・黥布傳》亦作「幾」，集解引徐廣曰「幾，一作豈」，索隱曰「《楚漢春秋》作『豈是乎』」，是其明證矣。「豈」與「幾」古同聲而通用。趙岐注《孟子・告子篇》曰：「幾，豈也。」《荀子・榮辱篇》曰：「是其爲相縣也，幾直夫芻豢之縣糟糠爾哉。」又曰：「幾不甚善矣哉。」楊倞竝曰：「『幾』讀爲『豈』。」《韓子・姦劫弑臣篇》曰：「幾不亦難哉？」《續史記・滑稽傳》曰：「幾可謂非賢大夫哉？」「幾」竝與「豈」同。

夏漢誅梁王彭越

「十一年，高后誅淮陰侯，布因心恐。夏，漢誅梁王彭越，盛其醢以徧賜諸侯，至淮南，淮南王方獵，見醢，因大恐」。念孫案：《高紀》云：「十一年三月，梁王彭越謀反，夷三族。」《漢紀》同。則不得言「夏」也。且上下文皆不紀時，而此獨紀時，亦爲不類。《史記》作「夏」，亦誤也。「夏，漢誅梁王彭越」當作「漢復誅梁王彭越」，「復」者承上之詞，蓋布見淮陰侯誅而心恐，復見醢彭越之事，遂大恐也。「復」字右邊與「夏」相似，因誤而爲「夏」，又誤在「漢」字上耳。《羣書治要》引作「復誅彭越」，是其證。

入漢

「及高祖初起沛，綰以客從入漢」。齊曰：「《史記》作『從入漢中』，是也。此文『漢』下脱『中』字。」念孫案：「從入漢」即「從入漢中」，非有脱文也。《功臣表》云「曹參以中涓從起沛，以將軍入漢」，「蕭何以客初從入漢」，「樊噲以舍人起沛，從以郎入漢」，皆其證。

荆燕吴傳

避不肯與戰

「楚兵擊之，賈輒避，不肯與戰」。念孫案：「避」本作「壁」，「壁，不肯與戰」謂築壘壁而守之，不肯與戰也。《吴王濞傳》曰「條侯壁，不肯戰」，是其證。《後漢書·耿弇傳》注曰：「壁，謂築壘壁也。」後人不知其義而改「壁」爲「避」，其失甚矣。《史記·荆燕世家》正作「壁，不肯與戰」。

閒招

「使人閒招楚大司馬周殷」。念孫案：《後漢書・鄧禹傳》注曰：「閒，私也。」謂使人私招之也；《史記・項羽紀》「沛公道芷陽閒行」，謂私行也；「漢王閒往從之」，謂私往也；「王可以閒出」，謂私出也。師古曰：「閒，謂私求閒隙而招之也。」則於義轉迂矣。

同情相求

「同惡相助，同好相留，同情相求，同欲相趨，同利相死」。《史記》「同情相求」作「同情相成」。念孫案：「惡」、「助」爲韻，「好」、「留」爲韻，「情」、「成」爲韻，「欲」、「趨」爲韻，「利」、「死」爲韻，則作「成」者是也。《淮南・兵略篇》亦曰「同利相死，同情相成」。「成」字隸或作「𢦩」，與草書「求」字相似，因譌而爲「求」矣。昭二十年《左傳》「虛以求媚」，《晏子外篇》「求」作「成」。

轉胡衆

「燕王北定代、雲中，轉胡衆入蕭關」。「轉」字師古無音。念孫案：「轉」讀爲「專」，「專」謂統領之也。《史記》作「摶」，索隱曰：「『摶』音『專』，『專』謂專統領胡兵。」又《田完世家》「摶三國之兵」，徐廣曰：「『摶』音『專』，『專』猶并合制領之謂也。」下文云「王專并將其兵」，義與此同。「專」、「摶」、「轉」聲相近，故「專」又通作「轉」。《莊子·盜跖篇》「無轉而行，無成而義」，即《山木篇》所謂「與時俱化而無肯專爲」也。

渡淮

「於是吴王迺與戲下壯士千人夜亡去，度淮，走丹徒」。念孫案：「淮」當爲「江」，丹徒即在江南，故曰「度江，走丹徒」。若度淮，則去丹徒尚遠。此涉上文「吴王之度淮」而誤。《史記》正作「度江，走丹徒」，《漢紀》亦云「吴王亡走江南，保丹徒」。

漢兵還

「王太子德曰：『漢兵還，臣觀之，已罷，可襲。』」念孫案：此時漢兵尚未還，不得言「漢兵還」也。「還」當依《史記》作「遠」，字之誤也。行遠則兵罷，故曰「已罷可襲」。

及未有詔虎符

「王苟以錯爲不善，何不以聞？及未有詔虎符，擅發兵擊義國」。念孫案：「及」當爲「乃」，說見《史記》。

圖之

「乃出詔書，爲王讀之曰：『王其自圖之。』」念孫案：下「之」字後人所加，景祐本及《史記》竝無。

豈不危哉

「劉澤發於田生，權激吕氏，然卒南面稱孤者三世，事發相重，豈不危哉」。晉灼曰：「劉澤以金與田生，以事張卿，言之吕后而劉澤得王，故曰『事發相重』也。」師古曰：「『重』猶『累』也。言澤得王本由田生行說，若其事發覺則相隨入罪，事相累誤。『累』音力瑞反。」劉攽曰：「太史公作『偉哉』，美其有成。班固作『危哉』，謂其艱難幸成也。然觀上言『稱孤者三世』，疑『危』亦本是『偉』字，後人不曉改之。」念孫案：「事發相重」，晉說是也。「豈不危哉」，「危」讀爲「詭」，「詭」者奇異之稱，猶言「豈不偉哉耳」。高誘注《淮南·本經篇》曰：「詭文，奇異之文也。」薛綜注《西京賦》曰：「詭，異也。」《莊子·德充符篇》曰：「彼且蘄以諔詭幻怪之名聞。」《吕氏春秋·侈樂篇》曰：「俶詭殊瑰，耳所未嘗聞，目所未嘗見。」司馬相如《封禪文》曰：「奇物譎詭，俶儻窮變。」王逸《天問章句序》曰：「琦瑋譎詭。」「譎詭」與「琦瑋」同義，故《史記》作「偉」，「偉」與「瑋」通。《漢書》作「危」。「危」與「詭」古同聲而通用，《漢書·天文志》「司詭星」，《史記·天官書》「詭」作「危」；《淮南·説林篇》「尺寸雖齊，必有詭」，《文子·上德篇》「詭」作「危」，是其證也。張衡《西京賦》曰：「四海同宅西秦，豈不詭哉？」文義正與此同。師古讀「危」爲安危之「危」，遂以「事發」爲事發覺，「相重」爲「相累」，誤。貢父又疑「危」字爲後人所改，皆由不知「危」爲「詭」之借字，遂致紛紛之説。

楚元王傳

路少

「德字路少，脩黄老術」。念孫案：「路少」本作「路叔」，隸書「叔」字或作「尗」，見漢《北海相景君碑陰》《泰山都尉孔宙碑陰》。因譌而爲「少」。宋祁曰：「『路』字下疑有『叔』字。」而不言「少」字之誤，則是以「少」爲幼少之「少」，屬下句讀矣。案此言「少脩黄老術」，下又言「少時數言事」，則詞意重複，明此「少」字乃「叔」字之譌，非謂幼少也。《文選·兩都賦序》注、《初學記·職官部下》、《白帖》七十四、七十五、七十七、《太平御覽·職官部二十八》引此竝作

「字路叔，脩黄老術」。今本《文選注》「脩」上有「少」字，乃後人依誤本《漢書》加之，《初學記》《白帖》《太平御覽》皆無「少」字。

肺附

「臣幸得託肺附」。師古曰：「舊解云『肺附謂肝肺相附著，猶言心膂也』，一説『肺謂斫木之肺札也，自言於帝室猶肺札附於大材木也』。」念孫案：一説近之，然既言「附」，又言「託」，則語意重出。余謂「肺」「附」皆謂木皮也。《説文》曰：「朴，木皮也。柹，削木札朴也。」作「肺」者假借字耳。《後漢書·方術傳》云「風吹削肺」是也。今本「肺」誤作「哺」，《顔氏家訓》已辯之。《小雅·角弓》箋曰：「附，木桴也。」《正義》曰：「『桴』謂木表之麤皮也。」「桴」「附」「朴」聲並相近，「肺附」語之轉耳，言己爲帝室微末之親，如木皮之託於木也。下文云「臣幸得託末屬」是其證矣。《田蚡傳》曰「蚡以肺附爲相」，《中山靖王傳》曰「得蒙肺附」，《衛青傳》曰「青幸得以肺附待罪行閒」，《宣元六王傳》曰「博幸得肺附」，《師丹傳》曰「肺附何患不富貴」，《王莽傳》曰「伏自惟念得託肺附」，《史記·惠景閒侯者表序》曰「諸侯子弟若肺附」，今本「附」作「腑」，因「肺」字而誤。凡「肺附」字作「肺腑」者，皆誤。古書藏府字亦無作「腑」者。《後漢書·盧芳傳》曰「以肺附之故」，《太玄·親》次八曰「肺附乾餱，其幹已良」，義並同也。若以「肺」爲肺肝之「肺」，則義不可通。

通所聞

「誠見陰陽不調，不敢不通所聞」。念孫案：「通」猶「道」也，謂道其所聞也。《夏侯勝傳》：「上謂勝曰：『先生通正言，無懲前事。』」師古彼注曰：「通，謂陳道之也。」

不可勝原　功無原

「棺槨之麗，宮館之盛，不可勝原」。師古曰：「言不能盡其本數。」念孫案：師古以「原」爲本數，非也。原者，量也，度也，言其麗與盛不可勝量也。《廣雅》曰：「量，謜度也。」「謜」與「原」古字通，宋玉《神女賦》曰「志未可乎得原」，《韓子·主道篇》曰「掩其跡，匿其端，下不能原」，《列女傳·頌義小序》曰「原度天道，禍福所移」，皆其證也。又《王莽傳》曰「功亡原者賞不限」，「原」亦量也，有無量之功，故有不限之賞。《淮南·本經篇》「贏縮卷舒，淪於不測，終始虛滿，轉於無原」，「無原」亦謂無量也。師古曰：「無原，謂不可測其本原。」亦失之。高注《齊策》曰：「度，計也。」「計」與「度」同義，故「計」亦謂之「原」，《東方朔傳》曰：「其山出玉石、金、銀、銅、鐵、豫章、檀柘，異類之物不可勝原。」謂不可勝計也。師古曰：「原，本也，言説不能盡其根本」亦失之。

忤恨　恨其父　常連恨勝　争恨　相恨　恨上

「稱譽者登進，忤恨者誅傷」。念孫案：「恨」讀爲「很」，忤逆也。很，違也，謂與王鳳相違逆，非謂相怨恨也。《吴語》「今王將很天而伐齊」，韋注曰：「很，違也。」《説文》：「很，不聽從也，一曰盭也。」「盭」亦違也。「盭」通作「戾」，鄭注《大學》云：「違，猶戾也。」《齊策》：「秦使魏冉致帝於齊，蘇代謂齊王曰：『今不聽，是恨秦也。』」「恨秦」即違秦，是「很」與「恨」通也。又《李廣傳》「李敢怨大將軍青之恨其父」，「恨」亦讀爲「很」，很，違也，謂廣欲居前部以當單于，而青不聽也。又《龔勝傳》「夏侯常連恨勝」，「恨」亦讀爲「很」，「很」者，相争訟也，謂常屢與勝相争訟也。上文曰：「勝以手推常曰：『去！』」又曰：「常恚，謂勝曰：『君欲小與衆異，外以采名，君乃申徒狄屬耳。』」下文云「御史中丞劾奏：『勝常不崇禮義，而居公門下相非恨，讀爲「很」。疾言辯訟。』」是也。《曲禮》「很毋求勝」，鄭注曰：「很，鬩也，謂争訟也。」《小雅·常棣篇》「兄弟鬩于牆」，毛傳曰：「鬩，很也。」《爾雅》：「鬩，恨也。」孫炎本作「很」，云「相很戾」也。李巡云「相怨恨」，失之，辯見《經義述聞》。作「恨」者，借字耳。又《魏相傳》「争恨小故、不忍憤怒者，謂之忿兵」，「恨」亦讀爲「很」，謂相争鬭也。《孟子》言「好勇鬭很」，是「很」與「争鬭」同義，故以

「争」「很」連文，作「恨」者，亦借字耳。又《匈奴傳》「漢邊吏侵侮右賢王，右賢王與漢吏相恨」，「恨」亦讀爲「很」，謂相争鬬也。《史記》作「與漢吏相距」，義亦同也。又《外戚傳》：「李夫人病篤，上自臨候之，夫人蒙被謝曰：『妾久寢病，形貌毀壞，不可以見帝。』上欲見之，夫人遂轉鄉歔欷而不復言。於是上不説而起，夫人姊妹讓之曰：『貴人獨不可一見上，屬託兄弟邪？何爲恨上如此？』」「恨」亦讀爲「很」，很，違也，謂不從上意也。作「恨」者亦借字耳。《晏子·雜篇》曰：「君歡然與子邑，子必不受以恨君，何也？」《新序·節士篇》曰：「嚴恭承命，不以身恨君。」「恨」竝與「很」同。而六《傳》内「恨」字師古皆無音，又注《李廣傳》云「令其父恨而死也」，則是皆讀爲怨恨之「恨」，而不知其爲「很」之借字矣。

根垂地中　首垂泥中

「今王氏先祖墳墓在濟南者，其梓柱生枝葉，扶疏上出屋，根垂地中」。宋祁曰：「『垂』作『臿』，一作『臿』。」《通鑑·漢紀二十二》作「臿」，司馬康曰：「臿，測洽切。」胡三省曰：「字書測洽之『臿』，從千從臼，與今『臿』字不同。《漢書》作『根垂地中』，意『臿』即『垂』字也。」念孫案：《漢書》作「垂」，乃「臿」字之誤。《淮南·要略》「禹身執虆臿以爲民先」，今本「臿」誤作「垂」。「臿」即「臿」之俗體，司馬音及宋校皆是也。梓柱得地氣而復生，故其根臿入地中，地中非空虚之處，不可以言「垂」，則作「臿」者是也。《廣韻》：「臿，俗作函。」《周官·典瑞》注「插之於紳帶之間」，《釋文》「插」作「函」，初治反。胡以「函」爲「垂」字，誤矣。《漢紀·孝成紀》作「根插地中」，「插」「臿」古字通，則《漢書》作「臿」明矣。又《儒林傳》「先歐旄頭劍挺墮墜，首垂泥中」，宋祁曰：「『垂』字當是『臿』字。」亦是也，泥中可言「臿」不可言「垂」，《太平御覽·儀式部一》引此正作「臿」，又舊本《北堂書鈔·儀飾部》、《太平御覽·禮儀部四》《方術部八》引此竝作「插」。

積思

「專積思於經術」。念孫案：「積思」當爲「精思」，字之誤也。《藝文類聚·雜文部一》《太平御覽·學部十》竝引作「專精經術」。《北堂書鈔·藝文部三》《論語·序》疏竝引作「專精思於經術」，《漢紀·孝宣紀》同。文雖小異，而字皆作「精」。《董仲舒傳》「蓋三年不窺園，其精如此」，《兒寬傳》「帶經而鉏，休息輒讀誦，其精如此」。

帝舜戒伯禹毋若丹朱敖

「臣聞帝舜戒伯禹，毋若丹朱敖」。師古曰：「事見《虞書·益稷篇》。」劉奉世曰：「此禹戒舜之語，非舜戒禹之辭也。」念孫案：《史記·夏本紀》云：「帝曰：『毋若丹朱敖，維慢游是好，毋水舟行，朋淫于家，用絶其世，予不能順是。』禹曰：『予辛壬娶塗山，癸甲生啟。』」云云。《論衡·問孔篇》云：「《尚書》曰：『毋若丹朱敖，惟慢游是好。』謂帝舜勑禹毋子不肖子也。禹曰：『予娶，若時辛壬，癸甲，開呱呱而泣，予弗子。』效己不敢私不肖子也。」《譴告篇》云：「舜戒禹曰：『毋若丹朱敖。』」蓋司馬、劉、王所稱皆《今文尚書》，故與《古文》不同。師古不見《今文》，故不能言其同異，而但云「見《虞書·益稷篇》」也。若仲馮據今本《尚書》以駁子政，固無譏焉。

高五王傳

既欺

「琅邪王劉澤既欺，不得反國」。念孫案：「既欺」本作「既見欺」，謂見欺於齊王而不得反其國也。今本脱「見」字，則文不成義。《燕王劉澤傳》注引此有「見」字，《史記·齊悼惠王世家》同。

後聞　後擊　後見熊

「擊破三國兵，解圍。已後聞齊初與三國有謀，將欲移兵伐齊」。念孫案：「已後聞」三字文義不順，「後」當爲「復」，言欒布等破三國兵解齊圍，已而復聞齊與三國有謀，遂欲伐齊也。《通鑑·漢紀八》作「後」，則所見《漢書》本已誤，《史記》正作「已而復聞齊初與三國有謀」。《西南夷傳》云：「王侯受詔，已復相攻。」又《周勃傳》「破綰軍上蘭，後擊綰軍沮陽」，「後擊」亦當依《史記》作「復擊」。又《武五子傳》：「昌邑王賀嘗見白犬，高三尺，無頭，其頸以下似人，而冠方山冠。後見熊，左右皆莫見。」宋祁曰：「浙本『後』作『復』。」案浙本是也。見犬、見熊皆一時之事，故總而言之曰「左右皆莫見」，不當云「後見熊」也，《太平御覽·皇王部十四》引此正作「復見熊」。「復」「後」二字篆隸皆相似，故「復」譌作「後」，說見《史記·韓王信傳》。

羸

「或白晝使羸伏」。念孫案：景祐本「羸」作「𧖴」，此古字之僅存者。《說文》：「𧖴，袒也，從衣𣎆聲。或從果聲，作『裸』。」俗作「羸」，不合六書之義。世人多見「羸」少見「𧖴」，而經傳中「羸」字皆譌爲「嬴」矣。

蕭何曹參傳

魏將孫遬

「别與韓信東攻魏將孫遬東張」。蘇林曰:「東張屬河東。」宋祁曰:「浙本『遬』字下有『軍』字。」念孫案:浙本是也。上下文皆言「攻某軍」「擊某軍」,脱去「軍」字則語意不完。《水經·涑水注》引此有「軍」字,《史記》同。

少朕

「惠帝怪相國不治事,以爲豈少朕與」。師古曰:「言豈以我爲年少故也。」《史記索隱》曰:「案『少』者,不足之詞,故胡亥亦云『丞相豈少我哉』。」念孫案:小司馬説是也。《晏子春秋·外篇》亦云「夫子何少寡人之甚也」。《羣書治要》所引如是,今本「少」譌作「小」。

載其清靖

「載其清靖，民以寧壹」。念孫案：載，行也，見《堯典》鄭注、昭十年《左傳》注、《周語》注、《淮南・俶真篇》注。謂行其清靖之治也。師古訓「載」爲「乘」，失之。

張陳王周傳

汜上

「良嘗閒從容步游下邳汜上」。今本「汜」作「圯」，乃張佖所改。劉攽、宋祁已辯之。服虔曰：「『汜』音『頤』，楚人謂橋曰汜。」應劭曰：「汜水之上也。」文穎曰：「沂水上橋也。」師古曰：「下邳之水，非汜水也，又非沂水，服説是也。」念孫案：《水經・沂水注》曰：「沂水於下邳縣北西流，分爲二水。一水逕城東，屈從縣南注泗，謂之小沂水，水上有橋，徐、泗閒以爲圯。昔張子房遇黄石公于圯上，即此處也。」據此則文穎以「汜」爲沂水上橋是也。師古不審地望而非之，誤矣。

直憧其履

「有一老父衣褐至良所，直憧其履汜下」。師古曰：「『直』猶『故』也，一曰『正』也。」念孫案：「直」猶「特」也，説見《史記》。

斂衽

「楚必斂衽而朝」。師古曰：「衽，衣襟也。」念孫案：「衽」謂袂也。《廣雅》曰：「袂、衽，袖也。」衽，袂也，此云「斂衽而朝」，《貨殖傳》云「海岱之閒斂袂而往朝焉」，是衽即袂也。《管子·弟子職篇》曰「攝衽盥漱」，又曰「振衽埽席」，《趙策》曰「攝衽抱几」，《列女傳·母儀傳》曰「文伯引衽攘捲而親饋之」，皆謂袂也。

鹿臺之財

「散鹿臺之財」。念孫案：「財」當依《史記》作「錢」，此後人依晚出《古文尚書》改之也。辯見《史記·周本紀》。

天下不復輸積

「息牛桃林之壄，天下不復輸積」。宋祁曰：「浙本『天』字上有『示』字。」念孫案：浙本是也。《史記》、《漢紀》及《新序·善謀篇》皆有「示」字。

有故怨

「雍齒與我有故怨」。念孫案：「怨」字因注文而衍，蓋正文本作「雍齒與我有故」，故服注申之曰「未起之時與我有故怨」，若正文有「怨」字，則服注爲贅語矣。「有故」即「有怨」，《呂氏春秋·精諭篇》：「齊桓公與管仲謀伐衞，退朝而入。衞姬望見君，下堂再拜，請衞君之罪。公曰：『吾與衞無故，子曷爲請？』」「無故」即「無怨」也。《史記》作「雍齒與我故」，《文選·幽通賦》注、《太平御覽·居處部二十三》引《漢書》竝作「雍齒與我有故」，《新序·善謀篇》同，皆無「怨」字。

上終不使不肖子居愛子上

「上終不使不肖子居愛子上，明其代大子位必矣」。景祐本「上」字下有「曰」字。劉攽曰：

「『曰』字後人妄加。」念孫案：劉説非也。「不使不肖子居愛子上」，是四皓述高帝之語如此，《外戚傳》曰：「大子爲人仁弱，高祖以爲不類已，常欲廢之而立如意，如意類我。」故下文曰「明其代大子位必矣」，若無「曰」字，則爲四皓語矣，是四皓以大子爲不肖也，豈其然乎？《史記》亦有「曰」字。

避逃我

「吾求公避逃我」。念孫案：「避逃」上更有一「公」字，而今本脱之，則語意不完。《外戚恩澤侯表·序》注、《文選·謝瞻〈張子房詩〉》注、《班彪〈王命論〉》注引此竝作「吾求公，公避逃我」。《史記》及《新序·善謀篇》作「吾求公數歲，公避逃我」，皆重一「公」字。

所與

「所與從容言天下事甚衆」。宋祁曰：「浙本『所與』下有『上』字。」念孫案：浙本是也。無「上」字則文義不明，《史記》亦有「上」字。

絳灌等或讒平　議者或言　竹柏或枯

「絳、灌等或讒平」。《史記》「或」作「咸」。念孫案：既言絳、灌等，則讒平者非止一人，作「咸」者是也。又《匈奴傳》：「單于遣右皋林王伊邪莫演等奉獻朝正月，伊邪莫演言欲降，下公卿議，議者或言宜如故事受其降。」《漢紀·孝成紀》「或」作「咸」。案下文云「光禄大夫谷永、議郎杜欽以爲不如勿受」，是議者皆言宜受其降，唯永、欽以爲不可也，亦以作「咸」者爲是。又《王莽傳》：「天鳳三年二月，大雨雪，深者一丈，竹柏或枯。」「或」亦當從《漢紀·孝平紀》作「咸」，皆字之誤也。《北堂書鈔·天部四》引《王莽傳》正作「咸」。

爲匈奴圍

「至平城，爲匈奴圍」。宋祁曰：「『圍』字上疑有『所』字。」念孫案：《文選·劉琨〈重贈盧諶詩〉》注、《陸機〈漢高祖功臣頌〉》注引此皆有「所」字，《史記》同。

女弟

「樊噲，帝之故人，又吕后女弟吕須夫」。念孫案：「弟」上本無「女」字，後人以意加之也。

「女弟」而但曰「弟」者，省文耳。景祐本及《史記》皆無「女」字，《樊噲傳》云「噲以吕后弟吕須爲婦」，《五行志》云「趙皇后弟昭儀」，《高五王傳》云「紀大后取其弟紀氏女爲王后」，「弟」上皆無「女」字。

固請之

「因固請之，得宿衛中」。宋祁曰：「『之』字可删。」念孫案：宋説是也。此時平尚未得宿衛中，但請之耳，下文「大后以爲郎中令」，然後得其所請。若云「因固請之，得宿衛中」，則是平已得宿衛，而下文爲贅語矣。「之」字涉下文兩「之」字而衍，《史記》無。

唼血而盟

「始與高帝唼血而盟，諸君不在邪」。宋祁曰：「浙本無『而』字。」念孫案：浙本是也。景祐本作「唼而盟」，「而」即「血」之誤。此作「唼血而盟」者，一本作「血」，一本作「而」，而寫者誤合之耳。《史記·吕后紀》作「啑血盟」，無「而」字。

各有主者

「平曰：『各有主者。』」宋祁曰：「越本無『各』字。」念孫案：越本是也。景祐本亦無「各」字，此涉下文「苟各有主」者而衍。下文平曰：「陛下即問決獄責廷尉，問錢穀，責治粟内史」，故文帝曰：「苟各有主者，而君所主何事」，此文但言「有主者」而已，不須言「各」。《北堂書鈔·政術部下》《藝文類聚·職官部一》《太平御覽·職官部二》引此皆無「各」字，《史記》亦無。

續封之

「願得續封之，然終不得也」。宋祁曰：「浙本無『之』字。」念孫案：浙本是也。「封」下不當有「之」字，《後漢書·袁安傳》注引此無「之」字。

樊酈滕灌傳靳周傳

擁輕車騎

「別擊西丞白水北，擁輕車騎雍南破之」。念孫案：「擁」當依景祐本作「雍」。「擊雍輕車騎雍南」者，上「雍」是章邯爲雍王之雍，下「雍」是雍縣也。二「雍」字竝於用反。《史記》正作「雍輕車騎」，正義音於拱反，則已誤讀爲「擁」矣。《酈商傳》亦云「破雍將軍烏氏」。後人改「雍」爲「擁」，則義不可通。

攻其前垣

「從擊黥布，攻其前垣，陷兩陳」。李奇曰：「前鋒堅蔽若垣牆也。或曰，軍前以大車自障若垣也。」師古曰：「二説皆非也。謂攻其壁壘之前垣。」《史記》作「攻其前拒」，集解云：「徐廣曰：『「拒」一作「和」。』駰謂，拒，方陳也。」念孫案：《史記》作「拒」，《漢書》作「垣」，皆「桓」字之譌也。「垣」與「桓」聲相同，「拒」與「桓」字相近。《莊子・應帝王篇》「鯢桓之審爲淵」，崔譔本「桓」作「拒」。「桓」讀爲「和」，「和」與「桓」聲相近，故《史記》一本作「和」。如淳注《漢書・酷吏傳》曰：「陳、宋之俗言『桓』聲如『和』。」案「和」、「桓」聲相近，「桓」之讀爲「和」，猶「和」之讀爲「桓」。《水經・桓水注》引《禹貢》「和夷厎績」，鄭注曰：和，讀曰桓。《逸周書・時訓篇》「將帥不和」，與「言」、「權」爲韻，亦讀爲「桓」。「和」謂軍門也，《周官・大司馬》「以旌爲左右和之門」，鄭注曰：「軍門曰和，今謂之壘門，立兩旌以爲之。」《孫子・軍争篇》：「合軍聚衆，交和而舍。」魏武帝注曰：「軍門爲和門，兩軍相對爲交和。」《韓子・外儲説左篇》曰：「李悝與秦人戰，謂左和曰：『速上，右和已上矣。』又馳而至右和曰：『左和已上矣。』」《燕策》曰：「齊、韓、魏共攻燕，楚王使景陽將而救之，三國乃罷兵。魏軍其西，齊軍其東，楚師欲還不可得也。景陽乃開西和門，通使於魏。」《唐開元禮》：「仲冬講武，除地爲場，『四出』爲和門。」言四出則左右前後皆有和門，故此言攻其前和也。軍前門謂之前和，猶棺前蔽謂之前和。《吕氏春秋・開春論》曰：「昔王季歷葬於渦山之尾，欒水齧其墓，見棺之前和是也。」「和」與「桓」聲相近，軍門兩出謂之和，《周官》所謂左右和。猶木雙植謂之桓也。《周官・大宗伯》「公執桓圭」，鄭注曰：「雙植謂之桓。」軍門四出謂之和，猶木四植謂之桓也。《檀弓》「三家視桓楹」，鄭注曰：「四植謂之桓。」軍門四出謂之和，而字或爲「桓」，猶木貫柱四出謂之桓，而聲或爲「和」也。《漢書・酷吏傳》「瘞寺門桓東」，如淳曰：「舊亭傳於四角面百步築土四方，上有屋，屋上有柱，出高丈餘，有大板貫柱四出，名曰桓表。縣所治夾兩邊各一桓，陳、宋之俗言『桓』聲如『和』，今猶謂之和表。」師古曰：「即華表也。」然則《史記》作「拒」，《漢書》作「垣」，皆「桓」字之譌也。李奇、顔籀以垣爲牆垣，裴駰以「拒」爲「方陳」，皆失之。訓「拒」爲「方陳」，則與下文「陷兩陳」相複，且「桓」與「和」聲相近，故《史記》一本作「和」。若作「拒」，則聲與「和」遠，而不可通矣。

將軍

「得丞相、守相、大將軍各一人，小將軍二人」。宋祁曰：「越本、景祐本無二『軍』字。」念孫案：越本、景祐本是也。《史記》亦無二「軍」字，《周勃傳》「得丞相、大將各一人」，《灌嬰傳》「斬其小將十人」，皆無「軍」字。

酇侯

「景帝復封絫子應爲酇侯」。蘇林曰：「『酇』音『多』，屬沛國。」《水經·淮水注》曰：「苞水東逕酇縣故城南，漢景帝中元年，封周應爲侯國，音『多』。」沈氏繹旃曰：「《漢書·周絫傳》『封絫子應爲酇侯』，蘇林音多寒反，讀如邯鄲之『鄲』也。《史記·周絫傳》亦引蘇音，則但曰『音多』，《漢志》引孟康之音亦曰『多』，丁度遂造爲當何反之音以附會之。觀酈注，則六朝本已如是，不始於小顏、小司馬也。」見趙氏《水經注釋》。念孫案：沛郡酇縣之「酇」，蘇林、孟康皆音「多」，「多」下「寒反」二字乃明監本妄加之也。今考景祐本、汪本、毛本《周絫傳》

注竝作「音多」，獨明監本有「寒反」二字，而沈氏遂爲其所惑。凡《漢書》注中所引漢魏人音皆曰「某音某」，或曰「音某某之某」，未有曰「音某某反」者。明監本《地理志》鮦陽下孟康曰「『鮦』音紂紅反」，辯見《地理志》。此《傳》鄲侯下蘇林曰「『鄲』音多寒反」，皆不類漢魏人語，則「紅反」「寒反」四字明是監本所加。考鄲縣之「鄲」，蘇林、《周緤傳》注孟康、《地理志》注。酈道元、《淮水注》顔籀、《高惠高后文功臣表》注、《百官公卿表》注司馬貞《高祖功臣侯表》索隱皆音「多」，自是舊讀如此，非有脱文。《史記·周緤傳》索隱引蘇林正作音「多」，則本無「寒反」二字明矣。《地理志》之鄲縣，孟康音「多」，正與蘇音相合，豈亦脱去「寒反」二字邪？且蘇林在孟康之前，若蘇音多寒反，而孟音「多」，則後人當兩存其音，不當獨用孟音也。今諸家皆音「多」，而不音多寒反，則蘇、孟同音可知。又《高紀》「上自東至邯鄲」，「邯」「鄲」二字皆無音，而鄲侯之「鄲」獨有音，則其音「多」而不音「單」，又可知《水經注》音「多」即本於蘇、孟，乃云「六朝本已如是，不始於小顔、小司馬」，則豈酈、顔、司馬及丁度所見本，及景祐本、汪本、毛本皆不足據，而唯明監本爲足據邪？沈氏之意，徒以「單」在寒韻，「多」在歌韻，「鄲」從單聲，不當讀如「多」，此明監本所以加「寒反」二字也。不知寒、歌二韻古聲相近，故單聲之字多有轉入歌韻者，并有轉入哿、箇二韻者。《説文》「驒，從馬單聲」而《魯頌·駉篇》「有驒有駱」之「驒」音徒河反；《説文》「奲，富奲奲皃，從奢單聲」，丁可切；「鼉」字《説文》

亦從單聲，而《淮南·主術篇》「水殺黿鼉」，已與「犧」、「羆」爲韻；「犧」古讀若「訶」，「羆」古讀若「波」，說見《唐韻正》。又《爾雅》「癉，勞也」，「癉」音丁賀反，《小雅·大東篇》「哀我憚人」，《小明篇》「憚我不暇」，「憚」字竝音丁佐反；《四牡篇》「嘽嘽駱馬」，《說文》引作「痑痑駱馬」，「痑」丁可切。凡此皆單聲之字而轉入歌、哿、箇三韻者也，其寒韻中字非從單聲而轉入歌、哿、箇者，則不可枚舉，又何疑於「鄲」之音「多」乎？而全氏謝山《經史問荅》且謂沈說足發二千年之謬，不知明監本加「寒反」二字，乃二千年未有之謬也。

摧呂禄

「夫賣友者，謂見利而忘義也。若寄父爲功臣而又執劫，雖摧呂禄以安社稷，誼存君親可也」。《史記·酈商傳》集解引此同，《漢紀》引「摧呂禄」作「權賣呂禄」。念孫案：「權賣呂禄」正承上「賣友」言之，於義爲長，蓋仲豫所見《漢書》本如是。「權」與「摧」字形相似而誤，又脱去「賣」字耳。

漢書弟九

張周趙任申屠傳

自卒史

「於是苛昌自卒史從沛公」。宋祁曰：「越本『自』作『以』。校改『以』爲『自』，汪本從宋改。」念孫案：宋改「以」爲「自」，從《史記》也。然自、以皆由也，則改猶不改耳。景祐本亦作「以」。

期期

「昌爲人吃，又盛怒曰：『臣口不能言，然臣期期知其不可，陛下欲廢大子，臣期期不奉詔。』」師古曰：「以口吃，故每重言『期期』。」劉攽曰：「『期』讀如《荀子》『目欲綦色』之『綦』，楚人謂『極』爲『綦』。」案：《荀子·王霸篇》「目欲綦色，耳欲綦聲」，楊注但云「綦，極也」。劉云「楚人謂『極』爲

『綦』」，未知所據。念孫案：顔説是也。「臣期期知其不可」，臣知其不可也。「臣期期不奉詔」，臣不奉詔也。「期期」乃吃者語急之聲，本無意義，劉讀「期」爲「綦」而訓爲「極」，「臣極不奉詔」，斯爲不詞矣。胡三省訓「綦」爲「近」，尤非。

請閒

「高祖獨心不樂，悲歌。羣臣不知上所以然，堯進請閒」。景祐本「閒」作「問」。宋祁曰：「『問』疑作『閒』。」汪本從宋改。念孫案：原本作「請問」，義自可通，不當輒以意改也。《史記》亦作「請問」。

尤好書

「蒼尤好書，無所不觀，無所不通，而尤邃律曆」。宋祁曰：「學官本『尤』作『凡』。」陽夏公謂當從『凡』，若從『尤』，則師古當音『好』字作去聲。浙本『凡』作『尤』。」念孫案：作「尤」則與下文「尤」字重出，作「凡」者是也，景祐本亦作「凡」。「凡」當讀爲「汎」，上言「汎好書」，故下言「無所不觀，無所不通，而尤邃律曆」，「尤」、「邃」二字正對「汎好」言之，「好」字仍當讀去聲，不當讀上聲。《史記》作「蒼本好書」，則讀去聲明矣。陽夏公以「好」字師古無音而讀上聲，非也。上文「張蒼好書律曆」，師古亦無音。

見寵

「其見寵如是」。宋祁曰：「越本無『見』字。」念孫案：「見」字蓋後人所加，景祐本及《羣書治要》所引皆無「見」字，《史記》亦無。

酈陸朱婁叔孫傳

然吏

「爲里監門，然吏縣中賢豪不敢役」。念孫案：「吏縣中賢豪」殊爲不詞。《史記》「吏」字在「然」字上，與「監門」連讀，謂食其爲監門小吏，而賢豪皆莫敢役使也。《漢書》寫本「吏」、「然」二字誤倒，而師古遂曲爲之説，非是。劉辰翁反以《漢書》誤本爲是，謂縣吏中之賢豪者不敢役一監門，謬矣。如劉説，則當云「縣吏中賢豪」，不當云「吏縣中賢豪」也。

輟洗起衣

「於是沛公輟洗，起衣，延食其上坐，謝之」。師古曰：「起衣，著衣也。」念孫案：古無謂著衣爲起衣者。此文本作「輟洗起，句攝衣，句延食其上坐。」鄭注《士冠禮》曰：「攝，猶整也。」謂整衣而延之上坐也。《史記·管晏傳》曰：「晏子懼然攝衣冠謝。」師古所見本脱「攝」字，遂以「起衣」連讀，而訓爲著衣，誤矣。《史記》正作「攝衣」。《文選·王粲〈七哀詩〉》注、《傅玄〈雜詩〉》注、《班彪〈王命論〉》注、《太平御覽·人事部一百四》引《漢書》皆作「攝衣」，《人事部一百十五》無「攝」字，乃後人以顔本《漢書》删之，與前所引不合。是所見本與師古不同也。《高紀》亦云：「於是沛公起攝衣謝之。」

負處

「漢王起蜀漢之兵擊三秦，出關而責義帝之負處」。宋祁曰：「或無『負』字。」念孫案：無「負」字者是。「責義帝之處」者，責，問也，處，所也，猶言問義帝安在也。「處」上加一「負」字，則義不可通，此涉下文「殺義帝之負」而衍，《史記》及《新序·善謀篇》皆無「負」字。

何遽不若漢

「使我居中國，何遽不若漢」。師古曰：「言有何迫促而不如漢也。」念孫案：師古以「遽」爲「迫促」，非也。「遽」亦「何」也，連言「何遽」者，古人自有複語耳。「遽」字或作詎、距、鉅、巨，又作渠。《墨子・公孟篇》曰：「雖子不得福，吾言何遽不善，而鬼神何遽不明？」《淮南・人閒篇》曰：「此何遽不能爲福乎？」《韓子・難篇》曰：「衞奚距然哉？」《秦策》曰：「君其試焉。奚遽叱也？」《史記・甘茂傳》作「何遽叱乎」。《荀子・王制篇》曰：「豈渠得免夫累乎？」《正論篇》曰：「是豈鉅知見侮之爲不辱哉？」《吕氏春秋・具備篇》曰：「豈遽必哉？」《莊子・齊物論篇》曰：「庸詎知吾所謂知之非不知邪？庸詎知吾所謂不知之非知邪？」釋文曰：「『詎』，徐本作『巨』。李云：『詎，何也。』」《淮南・齊俗篇》曰：「庸遽知世之所自窺我者乎？」《史記・張儀傳》曰：「且蘇君在，儀寧渠能乎？」索隱曰：「『渠』音『詎』。古字少，假借耳。」或言「何遽」，或言「奚遽」，或言「豈遽」，或言「庸遽」，或言「寧渠」，其義一也。「何遽不若漢」，《史記》作「何渠不若漢」，則「遽」爲語詞而非「急遽」之「遽」明矣。

馬上治

「馬上得之，寧可以馬上治乎」。念孫案：「治」下亦當有「之」字，與上「得之」對文。《太平御覽·人事部一百七》《治道部四》引此竝作「治之」。《史記》《漢紀》《通鑑》同。

淮南衡山濟北傳

刑

「命從者刑之」。《日知録》曰：「『刑之』，《史記》作『剄之』，當從『剄』，音相近而譌。下文『大子自刑不殊』，又云『王自刑殺』，《史記》亦皆作『剄』也。」念孫案：《説文》：「刑，剄也。」《廣雅》同。案《説文》：「㓝，罰辠也。從刀、井，井亦聲。」「刑，剄也。從刀幵聲。」是「刑」訓爲「剄」，與「㓝罰」之「㓝」不同。「剄，刑也。」是「刑」與「剄」同義，不必改「刑」爲「剄」。

輂車

「以輂車四十乘反谷口」。師古曰：「輂車，人輓行以載兵器也。」念孫案：「輂車」爲人輓行之車，則不得言「四十乘」。乘車，四馬車也。「輦車」當依《史記》作「輂車」。《説文》：「輂，大車駕馬也。」《周官·鄉師》：「與其輂輦。」鄭注曰：「輂，駕馬。輦，人輓行。」故曰「輂車四十乘」。世人多見「輦」，少見「輂」，故「輂」譌爲「輦」。《管子·海王篇》「行服連軺輂者」，今本「輂」譌爲「輦」。

令復之

「吾特苦之耳，令復之」。念孫案：「令」當依《史記》作「今」。「今復之」，即復之也。師古注：「暫困苦之，令其自悔，即追還也。」「即」字正釋「今」字。各本「今」作「令」，即涉注中「令」字而誤。《史記·汲黯傳》：「君薄淮陽邪？吾今召君矣。」《索隱》曰：「『今』猶『即今』也。」餘見《釋詞》。

不相容

「一尺布，尚可縫。一斗粟，尚可舂。兄弟二人不相容」。臣瓚曰：「一尺布可縫而共衣，一斗粟可舂而共食，況以天下之廣而不相容也。」念孫案：正文、注文之「不相容」皆本作「不能相容」。此歌上四句皆三字，下二句皆四字，且「不能」與「尚可」對文，則「能」字斷不可少。今本正文、注文皆無「能」字者，正文脱「能」字而後人并删注文也。《太平御覽・布帛部七》引此無「能」字，則所見本已誤。《世説新語・方正篇》注及《藝文類聚・布帛部》引此皆有「能」字。《史記》同。高誘《鴻烈解敘》亦同。又《史記集解》引瓚注亦有「能」字。

離騷傳

「使爲《離騷傳》。旦受詔，日食時上」。師古曰：「『傳』謂解説之，若《毛詩傳》。」念孫案：「傳」當爲「傅」。「傅」與「賦」古字通。《皋陶謨》：「敷納以言。」《文紀》「敷」作「傅」。僖二十七年《左傳》作「賦」。《論語・公冶長篇》「可使治其賦也」，釋文：「『賦』，梁武云《魯論》作『傅』。」「使爲《離騷傅》」者，使約其大旨而爲之賦也。安「辯博善爲文辭」，見上文。故使作《離騷賦》。下文云：「安又獻《頌德》及《長安都國頌》。」《藝文志》有淮南王賦八十二篇，事與此竝相類也。若謂使解釋《離騷》若《毛詩傳》，則安才雖敏，豈能旦受詔而食時成書乎！《漢紀・孝武紀》云：「上使安作《離騷賦》，旦受詔，食時畢。」高誘《淮南鴻烈解敘》云：「詔使爲《離騷賦》，自旦受詔，日早食已。」此皆本於《漢書》。《太平御覽・皇親部十六》引此作《離騷賦》，是所見本與師古不同。

愈欲休

「王亦愈欲休」。念孫案：「愈」讀爲「偷」，故《史記》作「王亦偷欲休」，言偷安而不欲發兵也。上文云「王鋭欲發」，此云「王偷欲休」，二語正相反。《史記·齊世家》：「桓公欲無與魯地而殺曹沫。管仲曰：『夫劫許之而倍信殺之，愈一小快耳，而棄信於諸侯。』」謂「偷一小快」也。《燕策》：「人之饑所以不食烏喙者，以爲雖偷充腹而與死同患也。」《史記·蘇秦傳》「偷」作「愈」。《韓子·難一》：「偷取多獸」，《淮南·人閒篇》「偷」作「愈」，是「偷」與「愈」通也，而「愈」字師古無音，則已不知其爲「偷」字矣。

鍛矢　鏃矢

「作輣車鍛矢」。「鍛」俗作「鍜」。《漢書攷證》曰：「《史記》作『鏃矢』是也。本書《膠東王傳》亦作『鏃矢』。」念孫案：矢必有鏃，無庸更言「鏃矢」。《膠東王傳》作「兵車鏃矢」，師古曰：「『鏃矢』，大鏃之矢。」加「大」字以釋之，其失也迂矣。此作「鍛矢」，亦無義。「鏃」與「鍛」皆當爲「鍭」，字形相近而誤也。說見《淮南·兵略篇》。《爾雅》說矢云：「金鏃翦羽謂之鍭。」《大雅·行葦篇》云：「四鍭既鈞。」《周官·司弓矢》云：「殺矢、鍭矢用諸近射、田獵。」《考工記·矢人》云:「鍭矢參分,一在前,二在後。」《士喪禮記》作「猴矢」。

漸靡

「亦其俗薄,臣下漸靡使然也」。又《枚乘傳》「泰山之霤穿石,單極之綆斷幹,漸靡使之然也。」念孫案:「漸」讀「漸漬」之「漸」。「靡」與「摩」同。《學記》曰「相觀而善之謂摩」,鄭注:「摩,相切磋也。」《荀子·性惡篇》曰:「擇良友而友之,得賢師而事之,身日進於仁義而不自知也者,靡使然也。」「靡」即「摩」字。《莊子·馬蹄篇》「馬喜則交頸相靡」,李頤曰:「靡,摩也。」「靡」字古讀若「摩」,故與「摩」通。説見《唐韻正》。「漸靡」即「漸摩」。《董仲舒傳》云「漸民以仁,摩民以誼」是也。師古於「漸」字無音,於「靡」字則前訓爲「相隨從」,後訓爲「盡」,皆失之。

蒯伍江息夫傳

接刃

「將争接刃於公之腹」。念孫案:「接」讀爲「插」。《説文》:「插,刺内也。」「内」與「入」同,大徐本譌作「刺肉也」,據小徐本改。《玉篇》《廣韻》竝作「刺入也」。謂以刃刺入公腹。作「接」者,借字耳。

《周官・稾人》「共其接盛」，鄭注曰：「『接』讀爲『一扱再祭』之『扱』。」釋文：「初洽反。」是「接」有「插」音，故與「插」通也。上文云「事刃於公之腹」，李奇曰：「東方人以物臿地中爲事。」「臿」與「插」同。此云「接刃於公之腹」，是「事」與「插」同義，「插」與「接」同字。《史記》「接刃」作「傳刃」，是其明證也。「傳」與「事」同。而「接」字師古無音，則是誤讀爲「交接」之「接」矣。

墮肝膽

「臣願披心腹，墮肝膽」。師古曰：「墮，毁也。」念孫案：墮者，輸也。謂輸肝膽以相告也。昭四年《左傳》「屬有宗祧之事於武城，寡君將墮幣焉」，服虔曰：「墮，輸也。」言將輸受宋之幣於宗廟。是古謂「輸」爲「墮」也。《史記・淮陰侯傳》作「披腹心，輸肝膽」，尤其明證矣。又《鄒陽傳》「披心腹，見情素，墮肝膽」，義與此同，師古亦誤訓爲「毁」。

數行

「河東、上黨與河内、趙國界者通谷數行」。如淳曰：「其谿谷可得通行者有數處。」念孫案：如以「行」爲「可得通行」，則「數行」二字義不相屬，故增字以釋之曰：「可得通行者有數處。」殆失之迂矣。余謂《爾雅》《毛傳》竝云：「行，道也。」「通谷數行」，言谿谷之可通者有數道也。

被服冠

「自請願以所常被服冠見上」。宋祁曰：「浙本『冠』字上有『衣』字。」念孫案：浙本是也。既言「被服」則當有「衣」字，下文「衣紗縠褌衣」即承此「衣」字言之。脱去「衣」字，則上與「被服」不相屬，下與「褌衣」不相應矣。《太平御覽·居處部一》引此無「衣」字，亦後人依誤本《漢書》删之。其《人事部二十》《布帛部三》引此皆有「衣」字。

東崖

「如使狂夫嘄謼於東崖，匈奴飲馬於渭水」。師古曰：「『東崖』，謂東海之邊也。『嘄』，古『叫』字。」念孫案：「東崖」猶東方耳，非必東海之邊也。《廣雅》曰：「厓，方也。」是「厓」與「方」同義，故《文選·蘇武〈詩〉》曰：「各在天一方。」《古詩》曰「各在天一涯」，李善注引《廣雅》：「涯，方也。」「厓」、「涯」竝與「崖」通。

文三王傳

猥自發舒　猥被以大罪

「案事者迺驗問惡言。何故猥自發舒」。師古曰：「『猥』，曲也。」念孫案：「猥」猶「猝」也。言案事者所問乃怨望朝廷之言耳。若淫亂之事，問所不及，何故猝自發舒也。《月令》「寒氣總至」，鄭注曰：「『總』，猶猥卒也。」「卒」與「猝」同。《廣雅》曰：「猥，頓也。」「頓」亦「猝」也。成十八年《公羊傳疏》引《春秋說》曰：「厲公猥殺四大夫。」言猝殺四大夫也。馬融《長笛賦》曰：「山水猥至。」言猝至也。又《王莽傳》：「嚴尤奏言：『貉人犯法，不從騶起，騶，高句驪侯名。正有它心。「正」猶「即」也，說見《終軍傳》。宜令州郡且尉安之。今猥被以大罪，恐其遂畔。』」言今若猝加以大罪，則恐其遂畔也。師古曰：「猥，多也，厚也。」亦失之。

賈誼傳

更奏之

「迺草具其儀法，色上黄，數用五，爲官名悉更奏之」。念孫案：「悉更奏之」當依《史記》作「悉更秦之法」。「秦」、「奏」相似而誤，又脱「法」字耳。「色尚黄」以下三句皆是更秦之法，故言此以總之。若謂奏之於上，則但當言「奏」，不當言「更奏」也。師古所見本正作「更奏之法」，故云「更改」也，亦謂改秦法，非謂改奏。

遥增擊而去之

「鳳皇翔于千仞兮，覽德煇而下之。見細德之險徵兮，遥增擊而去之」。如淳曰：「遥，遠也。增，高高上飛意也。」李奇曰：「增，益也。」竝見《文選注》。師古曰：「增，重也，言重擊其羽而高去。」念孫案：如以「增」爲「高高上飛」之意是也。《梅福傳》曰：「夫戴鵲遭害，則仁鳥增逝；愚者蒙戮，則知士深退。」「增逝」與「深退」對文，是「增」爲高也。「增」，或作「曾」。《淮南·覽冥篇》「鳳皇曾逝萬仞之上」，高注曰：「曾，猶高也。」高擊謂上擊也。宋玉《對楚王問》曰「鳳皇上擊九千里」是也。李訓「增」爲「益」，顔訓爲「重」，皆失之。遥者，疾也。《方言》曰：「摇，疾也。《廣雅》同。燕之外鄙，朝鮮洌水之間曰摇。」又曰：「遥，疾行也。」《楚辭·九章》曰：「願摇起而横奔兮。」《淮南·原道篇》曰：「疾而不摇。」「摇」與「遥」通。此言鳳皇必覽德煇而後下，若見細德之險徵則速高擊而去之也。如訓「遥」爲「遠」，亦失之。

來崪

「異物來崪」。孟康曰：「崪音萃。萃，聚集也。」念孫案：上文祇有一服，不得言「聚集」也。「崪」者，止也。其字從止，故上文言「止於坐隅」。《廣雅》：「崪，待也。」「止、待，逗也。」「逗」亦「止」也。見《説文》。《楚辭·天問》：「北至回水，萃何喜？」王注云：「萃，止也。」《史記》「崪」作「集」，「集」亦「止」也，見《唐風·鴇羽》傳、《晉語》注。非「聚集」之謂。

怵迫

「怵迫之徒。或趨西東」。孟康曰：「怵，爲利所誘怵也。迫，迫貧賤，西東趨利也。」師古曰：「『誘怵』之『怵』則音『戌』。或曰，『怵』，怵惕也，音丑出反。其義兩通。」念孫案：孟説是也。《管子·心術篇》曰：「人之可殺，以其惡死也。其可不利，以其好利也。是以君子不怵乎好，不迫乎惡。」然則「怵迫」者，怵乎利、迫乎害也。「趨西東者」，趨利避害也。不得以「怵」爲「怵惕」明矣。

意變

「大人不曲，意變齊同」。念孫案：「意」讀「億萬年」之「億」。《說文》本作「意」。《史記》正作「億」。「億變」猶上文言「千變萬化」也。「億變齊同」即莊子「齊物」之旨。作「意」者，借字耳。《文選》劉良注云「意與變化齊同」，失之。

好惡積意

「衆人惑惑，好惡積意」。李奇曰：「所好所惡，積之萬億也。」薛瓚曰：「言衆懷好惡，積之心意也。」師古曰：「瓚説是也。」念孫案：李薛二説皆非也。意者，滿也。言好惡積滿於中也。「意」字本作「意」，或作「億」，《文選》作「好惡積億」。又作「臆」。《説文》曰：「意，滿也。」《方言》曰：「臆，滿也。」《小雅·楚茨篇》曰：「我倉既盈，我庾維億。」「億」亦「盈」也。説見《經義述聞》。襄二十五年《左傳》曰：「今陳介恃楚衆以馮陵我敝邑，不可億逞。」「億逞」即「億盈」，言其欲不可滿盈也。「盈」與「逞」古字通，説見《經義述聞》。「意」、「億」、「臆」竝與「意」同。

不治

「此時而欲爲治安，雖堯舜不治」。宋祁曰：「浙本『治』字上有『能』字，存『能』則語成文。」念孫案：當作「此時而欲爲治安，雖堯舜不能。」浙本作「不能治」，「治」字蓋涉上句而衍，各本則又脱「能」字矣。《賈子・宗首篇》作「雖堯舜不能」，無「治」字。

將不合諸侯而匡天下虖

「夫以天子之位，乘今之時，因天之助，尚憚以危爲安，以亂爲治，假設陛下居齊桓之處，將不合諸侯而匡天下虖」。念孫案：「將不合諸侯而匡天下虖」，《賈子》同。《漢紀・孝文紀》作「將能九合諸侯而一匡天下乎」。今案：作「將能」者是也。言文帝得位乘時，尚不能安危治亂，假令居齊桓之處，必不能一匡九合也。下文曰：「臣又知陛下有所必不能矣。」「能」與「不能」，上下正相應。下文又曰：「當是時而陛下即天子位，能自安虖？臣有以知陛下之不能也。」又曰：「當是時陛下即位，能爲治虖？臣又知陛下之不能也。」語意竝與此同。《賈子》作「將不」，恐後人據《漢書》改之也。

迺在

「長沙迺在二萬五千户耳」。念孫案：「在」讀爲「纔」。《廣韻》：「纔，僅也。」言僅二萬五千户也。字或作「財」，《文紀》：「大僕見馬遺財足。」又作「裁」，《高惠高后文功臣表》：「裁什二三。」《説文》「在」從才聲，故與「纔」、「財」、「裁」通用，而「在」字師古無音，則讀如本字矣。《賈子・藩彊篇》正作「乃纔二萬五千户」。

制從

「令海内之執如身之使臂，臂之使指，莫不制從」。《通鑑・漢紀六》同。念孫案：「制從」當爲「從制」，謂莫不從其節制也。今本作「制從」，則文義不順。《賈子・五美篇》《漢紀・孝文紀》竝作「莫不從制」。

病非徒瘇　跋盭

「病非徒瘇也，又苦跋盭」。念孫案：「病非徒瘇」當作「非徒病瘇」，「病瘇」與「苦跋盭」對文，則「病」字當在「瘇」字上，不當在「非徒」上。《賈子・大都篇》亦誤作「病非徒尰」。《太平御覽・

疾病部三》引此正作「非徒病瘇」。下文云：「臣故曰：『非徒病瘇也，又苦𨂂盭。』」此尤其明證矣。下文又云：「非亶倒縣而已，又類辟，且病痱。」師古曰：「𨂂，古『蹠』字也。音之石反。足下曰『蹠』，今所呼脚掌是也。『盭』，古『戾』字，言足蹠反戾不可行也。」《攷異》曰：「案《説文》無『𨂂』字，小顔讀爲『蹠』，恐亦臆説。當是『跰』字之譌。《説文》：『跰，脛肉，一曰曲脛，讀若「逵」。』『跰盭』謂足脛反戾不便行動。」念孫案：《説文》：「跖，足下也。」作「蹠」者借字，《説文》：「楚人謂跳躍曰蹠。」作「𨂂」者別體耳，或從石聲，或從庶聲，或從炙聲，一也。「石」與「炙」聲相近，「石」與「庶」聲亦相近，故「盜跖」或作「盜蹠」。「庶」與「炙」聲亦相近，故《小雅·楚茨篇》「或燔或炙」與「爲豆孔庶」爲韻。《後漢書·郅惲傳》注引《史記》曰：「申包胥晝夜馳驅，足腫蹠盭。」是古有「蹠盭」之語，即此傳之「𨂂盭」。師古讀「𨂂」爲「蹠」，非臆説也。脚掌反戾，故曰「𨂂盭」。《賈子·大都篇》亦作「𨂂盭」。錢以「𨂂」爲「跰」字之譌，非也。《説文》以「跰」爲「曲脛」，《廣雅》曰：「盭，曲也。」是「跰」、「盭」皆有曲義。上既言「跰」，則下不得復言「盭」。《史記》《漢書》之字固有不見於《説文》者，必別指一字以當之，則鑿矣。

廉愧

「終不知反廉愧之節，仁義之厚」。念孫案：古無以「廉愧」二字連文者，「愧」當爲「醜」，字之誤也。「廉醜」即「廉恥」，語之轉耳，故《賈子·時變篇》作「廉恥」。又下文「棄禮誼，捐廉恥，禮義廉恥，是謂四維」，《賈子·俗激篇》竝作「廉醜」。凡《賈子》書「恥」字多作「醜」，《逸周書》亦然。《吕氏春秋·不侵篇》「秦昭王欲醜之以辭」，高注：「醜，或作恥。」《莊子·讓王篇》「君子之無恥也若此乎」，《吕氏春秋·慎人篇》「恥」作「醜」。《韓子·説難篇》「在知飾所説之所矜，而滅其所恥」，《史記·韓非傳》「恥」作「醜」。《燕策》「雪先王之恥」，《新序·雜事篇》「恥」作「醜」。《淮南·脩務篇》「南榮疇恥聖道之獨亡於己」，《賈子·勸學篇》「恥」作「醜」。故知此「廉愧」爲「廉醜」之誤。

因恬而不知怪

「而大臣持以簿書不報，期會之間，以爲大故。至於俗流失，「失」與「泆」同，《禮樂志》作「風俗流溢」。世壞敗，因恬而不知怪」。念孫案：「因」當爲「固」，字之誤也。「固」與「顧」同，顧，反也。見《秦策》及《吕氏春秋·審分篇》、《淮南·説山篇》注。「恬而」，恬然也。古謂「然」爲「而」，説見《釋詞》。言大臣但以簿書期會爲急，至於俗流泆、世壞敗，反恬然不以爲怪也。《賈子·俗激篇》正作「固恬弗知怪」。

則是豈可不爲寒心哉

「《筦子》曰：『禮義廉恥，是謂四維；四維不張，國乃滅亡。』使筦子愚人也則可，筦子而少知治體，則是豈可不爲寒心哉」。師古曰：「若以管子爲微識治體，則當寒心而憂之。」念孫案：「則是豈可不爲寒心哉」當從《賈子·俗激篇》作「則是豈不可爲寒心哉」，「是」字指「四維不張」而言，言使管子而少知治體，則今之四維不張，豈不可爲寒心哉。「可爲寒心」者，危之之詞，非謂當寒心而憂之也。《羣書治要》引此已誤。《史記·田單傳》曰：「吾懼燕人掘吾城外冢墓，僇先人，可爲寒心。」《漢書·杜欽傳》曰：「小卞之作，可爲寒心。」

而羣臣衆信上不疑惑

「姦人亡所幾幸，而羣臣衆信，上不疑惑」。念孫案：「而羣臣衆信，上不疑惑」本作「羣衆信上而不疑惑」，今本「羣」下衍「臣」字，此涉上文「君君臣臣」而衍。而字又誤在「羣臣」上，師古遂以「羣臣衆信」爲句，師古曰：「衆信謂共爲忠信也。」「上不疑惑」爲句矣。不知此謂「衆不疑惑」，非謂「上不疑惑」也。「姦人亡所幾幸」對上文「姦人幾幸」而言，「羣衆信上而不疑惑」對上文「衆心疑惑」而言，「羣衆」即「衆」也，古人自有複語耳。《楚辭·七諫》曰：「羣衆成朋。」《賈子·

俗激篇》正作「羣衆信上而不疑惑」。

瞽史

「瞽史誦詩，工誦箴諫」。念孫案：上既言「有記過之史」，則此不當更言「史」，且誦詩乃瞽之事，非史之事。襄十四年《左傳》曰：「史爲書，瞽爲詩，工誦箴諫。」《周語》曰：「瞽獻曲，史獻書，師箴，瞍賦，矇誦。」《楚語》曰：「史不失書，矇不失誦。」又《賈山傳》見下。《大戴禮記·保傅篇》作「瞽夜誦詩」是也。盧辯注反以「夜」爲「史」之誤，失之。《列女傳·母儀傳》曰「夜則令瞽誦詩」，是其證。《後漢書·馬廖傳》亦曰：「願置章坐側，以當瞽人夜誦之音。」今本「夜」作「史」者，涉上文而誤。《賈子·保傅篇》亦作「史」，則後人以誤本《漢書》改之耳。

視已成事

「鄙諺曰：『不習爲吏，視已成事。』」念孫案：「視已成事」本作「如視已事」，此後人不解「如」字之義而改之也。「已事」即「成事」，無庸更加「成」字。「如」者，當也。古者「如」與「當」同義。昭二十一年《左傳》「君若愛司馬，則如亡」，杜注：「言若愛司馬，則當亡走。」定五年《傳》「不能如辭」，杜注：「言自知不能，當辭勿行。」或訓「如」爲「不如」者，非也。説見《釋詞》。言不習爲吏，則當視已事以爲法也。《説苑·尊賢篇》亦云：「案往世而視已事。」下文云：「三代之所以長久者，其已事可知也。」「已事」二字正承此文言之，是其明證矣。師古注下文云：「已事，已往之事。」而於此無注，則所見本已誤。《羣書治要》所引亦誤。《大戴禮》正作「如視已事」，《賈子》作「而視已事」，「而」亦「如」也。

智誼之指

「開於道術，句智誼之指，則教之力也」。念孫案：「智誼之指」本作「智誼理之指」。「智」讀曰「知」，古字多以「智」爲「知」，説見《管子・法法篇》。與「開」字相對爲文，謂開通於道術，識義理之指也。後人誤讀「智」爲「智慧」之「智」，則「智誼理」三字義不相屬，故删去「理」字，而不知「智誼」二字義亦不相屬也。《通鑑》無「理」字，則所見《漢書》本已然。《大戴禮》《賈子》竝作「知義理之指」。舊本《賈子》皆如是，近時盧氏紹弓刻本又删「理」字。

司寇

「輸之司寇，編之徒官，司寇小吏詈罵而榜笞之」。念孫案：兩「司寇」皆當作「司空」。司空掌役使罪人之事，故曰「輸之司空，編之徒官」，「徒」謂役徒也。《周官・大司寇》曰：「桎梏而坐諸嘉石，役諸司空。」《史記・儒林傳》「安得司空城旦書乎」，徐廣曰：「司空，主刑徒之官也。」皆其證。「司空小吏詈罵而榜笞之」者，謂力作不中程則小吏從而笞辱之。《陳咸傳》曰：「咸爲南陽太守，豪猾吏及大姓犯法，輒論輸府，以律程作司空，爲地臼木杵，舂不中程，輒加罪笞。」事與此相類也。後人不解「輸之司空」之語，故改兩「司空」爲「司寇」，不知役使罪人非司寇所掌，且司寇定其罪而後輸之司空，則不得更言「輸之司寇」也。師古曰：「司寇，主刑罰之官。」則所見本已誤作「司寇」。《賈子・階級篇》作「司寇」，亦後人以誤本《漢書》改之。《百官表》宗正屬官有都司空令丞，如淳曰：「律，司空主水及罪人。」引此文「輸之司空，編之徒官」，是其明證矣。

而

「夫天子之所嘗敬，衆庶之所嘗寵，死而死耳，賤人安宜得如此而頓辱之哉」。念孫案：「死而死耳」，猶言「死則死耳」也。又《鄒陽傳》：「夫全趙之時，武力鼎士袨服叢臺之下者一旦成市，而不能止幽王之湛患。淮南連山東之俠，死士盈朝，不能還厲王之西也。然而計議不得，雖諸、賁不能安其位，亦明矣。」「然而」猶「然則」也。故《文選》作「然則」。古者「而」與「則」同義，説見《釋詞》。

縣屬

「今淮南地遠者或數千里，越兩諸侯，而縣屬於漢」。師古曰：「爲縣而屬。」劉奉世曰：「縣讀如懸。」念孫案：劉音是也。《淮南・主術篇》注曰：「縣，遠也。」言越兩國之地而遠屬於漢也。上文云「淮南地遠者或數千里」，是其證矣。《荀子・脩身篇》：「彼人之才性之相縣也，豈若跛鼈之與六驥足哉？」「相縣」謂相遠也。《史記・高祖紀》「縣隔千里」，謂遠隔也。

揵之江

「梁起於新郪以北著之河，淮陽包陳以南揵之江」。如淳曰：「『揵』，謂立封界也。或曰，揵，接也。」師古曰：「揵音鉅偃反。」念孫案：「揵」當爲「捷」，字之誤也。隸書「捷」字或作「捷」，與「揵」字相似，因誤而爲「揵」。漢《巴郡太守張納功德敘》：「收功獻捷」，「捷」字作「捷」，是其證也。《士冠禮》「建柶」，今本譌作「捷柶」。《史記・衛世家》「嗣伯卒，子疌伯立」，《邶風譜》正義引作「建伯」，蓋從疌、從建之字，傳寫往往譌溷。「捷」之言「接」也。如淳前說是解「揵」字，故訓爲「立」，後說是解「捷」字，故訓爲「接」，後說是也。諸書無訓「揵」爲「接」者，而「捷」與「接」同義。如淳讀「揵」爲

「捷」，故訓爲「接」也。《爾雅》：「接，捷也。」郭璞曰：「『捷』謂相接續也。」《公羊春秋》莊十二年「宋萬弑其君接」，僖三十二年「鄭伯接卒」，文十四年「晉人内接菑于邾婁」，《左氏》、《穀梁》皆作「捷」。《莊子·則陽篇》「接子」《漢書·古今人表》作「捷」，是「捷」與「接」字異而義同。「梁起於新鄭以北著之河」者，「著」音直略反，謂相聯屬也。「淮陽包陳以南捷之江」者，「捷」與「接」同，亦謂相聯屬也。此言梁之地北屬於河，淮陽之地南屬於江也。如淳前説訓「揵」爲「立」，非也。「淮陽包陳以南立之江」，斯爲不詞矣。

頤指

「今陛下力制天下，頤指如意」。如淳曰：「但動頤指麾，則所欲皆如意。」念孫案：人之動頤不能指麾，如説非也。「頤」當爲「顧」。「顧指」謂目顧人而指使之也。「顧」與「頤」草書相似，因譌而爲「頤」。左思《吴都賦》「搴旗若顧指」，劉逵注引此傳曰：「顧指如意。」是所見本與如本不同也。《莊子·天地篇》曰：「手撓顧指，四方之民莫不俱至。」是其證。《釋文》「顧」本亦作「頤」，此亦草書之誤。《貢禹傳》曰「家富埶足，目指氣使」，師古曰：「動目以指物，出氣以使人。」《燕策》曰：「馮几據杖，眄視指使。」《後漢書·仲長統傳》曰：「睇眄則人從其目之所視，喜怒則人隨其心之所慮。」義與「顧指」竝相近。

言問其臣

「臣聞聖主言問其臣而不自造事」。師古曰：「欲發言則問其臣。」引之曰：師古以「言」爲「發言」，非也。「言」亦問也。連稱「言問」者，古人自有複語耳。《爾雅》曰：「訊，言也。」郭注曰：「相問訊。」《廣雅》曰：「言，問也。」《聘禮》：「若有言，則以束帛，如享禮。」鄭注曰：「有言，有所告請。若有所問也。」《曲禮》：「君言不宿於家。」注曰：「言，謂有故所問也。」《曾子問》「召公言於周公」，正義曰：「言猶問也。」《哀公問》曰：「寡人願有言然，冕而親迎，不已重乎！」昭二十五年《左傳》曰：「叔孫氏之司馬鬷戾言於其衆曰：『若之何？』」此古人謂「問」爲「言」之證。《周官·家人》「言鑾車象人」，注曰：「鄭司農云：『言，言問其不如灋度者。』」《大祝》「言甸人」，注曰：「鄭司農云：『甸人主設復梯，大祝主言問其具梯物。』」《小雅·出車篇》「執訊獲醜」，鄭箋曰：「訊，言也。執其可言問、所獲之衆以歸。」《大雅·皇矣篇》「執訊連連」，箋曰：「訊，言也。執所生得者而言問之。」此「言」「問」二字連用之證。

財幸　裁察　財擇　財哀　財留神　財覽

「唯陛下財幸」。師古曰：「『財』與『裁』同。裁擇而幸從其言。」念孫案：如師古説，則「財」

「幸」二字意不相屬。今案「財」猶「少」也。「唯陛下財幸者」，唯陛下少幸從之，猶下文言「願陛下少留計」也。《諸葛豐傳》曰：「唯陛下裁幸！」《佞幸傳》曰：「唯陛下哀憐財幸！」義竝同也。《鼂錯傳》曰：「唯陛下裁察！」又曰：「唯陛下財察！」皆言唯陛下少察之也。《鼂錯傳》又曰：「唯陛下財擇。」《王吉傳》曰：「唯陛下財擇焉。」皆言唯陛下少擇之也。《張安世傳》曰：「唯天子財哀以全老臣之命。」言唯天子少哀之也。《李尋傳》曰：「唯財留神反覆，覆愚臣之言。」言唯陛下少留神，猶賈誼言「願陛下少留計」也。師古以「財」爲「裁量」，非是。《師丹傳》曰：「唯陛下財覽衆心。」言唯陛下少覽衆心也。「財」與「裁」古通用，亦通作「纔」。《李陵傳》注曰：「『財』，僅也。」《廣雅》曰：「堇，少也。」「堇」與「僅」同。

爰盎鼂錯傳

本兵柄

「是時絳侯爲大尉，本兵柄」。師古曰：「執兵權之本。」念孫案：師古説非也。「本」者，主也。言主兵柄也。《大戴禮·曾子疾病篇》曰：「言有主，行有本。」《繫辭傳》：「樞機之發，榮辱之主也。」《説苑·説叢篇》「主」作「本」，是「本」與「主」同義。《史記》作「主兵柄」，是其明證矣。

遇霜露

「如有遇霜露行道死，陛下有殺弟名，奈何」。念孫案：「霜」當爲「霧」，「霧」字《説文》本作「霿」，形與「霜」相近，因譌而爲「霜」。考《史記·袁盎傳》《淮南厲王傳》及《漢書·淮南厲王傳》竝作「霧露」。《後漢書·謝弼傳》「如有霧露之疾，陛下當何面目以見天下」，語意即本此。

不可用

「未嘗不止輦受其言。不可用，置之；言可采，未嘗不稱善」。念孫案：「受其言」下當更有一「言」字，「言不可用」正與「言可采」對文，今本脱一「言」字。《太平御覽·人事部一百二十一》引此正作「言不可用」。《史記》同。

迺以刀決帳道從醉卒直出

「迺以刀決帳，句道從醉卒直出」，師古曰：「於醉卒之處決帳而開，令通道得亡也。」念孫案：「道」讀曰「導」，謂決開軍帳，導之從醉卒處直出也。説見《史記》。

金鼓之音

「趨利不及，避難不畢，前擊後解，與金鼓之音相失」。宋祁曰：「學官本、越本竝作『金鼓之指』，據云『金鼓』，則『音』爲是，作『指』非。」念孫案：作「指」者是也。景祐本亦作「指」。「指」者，意也。鼓之意主於進，金之意主於止，若趨利弗及，避難不畢，前擊後解，則與金鼓之意相失，非謂與其音相失也。顔注：「鼓所以進衆，金所以止衆。」正釋「指」字之義。宋改「指」爲「音」而各本皆從之，誤矣。《通典・邊防十》作「音」，亦後人以俗本《漢書》改之。《漢紀》正作「指」。

材官騶發

「材官騶發，矢道同的」。蘇林曰：「『騶』音『馬騶』之『騶』。」如淳曰：「騶，矢也。」師古曰：「『騶』謂矢之善也。《春秋左氏傳》作『菆』字，其音同耳。『騶發』，發騶矢以射也。蘇音失之矣。」引之曰：訓「騶」爲「矢」，則與下句「矢」字相複。蘇讀「騶」爲「騶」，是也。「騶發」謂疾發也，字或作「趨」。《韓子・八説篇》：「貍首射侯，不當强弩趨發。」「趨發」、「騶發」竝與「驟發」同。《曲禮》「車驅而騶」，釋文：「騶，仕救反。」是「騶」有「驟」音也。《荀子·禮論篇》「步中武象，趨中韶護」，《正論篇》「趨」作「騶」，《史記·禮書》作「驟」，是「騶」「趨」竝與「驟」通也。《漢紀·孝文紀》正作「材官驟發」。

積死

「且夫起兵而不知其埶，戰則爲人禽，屯則卒積死」。「積」字師古無注。念孫案：「積」讀爲「漬」，「漬死」，病死也。「埶」謂地埶也。此言邊地苦寒，戍卒不耐其水土，則生疾病相漸漬而死也。《周官·蜡氏》注引《曲禮》「四足死者曰殰」，今本「殰」作「漬」，注云：「漬，謂相瀸汙而死也。」引莊二十年《公羊傳》「大災者何？大瘠也」，今本「瘠」作「瘠」，何注云：「瘠，病也。齊人語也。」又十七年「齊人瀸于遂」，《傳》曰：「瀸者何？瀸積也。」「瀸積」即「漸漬」。注云：「瀸之爲死，積、死非一之辭，故曰『瀸積』。衆，多也。」釋文：「積，本又作漬。」「殰」、「漬」、「積」、「瘠」竝字異而義同。

相募

「使先至者安樂而不思故鄉，則貧民相募而勸往矣」。念孫案：「募」當爲「慕」，民慕先至者之安樂而欲往，故曰「相慕」，而「勸往」不當云「相募」也。此涉上文「募民」而誤。《通典・邊防十》作「募」，亦後人以誤本《漢書》改之。《通鑑・漢紀七》正作「慕」。

實廣虛　橫術何廣廣兮

「徙遠方以實廣虛」。師古曰：「所以充實寬廣空虛之地。」念孫案：「廣」與「曠」同。「曠」，空也。「虛」與「墟」同，謂徙遠方之民以實空曠之墟也。《漢紀》作「實空虛」，是其證矣。「丘墟」字古皆作「虛」。《五行志》「師出過時茲謂廣」，李奇曰：「『廣』音『曠』。」，是「曠」與「廣」通，「廣虛」猶言曠土耳。若以「廣」爲「寬廣」，「虛」爲「空虛」，則「廣虛」之下必加「之地」二字而其義始明矣。又《武五子傳》「橫術何廣廣兮，固知國中之無人」，蘇林曰：「『廣』音『曠』。」薛瓚曰：「術，道路也。」師古曰：「『廣』讀如本字。」案：蘇說是也。「曠曠」者，虛無人之貌，故下句云「固知國中之無人」，若讀「廣」爲「廣大」之「廣」，則與下句意不相屬矣。《莊子・天道篇》曰：「廣廣乎其無不容也。」《荀子・非十二子篇》曰：「恢恢然，廣廣然。」義竝與「曠」同。

不孽

「通關去塞，不孽諸侯」。應劭曰：「接之以禮，不以庶孽畜之。」如淳曰：「孽，疑也。去關禁，明無疑於諸侯。」師古曰：「應説是。」念孫案：《廣雅》：「⿰氵獻，疑也。」「⿰氵獻」今作「讞」。「⿰氵獻」與「孽」同聲，故字亦相通。「不疑諸侯」即承上句言之，如説是也。《賈子・壹通篇》「疏山東，孽諸侯」，亦謂「疑諸侯」也。

張馮汲鄭傳

外臨廁

「從行至霸陵，上居外臨廁」。念孫案：「外臨廁」當依《史記》作「北臨廁」，《劉向傳》亦作「北臨廁」，謂北臨霸水之厓也。服虔曰：「廁，側近水也。」李奇曰：「霸陵山北頭側近霸水，帝登其上以遠望也。」念孫案：「廁」與「側」通。《魏風・伐檀篇》「寘之河之側兮」，毛傳：「側，亦厓也。」此時帝北向，故下文指北山言之，而《漢紀》亦云：「上望北山，悽然傷懷。」則當作「北臨廁」明矣。隸書「外」字或作「[illegible]」，見漢《司隸校尉魯峻碑》。形與「北」相似，故「北」誤爲「外」。《史記・魯仲連傳》「士無反北之心」，

《方言》「燕之北鄙」，今本「北」字竝誤作「外」。

中渭橋

「上行出中渭橋」。張晏曰：「在渭橋中路。」劉奉世曰：「渭上有橋非一，此在中，故曰『中渭橋』。張説非也。」念孫案：劉説襲《史記索隱》而誤，辯見《史記》。

且罪等然以逆順爲基

「且罪等，然以逆順爲基」。如淳曰：「俱死罪也，盜玉環不若盜長陵土之逆。」劉奉世曰：「『等』讀如『等級』之『等』，言凡罪之等差。」念孫案：如劉説，則下句當删去「然」字矣。《史記》作「然以逆順爲差」。若以「等」爲「等差」，則是「且罪差然以逆順爲差」也，豈其然乎！齊曰：「『基』字《史記》作『差』，文義甚明。」念孫案：如云「盜玉環不若盜長陵土之逆」，正釋「差」字之義，則《漢書》亦是「差」字，作「基」者，字之誤耳。

王恬咸

「與梁相山都侯王恬咸」。《史記》「恬咸」作「恬開」。徐廣曰：「《漢書》作『啟』，『啟』者景帝諱也，故或爲『開』。」念孫案：《史記》以避諱作「開」，則《漢書》作「啟」明矣。《高惠高后文功臣表》《百官公卿表》竝作「啟」。此作「咸」者，俗書「啟」字或作「启」，因譌而爲「咸」。宋祁反以作「咸」者爲是，謬矣。

欲見

「欲免去，懼大誅至；欲見，則未知何如」。念孫案：「欲見」當依《史記》作「欲見謝」，謂欲見帝而謝罪也。下文「卒見謝」，即承此句言之，則此句内原有「謝」字明矣。

爲將

「吾獨不得廉頗李牧爲將」。念孫案：《羣書治要》引此「牧」下有「時」字，是也。今本無「時」字者，後人不解其義而删之耳。「時」讀爲「而」，言吾獨不得廉頗李牧而爲將也。「而」、「時」聲相近，故字相通。《賈誼傳》「故自爲赤子而教固已行矣」，《大戴記・保傅篇》「而」作「時」。《聘義》曰「然而用財如此其厚者」，《大戴記・朝事篇》「而」作「時」。《史記・太史公自序》「專決於名而失人情」，《漢書・司馬遷傳》「而」作「時」。是其證。《史記》亦有「時」字。

顔聚

「令顔聚代之」。宋祁曰：「聚，一作最。」《史記索隱》亦曰：「聚，《漢書》作最。」又《廉頗藺相如傳》之「顔聚」，《趙策》作「顔最」。念孫案：作「最」者，皆「冣」之譌也。《説文》：「冣，才句切。積也。」徐鍇曰：「古以『聚物』之『聚』爲『冣』。」「冣」與「最」字相似，世人多見「最」，少見「冣」，故書傳中「冣」字皆譌作「最」。隱元年《公羊傳》「會，猶冣也」，何注：「冣，聚也。」《樂記》「會以聚衆」，鄭注「聚，或爲冣。」《史記·殷本紀》「大冣樂戲於沙丘」，徐廣曰：「冣，一作聚。」《周本紀》「則固有周聚以收齊」，徐廣曰：「聚，一作冣。」今諸書「冣」字皆譌作「最」。此作「聚」者，校書者依《史記》改之耳。

河内

「河内失火，燒千餘家，上使黯往視之。還報曰：『家人失火，屋比延燒，不足憂。臣過河内，河内貧人傷水旱萬餘家，或父子相食。臣謹以便宜持節發河内倉粟以振貧民。』」《史記》「臣過河内」及「河内貧人」、「河内倉粟」，三「河内」竝作「河南」，唯上文「河内失火」作「河内」。念孫案：《史記》是也。蓋河内失火，武帝使黯往視。道經河南，見貧民傷水旱，因發倉粟振之。是黯未至河内，先過河南，故曰「臣過河南」。若黯已至河内而發粟振民，則當云「臣至河内」，不得言「過」矣。《漢書》後三「河内」皆因上文「河内失火」而誤。

門下

「當時爲大吏，戒門下：『客至，亡貴賤，亡留門下者。』」宋祁曰：「門下者，邵本無『下』字。」念孫案：景祐本亦無「下」字，蓋涉上文「戒門下」而衍。《白帖》三十四、《太平御覽・職官部三十》《人事部一百十六》引此皆無「下」字，《史記》同。

賈鄒枚路傳

比諫

「史在前，書過失，工誦箴諫，瞽誦詩諫，公卿比諫，士傳言諫過，庶人謗於道，商旅議於市」。李奇釋「公卿比諫」曰：「相親比而諫也。」或曰：比方事類以諫也。」師古曰：「比方是也」。念孫案：二説均有未安。余謂「比諫」當爲「正諫」，字之誤也。言工誦箴諫，瞽誦詩諫，而公卿則正諫其非也。《東方朔傳贊》曰：「正諫似直。」《敘傳》曰：「正諫舉郵。」《韓詩外傳》曰：「主有失敗，皆交争正諫。」《説苑・正諫篇》曰：「諫有五，一曰正諫。」《漢紀》作「比諫」，亦後人以誤本《漢書》改之。

《吕氏春秋·達鬱篇》曰：「使公卿列士正諫，好學博聞獻詩，矇箴，師誦，庶人傳語，近臣盡規，親戚補察。」《淮南·主術篇》曰：「公卿正諫，博士誦詩，瞽箴，師誦，庶人傳語，史書其過，宰徹其膳。」説與此略同，而皆作「正諫」。《大戴記·保傅篇》「瞽夜誦詩，工誦正諫」，疑亦本作「工誦箴諫，公卿正諫」，而今本脱去「箴諫公卿」四字也。

道諛

「是以道諛媮合苟容」。師古曰：「『道』讀曰『導』，導引主意於邪也。」念孫案：「道諛」即「諂諛」之轉聲，説見《史記·越世家》。

訟

「又訟淮南王無大罪」。舊本「訟」作「誦」。宋祁曰：「『誦』疑作『訟』，『誦』是『誦説』字，非是。」各本皆依宋説改爲「訟」。念孫案：「訟」古通作「誦」。《史記·吕后紀》「未敢訟言誅之」，《漢書》作「誦」。《漢書·陳湯傳》「谷永上疏訟湯」，《漢紀》作「誦」，皆其證也。子京疑「誦」當作「訟」，而後人輒改之，皆未達六書假借之旨。

縣衡

「臣聞秦倚曲臺之宮應劭曰：「始皇帝所治處也，若漢家未央宮。」縣衡天下」。服虔曰：「關西爲衡。」應劭曰：「衡，平也。」如淳曰：「『衡』猶稱之衡也。言其縣法度於其上也。」師古曰：「此説秦自以爲威力彊固，非爲平法也。下文言陳勝連從兵之據，則是説從横之事耳。服釋是也。」念孫案：如説是也。「縣衡天下」，謂法度加於天下耳。李善注《文選》仍用如説，引《申子》曰：「君必有明法正義，若權衡以稱輕重，所以一羣臣也。」若讀「衡」爲「從横」之「横」，則「縣衡」二字義不可通。且始皇已滅六國，無庸連横也。下文「張耳、陳勝連從兵之據」，乃説二世時事，與此無涉，亦非以「從」、「横」對文。

蹈雍之河

「是以申徒狄蹈雍之河，徐衍負石入海」。服虔曰：「雍之河，雍州之河也。」師古曰：「雍者，河水溢出爲小流也。言狄初因蹈雍，遂入大河也。《爾雅》曰：『水自河出爲雍。』雍音於龍反。」念孫案：「雍」讀爲「甕」，謂蹈甕而自沈於河也。《井》九二「甕敝漏」，《釋文》「甕」作「雍」。《北山經》「縣雍之山」，郭璞曰：「音汲甕。」《水經·晉水篇》作「縣甕」。是「甕」與

「雍」古字通也。《史記》作「申徒狄自沈於河」，索隱曰：「《新序》作『抱甕自沈於河』。」今《新序·雜事篇》作「蹈流之河」，後人改之也。彼言「抱甕」，此言「蹈甕」，義相近也。「蹈甕之河」，「負石入海」，皆欲其速沈於水耳。《莊子》謂申徒狄負石自投於河，意與此同。《漢紀·孝成紀》荀悦曰：「雖死，猶懼形骸之不深，魂神之不遠，故徐衍負石入海，申徒狄蹈甕之河。」此尤其明證也。服虔以爲「蹈雍州之河」，師古以爲「初蹈雍，遂入河」，皆失之遠矣。

情素

「披心腹，見情素」。師古曰：「素，謂心所向也。」念孫案：師古以鄭注《中庸》訓「素」爲「向」，故以「素」爲「心所向」，然非此所謂「素」也。情素，猶情實也。下文云「濟北見情實」，即此所謂「見情素」也。《文選·謝靈運〈還舊園詩〉》注引《史記》「披心腹，示情素」，《蔡澤傳》而釋之曰：「素，猶實也。」俗作「愫」，《集韻》曰：「愫，誠也。」「情素」與「心腹」對文，則「素」非「心所向」之謂。

荆軻

「荆軻湛七族，要離燔妻子」。應劭曰：「荆軻爲燕刺秦始皇不成而死，其族坐之湛没也。」

師古曰：「此説云『湛七族』，無『荆』字也。尋諸史籍，荆軻無湛族之事，不知陽所云者定何人也。」劉敞曰：「王充書言『秦怨荆軻，并殺其九族』，『殺』則是『湛』矣，非必沈之水也。」宋祁曰：「淳化本作『荆軻』，景祐本無『荆』字。案浙本、郭本去『荆』字，云據注無『荆』字。南本徐鍇亦滅『荆』字。」念孫案：劉説是也。《論衡·語增篇》云：「傳語云：『町町若荆軻之閭。』言荆軻爲燕太子丹刺秦王，秦王誅軻九族，其後恚恨不已，復夷軻之一里，一里皆滅，故曰『町町』。此言增之也。夫秦雖無道，無爲盡誅荆軻之里，或時誅軻九族，九族衆多，同里而處，好增事者則言『町町』也。」仲任不信「町町」之説，而信「滅九族」之語，九族、七族，小異而大同，則漢時傳語固有荆軻滅族之事矣。且「荆軻湛七族，要離燔妻子」，相對爲文，則正文内當有「荆」字，若無「荆」字，則應注當云：「軻，荆軻也。」今直云「荆軻爲燕刺秦始皇」，則正文原有「荆」字甚明。師古所見本偶脱「荆」字，遂云「不知何人」，誤矣。諸校本去「荆」字，即惑於師古之説也。《史記》《新序》《文選》皆有「荆」字。

開忠

「欲開忠於當世之君」。師古曰：「開，謂陳説也。」《文選》李善注引《小雅》曰：「開，達也。」念孫案：李説是。

法而不譎

「孔子曰：『齊桓公法而不譎。』」念孫案：法，猶正也。故《論語》作「正而不譎」。僖二十年《穀梁傳》：「南門者，法門也。」「法門」即正門。《史記・賈生傳》：「改正朔，易服色，法制度，定官名。」「法制度」即正制度。《荀子・性惡篇》云：「明禮義以化之，起法正以治之。」又云：「凡禹之所以爲禹者，以其爲仁義法正也。」《家語・七十二弟子篇》云：「高柴爲人，篤孝而有法正。」《大戴禮・勸學篇》：「夫水，出量必平，似正。」《荀子・宥坐篇》「正」作「法」。是「法」與「正」同義。師古以「法」爲「守法」，則於義稍迂。

勁不足以扞寇

「權不足以自守，勁不足以扞寇」。念孫案：「勁」當爲「埶」，字之誤也。俗書「埶」字作「執」，「勁」字作「勁」，二形相似。權輕則不足以守國，埶弱則不足以扞寇。「埶」與「權」正相對，若作「勁」，則與「權」不相對矣。師古云「權謀勁力不能扞守」，加「謀」、「力」二字以曲通其義，而不知「勁」爲「埶」之譌也。《漢紀・孝景紀》作「勢不足以扞寇」，以是明之。

所以爲大王惑

「此愚臣之所以爲大王惑也」。宋祁曰：「景德本云：『此愚臣之所大惑也。』無『以爲』、『王』三字。」念孫案：景德本是也。有此三字，則文義不順，後人以下文復説吴王書云「此臣所以爲大王患也」，遂妄加此三字耳。景祐本及《漢紀》《文選》《羣書治要》皆無此三字，《説苑·正諫篇》同。

不知

「人性有畏其景而惡其迹者，卻背而走，迹愈多，景愈疾，不知就陰而止，景滅迹絶」。念孫案：「知」當爲「如」，字之誤也。「不如」二字與下文兩「莫若」、一「不如」文同一例。「不如就陰而止」與下文「不如絶薪止火而已」亦文同一例。若作「不知」，則與下文不合矣。或曰：《莊子·漁父篇》：「人有畏景惡迹而去之走者，舉足愈數而迹愈多，走愈疾，而景不離身，不知處陰以休景，處靜以息迹，愚亦甚矣。」「不知」二字，正與此同。曰：否。《莊子》上言「不知」，故下言「愚甚」。若作「不如」，則與下文不合矣。此文上言「不如」，故下言「景滅迹絶」，言與其愈走而迹愈多，景愈疾，不如就陰而止，則景自滅，迹自絶也。若作「不知」，則又與下文不合矣。下文云「不如絶薪止火而已」，若改作「不知」，其可乎？《文選》正作「不如」。

南距羌筰之塞

「昔者，秦西舉胡戎之難，北備榆中之關，南距羌筰之塞，東當六國之從」。劉攽曰：「邛筰武帝始通，此云秦南距羌筰之塞，非。」念孫案：《史記・西南夷傳》云：「秦時常頞略通五尺道，諸此國頗置吏焉。十餘歲，秦滅。及漢興，皆棄此國，而關蜀故徼。」《漢書》同。是秦已通西南夷，而於諸國置吏，及漢初復棄之，而關蜀故徼也。《司馬相如傳》載相如之言，亦云「邛、筰、冉、駹，秦時嘗通爲郡縣，至漢興而罷」。此言秦「南距羌筰」，正與二傳合，貢父特未之考耳。

方輪錯出

「夫漢并二十四郡，十七諸侯，方輪錯出，運行數千里不絶於道」。張晏曰：「四方更輸，錯互更出攻也。」師古曰：「方軌而輸，雜出貢賦，入於天子。」念孫案：方，猶竝也。言郡國之貢賦竝輸雜出，運行不絶也。高誘注《淮南・氾論篇》曰：「方，竝也。」《微子》曰「小民方興，相爲敵讎」，《史記・宋世家》「方」作「竝」。《荀子・正論篇》曰「故象刑殆非生於治古，竝起於亂今也」，《漢書・刑法志》「竝」作「方」。是「方」與「竝」同義。《吕刑》曰「方告無辜于上」，謂竝告無辜也。說見《經義述聞》。《鄉射禮》曰「不方足」，謂不竝足也。《爾雅》曰「大夫方舟」，謂竝兩舟也。

所以爲大王樂

「此臣之所以爲大王樂也」。宋祁曰：「景祐本無『以』字。」念孫案：景祐本是也。此「以」字涉上文「此臣所以爲大王患也」而衍，上文當有「以」字，此不當有，三復之而其義自明。《漢紀》《文選》皆無「以」字。

讒惡

「與冗從爭，見讒惡」。師古曰：「惡，謂冗從言其短惡之事。」念孫案：師古以「惡」爲「短惡之事」，非也。「惡」與「証」同。《說文》：「証，相毁也。」《玉篇》：「烏古切。」《廣韻》：「又烏路切。」俗作「謡」。字通作「惡」，「見讒惡」，即見讒毁。上文「勝等疾陽，惡之孝王」，師古彼注曰：「惡，謂讒毁也。」《戰國策》《史記》《漢書》皆謂「相毁」爲「惡」。

上得之

「皋上書北闕，自陳枚乘之子。上得之，大喜」。宋祁曰：「得之，越本無『之』字。」念孫案：越本是也，景祐本亦無「之」字。「上得」者即謂「上得之」，無庸更加「之」字。《張耳陳餘傳》：「陳涉生平數聞耳、餘賢，見，大喜。」但言「見」而不言「見之」，文義正與此同。《漢紀・孝武紀》：「相如作《子虛賦》，上得，讀而善之。」亦但言「得」而不言「得之」也。《文選・兩都賦序》注、《藝文類聚・雜文部二》、《太平御覽・文部三》及《十六》引此竝作「上得」，無「之」字。

變化之後　異舊之恩

「夫繼變化之後，必有異舊之恩」。《漢紀・孝宣紀》「變化」作「變亂」，「異舊之恩」作「雋異之德」。念孫案：上文曰「禍亂之作，將以開聖人」，下文曰「深察禍變之故，迺皇天之所以開至聖」，則作「變亂」者是也。宣帝繼昌邑王之後，故曰「繼變亂之後」，作「變化」則非其義矣。「異舊」亦當依《漢紀》作「雋異」，今本「雋」誤爲「舊」，又誤在「異」字之下耳。宣十五年《左傳》注曰：「雋，絶異也。」雋異之恩，謂非常之恩，下文曰「滌煩文，除民疾，存亡繼絶，以應天意」，所謂「雋異之恩」也。若作「異舊之恩」，則非其義矣。《羣書治要》所引已誤。

始受命

「宜改前世之失，正始受命之統」。念孫案：「命」字涉上文「受命」而衍，上文云「春秋正即位，大一統而慎始也」，故此云「正始受之統」，且與「改前世之失」對文，則本無「命」字明矣。《漢紀》及《説苑・貴德篇》皆無「命」字。

周内

「上奏畏卻，則鍛練而周内之」。晉灼曰：「精孰周悉，致之法中也。」念孫案：晉注「精孰」是解「鍛練」二字，「周悉」是解「周」字，「致之法中」是解「内之」二字，如此則「周内」分爲二義矣。今案，「内」讀爲「納」，納者，補也，周密也。此承上「上奏畏卻」而言，謂密補其奏中之罅隙，非謂「致之法中」也。鍛練而周内之，謂鍛練其文而周納其隙。《廣雅》曰：「紩，納也。」又曰：「納，補也。」《論衡・程材篇》曰：「納縷之工，不能織錦。」「納」、「衲」、「内」古字通，今俗語猶謂破布相連處爲「納頭」矣。

漢書弟十

竇田灌韓傳

矯先帝詔害

「迺劾嬰矯先帝詔害，罪當棄市」。鄭氏曰：「矯詔有『害』、『不害』也。」《義門讀書記》曰：「《史記》無『害』字，此衍文。鄭注迂鑿。」念孫案：《漢書》凡言坐矯詔罪者，皆有「害」、「不害」之分，《史記》亦有之。《武功臣表》：「浩侯王恢坐使酒泉矯制害，當死。」《史記》同。如淳曰：「律，矯詔大害，要斬。有矯詔害、矯詔不害。」《外戚侯表》：「宜春侯衛伉坐矯制不害，免。」《史記》同。《終軍傳》：「張湯劾徐偃矯制大害，法至死。」皆其證。何以「害」爲衍文，蓋未考漢律也。

小苛禮

「今大后以小苛禮責望梁王」。念孫案：「小苛禮」，《史記》作「小節苛禮」，是也。此脱「節」字，則文義不完。

自上古弗屬

「今匈奴遷徙鳥集，難得而制，得其地不足爲廣，有其衆不足爲彊，自上古弗屬」。師古曰：「不内屬於中國。」《史記》作「自上古不屬爲人」，索隱曰：「案晉灼云：『不内屬於漢爲人。』」念孫案：如晉注，則《漢書》本作「自上古弗屬爲人」，而顔注云「不内屬於中國」，則所見本已脱「爲人」二字矣。《史記》主父偃諫伐匈奴書亦云：「禽獸畜之，不屬爲人。」

天下之功　功義

「夫聖人，以天下爲度者也，不以己私怒傷天下之功」。念孫案：傷天下之功，本作「傷天下之功義」，「功」與「公」同。「公義」與「私怒」相對爲文。報讎雪恥，一己之私怒也，按兵恤民，天下之公義也，故曰「不以己私怒傷天下之公義」。「公」借爲「功」，又脱去「義」字，詞意遂不完備。《羣書治要》引此已誤。《新序・善謀篇》作「不以己之私怒傷天下之公義」，《漢紀・孝武紀》作「不以私怒傷天下公議」，皆其證也。「議」與「義」同，《莊子・齊物論篇》「有倫有義」，《釋文》：「義，崔本作『議』。」《史記・留侯世家》「義不爲漢臣」，《新序・善謀篇》作「議」。《司馬相如傳》「義不反顧」，《酷吏傳》「義不受刑」，《漢書》竝作「議」。又《杜鄴傳》「及陽信侯業，皆緣私君國，非功義所止」，「功」亦與「公」同。「公」與「私」相對，言鄭業緣私恩而得封，非公義所在也。師古曰「非有功而侯」，則「功義」二字義不相屬矣。

逗橈

「廷尉當恢逗橈，當斬」。服虔曰：「『逗』音『企』。」應劭曰：「逗，曲行避敵也。橈，顧望也。案：「橈」字之訓未確。軍法語也。」蘇林曰：「『逗』音『豆』。」如淳曰：「軍法，行而逗留畏愞者要斬。」師古曰：「服、應二説皆非也。逗，謂留止也。橈，屈弱也。」念孫案：「逗」當爲「迟」。《説文》：「迟，曲行也。從辵，只聲。」《玉篇》音「丘戟切」。《説文》又云：「乚，讀若「隱」。匿也。象迟曲隱蔽形。」《莊子・人閒世篇》「吾行郤曲」，釋文：「『郤』，字書作『迟』。」「郤曲」即迟曲也。《廣雅》云：「橈、迟，曲也。」是「橈」與「迟」同義。恢不擊單于輜重而輒罷兵，故曰「迟橈當斬」。《淮南・氾論篇》云「令曰『屈橈者要斬』」是也。「迟」與「逗」字相似，世人多見「逗」，少見「迟」，故「迟」譌爲「逗」。《史記·韓長孺傳》同。逗，止也。橈，曲也。二字各爲一義，不得以「逗橈」連文。服、應所見本正作「迟」，故服云「迟音企」，以「企」、「迟」聲相近也。若「逗」字，則聲與「企」遠而不可通矣。應云：「迟，曲行避敵也。」「曲行」二字正用《説文》「迟」字之訓。若「逗」字，則不得訓爲「曲行」矣。蘇、如所見本始譌作「逗」，故誤訓爲「逗留」。師古不知「逗」爲「迟」之譌，反是蘇、如而非服、應，失之矣。

至它

「於梁舉壺遂、臧固、至它，皆天下名士」。師古曰：「於梁舉二人，至於他餘所舉，亦皆名士也。」《史記》「至它」作「郅他」，索隱曰：「上音質，下徒何反，謂三人姓名也：壺遂也，臧固也，郅他也。若《漢書》則云『至他』，言至於他處亦舉名士也。」念孫案：「至」與「郅」通。它，古「他」字。「壺遂」、「臧固」、「至它」皆人姓名，謂長孺舉此三人皆天下名士也。若云「至於他餘所舉，亦皆天下名士」，則名士不應若是之多。且「至它」二字文不成義，必加「所舉」二字於下，而其義始明矣。小司馬以「至它」爲「至於他處」，尤非。解《漢書》者不以「至它」爲人姓名，徒以「郅」讀入聲，「至」讀去聲耳，不知「至」字古讀若「質」，聲與「郅」同，故字亦相通。《豳風·東山篇》「我征聿至」，與「垤」、「室」、「窒」爲韻。《小雅·杕杜篇》「期逝不至」，《蓼莪篇》「入則靡至」，竝與「恤」爲韻。《月令》「寒氣總至」，與「室」爲韻。《莊子·刻意篇》「道德之質」，《天道篇》「質」作「至」。《漢書·司馬相如傳》「爰周郅隆」，文穎曰：「郅，至也。」「郅隆」即「至隆」。《史》《漢》中人姓、人名類多借字，「郅」、「至」之通亦是也。

灌夫用一時決策而各名顯

「竇嬰、田蚡皆以外戚重，灌夫用一時決策，師古曰：「謂馳入吴軍，欲報父讎也。」而各名顯」。念孫案：「名」上本無「各」字，今作「各名顯」者，一本作「名」，一本作「各」，而後人誤合之也。「用一時決策而名顯」者，「用」亦以也。言竇、田皆以外戚重，而灌夫則以一時決策而名顯也。「名顯」專指灌夫，下文竝位卿相，乃總承竇、田、灌言之耳。師古不知「各」爲「名」之誤衍，而以「各名顯」爲總上之詞，遂以「灌夫用一時決策」爲句，不與下連讀，失之矣。《史記》正作「灌夫用一時決策而名顯」。

景十三王傳

頊王子

「復立頊王子畯弟部鄉侯閔爲王」。宋祁曰：「兩浙本無『頊王子』三字。」念孫案：兩浙本是也。閔爲畯弟，則爲頊王子可知，無庸更言「頊王子」矣。上文云「復立元弟上郡庫令良」，下文云「立尊弟高」，皆不言某王子，是其例也。

淮陽

「建異母弟定國爲淮陽侯」。念孫案：淮陽乃王國，非侯國。「陽」當爲「陵」。《王子侯表》云「淮陵侯定國，江都易王子」，是其證。漢淮陵故城在今泗州盱眙縣西北，與江都相近。

覆我

「漢廷使者即復來覆我，我決不獨死」。師古曰：「覆，治也。」念孫案：訓「覆」爲「治」，於古無據。《爾雅》：「覆、察，審也。」鄭注《考工記·弓人》云：「覆，猶察也。」言使者若復來審問我，則我必叛也。

帛布單衣

「每相二千石至，彭祖衣帛布單衣，自行迎除舍」。念孫案：「帛布」當從《史記·五宗世家》作「皁布」。皁布單衣，賤者之服也。「皁」與「帛」字相似，因誤爲「帛」。《管子·輕重戊篇》：「立皁牢，服牛馬。」今本「皁」誤作「帛」。衣帛則不衣布，衣布則不衣帛，不得言「衣帛布」也。師古曰：「或帛或布，以爲單衣。」斯爲曲説矣。

李廣蘇建傳

將數十騎從

「上使中貴人從廣，勒習兵擊匈奴。中貴人將數十騎從，見匈奴三人，與戰。射傷中貴人，殺其騎且盡，中貴人走廣」。張晏解「將數十騎從」云：「放縱遊獵也。」師古曰：「張讀作『縱』，此説非也。直言將數十騎自隨，在大軍前行，而忽遇敵也。」念孫案：師古以「從」爲隨從，非也。既在大軍前，則不得言隨從。若謂以騎自隨，則當云「從數十騎」，下文云「李敢從數十騎」。不當云「將數十騎從」也。張讀「從」爲「放縱」，是也，而云「放縱遊獵」，亦非。今案，「從」讀爲「縱兵」之「縱」，謂馳擊之也。《史記》作「中貴人將騎數十縱」，徐廣曰：「放縱馳騁。」蓋得其意矣。下文曰：「聞鼓聲而縱，聞金聲而止。」《史記・高祖紀》曰：「高祖與項羽決勝垓下，孔將軍、費將軍縱。」《匈奴傳》曰：「漢兵約單于入馬邑而縱。」《朝鮮傳》曰：「率遼東兵先縱。」并與「將數十騎從」之「從」同義。

不去

「彼虜以我爲走，今解鞍以示不去」。念孫案：「去」當爲「走」，字之誤也。「走」與「不走」文正相對，不當變「走」言「去」。《太平御覽・兵部二十五》引此正作「不走」。《史記》及《通典・兵六》《通鑑・漢紀十六》竝同。

有恨

「將軍自念，豈嘗有恨者乎」。念孫案：「恨」上有「所」字，而今本脱之，則語意不完。《藝文類聚・封爵部》《太平御覽・封建部一》引此皆有「所」字，《史記》同。

惑失道　不爲利惑

「惑失道，後大將軍」。師古曰：「惑，迷也。」念孫案：正文、注文皆本作「或」，今作「惑」者，後人不識古字而改之也。以字本作「或」，故師古釋之曰：「或，迷。」《衛青霍去病傳》「或失道」，師古亦曰：「或，迷也。」若作「惑」則不煩訓釋矣。《文選·范彦龍〈效古詩〉》注、《太平御覽·兵部五》引此竝作「或」，《史記》同。又《卜式傳》「不爲利惑」，字亦本作「或」。宋祁曰：「一作或。」故師古曰：「言不惑於利。」若作「惑」，則又不煩訓釋矣。

客遇之

「如涅野侯爲虜所得，後亡還，天子客遇之」。宋祁曰：「浙本『客』作『容』。」念孫案：「客」字義不可通，《衛霍傳》但云涅野侯趙破奴「以浚稽將軍擊匈奴左王，爲虜所得，遂没其軍。居匈奴中十歲，復與其大子安邦亡入漢」，無所謂「天子客遇之」之事。「客」當依浙本作「容」，字之誤也。容，寬也。見《五行志》。遇，待也。見《管子·任法篇》注。寬待之，謂不問其没軍之罪。

何以女爲見

「武罵律曰：『女爲人臣子，不顧恩義，畔主背親，爲降虜於蠻夷，何以女爲見？』」師古曰：「言何用見女爲也。」念孫案：「見」字當本在「女」字上。「何以見女爲」，猶《論語》言「何以文爲」「何以伐爲」耳。若云「何以女爲見」，則文不成義矣。《漢紀·孝昭紀》作「何用見女爲兄弟乎」，「爲」下加「兄弟」二字，遂失其指。然據此知《漢書》本作「何以見女爲」也。

絶不飲食

「迺幽武置大窖中，絶不飲食」。念孫案：此本作「絶不與飲食」，師古所見本脱「與」字，則義不可通，乃曲爲之説曰：「飲，於禁反。食，讀曰『飤』。」誤矣。舊本《北堂書鈔·設官部十五》陳禹謨依顔本《漢書》删「與」字。《服飾部三》、此卷「與」字未删。《藝文類聚·天部下》《太平御覽·天部十二》《人事部百二十七》《服用部十》引此皆作「絶不與飲食」，是諸家所見本皆與師古異也。《漢紀》本於《漢書》，而亦作「絶不與飲食」，是仲豫所見本正與諸家同也。今據以訂正。《新序·節士篇》亦作「絶不與飲食」。

綱紡緻

「武能綱紡緻，檠弓弩」。宋祁曰：「『綱』字上疑有『結』字。」念孫案：「結綱」與「紡緻」對文，宋説是也。《太平御覽·人事部百二十七》引此正作「結綱紡緻」。《漢紀》同。

某澤

「言天子射上林中，得鴈，足有係帛書，言武等在某澤中」。念孫案：「某澤」二字文義不明。「某」當爲「荒」，字之誤也。隸書「荒」字或作「茻」，與「某」相似。「荒澤」即上文所云「北海上無人處」也。凡塞外大澤，通謂之「海」，海邊無人之地，故曰「荒澤中」。《吴子·論將篇》曰：「軍居荒澤，草楚幽穢。」言天子射鴈得書，知武等在荒澤中也。《藝文類聚·鳥部中》引作「某澤」，則此字之譌已久。《漢紀·孝昭紀》正作「荒澤」。

物故

「前以降及物故，凡隨武還者九人」。師古曰：「物故，謂死也。言其同於鬼物而故也。一説，不欲斥言，但云其所服用之物皆已故耳。」宋祁曰：「『物』，當從南本作『歾』，音『没』。」

又《釋名》曰：「漢以來謂死爲物故，言其諸物皆就朽故也。」此師古後説所本。《史記·張丞相傳》集解引高堂隆《答魏朝訪》曰：「物，無也。此是讀「物」爲「勿」。故，事也。言無所能於事。」念孫案：子京説近之。「物」與「歾」同。《説文》：「歾，終也。或作殁。」「歾」、「物」聲近而字通，今吴人言「物」字聲如「没」，語有輕重耳。「歾故」，猶言死亡。《楚元王傳》云「物故流離，以十萬數」，《夏侯勝傳》云「百姓流離物故者過半」，「物故」與「流離」對文，皆兩字平列，諸家皆不知「物」爲「歾」之借字，故求之愈深，而失之愈遠也。

著節

「以武著節老臣，令朝朔望，號稱祭酒，甚優寵之」。念孫案：「著節」本作「苦節」，字之誤也。舊本《北堂書鈔·設官部十九》出「蘇武苦節優寵」六字，注引此傳云：「宣帝以武苦節老臣，令朝朔望。」陳禹謨本仍改「苦」爲「著」。《藝文類聚·職官部二》同。

衞青霍去病傳

當云何

「建當云何」。師古曰：「謂處斷其罪，法何至也。」念孫案：注言「處斷其罪」，則誤以「當」爲「廷尉當」之「當」。《楊惲傳》：「廷尉當惲大逆無道。」師古曰：「當，謂處斷其罪。」解「云何」二字亦未了。余謂「云何」者，如何也。問建棄軍之罪當如何也。「如」、「云」語之轉。《李陵傳》「所與博德言者云何」，《東方朔傳》「隱云何」，《王莽傳》「五聲八音條各云何」，皆謂如何也。

三年

「去病侯三歲，元狩三年春，爲票騎將軍，將萬騎出隴西，有功」。宋祁曰：「三年，越本作『二年』。」念孫案：越本是也。景祐本及《史記》竝作「元狩二年」，本書《武紀》亦云「元狩二年春，遣驃騎將軍霍去病出隴西」。《漢紀》同。又《史記·建元以來侯者表》云：「冠軍景桓侯霍去病以元朔六年從大將軍擊匈奴，斬相國功侯。元狩二年，以驃騎將軍擊匈奴至祁連，益封。」自元朔六年至元狩二年，凡三年，故曰「侯三歲」。

道邊

「渾邪王與休屠王等謀欲降漢，使人先要道邊」。師古曰：「道，猶言也。先爲要約，來言之於邊界。」念孫案：「使人先要道邊」當依《史記》作「使人先要邊」，集解云「遣使向邊境要遮漢人，令報天子」是也。今本《集解》誤入正文内，辯見《史記》。「道」即「邊」，字之誤而衍者。師古曲爲之説，非也。或謂「道邊」爲路旁，尤不成語。

渾邪裨王將

「渾邪裨王將見漢軍而多欲不降者」。念孫案：「渾邪裨王將」當依《史記》作「渾邪王裨將」。

涉獲

「票騎將軍去病絶大幕，涉獲單于章渠」。師古曰：「涉，謂涉水也。章渠，單于之近臣也。涉水而破獲之。」念孫案：上文曰「涉狐奴」，又曰「涉鈞耆」「濟居延」，下文曰「濟弓盧」，凡言「涉」、言「濟」者，其下皆是水名，今不言所涉之水。而但言「涉獲」，則「涉」非「涉水」之謂矣。余謂「涉」猶「入」也，入其軍，獲其近臣，故曰「涉獲單于章渠」。《高紀贊》：「涉魏而東。」晉灼曰：「涉，猶入也。」是其證。

失期

「以將軍出北地，後票騎，失期」。宋祁曰：「景德本無『失』字。」念孫案：景德本是也。「後票騎期」即「失期」也，無庸更加「失」字。景祐本及《史記》皆無「失」字。

爲侯

「趙信以匈奴相國降，爲侯」。念孫案：「侯」上脱「翕」字，當依《史記》補。「翕侯」又見《武功臣表》及《匈奴傳》。《史記》同。

董仲舒傳

褎然

「今子大夫褎然爲舉首，朕甚嘉之」。張晏曰：「褎，進也。爲舉賢良之首也。」師古曰：「褎然，盛服貌也。《詩·邶風·旄丘》之篇曰：『褎如充耳。』」念孫案：褎然者，出衆之貌，故曰「褎然爲舉首」。《大雅·生民篇》「實種實褎」，毛傳曰：「褎，長也。」義與「褎然爲舉首」之「褎」相近。張晏訓「褎」爲「進」，猶爲近之。師古訓爲「盛服貌」，則與「爲舉首」三字義不相屬，且下句云「朕甚嘉之」者，嘉其賢良出衆，非嘉其盛服也。

桀紂之行

「陵夷至虖桀紂之行，王道大壞矣」。宋祁曰：「浙本『行』下有『作』字。」念孫案：浙本是也。此言桀紂之行作而王道大壞，脱去「作」字，則語意不完。《羣書治要》及《文選·移讓太常博士書》注引此皆有「作」字。

辭之所謂大也

「臣謹案：《春秋》謂一元之意，一者，萬物之所從始也，元者，辭之所謂大也」。師古曰：「《易》稱『元者，善之長也』，故曰『辭之所謂大也』」。念孫案：「大」當爲「本」。下文曰「謂一爲元者，視大始而欲正本也。」「視大始」，承上「始」字而言，「欲正本」，承上「本」字而言。又曰「《春秋》探探其本，而反自貴者始」，仍承「始」字、「本」字而言，則上文本作「辭之所謂本」明矣。「本」字上半與「大」相似，又涉下文「視大始」而誤。「元」字雖可訓爲「大」，而仲舒則訓「元」爲「本」，以起下「欲正本」之語，非訓爲「大」也。《春秋繁露・王道篇》曰：「《春秋》何貴乎元而言之？元者，始也，言本正也。」《重政篇》曰：「《春秋》變一謂之元，元，猶原也，其義以隨天地終始也。故元者爲萬物之本，而人之元在焉。」以上二條皆訓「元」爲「本」，又訓爲「始」，「始」亦「本」也。《晉語》注曰：「始，本根也。」《吕氏春秋・孝行篇》注曰：「本，始也。」若訓「元」爲「大」，則别出一義，非仲舒「正本」之指矣。《漢紀・孝武紀》正作「元者，辭之所謂本也」。

未以位爲樂

「臣聞堯受命，以天下爲憂，而未以位爲樂也」。念孫案：《羣書治要》引此「未」下有「聞」字，語意較完。

又盡善也

「《韶》盡美矣，又盡善也」。錢氏《養新録》曰：「《漢書・董仲舒傳》引孔子曰：『《韶》盡美矣，又盡善矣。』又引『《武》盡美矣，未盡善也』。上『矣』下『也』，語意不同，當是《論語》古本。今《漢書》亦改作『也』，唯景祐本是『矣』字。《西漢策要》與景祐本同。」念孫案：錢説是也。據顔注云「故聽其樂，而云盡美盡善矣」，則正文本是「矣」字。《羣書治要》引作「《韶》盡善矣」，文雖從省，而亦是「矣」字。

所謂

「且古所謂功者，以任官稱職爲差，非所謂積日絫久也」。念孫案：下「所」字涉上「所」字而衍，景祐本作「非謂積日絫久也」。《通典·選舉一》《通鑑·漢紀九》竝同。《漢紀》作「不謂積日累久也」，皆無「所」字。

予之齒

「予之齒者去其角」。師古曰：「謂牛無上齒則有角，其餘無角者則有上齒。」宋祁曰：「『齒』字上，古本、浙本同有『上』字，據注亦當有。只云『予之齒』，是通上下，殊非義理。」念孫案：《羣書治要》引作「予上齒者去其角」，無「之」字，與下句相對，句法較爲整齊。《春秋繁露·度制篇》亦云「有角不得有上齒」。

如之

「因乘富貴之資力，以與民争利於下，民安能如之哉！」念孫案：如，猶當也，説見《史記·李將軍傳》。

司馬相如傳

奏之天子天子大説

「奏之天子，天子大説」。師古曰：「『説』讀曰『悦』。」念孫案：正文、注文皆後人加之，景祐本所無也。賦奏在下文，則此不得先言「奏」。且下「其辭曰」三字，乃總承上文言之，忽插此二句，則語意中斷矣。後人以下文云「相如既奏《大人賦》，天子大説」，遂增此二句，而不自知其謬也。《史記》有此二句，亦後人所加。

隆崇律崒

「《子虛賦》：『其山則盤紆岪鬱，隆崇律崒，岑崟參差，日月蔽虧。』」宋祁曰：「越本無『隆崇律崪』四字。」念孫案：景祐本亦無此四字，而《史記》、《文選》有之，疑皆後人所加也。注引郭璞曰：「詰屈竦起也。茀音佛。」「詰屈」是釋「盤紆」二字，《文選注》「詰屈」作「隆崇」，乃後人不曉注音而妄改之。「竦起」是釋「茀鬱」二字，而「隆崇律崪」不與焉。且「茀」字有音而「崪」字無音，其可疑一也。《文選》「律崪」作「嵂崒」，而兩字皆無音，其可疑二也。《西都賦》「巖峻崷崪」，《西京賦》「隆屈崔崪」皆有音。《藝文類聚・産業部下》引《子虛賦》云：「其山則盤紆茀鬱，岑崟參差，日月蔽虧。」，而無「隆崇律崪」四字，與越本、景祐本同，其可疑三也。後人加此四字，而以「鬱」、「崪」爲韻，不知此三句但以「差」、「虧」爲韻，而首句不入韻也。

軼轊

「軼野馬，轊騊駼」。張揖曰：「軼，過也。」郭璞曰：「轊，車軸頭也。」師古曰：「轊，謂軸頭衝而殺之也。軼音逸。」念孫案：「軼」讀若「迭」。隱九年《左傳》：「懼其侵軼我也。」杜注曰：「軼，突也。」僖三十二年：「將有西師過軼我。」《釋文》竝云：「軼，直結反。」成十三年：「迭我殺地。」「迭」與「軼」同。此言「軼野馬」，亦是「侵軼」之意，當讀若「迭」而訓爲「突」也。轊，讀爲「躛」。躛，蹋也。《莊子・馬蹄篇》釋文引《廣雅》曰：「踶，蹋也。」《説文》：「踶，躛也。」「躛，踶躛也。」舊本譌作「衞也」，今據「踶」字注及《牛部》「⿲彳牛亍」字注改。是「躛」爲「蹋」也。「躛」、「轊」二字竝音「衞」，故字亦相通，言突野馬而蹋騊駼也。《上林賦》之「轢白鹿」義與此同，「蹵蛩蛩，轔距虛，軼野馬，轊騊駼」皆上文所云「陵狡獸」也。張訓「軼」爲「過」，郭訓「轊」爲「軸頭」，顏謂「軸頭衝而殺之」，案，軸頭不能殺獸，雖强爲之解而不可通。皆非是。

揚旌抴

「浮文鷁，揚旌抴」。張揖曰：「揚，舉也。析羽爲旌，建於船上。抴，拖也。」《史記》作「揚桂枻」，《集解》引韋昭曰：「枻，檝也。」《文選》作「揚旌栧」，本作「枻」，李善避太宗諱，故改爲「栧」。李善注引郭璞曰：「栧，船舷，樹旌於上。」念孫案：當從《史記》作「揚桂枻」。韋昭訓「枻」爲「檝」，是也。桂枻，謂以桂爲檝，猶《楚辭》言「桂櫂兮蘭枻」也。「浮文鷁，揚桂枻，張翠帷，建羽蓋」，皆相對爲文。「旌」字隸書或作「㫌」，與「桂」字相似。「枻」與「抴」亦相似，故「桂枻」譌爲「旌抴」。張揖謂「建旌於船上」，而訓「抴」爲「拖」，郭璞訓「枻」爲「船舷」，而謂樹旌於其上，揆之本句及上下文義，均有未安。

勺藥

「勺藥之和具而後御之」。伏儼曰：「勺藥以蘭桂調食。」文穎曰：「五味之和也。」韋昭曰：

「和齊鹹酸美味也。勺，丁削反。藥，旅酌反。」見《文選・子虛賦》及《七發》注。晉灼曰：「《南都賦》曰：『歸鴈鳴鷄，香稻鮮魚，以爲勺藥，酸恬滋味，百種千名。』文説是也。」師古曰：「諸家之説皆未當也。勺藥，藥草名，其根主和五藏，又辟毒氣，故合之於蘭桂五味，以助諸食，因呼五味之和爲『勺藥』耳。讀賦之士不得其意，妄爲音訓，以誤後學。今人食馬肝馬腸者，猶合勺藥而煮之，豈非古之遺法乎？」《文選》李善注曰：「枚乘《七發》曰『勺藥之醬』，然則和調之言，於義爲得。」引之曰：師古説非，諸家之説皆是也。韋云「勺，丁削反。藥，旅酌反」者，勺藥之言「適歷」也。適歷，均調也。《説文》曰：「曆，和也。從甘、厤。厤，調也。」「曆」音「甘」，「厤」音「歷」。《周官・遂師》注曰：「磿者，適歷。」疏曰：「分布希疏得所，名爲『適歷』也。」然則均調謂之「適歷」，聲轉則爲「勺藥」。楊雄《蜀都賦》曰：「乃使有伊之徒，調夫五味，甘甜之和，勺藥之羹。」《論衡・譴告篇》曰：「釀酒於罌，烹肉於鼎，皆欲其氣味調得也。時或鹹苦酸淡，不應口者，由人勺藥失其和也。」嵇康《聲無哀樂論》曰：「大羹不和，不極勺藥之味。」張協《七命》曰：「味重九沸，和兼勺藥。」皆其證矣。服虔注此賦，列或説云：「以勺藥調食。」見《文選注》。蕭該亦云「芍藥香草，可和食」，見《廣韻》。師古襲用其説，遂謂勺藥根「主和五藏，故合之於蘭桂五味，以助諸食」，不知五味之和，總謂之「勺藥」，故云「勺藥之和具」。若專指一物，何以得言具乎？然且歷詆諸家「妄爲音訓」，斯爲謬矣。此賦及《蜀都賦》之「勺藥」皆謂五味之和。陸璣《詩疏》引此，以證《鄭風》之「勺藥」，亦與師古同誤。

赤螭

「《上林賦》：『於是蛟龍赤螭。』」文穎曰：「龍子爲螭。」張揖曰：「赤螭，雌龍也。」如淳曰：「螭，山神也，獸形。」師古曰：「許慎云：『离，山神也。』字則單作『离』。形若龍子，乃從虫。此作『螭』，別是一物，既非山神，又非雌龍、龍子。三家之説皆失之。」念孫案：《呂氏春秋・舉難篇》：「龍食乎清而游乎清，螭食乎清而游乎濁。」高注曰：「螭，龍之別也。」自「蛟龍赤螭」以下九句，皆指水族言之，且「赤螭」與「蛟龍」連文，則「螭」爲龍屬甚明。若山神獸形之「离」，則非其類矣。而師古乃云「既非山神，又非雌龍、龍子」，則果爲何物乎？

崇山矗矗巃嵸崔巍

「於是乎崇山矗矗，巃嵸崔巍」。念孫案：「矗矗」二字後人所加也。「崇山巃嵸崔巍」六字連讀，後人加「矗矗」二字，而以「崇山矗矗」爲句，失之矣。《史記》作「崇山巃嵸，崔巍嵳峩」，《文選・西都賦》注引作「崇山巃嵸崔巍」，而皆無「矗矗」二字。且「矗矗」二字，《漢書》《文選》皆無音釋，其爲後人所加無疑。《吳都賦》之「橚矗森萃」，《蕪城賦》之「矗似長雲」，李善皆有音釋，而此獨無，則本無「矗矗」二字可知。

巖突洞房

「夷嵕築堂，絫臺增成，巖突洞房」。念孫案：「突」當從《史記》作「穾」，字之誤也。「穾」、「突」字相似，傳寫往往譌溷。《莊子·徐無鬼篇》「鶉生於穾」，釋文：「穾，烏弔反。郭徒忽反。字則穴下犬。」《淮南·地形篇》「穾生海人」，今本「穾」誤作「突」。《文選》作「窔」，李善引郭璞注曰：「言於巖窔底爲室，潛通臺上也。」《説文》：「窅窔，深窱皃。」「窔」與「穾」同。「巖穾洞房」皆言其幽深，故下句曰「頫杳眇而無見」。《甘泉賦》曰「雷鬱律於巖窔兮」，《文選》如是。《楊雄傳》作「雷鬱律而巖突兮」，「而」字、「突」字皆誤，而師古無音，則所見本已作「突」矣。《魯靈光殿賦》曰「巖穾洞出，逶迤詰屈」，皆其證也。師古不知「突」爲「穾」之誤，乃曰「於巖穴底爲室，若竈突然，潛通臺上」，襲郭注而小變之，強爲「突」字作解，斯爲謬矣。

娛游往來

「若此者數百千處，娛游往來，宮宿館舍」。師古曰：「娛，戲也。『娛』音許其反。」今本「娛音許其反」「娛」字作「戲」，此後人所改也。後人以「娛」與「許其」音不相協，而「戲」字可讀平聲，故改「娛」爲「戲」以牽合「許其」之音耳。不知「戲」字讀平聲者，乃是「伏戲」之「戲」，非「游戲」之「戲」，且「戲」讀平聲，亦在支部，不在之部，音「許宜反」，不音「許其反」也。此「娯」字乃「娭」字之譌，「娭」非常見之字，故須爲之作音，若「游戲」之「戲」，則不須作音矣。後人之改，甚矣其謬也。《文選》李善注曰：「《説文》曰：『娯，戲也。』許其切。」念孫案：娯音虞，不音許其反，《説文》「娯」訓爲「樂」，不訓爲「戲」，以顔、李二説考之，則「娯」爲「娭」字之譌也。《説文》：「娭，戲也。」《玉篇》音虚基切。「虚基」與「許其」同音。又《楚辭·招魂》「娭光眇視」，王注曰：「娭，戲也。」《漢書·禮樂志》「神來宴娭」，師古曰：「娭，戲也。『娭』音許其反。」音訓正與此同，則「娯」爲「娭」之誤明矣。「娭」即「嬉戲」之「嬉」，故顔、李竝音「許其反」，《史記·司馬相如傳》作「嬉游往來」，此尤其明證也。下文《大人賦》「吾欲往乎南娭」，「氾濫水娭」，《史記》竝作「嬉」。又案，《楚辭·九章》「屬貞臣而日娭」，洪興祖曰：「『娭』一作『娯』，非是。」《招魂》「縣人以娭」，「娭」一作「娯」。《漢書·楊雄傳〈羽獵賦〉》「蹠天蟜，娭澗門」，五臣本《文選》「娭」作「嬉」，李善本作「娯」。蓋後人多見「娯」，少見「娭」，故「娭」字多誤爲「娯」矣。

下磧歷之坻

「陵三嵕之危，下磧歷之坻」。師古曰：「磧歷，沙石之貌也。坻，水中高處也，音『遲』。」念孫案：師古説「坻」與「磧歷」之義皆非也。坻，謂山阪也。《説文》曰：「秦謂陵阪曰阺。」字或作「坻」，《玉篇》：「坻，直飢切。水中可居曰坻。又音『底』。《埤蒼》云：『坂也。』」是陵阪之「坻」音底，與水中之「坻」音遲者不同。張衡《南都賦》曰「坂坻巀嶭而成甗」是也。《文選・西京賦》「右有隴坻之隘」，李善注引應劭《漢書注》曰：「天水有大坂，曰隴坻。」張揖曰：「磧歷，不平也。」見《文選注》。案，「磧歷」叠韻字，謂山阪不平，磧歷然也。師古以「磧」與沙石同類，輒云「磧歷，沙石之貌」，望文生義，失其本指矣。故曰「下磧歷之坻」，坻爲山阪，故言「下」，若水中之坻，則不得言「下」矣。「陵三峻之危，下磧歷之坻」，皆言山而不言水，下文「越壑厲水」乃始言涉水耳。「坻」讀如「底」，與下文「水」、「豸」、「氏」、「豕」爲韻，非與「危」爲韻，「危」字古音魚戈反，説見《史記》「劉氏危」下。亦不與「坻」爲韻也。

要褭

「蠲要褭，射封豕」。念孫案：「要」當依景祐本作「䙅」。《隸續・斥彰長田君斷碑》「究屆道䙅」，跋引《漢書》「蠲䙅褭」，又引注云：「『䙅』，古『要』字。」今則正文改作「要」，又削去注文矣。

族居

「巴俞宋蔡，淮南于遮，文成顛歌，族居遞奏，金鼓迭起」。師古曰：「族，聚也。聚居而遞奏也。」念孫案：歌聲可言「起」，不可言「居」，師古言「聚居」，非也。「居」讀爲「舉」，「族舉」者，具舉也。「遞奏」者，更奏也。《荀子・王制篇》云「舉錯應變而不窮」，《非相篇》云「居錯徙，應變不窮」，「居錯」即「舉錯」。《書大傳》「民能敬長憐孤，取舍好讓，舉事力者」，《韓詩外傳》「舉」作「居」，是「舉」、「居」古字通也。《史記》正作「族舉遞奏」。

緜藐

「長眉連娟，微睇緜藐」。郭璞曰：「緜藐，視遠貌。」念孫案：下文云「色授魂予，心愉於側」，則此非謂視遠貌也。今案：緜藐，好視貌也。《方言》曰：「南楚江淮之間，驢瞳子謂之矊。」郭璞曰：「言緜邈也。」《楚辭・招魂》曰：「靡顏膩理，遺視矊些。」「矊」與「緜」同義。「藐」音莫角、莫沼二反。《楚辭・九歌》「目眇眇兮愁予」，王注曰：「眇眇，好貌。」「眇」與「藐」同義，合言之則曰「緜藐」。《方言》注作「緜邈」。張衡《西京賦》曰：「眳藐流眄，一顧傾城。」薛綜以「眳」爲「眉睫之間」，失之。竝字異而義同。

奉幣使　繇使吏

「今奉幣使至南夷，即自賊殺，或亡逃抵誅」。宋祁曰：「越本『使』作『役』。」念孫案：越本是也。景祐本亦作「役」。奉幣役，謂奉幣之役，即上文所云「發巴蜀之士各五百人以奉幣」者也。發役奉幣，以衞使者，則當言「奉幣役」，不當言「奉幣使」也。「役」字古文作「役」，與「使」相似而誤。《史記》《文選》及《藝文類聚·雜文部四》竝作「役」。又《韓延壽傳》「取官錢帛，私假繇使吏」，「使」亦當依浙本作「役」。《漢紀》作「私假傜役吏民」，是其證。

衍溢

「昔者洪水沸出，氾濫衍溢」。念孫案：李善本《文選》「衍溢」作「溢溢」，注曰：「張揖曰：『溢，溢也。』《字林》匹寸切。古《漢書》爲『溢』，今爲『衍』，非也。」據此，則李所見古本作「溢」，與顏異也。《溝洫志》「河水溢溢」，師古曰：「溢，踊也。」崔瑗《河隄謁者箴》亦曰「溢溢滂汩」。《後漢書·陳忠傳》「徐岱之濱，海水盆溢」，《漢武都太守李翕析里橋郙閣頌》「涉秋霖漉，盆溢口漏」。「盆」竝與「溢」同。《文選·江賦》注引《淮南子》曰：「人莫鑒於流瀿而鑒於澄水。」見《説山篇》。「許慎曰：『楚人謂水暴溢爲瀿，扶園切。』」「瀿」與「溢」聲近而義同。

銜橜

「且夫清道而後行，中路而馳，猶時有銜橜之變」。張揖曰：「銜，馬勒銜也。橜，騑馬口長銜也。」師古曰：「橜，謂車之鉤心也。銜橜之變，言馬銜或斷，鉤心或出，則致傾敗以傷人也。」念孫案：師古説非也。徧考諸書，無謂「車鉤心」爲「橜」者。《説文》：「䮕，馬口中橜也。」《史記索隱》引周遷《輿服志》云：「鉤逆上者爲橜，橜在銜中，以鐵爲之，大如雞子。」此與張説小異，而皆以爲馬口中橜。字或作「橛」，《莊子·馬蹄篇》云：「前有橛飾之患，而後有鞭策之威，而馬之死者已過半矣。」《韓子·姦劫弑臣篇》云：「無棰策之威，銜橛之備，雖造父不能以服馬。」《鹽鐵論·刑德篇》云：「猶無銜橛而禦捍馬也。」是銜、橛皆所以制馬，若鉤心，則在輿之下、軸之上，《釋名》云：「鉤心，從輿心下鉤軸也。」《小畜》正義引鄭注云：「輹，謂輿下縛木，與軸相連，鉤心之木是也。」與馬何涉乎？當從張説爲是。又《王吉傳》「其樂豈徒銜橛之間哉」，義亦與此同。

列僊之儒

「列僊之儒居山澤間，形容甚臞」。師古曰：「儒，柔也，術士之稱也，凡有道術皆爲儒。今流俗書本作『傳』字，非也，後人所改耳。」《史記》作「列僊之傳」，索隱曰：「案，『傳』者，謂相傳以列僊居山澤間。小顔及劉氏竝作『儒』，云『儒，柔也。術士之稱』，非。」念孫案：司馬説是也。《郊祀志》云「此三神山者其傳在勃海中」，與此「傳」字同義。「儒」與「列僊」意不相屬，劉、顔曲爲之説，而終不可通。隸書「傳」或作「傳」，「儒」或作「儒」，二形相似，故「傳」譌爲「儒」矣。

大行

「《封禪文》：『文王改制，爰周郅隆，大行越成。』」文穎曰：「行，道也。」應劭曰：「大行，道德大行也。」念孫案：文説是。「大行越成」者，大道於是始成也。古謂「道」爲「行」。説見《經義述聞·周易》。

垂統理順

「垂統理順」。張揖曰：「理，道也。其道和順。」念孫案：「理」亦「順」也。《說文》曰：「順，理也。」《廣雅》曰：「理，順也。」《說卦傳》曰：「和順於道德而理於義。」《考工記・匠人》曰：「水屬不理孫，謂之不行。」是「理」與「順」同義。「軌迹夷易」、「湛恩厖洪」、「憲度著明」、「垂統理順」，「夷」、「易」皆平也。「厖」、「洪」皆大也。「著」、「明」，皆明也。「理」、「順」，皆順也。

卒業

「皇皇哉斯事，天下之壯觀，王者之卒業」。師古曰：「皇皇，盛貌也。卒，終也。字或作『本』，或作『丕』，丕，大也。」念孫案：《爾雅》云：「壯，大也。」「壯觀」、「丕業」皆承上「皇皇哉斯事」言之，則作「丕」者是也。作「卒」、作「本」，則非其旨矣。隸書「丕」或作「[不十]」，「本」或作「夲」，「卒」或作「卆」，三者皆相似，故「丕」譌作「卒」，又譌作「本」。《史記》正作「丕」，五臣本《文選》同。

詩大澤之博

「總公卿之議，詢封禪之事，詩大澤之博，廣符瑞之富，遂作頌」。孟康曰：「詩所以詠功德，謂下四章之頌也。」念孫案：「詩」字若訓爲「詩賦」之「詩」，則「詩大澤之博」，殊爲不詞，且字法與「總公卿之議」、「詢封禪之事」、「廣符瑞之富」皆爲不類矣。《顏氏家訓・書證篇》曰：「相如《封禪書》曰：『導一莖六穗於庖，犧雙觡共抵之獸。』此『導』訓『擇』。光武詔云『非徒有豫養導擇之勞』是也。而《說文》云『導』是禾名，引《封禪書》爲證，『禾一莖六穗於庖』，豈成文乎？縱使相如天才鄙拙，强爲此語，則下句當云『麟雙觡共抵之獸』，不得云『犧』也。」案：「導一莖六穗於庖」，「導」字訓爲「禾」，與「詩大澤之博」「詩」字訓爲「詩賦」之「詩」，皆語不成詞，且與上下文不類也。今案，「詩」者，「志」也。「志」者，「記」也。謂作此頌以記大澤之溥博，廣符瑞之富饒也。「詩」訓「志意」之「志」，又訓「志記」之「志」。《詩序》曰：「詩者，志之所之也。在心爲志，發言爲詩。」《詩譜正義》引《春秋說題辭》曰：「在事爲詩，未發爲謀，恬澹爲心，思慮爲志。詩之爲言志也。」是「詩」訓爲「志意」之「志」也。《賈子・道德說篇》曰：「書者，著德之理於竹帛而陳之，令人觀焉，以著所從事。故曰書者，此之著者也。詩者，志德之理而明其指，令人緣之以自成也。故曰詩者，此之志者也。」是「詩」又訓爲「志記」之「志」也。

兹爾

「兹爾於舜，虞氏以興」。念孫案：「爾」字於義無取，當依《史記》《文選》作「亦」。《文選》吕延濟注曰：「言此獸於舜亦見也。」今本作「爾」者，「亦」譌爲「尔」，後人因改爲「爾」矣。《淮南·詮言篇》「自身以上，至於荒芒，亦遠矣」，《後漢書·張衡傳》「亦要思乎故居」，今本「亦」竝作「爾」，誤與此同。

公孫弘卜式兒寬傳

策詔諸儒

「上策詔諸儒。制曰」。念孫案：景祐本「儒」下有「曰」字，是也。「制曰」二字即策中之語，則上句「曰」字不可省。《董仲舒傳》云「天子乃復册之曰：制曰」，即其證。

治民之本

「此八者，治民之本也」。宋祁曰：「江南本無『民』字。」念孫案：江南本是也。「民」字涉上下文而衍。上文八事，皆治道之大者，不專指民而言。《漢紀》無「民」字，下文「凡此四者，治之本」，亦無「民」字。

得其要

「得其要」。宋祁曰：「浙本云『得其要術』。」念孫案：「術」字承上文「謂之術」而言，下文「不得其術」，又對「得其要術」而言，則有「術」字者是也。《羣書治要》引此亦有「術」字，《漢紀》同。

和起

「天德無私親，順之和起，逆之害生」。念孫案：「和」當爲「利」，草書之誤也。「順逆」、「利害」皆對文。若作「和」則與「害」不相對矣。《漢紀》作「和」，亦後人以誤本《漢書》改之。《文選·永明十一年策秀才文》注引此正作「利」。

郡國

「兒寬，千乘人也。以郡國選詣博士」。念孫案：「千乘」郡名，非邦名，「邦」字蓋後人所加。

《文選・兩都賦序》注引此作「以郡選詣博士」,《史記・儒林傳》「兒寬以文學應郡舉,詣博士,受業郡下」,皆無「邦」字。

漢書弟十一

張湯傳

必奏先爲上分別其原

「奏讞疑，宋祁曰：「浙本『疑』字下有『事』字。」念孫案：《北堂書鈔》《太平御覽》引《漢書》皆有「事」字，《史記》《通典》同。師古曰「爲讞疑奏之」，則所見本無「事」字。必奏先爲上分別其原」。念孫案：下「奏」字涉上「奏」字而衍，《史記》作「奏讞疑事，必豫先爲上分別其原」，則無下「奏」字明矣。舊本《北堂書鈔·設官部五》陳禹謨本依俗本《漢書》加「奏」字。《太平御覽·職官部二十九》引《漢書》皆無下「奏」字，《通典·職官七》同。「奏讞疑」乃起下之詞，非承上之詞。師古連上文「平亭疑法」釋之，非也。

豈有私謝邪絶弗復爲通

「嘗有所薦，其人來謝，安世大恨，以爲舉賢達能豈有私謝邪，絶弗復爲通」。宋祁曰：「南本、浙本竝云『豈有私邪？謝絶弗復爲通』。」念孫案：南本、浙本是也。豈有私邪，謂薦賢本無私也。謝絶弗復爲通，謂謝絶其人，不復與相見也。後人以上文云「其人來謝」，遂移「謝」字於「私」字之下，而以「豈有私謝」連讀，失之矣。據師古注云「有欲謝者，皆不通也」。一曰：告此人而絶之，更不與相見也」，「告」字正釋「謝」字。師古注《高紀》及周勃、車千秋、趙廣漢《傳》竝云「謝，告也」。則師古所見本正作「謝絶弗復爲通」明矣。今本「謝」字移入上句内，則與注不合。

郎淫官婢

「郎淫官婢」。念孫案：此本作「郎有淫官婢」，與上「郎有醉小便殿上」文同一例。今本脱去「有」字，則語意不完。舊本《北堂書鈔·設官部五》陳禹謨本删「有」字。《初學記·職官部下》《太平御覽·職官部二十七》引此皆有「有」字，《通典·職官七》同。

問千秋

「將兵隨度遼將軍范明友擊烏桓，還謁大將軍光，問千秋戰鬭方略，山川形埶」。念孫案：「問」上更有一「光」字，而今本脱之，則語意不完。《北堂書鈔·藝文部二》《太平御覽·人事部七十三》引此皆重一「光」字。

杜周傳

京師故

「茂陵杜鄴與欽同姓字，俱以材能稱，京師故衣冠謂欽爲『盲杜子夏』以相别」。念孫案：「俱以材能稱」絶句，「故」字當在「京師」上，而以「故京師衣冠」五字連讀。京師衣冠，謂京師士大夫也。師古曰：「衣冠謂士大夫。」《白帖》十二引此，作「京師衣冠謂欽爲『盲杜子夏』」，《太平御覽·疾病部三》同。則「京師衣冠」四字連讀明矣。《漢紀》作「俱好學，以才能稱，故京師謂欽爲『盲子夏』」，則「故京師」三字連讀又明矣。

失在巖穴

「賢俊失在巖穴，大臣怨於不以」。師古曰：「失在巖穴，謂隱處巖穴，朝廷失之也。」念孫案：「失」讀爲「放佚」之「佚」，「佚」字又作「逸」。謂賢俊自放於巖穴，非謂「朝廷失之」也。古多以「失」爲「佚」。見《九經古義》。

治之

「當世治之所務也」。念孫案：「治之」當爲「之治」。上文策曰：「當世之治何務？」故欽對曰：「抑文尚質，廢奢長儉，表實去僞，當世之治所務也。」今本「之治」二字倒轉，則文義不順。

關雎之見微

「欽以建始之初，深陳女戒，終如其言，庶幾乎《關雎》之見微」。師古曰：「《關雎》，國風之始，言夫婦之際，政化所由，故云『見微』。微，謂微妙也。」念孫案：師古說「見微」之義未確。上文欽說大將軍鳳曰：「佩玉晏鳴，《關雎》歎之，知好色之伐性短年，離制度之生無厭，天下將蒙化陵夷而成俗也。」《史記·十二諸侯年表》曰：「周道缺，詩人本之衽席，《關雎》作。」李奇曰：「后夫人雞鳴佩玉去君所。周康王后不然，故詩人歎而傷之。」薛瓚曰：「此《魯詩》也。」此云「《關雎》見微」，即指上文言之，用《魯詩》説也。覩佩玉晏鳴而知治化之將衰，故曰「見微」。馮衍《顯志賦》亦云「美《關雎》之識微兮，愍王道之將崩」。

張騫李廣利傳

負私從者　私負從馬

「歲餘而出敦煌六萬人，負私從者不與」。念孫案：此謂負私裝以從者，不在六萬人中也。師古曰「負私糧食及私從者」，則誤分「負私」與「從」爲二事矣。《匈奴傳》「私負從馬凡十四萬匹」，亦謂私負裝以從之馬也。師古曰「私負衣裝者及私將馬從者」，亦誤分爲二事。

錯簡正文六十九字注文二十九字

「圍其城，攻之四十餘日。其外城壞，虜宛貴人勇將煎靡。師古曰：「宛之貴人爲將而勇者，名煎靡也。煎音子延反。」宛大恐，走入中城，相與謀曰：『漢所爲攻宛，以王毋寡自「其外城壞」至此，凡三十二字，又注文「師古曰宛之貴人」云云，凡二十一字，舊本竝誤入下文「共殺王」之下，今依《史記·大宛傳》移置於此。匿善馬殺漢使。師古曰：「毋寡，宛王名」。今殺王而出善馬，漢兵宜解，即不，迺力戰而死，未晚也。』宛貴人皆以爲然，共殺王。自「匿善馬」至此，凡三十七字，又注文「師古曰毋寡宛王名」八字舊本竝誤入上文「其外城壞」之上，今依《史記》移置於此。舊本「匿善馬」之上又衍「宛貴人謀曰王毋寡」八字，今依《史記》删。持其頭，遣人使貳師」。

司馬遷傳

武信君

「當始皇之時，蒯聵玄孫卬爲武信君將而徇朝歌」。師古曰：「武信君，即武臣也。未爲趙王之前號『武信君』。《項籍傳》曰『趙將司馬卬』，是知爲武臣之將也。」劉攽曰：「此言當始皇時爲武信君將，則武信君非武臣也。」念孫案：《蒯通傳》云：「武臣略定趙地，號『武信君』。」是武信君即武臣也。此秦二世時事，而云「當始皇之時」，記者之誤耳。誤本《史記》。始皇之時，卬安得「爲武信君將而徇朝歌」乎？貢父據此一句，而輒生異説，謬矣。

糲粱

「糲粱之食，藜藿之羹」。念孫案：「粱」當爲「粢」。說見《史記·自序》。

與舍

「有法無法，因時爲業。有度無度，因物興舍」。師古曰：「興，起也。舍，廢也。」念孫案：《史記》作「因物與舍」，於義爲長。舍者，居也。言因物與居而無成心也。《鶡冠子·世兵篇》亦云「聖人捐物，從理與舍」。「因物與舍」與「因時爲業」相對爲文。

而流俗人之言

「若望僕不相師用，而流俗人之言」。僕非敢如是也」。念孫案：蘇林曰：「而，猶如也。」見《文選注》。不相師用，而流俗人之言，謂視少卿之言如流俗人之言而不相師用也。《文選》張銑注曰：「而，如也。言少卿書若怨望我不相師用，以少卿勸戒之辭，如流俗之人所言，我非敢如此。」「流俗人」，猶言世俗人。師古謂「隨俗人之言而流移其志」，非也。齊曰：「《文選》作『若望僕不相師，而用流俗人之言』，倒『用』字於『而』字下，甚順。」念孫案：齊說亦非也。今本《文選》「用」字在

「而」字下，乃後人所改，辯見《文選》。

而世又不與能死節者比

「假令僕伏法受誅，若九牛亡一毛，與螻螘何異？而世又不與能死節者比，特以爲智窮罪極，不能自免，卒就死耳」。念孫案：「不與能死節者比」，「比」字後人所加。據師古注云：「與，許也。不許其能死節。」則無「比」字明矣。《文選》李善本無「比」字，注云：「與，如也。言時人以我之死不如能死節者。」皆其明證也。劉良注云「言世人輕我見誅死，不與死王事者相比」，則所見本已有「比」字。今五臣本作「而世俗又不能與死節者次比」，既將「與」、「能」二字倒轉，又於「世」下加「俗」字，「比」上加「次」字，揆之李、劉二注，均不相符。此後人妄改，非五臣原本也。蓋「與」字顏訓爲「許」，李訓爲「如」，於義均有未安。後人不得其解，因於句末加「比」字耳。今案：與，猶謂也，言世人不謂我能死節者，特謂我罪固當死，無可解免耳。古者「與」與「謂」同義。《夏小正傳》曰：「獺獻魚，其必與之獻，何也？」「與之獻」，謂之獻也。「來降燕，乃睇室，舊本脱「室」字，今據傳文補。與之室，何也？」「與之室」，謂之室也。《韓詩外傳》「子路與巫馬期曰」，與巫馬期，謂巫馬期也。《史記·高祖紀》「劉季乃書帛射城上，謂沛父老曰」，《漢書》「謂」作「與」。是「與」與「謂」同義。不與能死節，即不謂能死節也。後人不達而於句末加

「比」字，斯爲謬矣。「與」字顏訓爲「許」，李訓爲「如」，若於句末加「比」字，則「許」、「如」二訓皆不可通矣。

具罪

「彭越、張敖南鄉稱孤，繫獄具罪」。師古曰：「或繫於獄，或至大罪也。」念孫案：如師古注，則正文本作「繫獄氐罪」。氐者，至也。故注言「至大罪」。「氐」字或作「抵」。《禮樂志》「大氐皆因秦舊事焉」，師古曰：「其後字或作『抵』，音義竝同。」《文選》作「繫獄抵罪」，是其明證也。今本作「具罪」者，「氐」譌爲「且」，隸書「氐」字或作「亘」，又作「丘」，形與「且」相似，因譌爲「且」。《史記·高祖功臣侯者年表》「橐祗侯陳錯」，《漢表》「祗」作「祖」。《地理志》「常山郡元氏泜水，首受中丘西山窮泉谷」，今本「泜」譌作「沮」，皆其例也。後人又改爲「具」耳。《說文》曰：「氐，至也。」《吕氏春秋·必己篇》「宋桓司馬抵罪出亡」，高誘曰：「抵，當也。」《漢書·高帝紀》「傷人及盜抵罪」，應劭曰：「抵，至也，當也。除秦酷政，但至於罪也。」見《史記集解》。《杜延年傳》「或抵其罪法」，師古曰：「抵，至也。致之於罪法。」以上凡言「抵罪」者，皆謂至於罪也。「抵」與「氐」同，故此注云「或至大罪」。若改「氐罪」爲「具罪」，則非其義矣。

函糞土之中

「隱忍苟活，函糞土之中而不辭」。念孫案：「函」訓爲「容」。「容糞土之中」則爲不詞。「函」當爲「臽」，「臽」本作「臽」，形與「函」相似，因譌而爲「函」。説見《經義述聞》。李善本《文選》作「幽於糞土之中」，「幽」，又「函」之譌。《説文》：「臽，小阱也。」今經史通作「陷」。《廣雅》曰：「臽，坑也。」漢《武都太守李翕天井道碑》「堅無臽潰」，《西狹頌》「刻臽確嵬」，其字皆作「臽」。今經史相承作「陷」，未必非後人所改也。此傳「臽糞土之中」，若非譌爲「函」，則後人亦必改爲「陷」矣。臽者，墜入之謂，《玉篇》：「陷，墜入地也。」故曰「臽糞土之中」，猶僖四年《公羊傳》云「大陷于沛澤之中」也。《漢紀》作「身陷糞土之中」，是其明證矣。《楚語》「若合而函吾中」，韋注曰：「函，入也。」「函」亦「臽」字之譌，故韋訓爲「入」。舊音及補音皆音「咸」，失之矣。説見《經義述聞》。《史記·禮書》「函及士大夫」，集解曰：「函，音含。」《索隱》作「啗」，云「啗音含，鄒誕生音徒濫反」。案，「函」亦「臽」之譌，「臽」、「啗」聲相近，故鄒誕生本作「啗」。裴駰、司馬貞音含，亦失之矣。經史中「臽」字既相承作「陷」，而《國語》之「臽吾中」、《史記》之「臽及士大夫」及此傳之「臽糞土之中」又皆譌而爲「函」。後人多見「函」，少見「臽」，遂莫有能正其失者矣。

左丘明

「及如左丘明無目，孫子斷足」。宋祁曰：「越本無『明』字。」念孫案：越本是也。無「明」字者，省文便句耳。上文「左丘失明」即其證。後人不達，而增入「明」字，則累於詞矣。景祐本及《文選》皆無「明」字。

左氏國語

「故司馬遷據《左氏》《國語》」。念孫案：「左氏」下脱「春秋」二字，則文義不全。《漢紀・孝武紀》引此《贊》正作「據《左氏春秋》《國語》」。

武五子傳

悼皇

「愚以爲親謚宜曰『悼皇』」。景祐本無「皇」字。念孫案：景祐本是也。下文云「比諸侯王園」，則不得稱「悼皇」明矣。此涉下文「悼園宜稱尊號曰『皇考』」而誤。《通典・禮三十二》《通鑑·漢紀十六》竝作「宜曰『悼』」，《漢紀》作「宜曰『悼考』」，皆無「皇」字。

職吏事

「詐言以武帝時受詔，得職吏事」。如淳曰：「諸侯不得治民與職事，是以爲詐言受詔，得知職事也。」念孫案：《爾雅》：「職，主也。」謂得主其國中之吏事耳。如解「職」字之義未確。

不及下究

「惡吏廢法立威主，恩不及下究」。念孫案：景祐本無「及」字，疑後人所加。據注云「不終竟於下」，則正文但作「不下究」而無「及」字明矣。《武紀》亦云「化不下究」。

井水泉竭

「是時天雨，虹下屬宮中飲井水，井水泉竭」。宋祁曰：「越本無『泉』字。」念孫案：越本是也。景祐本亦無「井水」二字，即承上文言之，不當更有「泉」字。此是一本作「水」，一本作「泉」，而後人誤合之也。《開元占經·虹蜺占篇》《初學記·天部下》《白帖》二引此竝作「井水竭」，《漢紀》同。

毋桐好逸

「毋桐好逸，毋邇宵人」。應劭曰：「無好逸游之事，邇近小人也。」張晏曰：「桐，音同。」師古曰：「桐，音通。桐，輕脱之貌也。」念孫案：「桐」字若訓爲「輕脱之貌」，則「毋桐好逸」，殊爲不辭。今案，《史記・三王世家》作「毋侗好佚」，「佚」與「逸」同。褚先生釋之曰：「無長好佚樂，馳騁弋獵。」是「侗」訓爲「長」也。「侗」爲「長久」之「長」，亦爲「長大」之「長」。《論衡・齊世篇》曰「上世之人，侗長佼好」是也。作「桐」者，假借字耳。「侗」與「桐」古字通。《楊子・學行篇》「桐子之命」，宋咸曰：「『桐』當爲『侗』。」「侗」之爲「長」，乃漢人常訓，故應注但言「無好逸游」，而不釋「桐」字。

庸身

「死不得取代，句庸身自逝」。師古曰：「言死當自去，不如他傜役得顧庸自代也。」念孫案：「庸」、「用」古字通，《堯典》「徵庸二十」，《論衡・氣壽篇》「庸」作「用」。《皋陶謨》「五刑五用哉」，《後漢書・梁統傳》「用」作「庸」。「帝庸作歌」，《史記・夏本紀》「庸」作「用」。《蒼頡篇》曰：「用，以也。」見《一切經音義》七。言死不得取代，當以身自往也。如師古説，則當以「死不得取代庸」爲句，大爲不詞矣。

左側

「陛下左側讒人衆多」。念孫案：君側有讒人，不當獨指左側言之，「左側」當爲「在側」，字之誤也。《藝文類聚·蟲豸部》《太平御覽·蟲豸部一》引此竝作「在側」。

三十九年

「秦始皇即位三十九年」。念孫案：「九」當爲「七」，見《史記·秦始皇紀》及《六國表》。《太平御覽·皇王部十一》引此作「九」，亦後人以誤本《漢書》改之，其《人事部四》引此正作「七」。

嚴朱吾丘主父徐嚴終王賈傳

不振

「今小國以窮困來告急，天子不振，尚安所愬」。師古曰：「振，舉也，起也。」念孫案：振，救也。見《月令》《哀公問》注、昭十四年《左傳》注及《周語》《魯語》《吴語》注。故《漢紀》作「天子不能救」。

癉熱

「南方暑溼，近夏癉熱」。師古曰：「癉，黄病也。」念孫案：訓「癉」爲「黄病」，則「癉」、「熱」二字義不相屬，顔説非也。今案：癉者，盛也。《周語》曰「陽癉憤盈」，言陽盛憤盈也。字通作「僤」，又作「憚」。《大雅·板篇》「下民卒癉」，《釋文》「癉」作「僤」。《爾雅·釋詁》注引《小雅·大東篇》「哀我癉人」，今本「癉」作「憚」。《大雅·桑柔篇》曰「逢天僤怒」，言盛怒也。《秦策》曰「王之威亦憚矣」，言威之盛也。説見《秦策》。《吕氏春秋·重己篇》「衣不燀熱」，高注曰：「『燀』讀曰『亶』。亶，厚也。」義與「癉熱」亦相近。癉熱即盛熱，言南方暑溼之地，近夏則盛熱也。下文「疾癘多作」，乃始言疾病耳。

持久

「曠日持久，士卒勞倦」。宋祁曰：「越本『持』作『引』。」念孫案：景祐本亦作「引」。「引」與「持」字不相似，若本是「持」字，無緣譌而爲「引」。疑後人熟於「曠日持久」之語而輒改之也。引久者，長久也。《過秦論》曰「曠日長久而社稷安」是也。《漢紀》作「曠日彌久」，「彌」亦長也。《説文》作「镾」。

皆從

「一方有急，四面皆從」。「從」字師古無音。念孫案：「從」讀爲「聳」。聳，動也。言一方有急而四方皆聳動也。「聳」或作「竦」，《文選・海賦》「莫振莫竦」，李善曰：「竦，動也。」《韋賢傳》云：「一方有急，三面救之，是天下皆動而被其害也。」彼言「皆動」，猶此言「皆聳」也。作「從」者，借字耳。故《漢紀》作「四面皆聳」。

踰領

「是時，漢兵遂出，踰領，適會閩越王弟餘善殺王以降」。宋祁曰：「一本『踰』字上有『未』字。」念孫案：一本是也。《漢紀》作「兵已出，未逾五嶺」，《南粵》《閩粵》兩傳皆云「兵未踰領」，《史記》同。

將卒

「上嘉淮南之意，美將卒之功」。宋祁曰：「浙本『卒』作『率』。」念孫案：浙本是也。「率」即「帥」字，《漢紀》作「美將帥之功」，是其證。隸書「率」與「卒」相似，因譌爲「卒」。説見《史記・建元以來侯者表》。

入視之　卧内

「其故人素輕賈臣者入視之」。景祐本「入」下有「内」字。念孫案：景祐本是也。今本無「内」字者，後人不曉古義而删之耳。「入内」即上文所云「入室中」也。古者謂室爲「内」，故謂入室爲「入内」。《武紀》云「甘泉宫内中産芝」，師古曰：「内中，謂後庭之室也。」《淮南傳》云「閉大子，使與妃同内」，《鼂錯傳》云「家有一堂二内」，皆是也。其他書謂「室」爲「内」者甚衆，具見《經義述聞》「子有廷内」下。《太平御覽・職官部五十七》引此正作「入内視之」。室謂之「内」，故卧室謂之「卧内」。《盧綰》及《楚元王傳》竝云「出入卧内」，《周仁傳》云「入卧内」，《霍光傳》云「皆拜卧内牀下」，《金日磾傳》云「直趨卧内，欲入」，《史丹傳》云「直入卧内」，皆是也。而師古注《霍光傳》云「天子所卧牀前」，注《金日磾傳》云「天子卧處」，皆未曉「卧内」二字之義。

澤鹵

「地固澤鹵，不生五穀」。師古曰：「地多沮澤而鹹鹵。」念孫案：此用薛瓚注而誤。澤鹵即斥鹵，非謂「沮澤」也。說見《史記·主父傳》。

築城

「偃盛言朔方地肥饒，外阻河，蒙恬築城以逐匈奴」。念孫案：「築」字後人加之，景祐本所無也。城即築城也。《小雅·出車》曰「城彼朔方」是也，無庸更加「築」字。《史記》作「蒙恬城之以逐匈奴」。

燕郡

「徐樂，燕郡無終人也」。《日知録》曰：「《地理志》無燕郡，而無終屬右北平。考燕王定國，以元朔二年秋有罪自殺，國除。而元狩六年夏四月，始立皇子旦爲燕王，而其間爲燕郡者十年，而《志》軼之也。徐樂上書，當在此時，而無終以其時屬燕，後改屬右北平耳。」念孫案：景祐本及《文選·别賦》注引此竝作「燕無終人也」，《羣書治要》引作「燕人也」，皆無「郡」字。顧據俗本《漢書》作「燕郡」，謂徐樂上書在元朔二年改國爲郡之後，非也。《主父偃傳》云：「元光元年，偃西入關，見衛將軍。衛將軍數言上，上不省，資用乏，留久，諸侯賓客多厭之，迺上書闕下。是時徐樂、嚴安亦俱上書言世務。上召見三人，拜爲郎中。」《史記》同。是樂之上書即在元光元年之後，故《漢紀》列其事於元光二年，在元朔二年之前凡六年。其時燕國尚未改爲郡，不得稱「燕郡」也。「郡」字乃後人所加。

鄉曲之譽

「身非王公大人名族之後，鄉曲之譽」。念孫案：《史記·主父傳》作「無鄉曲之譽」是也。此脱「無」字，則文義不明。

南挂於越

「秦禍北構於胡，南挂於越」。師古曰：「挂，縣也。」念孫案：「挂」讀爲「絓」。絓，結也。言禍結於越也。《廣韻》：「絓，絲結也。」《楚辭·九章》曰：「心絓結而不解兮。」上句云「秦禍北構於胡」，「構」亦「結」也。《史記·律書》曰「秦二世結怨匈奴，絓禍於越」，尤其明證矣。

薦居

「北胡隨畜薦居」。蘇林曰：「薦，草也。」師古曰：「蘇説非也。『薦』讀曰『荐』。荐，屢也。言隨畜牧屢易故居，不安住也。《左傳》：『戎狄荐居』者也。」念孫案：師古訓「薦」爲「屢」，

「隨畜屢居」，則爲不辭，故於「屢」下加「易故」二字以曲成其説，謬矣。蘇林訓「薦」爲「草」，是也。「隨畜薦居」，謂隨畜牧而草居也。《史記·匈奴傳》曰：「逐水草遷徙，毋城郭常處耕田之業。」《漢書·趙充國傳》曰：「今虜亡其美地薦草。」襄四年《左傳》「戎狄荐居」，服虔曰：「荐，草也。言狄人逐水草而居徙無常處。」杜預曰：「荐，聚也。」《晉語》「戎狄荐處」，韋昭亦曰：「荐，聚也。」案：韋、杜之説雖與服異，而「荐」字皆不訓爲「屢」。師古訓「荐」爲「屢」，而引《左傳》「戎狄荐居」，斯爲誤證矣。劉炫案：「《莊子》云『麋鹿食荐』，則『荐』是草也。服言是。」今本《莊子·齊物論篇》「荐」作「薦」，《釋文》：「薦，司馬云『美草也』。」郭璞注《三蒼》云「六畜所食曰薦」，《管子·八觀篇》曰「薦草多衍，則六畜易繁也」，《問篇》曰「其就山藪林澤食薦者幾何」，《韓子·七術篇》曰「猶獸鹿也，唯薦草而就」，《説文》：「薦，獸之所食艸，從廌、艸。古者神人以廌遺黃帝，帝曰：『何食？』曰：『食薦。』」此皆古人謂草爲「薦」之證。

正

「且鹽鐵，郡有餘臧，正二國廢，國家不足以爲利害」。念孫案：正，猶即也，言即廢二國之鹽鐵，亦無關於國家之利害也。又《循吏傳》：「黃霸謂督郵曰：『許丞廉吏，雖老，尚能拜起送迎，正頗重聽，何傷？』」言即頗重聽，亦無傷也。又《酷吏傳》：「尹賞戒其諸子曰：『丈夫爲吏，正坐殘賊免，追思其功效，則復進用矣。』」言即使坐殘賊免，猶可以前功復用也。又《游俠傳》：「或譏原涉曰：『正復讎取仇，猶不失仁義，何故遂自放縱，爲輕俠之徒乎？』」言即復讎取仇，猶不失仁義也。又《王莽傳》：「嚴尤奏言：『貉人犯法，不從騶起，正有它心，宜令州郡且尉安之。』」言騶即有它心，亦宜且慰安之也。此五「正」字，師古皆無注，故具解之。

發使使匈奴

「當發使使匈奴」。景祐本少一「使」字。念孫案：注云「漢朝欲遣人爲使於匈奴也」，則正文似衹有一「使」字。

彗氾

「《聖主得賢臣頌》：『水斷蛟龍，陸剸犀革，忽若彗氾畫塗。』」如淳曰：「若以彗掃於氾灑之處也。」見《文選注》。師古曰：「彗，帚也。氾，氾灑地也。塗，泥也。如以帚埽氾灑之地，以刀畫泥中，言其易。」念孫案：如顔以「彗」爲「帚」，「氾」爲「氾灑地」，則「彗」、「氾」二字義不相屬，必於「氾」字之上加一「埽」字，而其義始明矣。今案，「彗氾」與「畫塗」相對爲文。彗者，埽也。氾者，污也。謂如以帚埽穢，以刀畫泥耳。《後漢書・光武紀》注曰：「彗，埽也。」班固《東都賦》曰「戈鋋彗雲，羽旄埽霓」是也。「彗」或作「篲」。枚乘《七發》曰「淩赤岸，篲扶桑」，謂濤勢之大，淩赤岸而埽扶桑。李善以「篲」爲「埽竹」，非是。辯見《文選》。是「彗」爲埽也。《方言》曰：「氾，洿也。「洿」與「污」同。《廣雅》：「氾，污也。」自關而東或曰『氾』。」漢《博陵太守孔彪碑》曰「浮斿塵埃之外，皭焉氾而不俗」，是「氾」爲「污」也。

乘旦

「及至駕齧紖，驂乘旦，王良執靶，韓哀附輿」。張晏解「乘旦」曰：「駕則旦至，故以爲名。」引之曰：張以「駕則旦至」釋「乘旦」二字，甚爲迂曲。今案，「乘旦」當爲「乘且」，字之誤也。「且」與「駔」同。駔者，駿馬之名，謂之「乘駔」者，猶言「乘黄」、「乘牡」耳。《説文》：「駔，壯馬也。」《楚辭・九歎》「同駑驘與乘駔兮」，王注曰：「乘駔，駿馬也。」「乘駔」即「乘且」。《爾雅》：「奘，駔也。」樊光、孫炎本「奘」作「將」，「駔」作「且」。駿馬謂之「乘駔」，亦謂之「繁駔」。《晏子春秋・外篇》「景公乘侈輿，服繁駔」，《韓子・外儲説左篇》作「趨駕煩且之乘」，「繁駔」之爲「煩且」，猶「乘駔」之爲「乘且」。是「駔」與「且」字異而義同，此《頌》内多用韻之句，「乘且」之「且」，古讀若「苴」，故與「輿」爲韻。張讀爲「旦暮」之「旦」，則失其韻矣。

逐遺風　駁遺風

「追奔電，逐遺風」。師古曰：「《呂氏春秋》云『遺風之乘』，言馬行尤疾，每在風前，故遺風於後。今此言『逐遺風』，則是風之遺逸在後者，馬能逐及也。」念孫案：師古之説甚迂。「追奔電，逐遺風」，「奔」、「遺」皆「疾」意也。鄭注《考工記・弓人》曰：「奔，猶疾也。」「遺」讀曰「隧」，隧風，疾風也。《大雅・桑柔篇》曰「大風有隧」，有隧者，狀其疾也。説見《經義述聞》。《楚辭・九歌》「衝風起兮横波」，王注曰：「衝，隧也。遇隧風，大波涌起。」是古謂疾風爲「隧風」也。「隧」與「遺」古同聲而通用。《小雅・角弓篇》「莫肯下遺」，《荀子・非相篇》「遺」作「隧」。《南山經》「旄山之尾，其南有谷曰『育遺』」，「遺」或作「隧」，皆其證也。凡從㒸、從貴之字聲義多相近。《説文》：「隤，下隊也。」《小雅・小旻篇》「是用不潰于成」，毛傳曰：「潰，遂也。」《白虎通義》曰：「檖之爲言遺也。」《説文》「旞」或作「𣄴」。《史記・項羽紀》「乃分其騎，以爲四隊四嚮」，《漢書》作「於是引其騎，因四隤山而爲圜陳外嚮」。皆其例也。《楊雄傳》「輕先疾雷，以駁遺風」，《楚辭・九章》「悲江介之遺風」，義竝與此同。《呂氏春秋・本味篇》「馬之美者，遺風之乘」，亦以其疾如隧風而名之，非謂行在風前也。李善注《文選》曰「遺風，風之疾者」，於義爲長。

遞鍾

「雖伯牙操遞鍾」。晉灼曰：「遞，音『遞迭』之『遞』。二十四鍾各有節奏，擊之不常，故曰『遞』。」薛瓚曰：「《楚辭》云『奏伯牙之號鍾』，號鍾，琴名也。馬融《笛賦》曰『號鍾高調』，謂伯牙以善鼓琴，不聞説能擊鍾也。」師古曰：「琴名是也。字既作『遞』，則與《楚辭》不同，不得即讀爲『號』，當依晉音耳。」念孫案：琴無「遞鍾」之名，作「遞」者，「號」之譌耳。《淮南・脩務篇》亦云「鼓琴者期於鳴廉脩營，而不期於濫脅號鍾」。

放獵

「數從褒等放獵」。師古曰：「放，士衆大獵也。一曰游放及田獵。」念孫案：「放獵」當爲「斿獵」，字之誤也。「斿」與「游」同。古書言「游獵」者多矣，未有言「放獵」者。舊本《北堂書鈔・設官部八》陳禹謨本仍改「游」爲「放」。《藝文部八》、此卷「游」字未改。《藝文類聚・雜文部二》、《太平御覽・文部三》引此竝作「游獵」。

蠻荆

「南不過蠻荆」。又下文「《詩》云『蠢爾蠻荆』」。念孫案：「蠻荆」當依《通典·兵四》作「荆蠻」。《小雅·采芑篇》「蠢爾蠻荆」，段氏若膺《詩經小學》曰：「《漢書·韋玄成傳》引《詩》『荆蠻來威』，案，毛云『荆州之蠻也』，然則《毛詩》固作『荆蠻』，傳寫誤倒之也。」念孫案：今本《毛傳》云「蠻荆，荆州之蠻也」，「蠻荆」二字亦後人所改。《世説新語·排調篇》注引此正作「荆蠻，荆州之蠻也」。《商頌·殷武》傳云「荆楚，荆州之楚國也」，文義與此同。《晉語》「叔向曰『楚爲荆蠻』」，韋注「荆州之蠻」，正用《毛傳》爲説。又《齊語》「萊、莒、徐、夷、吴、越」，韋注：「徐夷，徐州之夷也。」可證「荆蠻」文法。又案，《吴都賦》「跨躡蠻荆」，李善注引《詩》「蠢爾荆蠻」，然則唐初《詩》不誤，左思倒字以與「并」、「精」、「坰」爲韻耳。《後漢·李膺傳》應奉疏曰：「緄前討荆蠻，均吉甫之功」，毛刻不誤，汪文盛本譌倒作「蠻荆」。注引「蠻荆來威」者，俗人所改易也。《文選·王仲宣誄》「遠竄荆蠻」，注引《詩》「蠢爾荆蠻」，亦誤倒。顧氏千里曰：「《正義》云『宣王承厲王之亂，荆蠻内侵』，是《正義》本作『荆蠻』，下文皆作『蠻荆』，後人依經注本倒之而有未盡也。」臧氏和貴曰：「《漢書·陳湯傳》引《詩》『蠻荆來威』，師古曰『令荆土之蠻，亦畏威而來』，是本作『荆蠻』。」念孫案：段、顧、臧説是也。經傳皆言「荆蠻」，或作「蠻荆」者，後人依誤本《毛詩》倒之耳。《太平御覽·兵部五十八》引《漢書》正作「蠢爾荆蠻」。荆蠻者,羣蠻之一,若《史記》之言「楚蠻」,《楚世家》:「周成王封熊繹於楚蠻。」不當倒言「蠻荆」也。楊雄《楊州牧箴》:「獷矣淮夷,蠢蠢荆蠻。翩彼昭王,南征不旋。」「蠻」與「旋」爲韻,後魏肅宗詔亦云「蠢爾荆蠻,氛埃不息」,傅休奕《鼓吹曲》「蠢爾吴蠻,虎視江湖」,句法亦本於《詩》。

求來獻

「朕不受獻也,其令四方毋求來獻」。宋祁曰:「浙本去『求』字。」念孫案:浙本是也。「求」即「來」之誤字,今作「求來獻」者,一本作「來」,一本作「求」,而後人誤合之耳。《藝文類聚·獸部上》引此無「求」字,《漢紀·孝元紀》《通典·邊防四》竝同。《文紀》亦云「令郡國無來獻」。

制南海　八郡　七郡

「制南海以爲八郡」。《漢紀·孝元紀》作「南制南海,以爲八郡」。念孫案:上文言「西連諸國,東過碣石,北卻匈奴」,即此亦當云「南制南海」。今本「制」上無「南」字者,因兩「南」字相亂,而脱其一耳。「八郡」當爲「九郡」。《南粤傳》云「遂以其地爲儋耳、珠崖、南海、蒼梧、鬱林、合浦、交阯、九真、日南九郡」，《漢紀・孝武紀》同，《孝元紀》亦誤作「八郡」。《五行志》云「元鼎五年，四將軍衆十萬征南越，開九郡」，皆其證矣。《通典・邊防四》正作「制南海以爲九郡」。案：《通典》「制」上亦脱「南」字。又《韋玄成傳》「南滅百粤，起七郡」，「七」亦當爲「九」。

無以爲

「臣愚以爲非冠帶之國，《禹貢》所及，《春秋》所治，皆可且無以爲」。師古曰：「爲，猶用也。」引之曰：「皆可且無以用」，殊爲不詞。今案，無以者，無用也。爲，語助耳。《曾子問》正義引一解云：「無用爲者，無用此之爲。『爲』是助語。」言非《禹貢》所及、《春秋》所治者，其地皆可無用也。凡言「無以爲」、「何以爲」者，皆謂無用也。《郊祀志》曰「寶鼎事已決矣，尚何以爲」，言此書尚何用也。《論語》：「叔孫武叔毁仲尼，子貢曰：『無以爲也。』」，言無用毁也。又曰「何以文爲」、「何以伐爲」，言何用文、何用伐也。又曰「雖多亦奚以爲」，言雖多何用也。「爲」字皆是語助，古書若是者多矣。詳見《釋詞》。

東方朔傳

而去之

「昨賜肉不待詔，以劍割肉而去之，何也」。劉攽曰：「『之』，衍字。」《日知録》曰：「以劍割肉而去之者，裴松之注《魏志》云：『古人謂「藏」爲「去」，音「舉」，字或作「弆」。《蘇武傳》『掘野鼠去中實而食之。』師古曰：『去謂藏之也。』」念孫案：上文云「拔劍割肉，即懷肉去」，此云「以劍割肉而去」，兩「去」字前後相應，則「去」是「來去」之「去」，非「藏去」之「去」，而「去」下本無「之」字明矣。《太平御覽·治道部十四》引此有「之」字，亦後人依誤本《漢書》加之。其《時序部十六》《人事部一百七》引此皆無「之」字。《藝文類聚·食物部》《初學記·歲時部下》引此亦皆無「之」字。劉以「之」爲衍字，是也。

微行始出

「初，建元三年，微行始出」。念孫案：「微行」上脱「上」字。《藝文類聚·職官部一》《太平御覽·職官部四十》引此竝作「上微行始出」。《文選·西京賦》注、《東京賦》注、《答魏太子虔》注引此竝作「武帝微行始出」。《選注》以「武帝」代「上」字，則有「上」字明矣。《通鑑》亦云「建元三年，上始爲微行」。

斥而營之

「斥而營之，垣而囿之」。師古曰：「斥，卻也。」念孫案：「卻而營之」，殊爲不詞。「斥」之言「度」也，謂量度而經營之也。《史記·李將軍傳》索隱引許慎《淮南注》曰：「斥，度也。」

從東司馬門

「引董君從東司馬門，東司馬門更名東交門」。念孫案：「從東司馬門」下當有「入」字，而今本脱之。據蘇注云「以偃從此門入，交會於内，故以名焉」，則有「入」字明矣。《太平御覽·居處部二》引此有「入」字。

遺行

「意者尚有遺行邪」。師古曰：「可遺之行，言不盡善也。」念孫案：此言「遺行」，不言「可遺之行」，顔説非也。遺者，失也，謂尚有過失之行。

不稱

「進不稱往古，以厲主意，退不能揚君美，以顯其功」。念孫案：「進不」下亦有「能」字，而今本脱之。《文選》及《藝文類聚·人部八》皆作「進不能」，又「厲」字皆作「廣」。

損百姓之害

「上以拂主之邪，下以損百姓之害」。師古曰：「損，減也。」念孫案：師古注非也。「損」當爲「捐」。言將以捐除百姓之害，非但減之而已也。《文選》及《羣書治要》亦誤作「損」。唯《漢紀》作「除」，則「損」爲「捐」字之誤可知。

囹圄

「囹圄空虛」。念孫案：毛晃《增修禮部韻略》引此，「圄」作「圉」。《古今韻會》同。今則各本皆改爲「圄」矣。《説文》：「圉，囹圉，所以拘辠人也。」「圄，守之也。」兩字不同義。《司馬遷傳》「深幽囹圉之中」，《史記·秦始皇紀贊》引《過秦論》「虛囹圉而免刑戮」，其字竝作「圉」。

楊胡朱梅云傳

終生

「且夫死者，終生之化，而物之歸者也」。「終」字師古無音，蓋讀「始終」之「終」。念孫案：《淮南·精神篇》注云：「化，猶死也。」既言「終」而又言「化」，則複矣。「終」當讀爲「衆」。《祭義》曰：「衆生必死，死必歸土。」故曰「死者衆生之化，而物之歸者也」。「衆」之爲「終」，借字耳。古字多以「終」爲「衆」，説見《經義述聞·祭法》。《漢紀》正作「衆生之化」。

丞相故安昌侯

「丞相故安昌侯張禹」。劉攽曰：「『故』字當在『丞相』上。禹時罷相，侯如故也。」念孫案：《羣書治要》引此正作「故丞相安昌侯張禹」。

佞臣一人

「臣願賜尚方斬馬劍，斷佞臣一人，以厲其餘」。念孫案：「佞臣一人」下原有「頭」字，而今本脫之。《後漢書·楊賜傳》注、《初學記·人部中》、《白帖》十三、九十二、《太平御覽·兵部七十三》《人事部六十八》《九十三》引此竝作「斷佞臣一人頭」，《漢紀》《通鑑》同。

埶陵

「故淮南王安緣閒而起，所以計慮不成，而謀議泄者，以衆賢聚於本朝，故其大臣埶陵不敢和從也」。念孫案：此言漢多賢臣，故淮南大臣不敢與王俱叛，故曰其大臣「不敢和從也」。「埶陵」二字與上下文皆不相屬，蓋涉後文「埶陵於君」而衍，而服注以爲「臣埶陵君」，則所見本已衍此二字矣。

亡益於時

「故高祖棄陳平之過而獲其謀，晉文召天王，齊桓用其讎，亡益於時，不顧逆順，此所謂伯道者也。」「伯」與「霸」同。念孫案：「亡益於時」四字與上下文義不相屬。「亡」當爲「有」。此承上文「高祖」、「晉文」、「齊桓」而言，言霸主之舉事，但求有益於時，而不顧理之逆順也。今本作「亡益於時」，蓋涉後文「亡益於時，有遺於世」而誤。

一矣

「自陽朔以來，天下以言爲諱，朝廷尤甚，羣臣皆承順上指，莫有執正。何以明其然也？取民所上書，陛下之所善，試下之廷尉，廷尉必曰：『非所宜言，大不敬。』以此卜之，一矣」。念孫案：「一矣」二字文不成義。「一矣」本作「可見矣」，言以此卜之，可見羣臣之承順上指也。「可見矣」三字，與上文「何以明其然也」正相呼應。今作「一矣」者，脱去「見」字，又脱去「可」字下半耳。《漢紀·孝成紀》正作「以此卜之，可見矣」。

漢書弟十二

霍光金日磾傳

太宗

「太宗亡嗣，擇支子孫賢者爲嗣」。念孫案：「太宗」當爲「大宗」，各本皆誤。

御衣

「光遣宗正劉德至曾孫家尚冠里，洗沐，賜御衣」。念孫案：「御衣」當爲「御府衣」。《史記·李斯傳》「公子高曰『御府之衣，臣得賜之，中廐之寶馬，臣得賜之』」是也。下文云「入未央宫見皇大后，封爲陽武侯，已而光奉上皇帝璽綬」，則此時未得遽賜御衣也。《宣紀》正作「賜御府衣」。

温明

「東園温明」。念孫案：「温明」下有「祕器」二字，而今本脱之。據服注云「東園處此器，形如方漆桶」，顔注云「東園，署名也。其署主作此器」，皆是釋「祕器」二字。後《孔光傳》「光父霸薨，賜『東園祕器』，光薨，賜『乘輿』、『祕器』」，師古皆無注，以注已見於此篇也。《太平御覽・禮儀部三十二》引此已脱「祕器」二字。《文選・齊竟陵文宣王行狀》注引此正作「東園温明祕器」，《漢紀》同。《北堂書鈔・禮儀部十三》引《晉公卿禮秩》云「安平王孚薨，給東園温明祕器」。

亡如也

「百官以下但事馮子都、王子方等，視丞相亡如也」。師古曰：「亡〔一〕如，猶言無所象似也。」念孫案：師古之説甚迂。「亡如」猶云「蔑如」，言百官以下皆蔑視丞相也。《東方朔傳贊》曰：「其流風遺書蔑如也。」「蔑」與「亡」一聲之轉。《史記・范雎傳》索隱曰：「亡，猶輕蔑也。」《宣元六子傳》曰：「今迺遭命，離于惡疾，夫子所痛，曰『蔑之，命矣夫』」，《論語・雍也

〔一〕亡，原作「無」，據《漢書》改。

篇》「蔑」作「亡」，《論衡・問孔篇》作「無」。「無」與「亡」古字通，故《大雅・桑柔》傳曰：「蔑，無也。」是書已成，始見錢氏曉徵《三史拾遺》，其説正與予同，因并記之。

皆讎有功

「皆讎有功」。晉灼曰：「讎，等也。」《日知録》曰：「晉説非也。此如《詩》『無言不讎』之『讎』。《詩正義》：「相對謂之讎。」《左傳・僖五年》『無喪而慼，憂必讎焉』，注：『讎，猶對也。』《律曆志》『廣延宣問，以理星度，未能讎也』，鄭德曰：『相應爲讎也。』《郊祀志》『其方盡多不讎』，《伍被傳贊》『忠不終而詐讎』，《魏其傳》『上使御史簿責嬰所言，灌夫頗不讎』。」念孫案：晉説是也。《爾雅》曰：「讎，匹也。」《廣雅》曰：「等、匹、讎，輩也。」晉灼曰：「讎，等也。」其義一而已矣。《召誥》曰：「敢以王之讎民百君子。」是「讎」爲相等之義也。此言張章諸人「皆讎有功」，則「讎」當訓爲「等」，不當訓爲「對」，故師古曰言其功相等類也。若《詩》之「無言不讎」，《左傳》之「憂必讎焉」，則與此訓爲「等」者異義。至所引《律曆志》以下諸條，則去此益遠矣。

十匹

「上迺賜福帛十匹」。念孫案：告霍氏者皆封侯，而徐福僅賜帛十匹，則輕重相去太遠。「十匹」當爲「千匹」。《通鑑》作「十匹」，則所見《漢書》本已誤。《太平御覽·居處部十四》《治道部十四》引此竝作「千匹」，《漢紀》同。

上未起

「明旦，上未起」。念孫案：「未起」上脱「卧」字。《通鑑》無「卧」字，則所見《漢書》本已然。《文選·西征賦》注、《太平御覽·人事部五十八》引此竝作「上卧未起」，《漢紀》同。

奉車

「賞爲奉車，建駙馬都尉」。念孫案：「奉車」下亦有「都尉」二字，而今本脱之。《百官表》云：「奉車都尉，掌御乘輿車。駙馬都尉，掌駙馬。」《藝文類聚·人部十七》《太平御覽·儀式部三》引此竝作「賞爲奉車都尉，建駙馬都尉」。

趙充國辛慶忌傳

親見視

「武帝親見視其創，嗟歎之」。念孫案：「見」即「視」字之誤，今作「見視」者，一本作「視」，一本作「見」，而後人誤合之。《太平御覽・職官部四十六》引此無「見」字。

恐怒亡所信鄉

「義渠安邦召先零諸豪三十餘人，以尤桀黠，皆斬之。縱兵擊其種人，斬首千餘級，於是諸降羌及歸義羌侯楊玉等恐怒，亡所信鄉，遂劫略小種背畔」。師古解「恐怒，亡所信鄉」曰：「恐中國汎怒，不信其心，而納嚮之。」「鄉」讀曰「嚮」。劉奉世曰：「恐怒，且恐且怒也。羌未有變，而漢吏無故誅殺其人，故楊玉等謂漢無所信嚮，於是與他族皆叛也。」念孫案：顏、劉二説皆非也。「恐怒」二字義不相屬，「恐」當爲「怨」，字之誤也。《吕氏春秋・長攻篇》「財匱而民怨」，《韓子・六反篇》「賦斂常重，則用不足，而下怨上」，今本「怨」字竝誤作「恐」。怨怒無所信嚮，謂怨怒漢吏，不親信而歸嚮之也。《後漢書・西羌傳》述其事曰，安邦「召先零豪四十餘人，斬之，因放兵擊其種，斬首千餘級。於是諸羌怨怒，遂寇金城」。此文大略本於《漢書》，「怨怒」二字亦本《漢書》也。《王莽傳》曰：「五威將帥出，改句町王以爲侯，王邯怨怒不附。」文義亦與此相似。

士寒

「將軍士寒，手足皸瘃」。念孫案：「士」上有「將」字，而今本脱之。將士皆寒，不當獨言士寒也。《太平御覽・疾病部五》引此已脱「將」字。舊本《北堂書鈔・歲時部四》出「將士皸瘃」四字，注引此傳云「將軍將士寒，手足皸瘃」，足補今本之缺。陳禹謨本删注内「將」字，而正文尚未删。

空一字

「已詔中郎將印將胡越佽飛射士步兵二校　益將軍兵」。「校」下空一字。念孫案：景祐本「校」下是「尉」字，當據補。上文云「詔印將八校尉」，是其證。各本「校」下不空一字，非。

今

「益積畜，省大費。今大司農所轉穀至者，足支萬人一歲食」。念孫案：「今」當爲「令」。令，使也。言務積畜省費，使穀足支一歲食也。上文云「冰解漕下，繕鄉亭，浚溝渠，治道橋七十所，令可至鮮水左右」，與此「令」字文同一例。今本「令」作「今」，則與上文義不相屬矣。《通典·食貨二》作「今」，亦後人以誤本《漢書》改之。《太平御覽·兵部六十四》引此正作「令」。

不足以故出兵

「上賜報曰：『大开、小开前言曰：「我告漢軍先零所在，兵不往擊，久留，得亡效五年時不分別人而并擊我？」其意常恐。今兵不出，得亡變生，與先零爲一？』充國奏曰：『校尉臨衆，幸得承威德，奉厚幣，拊循衆羌，諭以明詔，宜皆鄉風。雖其前辭嘗曰「得亡效五年」，宜亡他心，不足以故出兵。』」念孫案：「不足以故出兵」本作「不足以疑故出兵」。疑故者，疑事也。襄二十六年《左傳》注、昭三十一年《公羊傳》注、《周語》注、《呂氏春秋·本生篇》注竝曰：「故，事也。」宣帝以罕、开前言而疑其生變，故急欲出兵。充國則謂罕、开雖有前言，而既聞明詔，宜皆鄉風，無有異心，不足因此疑事而出兵也。今本脱去「疑」字，則文不成義。《漢紀・孝宣紀》正作「不足以疑故出兵」。

傅常鄭甘陳段傳

投石拔距

「投石拔距，絶於等倫」。應劭曰：「投石，以石投人也。拔距，即下『超踰羽林亭樓』是也。」張晏曰：「《范蠡兵法》：『飛石重十二斤，爲機，發，行三百步。』延壽有力，能以手投之。拔距，超距也。」師古曰：「投石，應説是也。拔距者，有人連坐相把據地，距以爲堅，而能拔取之，言其有手掣之力。超踰亭樓，又言其趫捷耳，非拔距也。今人猶有拔介之戲，蓋拔距之遺法。」念孫案：左思《吴都賦》「袒裼徒搏，拔距投石之部」，劉逵曰：「拔距，謂兩人以手相案，能拔引之也。」師古之解「拔距」蓋本於此。今案投石拔距者，石，擿也，「投石」猶言「投擿」，擿亦投也。《廣雅》曰：「擿，投也。」「石，擿也。」《賈子・連語篇》曰「提石之者猶未肯止」是也。提亦擿也。《史記・刺客傳》「荆軻引其匕首，以擿秦王」，《燕策》「擿」作「提」。拔距，超距也，故下文即云「超踰亭樓」。《史記・王翦傳》「方投石超距」，徐廣曰：「超，一作拔。」應劭以「拔距」爲「超踰」是也。距亦超也，僖二十八年《左傳》「距躍三百」，杜注曰：「距躍，超越也。」《吕氏春秋・悔過篇》注曰：「超乘，巨踊車上也。」「巨」與「距」同。超亦拔也。「投石拔距」、「投石超距」皆四字平列。《管子・輕重丁篇》「戲笑超距」亦四字平列。應劭謂「投石」爲「以石投人」，劉逵謂「拔距」爲「兩人以手相案，能拔引之」，皆非是。

如得此二國　郅支單于雖所在絶遠

「今郅支單于威名遠聞，侵陵烏孫、大宛，常爲康居畫計，欲降服之。如得此二國，北擊伊列，西取安息，南排月氏、山離烏弋，數年之間，城郭諸國危矣」。念孫案：「二國」當爲「三國」。三國，謂烏孫、大宛、康居也。《漢紀・孝元紀》作「如得此三國」，是其證。又下文曰：「郅支單于雖所在絶遠，蠻夷無金城强弩之守，如發屯田吏士，毆從烏孫衆兵，直指其城下，彼亡則無所之，守則不足自保，千載之功，可一朝而成也。」念孫案：郅支單于雖所在絶遠，本作「郅支單于分離，句所在絶遠句」。上文曰「郅支單于西奔康居」，康居在大宛之西，北去匈奴甚遠，故曰「郅支單于分離，所在絶遠」也。去國既遠，又無金城强弩之守，則攻之易克，下文「守則不足自保」承上「無金城强弩」而言，「亡則無所之」承上「所在絶遠」而言。若云「雖所在絶遠」，則與下文義不相屬矣。隸書「離」字或作「離」，漢《北海相景君碑陰》「當離墓側」，《魯相韓勑造孔廟禮器碑》「離敗聖輿」，字竝作「離」。《顏氏家訓・書證篇》「離則配禹」，正謂此也。形與「雖」相似，因誤爲「雖」。《荀子・解蔽篇》「是以與治雖走，而是已不輟也」，「雖」或作「離」。《史記・衛將軍驃騎傳》「大當户銅離」，《漢書》作「調雖」。「雖」上又脱去「分」字耳。《太平御覽・職官部四十九》不得其解，而删去「雖」字，謬矣。《漢紀》正作「郅支分離，所在絶遠」。

行事

「昔齊桓前有尊周之功，後有滅項之罪，君子以功覆過，而爲之諱。句行事，貳師將軍李廣利」云云。「行事」二字統下文而言。師古曰：「行事，謂滅項之事。」劉敞曰：「『諱行事』非辭也。『諱』以上爲句，行事者，言已行之事，舊例成法也。漢世人作文言『行事』、『成事』者意皆同。」錢氏《攷異》曰：「小顏解『行事』爲『滅項之事』，是也。劉欲以『行事』屬下句，淺陋可笑」。念孫案：「行事」二字乃總目下文之詞，劉屬下讀是也。行者，往也。見《秦風・無衣》傳及《廣雅》。「往事」即下文所稱李廣利、常惠、鄭吉三人之事。《漢紀》改「行事」爲「近事」，「近事」亦「往事」也。《儒林傳》：「谷永疏曰：『近事，大司空朱邑、右扶風翁歸德茂天年，孝宣皇帝愍册厚賜。』」「近事」二字亦總目下文之詞。然則「行事」爲總目下文之詞，明矣。若以「行事」上屬爲句，則大爲不詞。《通典・邊防十一》載此疏亦以「行事」屬上讀，而改其文云「君子以功覆過而爲之諱其行」，亦爲顏注所惑。錢以顔説爲是，劉説爲淺陋，失之矣。《春秋繁露·俞序篇》云「仲尼之作《春秋》也，引史記，理往事」，又引孔子曰「吾因其行事而加乎王心焉」，「行事」即「往事」，謂春秋二百四十年之事也。《史記·自序》云：「子曰：『我欲載之空言，不如見之於行事之深切著明也。』」本書《藝文志》云「仲尼與左丘明觀魯史記，據行事」，《劉向傳》云「采傳記行事，著《新序》《説苑》凡五十篇」，《司馬遷傳》云「考之行事，稽其成敗興壞之理」，《李尋傳》云「案行事，考變易，訛言之效未嘗不至」，《王尊傳》云「府問詔書行事，尊無不對」，《翟方進傳》云「時慶有章劾，自道行事，以贖論」，師古彼注亦誤解「行事」二字。劉敞云：「漢時人言『行事』、『成事』，皆謂已行、已成事也。王充書亦有之。」案劉説是也。《論衡》一書言「行事」者甚多，皆謂往事也。其《問孔篇》云「行事，雷擊殺人，水火燒溺人，牆屋壓殺人」，「行事」二字乃總目下文之詞，與《陳湯傳》之「行事」同。又云「成事，季康子患盜，孔子對曰『苟子之不欲，雖賞之不竊』」，「成事」二字，亦是總目下文。故劉云漢人「言『行事』、『成事』者意皆同」也。《儒林傳》云「因魯《春秋》，舉十二公行事」，《貨殖傳·序》云「故列其行事，以傳世變云」，《匈奴傳贊》云「察仲舒之論，考諸行事，迺知其未合於當時，而有闕於後世也」，又云「若乃征伐之功，秦漢行事，嚴尤論之當矣」，《王莽傳》云「近觀行事，高祖之約，非劉氏不王」，《敘傳〈王命論〉》云「歷古今之得失，驗行事之成敗」，又《藝文志》天文家有《漢五星彗客行事占驗》八卷、《漢日旁氣行事占驗》三卷、《漢流星行事占驗》八卷、《漢日旁氣行事占驗》十三卷、今本脱「事」字。《漢日食月暈雜變行事占驗》十三卷，「行事占驗」皆謂吉凶已然之效，即李尋所云「案行事，考變易」也。皆謂「往事」爲「行事」也。又《魏相傳》云「相以爲方今務在奉行故事而已，數條漢興已來國家便宜行事，奏請施行」，是所謂「行事」者即故事也。又云「故事，句諸上書者皆爲二封，署其一曰『副』，領尚書者先發副封，所言不善，屏去不奏」，「故事」二字亦是總目下文，凡《漢書》中「故事」二字絶句者，皆總目下文之詞。與「行事」文同一例。

奔逝

「卒興師奔逝，横厲烏孫，踰集都賴」。師古曰：「『卒』讀曰『猝』。厲，度也。『踰』讀曰『遥』。」念孫案：「奔」當爲「猋」，字之誤也。猋逝，言如猋風之逝，司馬相如《封禪文》云「武節猋逝」是也。《韓長孺傳》云「匈奴，輕疾悍亟之兵也。至如猋風，去如收電」。司馬相如《子虚賦》云「雷動猋至，星流霆擊」。曰「猋逝」，曰「横厲」，曰「遥集」，皆言其行軍之速。若作「奔逝」，則非其旨矣。此字師古無音，則所見本已誤作「奔」。《漢紀・孝成紀》正作「興師猋逝」。

漢國之盛

「至今奉使外蠻者，未嘗不陳郅支之誅，以揚漢國之盛」。《通鑑・漢紀二十五》同。念孫案：

「盛」當爲「威」，字之誤也。上文云「揚威昆山之西」，又云「爲聖漢揚鉤深致遠之威」，皆其證。今本「威」作「盛」，則非其旨矣。《漢紀》正作「揚漢國之威」，《太平御覽·人事部九十三》引作「陳郅支之誅夷，以揚漢國之威棱」，文雖小異，而字亦作「威」。

雋疏于薛平彭傳

立莫敢發言

「丞相御史中二千石至者，立莫敢發言」。《羣書治要》引此同。念孫案：「立」字於義無取，「立」當爲「竝」。竝，皆也。謂丞相以下皆莫敢發言也。《漢紀·孝昭紀》作「竝不敢言」，是其證。

一姓張

「一姓張，名延年」。念孫案：「一」下本有「云」字。上言「姓成名方遂」，此言「一云姓張名延年」，所謂傳聞異辭也。脱去「云」字，則文義不明，《漢紀》正作「一云姓張名延年」。

設祖道供張

「公卿大夫故人邑子設祖道，供張東都門外」。念孫案：「設」上脱「爲」字，爲，于僞反。《文選・西征賦》注、《别賦》注、《張協〈詠史詩〉》注、《藝文類聚・人部十三》《太平御覽・人事部百三十》引此皆有「爲」字。

生怨

「吾既亡以教化子孫，不欲益其過而生怨」。《通鑑・漢紀十七》同。宋祁曰：「南本、浙本『生』字下有『其』字。」念孫案：南本、浙本是也。「益其過」、「生其怨」，兩「其」字皆指子孫言之，少一「其」字，則語意不完。《漢紀・孝宣紀》正作「生其怨」。

食酒

「定國食酒，至數石不亂，冬月治請讞，飲酒益精明」。如淳曰：「食酒，猶言喜酒也。」師古曰：「食酒者，謂能多飲，費盡其酒，猶云『食言』焉。今流俗書本輒改『食』字作『飲』字，失其真也。」劉攽曰：「《論語》云『沽酒市脯不食』，然則酒自可云『食』也。然此下則云『飲酒益精明』，共説一事耳。兩字不同，疑當作『飲』爲真。」念孫案：劉説是也。上下文皆作「飲酒」。如本上「飲」字偶誤爲「食」，遂以「食酒」爲「喜酒」，顔又以爲「費盡其酒」，皆非也。《北堂書鈔·酒食部八》、《藝文類聚·食物部》、《白帖》十五、四十六、《太平御覽·刑法部五》《飲食部一》引此竝作「飲酒至數石」，《漢紀》同。

連上書

「民多冤結，州郡不理，連上書者交於闕廷」。宋祁曰：「『連』字，南本、浙本竝作『遠』。」念孫案：「遠」字是。

王貢兩龔鮑傳

毋有所發

「今大王以喪事徵，宜日夜哭泣悲哀而已，慎毋有所發」。師古曰：「發，謂興舉衆事。」宋祁曰：「南本、浙本『毋有所發』上有『毋有所言』一句。一本『發』作『言』。」念孫案：發，謂發言也。上文云「高宗諒闇，三年不言」，下文云「南面之君何言哉」，則「毋有所發」即指發號施令而言。師古以爲「興舉衆事」，非也。别本或加「毋有所言」一句，或改「發」爲「言」，皆非。

自在

「以意穿鑿，各取一切，張晏注《翟方進傳》曰：「一切，權時也。」權譎自在」。念孫案：「自在」二字，於義無取，「在」當爲「任」之誤，言事不師古，而自任權譎也。

俗吏 任子

「今使俗吏得任子弟，率多驕驁，不通古今」。宋祁曰：「南本、浙本無『俗』字。」念孫案：南本、浙本是也。子弟以父兄得官，則多驕驁而不通古今，非獨俗吏之子弟爲然也。「俗」字涉上文「今俗吏」而衍。《通鑑·漢紀十八》有「俗」字，則所見本已誤。《羣書治要》及《太平御覽·治道部九》引此皆無「俗」字，《通典·選舉一》同。又下文「除任子之令」，「子」下脱「弟」字，當依諸書引補。

十餘

「宮女不過十餘，廄馬百餘匹」。念孫案：「十餘」下脱「人」字，則文義不全，且與下句不對。《漢紀·孝元紀》《通鑑·漢紀二十》皆有「人」字。上文亦云「宮女不過九人，秣馬不過八匹」。

虷日

「白虹虷日」。念孫案：「虷」字從虫無義，蓋字本作「干」。干，犯也，因「虹」字而誤加「虫」耳。師古曰：「『虷』音『干』。」此望文爲音也。《説文》《玉篇》皆無「虷」字。《莊子·秋水篇》「還虷蟹與科斗」，釋文：「『虷』音『寒』，井中赤蟲也。」亦與「干日」之義無涉。《廣韻》「虷」字有「寒」音而無「干」音。《集韻》「虷」音「寒」，井中赤蟲；又音「干」，蟲名，一曰犯也。蓋爲師古注所惑。

摧辱宰相

「丞相孔光四時行園陵，官屬以令行馳道中，宣出逢之，使吏鉤止丞相掾史，没入其車馬，摧辱宰相。事下御史」。念孫案：「摧辱」上原有「以」字，言哀帝以宣摧辱宰相，遂下其事於御史也。今本脱去「以」字，則文義不明。《通典·職官十四》無「以」字，亦後人依誤本《漢書》删之。《太平御覽·職官部四十八》引此正作「以摧辱宰相，事下御史」。《漢紀》作「宣坐摧辱宰相，事下御史」，文異而義同也。

小臣欲守箕山之節

「堯舜在上，下有巢由，今明主方隆唐虞之德，小臣欲守箕山之節也」。念孫案：「小臣」上原有「亦猶」二字，言小臣之慕巢由，亦猶明主之慕唐虞也。後人不解其意，而删去「亦猶」二字，謬矣。《通鑑》無「亦猶」二字，則所見《漢書》本已然。《文選·薦譙元彦表》注、《逸民傳論》注、《太平御覽·逸民部一》引此皆有「亦猶」二字，《漢紀》同。

韋賢傳

南顧

「迺眷南顧，授漢于京」。師古曰：「高祖起在豐沛，於秦爲南，故曰『南顧』。」劉奉世曰：「秦視沛猶在東北，安得云『南』也？孟意以漢興於巴蜀，故云爾。」念孫案：沛在秦之東南，故秦始皇曰「東南有天子氣」，非在東北也。高祖起於沛，非起於巴蜀也。劉説殊憒憒。

祁祁

「厥賜祁祁」。師古曰：「祁祁，行來貌。」念孫案：祁祁，言賜予之衆多也。上文曰「祁祁我徒，戴負盈路」，亦謂弟子之衆多也。《豳風・七月篇》「采蘩祁祁」、《商頌・玄鳥篇》「來假祁祁」，傳、箋竝曰：「祁祁，衆多也。」《大雅・韓奕篇》「諸娣從之，祁祁如雲」，義亦同也。

厲其庶而

「誰謂華高，企其齊而。誰謂德難，厲其庶而」。念孫案：「庶」與「齊」韻不相協。「庶」當作「幾」，「幾」與「齊」爲韻。幾，亦庶也。故《史記・韓非傳》索隱云：「幾，庶也。」高注《淮南・要略》云：「幾，庶幾也。」誰謂德難，厲其幾而，言道德雖難，而自勉者可以庶幾也，故師古曰：「道德不易，克厲然庶幾可及也。」今正文作「庶」者，即涉注文「庶幾」而誤。

脱三字

「禮，王者始受命，諸侯始封之君，皆爲大祖。以下，五廟而迭毁」。宋祁曰：「『大祖』下疑有『繼大祖』三字。」念孫案：宋説是也。《通典·禮七》載此奏正作「繼大祖以下，五廟而迭毁」，《漢紀》作「繼大祖五廟皆迭毁」。下文亦云「繼祖以下，五廟而迭毁」。今本脱「繼大祖」三字，則文義不全。

不私其利

「孝文皇帝除誹謗，去肉刑，躬節儉，不受獻，罪人不帑，不私其利」。師古曰：「重罪之人不及妻子，是不私其利也。」念孫案：「不私其利」，承上「不受獻」言之，非承「罪人不帑」言之，「除誹謗」、「去肉刑」、「罪人不帑」，稱其仁也；「躬節儉」、「不受獻」、「不私其利」，稱其廉也。「罪人不帑」二句別言之者，上以三字爲句，此以四字爲句，各從其類耳。《景紀》「詔曰『孝文皇帝除誹謗，去肉刑』」，又曰「減耆欲，不受獻，不私其利也」，此即許嘉等奏議所本。

賓賜

「賓賜長老，收恤孤獨」。宋祁曰：「『賓』字，浙本作『賞』。」念孫案：「賓賜」二字，義不相屬，當依浙本作「賞賜」，字之誤也。《景紀》正作「賞賜長老」。

獫狁

「獫狁最彊」。宋祁曰：「『狁』，浙本作『允』。」念孫案：《説文》無「狁」字，則浙本是也。凡經傳中作「獫狁」者，皆因「獫」字而誤。《衞青傳》《匈奴傳》《敍傳》竝作「獫允」，引《詩》亦作「獫允」。今《詩》作「玁狁」，「玁」字亦《説文》所無，當作「獫」。《小雅·采薇》釋文云：「玁，本或作獫。狁，本亦作允。」《大雅·韓奕》箋「爲玁狁所逼」，《釋文》作「獫允」。

魏相丙吉傳

豈

「豈宜褒顯」。朱子文曰：「『豈』字於文爲悖，恐是『直』字，當爲『直宜褒顯』。」《漢書攷異》

曰：「豈宜者，猶言『宜』也。古人語急，以『豈不』爲『不』，『不可』爲『可』。此當言『豈不宜』，亦語急而省文耳。朱子文疑當爲『直』字，非孟堅之旨。」念孫案：古人無謂「豈不」爲「豈」者，錢説亦未安。余謂「豈」猶「其」也。言武帝曾孫病已有美材如此，其宜褒顯也。《吴語》曰「天王豈辱裁之」，《燕策》曰「將軍豈有意乎」，《史記·魏公子傳》曰「我豈有所失哉」，「豈」字竝與「其」同義。

然

「君侯爲漢相，姦吏成其私，然無所懲艾」。念孫案：然，猶乃也。言姦吏成其私，而君乃無所懲艾也。古者「然」與「乃」同義。説見《釋詞》。

車上

「醉歐丞相車上」。念孫案：「車」下有「茵」字，而今本脱之，則文義不明。後師古注「茵，蓐也。音因」五字本在此注内，因此文脱去「茵」字，校書者遂移入後注耳。《太平御覽·職官部二》《人事部百三十八》《車部五》引此竝作「醉歐丞相車茵上」，《白帖》四十八作「歐丞相車茵」，《漢紀》作「醉嘔吐吉車茵」，皆有「茵」字。

大熱

「方春少陽用事，未可大熱」。宋祁曰：「『大熱』，浙本作『以熱』。」念孫案：浙本是也。「以」與「已」同。鄭注《檀弓》曰：「『以』與『已』字本同。」鄭注《考工記》云：「已，太也，甚也。」後人不知「以」爲「已」之借字，故改「以熱」爲「大熱」耳。《羣書治要》及舊本《北堂書鈔·設官部二》、陳禹謨依俗本改「以」爲「大」。《太平御覽·職官部二》《獸部十》引此竝作「未可以熱」，《通典·職官三》同。《漢紀》作「未可以暑」，「暑」上亦是「以」字。

職當憂

「三公典調和陰陽，職當憂」。宋祁曰：「『當』字上疑有『所』字。」念孫案：《羣書治要》及《北堂書鈔·設官部》、《太平御覽·職官部》《獸部》引此皆有「所」字，《漢紀》《通典》同。

眭兩夏侯京翼李傳

乘輿

「昌邑王數出，勝當乘輿前諫」。宋祁曰：「『輿』字下疑有『車』字。」念孫案：宋説是也。後人以「乘輿」即是「車」，故删去「車」字，不知此「乘輿」謂天子也。「乘輿車」即「天子車」。蔡邕《獨斷》曰：「律曰『敢盗乘輿服御物』，謂天子所服食者也。天子至尊，不敢渫瀆言之，故託之於乘輿。」《百官表》曰「奉車都尉掌御乘輿車」，《周勃傳》曰「滕公召乘輿車，載少帝出」，《武五子傳》曰「騶奉乘輿車」，《薛廣德傳》曰「當乘輿車，免冠頓首」，《儒林傳》曰「劒刃鄉乘輿車」，皆其證矣。《通鑑·漢紀十六》無「車」字，則所見《漢書》本已誤。《後漢書·儒林傳》注引此正作「乘輿車」。

此君

「齊桓公、秦二世亦嘗聞此君而非笑之」。念孫案：「此君」本作「此二君」，二君，謂幽、厲也。今本脱「二」字，則文義不明。《羣書治要》無「二」字，亦後人依誤本《漢書》删之。《通鑑》同。《太平御覽·治道部四》引此有「二」字，《漢紀》同。

以往知來

「唯有道者能以往知來耳」。宋祁曰：「江南本云『能以性智求耳』，徐鍇改『往知來』，非是。」念孫案：京房曰：「齊桓公、秦二世何不以幽厲卜之而覺寤乎？」故元帝曰：「唯有道者能以往知來耳。」「以往知來」正對上文「以幽厲卜之」而言。江南本作「性智求」者，「智」與「知」同，古書「知」字多作「智」，説見《管子·法法篇》。「往」、「性」，「來」、「求」則字形相似而誤耳。《世説新語·規箴篇》注及《羣書治要》《太平御覽》引此竝作「以往知來」，《漢紀》亦然，則楚金之改不誤。

上曰以下十二字

「『陛下視今爲治邪？亂邪？』上曰：『亦極亂耳，尚何道！』房曰：『今所任用者誰與？』」《通鑑》同。念孫案：景祐本作「陛下視今爲治邪？亂邪？所任用者誰與」，無「上曰」以下至「房曰今」十二字，是也。下文「上曰『然幸其瘉於彼，又以爲不在此人也』」，云「幸其瘉於彼」，是對上文「治邪亂邪」而言，云「不在此人」是對上文「所任用者誰」而言，故師古曰：

「言今之災異及政道猶幸勝於往日，又不由所任之人也。」若如今本云「亦極亂耳，尚何道」，則與下文「瘉於彼」之語相左。然則「上曰」以下十二字皆後人所加，明矣。《世説新語》注、《羣書治要》皆無此十二字，《漢紀》亦無。

房止

「上令陽平侯鳳承制詔房，止無乘傳奏事」。《通鑑》同。念孫案：「房止」當依《漢紀》作「止房」，今二字倒轉，則文義不順。

風以大陰下抵建前

「迺正月癸未日加申，有暴風從西南來。未主姦邪，申主貪狼，風以大陰下抵建前」。張晏注曰：「初元二年，歲在甲戌，正月二十二日癸未也。大陰在大歲後。」孟康曰：「時大陰在未，月建在寅，從未下至寅南也。」引之曰：此「大陰」謂大歲。下文「大陰建於甲戌」，指大歲言之，則此亦當然。奉上封事在初元元年，元年大歲在癸酉，酉在西方，未與申皆在西南。風從西南來，則在未申之交，而當酉下，故曰「大陰下」也。孟康誤以歲後二辰之大陰説之，以爲是年大歲在酉，則大陰後二辰而在未。若然，則未即在西南，風從西南來，正當大陰，不得謂之「大陰下」矣。張晏又誤以元年事爲二年事，其意蓋謂大歲在戌，則大陰後二辰而在申，欲以牽合正文之「日加申」而竟忘奉上封事之在元年癸酉，其失不已甚乎！大歲一名「大陰」，與歲後二辰之「大陰」迥異。説見下。

苑囿

「損大官膳，減樂府員，省苑囿」。景祐本「苑囿」作「苑馬」。念孫案：景祐本是也。《元紀》云「初元元年六月，令大官損膳，減樂府員，省苑馬」，是其證。

大陰建於甲戌

「今年大陰建於甲戌」。《漢書攷異》曰：「古法大陰與大歲不同。奉上封事在初元二年，以今法推之，大歲正在甲戌，蓋以大歲爲大陰，實自奉始矣。漢初言大歲者，皆用超辰之法，故大初之元，歲在丙子，依此下推，初元二年，歲當在癸酉，而云『甲戌』者，以三統歲術計之，大初元年歲星在婺女六度，已是星紀之末，則大歲亦在丙子之末，大歲與歲星每年多行一分，至大始二年，歲星已度壽星而入大火，大歲亦超乙酉而在丙戌矣。故算至初元二年，大歲得在甲戌也。」引之曰：錢以大初元年歲在丙子下推初元二年當在癸酉，故以「甲戌」爲超辰。不知大初以前，皆以十月爲歲首，而終於九月，自大初元年五月改曆，二年以後遂以正月爲歲首。故元年九月以後，獨多亥、子、丑三月，凡十五月。前三月爲丙子年之冬，歲星以建子之月與日同次於丑宮星紀，故大歲應之而在子。後十二月爲丁丑年之春夏秋冬，歲星以建丑之月與日同次於子宮玄枵，故大歲應之而在丑。蔡邕《曆議》所謂「大初元用丁丑」也。由丁丑下推五十七年，而至初元二年，大歲實在甲戌，何待超辰而後爲甲戌乎？ 大歲超辰之法始於劉歆《三統曆》，而前此無之，不得云「漢初言大歲者皆用超辰之法」。超辰之期必待百四十四年，自大初元年距初元二年，才五十七年，未及超辰之期，亦不得以爲大歲超辰。且「大陰」爲大歲之一名，大歲建辰有二法，或應歲星與日隔次而晨見之月，或應歲星與日同次之月，而皆謂之「大歲」，亦皆謂之「大陰」，又不得分「大陰」、「大歲」爲二也。說詳《大歲考》。

注：「孟康曰：『大陰在甲戌，則大歲在子。』」引之曰：此誤以歲後之大陰當之也。大陰有二，一爲主歲之大陰，即大歲之别名。《淮南·天文篇》所言「大陰在寅」之屬是也。一爲歲後二辰之大陰，張晏注《楊雄傳》曰：「大陰歲後二辰。今陰陽家所謂『歲后』也。」大初元年，歲在丁丑，五十七年而至初元二年，大歲在甲戌矣。大歲一名大陰，故曰「今年大陰建於甲戌」，其爲主歲之大陰明甚。若以爲歲後二辰之大陰，則大歲在戌，大陰當在申，不得

言「大陰建於甲戌」矣。且是年大歲在戌，而以爲在子，可乎？孟説失之。錢氏《攷異》謂大陰在戌，大歲當在申，其説亦誤。大陰建於甲戌，即指大歲言之，又豈有在申之大歲乎？

東方作

「其於東方作，日初出時」。師古曰：「作，起也。日出之時，人物竝起。」引之曰：如師古説，則是「人物作」，非「東方作」矣。東方作者，日未出而光已起，若《詩》之言「明發」，俗語之言「東方發白」也。分而言之，則曰「東方作，日初出」，合而言之，則日出亦謂之「東方作」。故《莊子·外物篇》「東方作矣」，司馬彪曰：「謂日出也。」

戚戚

「治國故不可以戚戚，欲速則不達」。「戚戚」二字無注。念孫案：「戚」讀爲「蹙」，蹙蹙，急也。故，事也。言治國事不可急也。《考工記》「無以爲戚速也」，鄭注云：「齊人有名『疾』爲『戚』者。《春秋傳》曰莊三十年《公羊傳》：『蓋以操之爲已戚矣。』」今鄭注「戚」作「蹙」，乃後人依《公羊傳》改之。釋文：「『戚』，徐、劉將六反，李音『促』。」今《公羊傳》作「蹙」。

覆愚臣之言

「唯財留神，反覆覆愚臣之言」。念孫案：下「覆」字訓爲「察」，謂反覆察臣之言也。《谷永傳》云「唯陛下留神，反覆熟省臣言」，文義正與此同。《爾雅》曰：「覆、察，審也。」《考工記・弓人》「覆之而角至」，鄭注曰：「覆，猶察也。」定四年《左傳》「藏在周府，可覆視也」，謂可察視也。《月令》「命舟牧覆舟」，謂察舟也。《孫子・行軍篇》「軍行有險阻、潢井、葭葦、山林、翳薈者，必謹覆索之」，謂察索之也。然則下「覆」字訓爲「察」，與上「覆」字異義。劉原父以爲衍一「覆」字，蓋未達古訓也。

趙尹韓張兩王傳

二人劫之

「富人蘇回爲郎，二人劫之」。師古曰：「劫取其身爲質，令其家將財物贖之。」念孫案：師古言「劫取其身爲質」，則正文「劫」下當有「質」字，下文曰「無得殺質」，此處師古無注，以「質」字已解於上也。又曰「釋質束手」，皆承此「質」字而言。今本脱去「質」字，則下文及師古注皆不可通矣。《漢紀·孝宣紀》作「二人私劫質之」，尤爲明證。

治罪

「事下廷尉治罪」。念孫案：「罪」字後人所加。事下廷尉治者，治其事之曲直，非謂治罪也。上文魏相上書自陳，願下明使者，治廣漢所驗相家事，故宣帝使廷尉治其事。既而廣漢所驗皆誣，乃治廣漢之罪，此不得先言「治罪」也。景祐本無「罪」字。

便從

「除補卒史，便從歸府。案事發姦，窮竟事情」。念孫案：「便」當爲「使」，謂除補翁歸卒史，遂使從歸府中案事也。今本「使」作「便」，則非其旨矣。《太平御覽·職官部五十一》引此正作「使」。

待用之

「召見門卒。卒本諸生，聞延壽賢，無因自達，故代卒，延壽遂待用之」。念孫案：「待」讀爲「特」，若讀「徒亥反」，則「待用」二字義不可通。謂特用此門卒爲掾也。《莊子·逍遥遊篇》「彭祖乃今以久特聞」，崔譔本「特」作「待」。「待」、「特」聲相近，故字相通，而師古無音，則已不知其爲「特」之借字矣。《漢紀》正作「遂特用之」。

千人

「假司馬千人持幢旁轂」。《通鑑·漢紀十九》同。念孫案：「司馬」、「千人」皆官名，見《百官表》。荀悅《漢紀》作「假司馬十人」，非。

鳴玉佩

「進退則鳴玉佩」。念孫案：「鳴玉佩」本作「鳴佩玉」，謂鳴所佩之玉也。《玉藻》云「行則鳴佩玉」，《大戴禮·保傅篇》同。《尚書大傳》云「夫人鳴佩玉於房中」，見《召南·小星》正義。皆敞書所本也。《漢紀》正作「進退則鳴佩玉」。《杜欽傳》：「佩玉晏鳴，《關雎》歎之。」

縱欲

「今大后資質淑美，慈愛寬仁，諸侯莫不聞，而少以田獵縱欲爲名」。念孫案：「縱欲」當爲「縱恣」，「縱恣」二字即指「田獵」言之。《徐樂傳》云「陛下逐走獸，射飛鳥，宏游燕之囿，淫從恣之觀，極馳騁之樂」，義與此同。且「田獵縱恣」四字皆見上文，則當爲「縱恣」明矣。「恣」與「慾」字相似，「恣」譌爲「慾」，又譌爲「欲」耳。《漢紀》正作「縱恣」。

下臣

「令后姬得有所法則，句下臣有所稱頌」。宋祁曰：「『臣』字可删。」念孫案：宋説非也。「下臣」當依《漢紀》作「臣下」，與上句對文。

違

「靖言庸違」。師古曰：「違，僻也。」宋祁曰：「浙本作『庸韋』。」注云：「韋，違也。」念孫案：浙本是也。《説文》：「韋，相背也。」是古「違背」字本作「韋」。《古文尚書·酒誥》「薄韋農父」，見《羣經音辨》。馬注：「韋，違行也。」見《釋文》。是其證。後人依今本《尚書》改「韋」爲「違」，故又改注文耳。

立不動

「及水盛隄壞，吏民皆奔走，唯一主簿泣在尊旁，立不動」。宋祁曰：「『立』字上疑有『尊』

字。」念孫案：宋説是也。下文詔曰「大守身當水衝」，正指此言之，脱去「尊」字，則文義不明。《水經・河水注》《太平御覽・職官部六十三》引此竝作「尊立不動」，《漢紀》同。

蓋諸葛劉鄭孫毋將何傳

彊禦

「不畏彊禦」。師古曰：「彊禦，彊梁而禦善者也。」劉奉世曰：「禦，禁也。言威力足以禁制於人。《爾雅》云。」念孫案：禦，亦彊也。説見《經義述聞》「曾是彊禦」下。

今日

「今日鷹隼始擊」。念孫案：「日」字後人所加，「今鷹隼始擊」即承上文「立秋日」言之，無庸更加「日」字。《太平御覽・時序部十》引此有「日」字，亦後人依誤本《漢書》加之。其《職官部五十一》《羽族部十三》引此皆無「日」字。又《文選・西征賦》注、舊本《北堂書鈔・歲時部三》陳禹謨本同。《設官部二十九》、陳本加「日」字。《藝文類聚・歲時部上》《鳥部中》、《初學記・歲時部上》、《白帖》三引此亦皆無「日」字。

分當相直

「我與稺季幸同土壤，素無睚眥，顧受將命，分當相直」。師古曰：「言自顧念受郡將之命，分當相值遇也。分，音扶問反。直，讀曰『值』。」念孫案：師古以「顧」爲「顧念」，「直」爲「值遇」，皆非也。顧，猶「特」也。凡《漢書》中「顧」字在句首者，如《張耳陳餘傳》「顧其勢初定」，「顧爲王實不反」，《韓信傳》「顧王策安決」，「顧諸君弗察耳」，「顧恐臣計未足用」，皆當訓爲「特」。師古皆訓爲「念」，非也。他篇放此。直，繩也。言我與稺季本無宿怨，特受郡將之命，分當相繩耳。《説卦傳》曰：「巽爲繩直。」《大雅·抑》箋云：「内有繩直，則外有廉隅。」《淮南·繆稱篇》曰「行險者不得履繩，出林者不得直道」，高注曰：「繩，亦直也。」「繩」訓爲「直」，故「直」亦訓爲「繩」。《月令》曰：「先定準直，農乃不惑。」「準直」即準繩也。「直」爲「準繩」之「繩」，又爲「相繩」之「繩」。《後漢書·循吏傳》「繩正部郡，風威大行」，李賢注曰：「繩，直也。」《百官公卿表》曰：「丞相司直，掌佐丞相舉不法。」《大戴禮·衛將軍文子篇》曰：「蘧伯玉直己而不直人。」《淮南·主術篇》曰：「堯置敢諫之鼓，舜立誹謗之木，湯有司直之人。」

魚澤障

「上以林朋黨比周，左遷敦煌魚澤障候」。念孫案：敦煌之魚澤障自武帝時已改爲效穀縣，此云「魚澤障候」者，仍舊名也。《地理志》「敦煌郡效穀」，班氏自注云：「本魚澤障也。桑欽説。孝武元封六年濟南崔不意爲魚澤尉，教力田，以勤效得穀，因立爲縣名。」今本注首有「師古曰」三字，後人所加也。胡氏東樵已辯之。

越嶲郡上

「會越嶲郡上黄龍游江中」。《通鑑·漢紀二十七》同。念孫案：「上」下本有「言」字。「上言」二字見於本書者多矣，今本脱「言」字，則文義不明。《漢紀·孝平紀》有「言」字。

蕭望之傳

洽平

「將以流大化，致於洽平」。念孫案：古無以「洽平」二字連文者，師古曲爲之説，非也。

「治平」當爲「治平」，字之誤也。《王嘉傳》「以致治平」，即其證。

國兵在外軍以夏

「京兆尹張敞上書言：『國兵在外，軍以夏。』」念孫案：國兵在外，軍以夏，本作「充國兵在外，軍以經夏」，上文曰「西羌反，漢遣後將軍征之」，「後將軍」即趙充國也。「以」與「已」同。充國兵在外，軍已經夏，言其在外已久也。《宣帝紀》曰：「神爵元年夏四月，遣後將軍趙充國、彊弩將軍許延壽擊西羌。」此傳下文曰：「竊憐涼州被寇，方秋饒時，民尚有飢乏病死於道路。」則敞之上書，已在秋時，故曰「軍已經夏」也。今本脱去「充」字、「經」字，則文不成義。《藝文類聚·刑法部》所引已與今本同。《漢紀·孝宣紀》正作「充國兵在外，已經夏」。

堯在上

「堯在上，不能去民欲利之心」。念孫案：下文云「雖桀在上，不能去民好義之心」，則此文「堯」上亦當有「雖」字。《漢紀》及《藝文類聚·刑法部》《太平御覽·治道部四》引此皆有「雖」字。

自以託師傅懷終不坐

「弘恭、石顯等建白：『望之深懷怨望，教子上書，歸非於上，自以託師傅，懷終不坐。』」師古曰：「言恃舊恩，自謂終無罪，坐懷此心。」念孫案：師古讀「懷終不坐」爲句，非也。「懷」當爲「德」，字之誤也。「懷」字俗書作「懷」，形與「德」相近，又涉上文「深懷怨望」而誤。「自以託師傅德」爲句，「終不坐」爲句，言望之自以託於師傅之德，終不坐罪也。《漢紀・孝元紀》作「自以託師傅恩德，終不坐」，是其證。

其

「其於爲民除害，安元元而已」。念孫案：「其」與「期」同。《中山策》「與不其衆少，其於當阨；怨不其深淺，其於傷心」，《淮南・説林篇》「其滿腹而已」，「其」竝與「期」同。《繫辭傳》「死期將至」，釋文作「其」。《韓子・十過篇》「至於期日之夜」，《淮南・人間篇》作「其」。《燕策》「樊於期」，漢武梁石室畫象作「其」。

漢書弟十三

馮奉世傳

萬二千人騎

「於是遣奉世將萬二千人騎」。宋祁曰：「浙本、南本無『人』字。」念孫案：無「人」字者是也。此涉上文「二千人」而衍。《漢紀》亦無「人」字。

令告則得

「令告則得，詔恩則不得，失輕重之差」。念孫案：「令」當爲「今」，此涉上下諸「令」字而誤。案上文云「今有司以爲予告得歸，賜告不得，是一律兩科，失省刑之意」，下文云「今釋令與故事，而假不敬之法，甚違闕疑從去之意」，此云「今告則得，詔恩則不得，失輕重之差」，三「今」字文同一例，則當作「今」明矣。《藝文類聚・刑法部》《白帖》四十三、《太平御覽・治道部十五》引此竝作「今」。

進退

「參爲人矜嚴，好脩容儀，進退恂恂，甚可觀也」。念孫案：「進退」本作「進止」，此後人以意改之也。《北堂書鈔·設官部十》《初學記·職官部下》引此竝作「進止」。《漢紀》同。《薛宣傳》云：「宣爲人好威儀，進止雍容，甚可觀也。」文義正與此同。

鞠躳履方

「鞠躳履方，擇地而行」。師古曰：「履方，踐方直之道也。」念孫案：師古訓「方」爲「方直」，而加「之道」二字以增成其義，殆失之迂矣。今案：「方」即道也，「履方」猶言「踐道」。《樂記》曰「樂行而民鄉方」，又曰「是先王立樂之方也」，《經解》曰「隆禮由禮，謂之有方之士」，《論語·雍也篇》曰「可謂仁之方也已」，孔傳、鄭注竝曰：「方，道也。」

又案：師古云「鞠躳，謹敬皃」，是也。而宋子京云：「注當云『鞠躳，曲躳也』。」案：《聘記》「執圭入門，鞠躳焉，如恐失之」，《論語·鄉黨篇》「入公門，鞠躳如也，如不容」，孔傳云：「斂身也」。「踧踖」、「鞠躳」皆雙聲以形容之，故皆言「如」。孔傳本謂「鞠躳」爲「斂身之貌」，非訓「鞠」爲「斂」，「躬」爲「身」也。皇侃疏云：「鞠，曲斂也。躬，身也。」則「如」字之義不可通。訓「鞠躬」之「躬」爲「身」，其誤實始於此，而邢疏因之，子京更無論已。「斂身」即謹敬之意，故又訓爲「謹敬」。《史記・韓長孺傳贊》云「壺遂之内廉行脩，斯鞠躬君子也」，《太史公自序》云「敦厚慈孝，訥於言，敏於行，務在鞠躬君子長者」，是「鞠躬」爲謹敬也。《廣雅》：「躹𨉬，謹敬也。」曹憲上音「丘六」，下音「丘弓」。「躹𨉬」與「鞠躬」同。

宣元六王傳

告之

「顯具得此事告之」。房漏泄省中語」。宋祁曰：「『之』字當删。」念孫案：《漢紀》無「之」字。

匡張孔馬傳

不譽

「夫富貴在身而列士不譽，是有狐白之裘而反衣之也」。念孫案：「譽」當爲「舉」，此涉上文

「令聞休譽」而誤也。「列士不舉」，正對上文「所舉不過私門賓客，乳母子弟」而言。《白帖》十二、四十三引此竝作「不舉」，《漢紀》同。

以身設利

「苟合徼幸，以身設利」。師古曰：「設，施也。」引之曰：「以身施利」，殊爲不辭。「設」當爲「没」，草書相似而誤也。没謂貪冒也。「冒」、「没」，語之轉耳。《秦策》「没利於前，而易患於後」，高注曰：「没，貪也。」一本「没利」作「設利」，誤與此同。《史記・春申君傳》及《新序・善謀篇》竝作「没利」。《晉語》「再拜不稽首，不没爲後也」，韋注曰：「没，貪也。」下文又曰「退而不私，不没於利也」，《史記・貨殖傳》曰「吏士舞文弄法，刻章僞書，不避刀鋸之誅者，没於賂遺也」，皆其證。

在職

「賢者在位，能者在職」。宋祁曰：「在職，越本作『布職』，別本同。」念孫案：景祐本亦作「布職」。毛本同。《元紀》曰：「明王在上，忠賢布職。」《廣雅》曰：「布，列也。」疑舊本作「布職」，而後人依《孟子》改之也。

商邑翼翼四方之極

「《詩》曰：『商邑翼翼，四方之極。』」念孫案：此引《詩》本作「京邑翼翼，四方是則」，乃《齊詩》，非《毛詩》，下文「今長安天子之都」，是承「京邑翼翼」言之，「郡國來者無所法則」，是承「四方是則」言之。今本「京」作「商」，「是則」作「之極」，皆後人以《毛詩》改之也。師古所見本已誤。說見《經義述聞》。

歸誠

「上親拜禹牀下，禹頓首謝恩，句歸誠，言『老臣有四男一女』」云云。宋祁曰：「『恩』字下當有『因』字。」念孫案：宋說是也。「因歸誠」三字，下屬爲義。若無「因」字，則語意不完，此以「恩」、「因」二字相似，故寫者脱去「因」字耳。《通典·禮二十七》有「因」字。

奸忠直

「以爲章主之過，以奸忠直，人臣大罪也」。師古曰：「奸，求也。求忠直之名也。奸音干。」念孫案：如師古説，則「忠直」下須加「之名」二字，而其義始明矣。《漢紀·孝成紀》作「以許爲忠直」，是也。「許」字正承「章主之過」而言，且用《論語》「許以爲直」之文。今本「許」誤爲「奸」，又脱「爲」字耳。

右與

「天右與王者」。師古曰：「『右』讀曰『佑』，佑，助也。」景祐本作「天左與王者」，注作「『左』讀曰『佐』。佐，助也。」宋祁曰：「案《王商傳》『擁佑大子』，注：『佑，助也。』凡右爲親，左爲遠，故『左遷』、『左道』皆離背去正之義，不得訓『左』爲『助』也。」念孫案：子京改「左」爲「右」，而各本皆從之，非也。古無「佐」字，但作「左」。《説文》：「左，則箇切。ナ手相左也。ナ，則可切。徐鍇本譌作「手ナ相左也」，徐鉉改爲「手相左助也」，尤非，今訂正。從ナ、工。」《爾雅》曰：「詔、亮、左、右、相，導也。」「詔、相、導、左、右、助，勴也。」「左、右，亮也。」凡經典中「佐」、「佑」字皆作「左」、「右」。師古注《韋玄成傳》《師丹傳》竝云「左右，助也。『左』讀曰『佐』，『右』讀曰『佑』。」子京不知「左」爲古「佐」字，故有此謬説。

可甲卒

「將作穿復土，可甲卒五百人」。劉奉世曰：「『可』字疑非。」念孫案：「可甲」當爲「河東」，字之誤也。此謂「將作穿復土，用河東卒五百人」，《霍光傳》云「發三河卒，穿復土」，與此事同一例。《太平御覽·禮儀部三十二》引此正作「河東卒」。

長安子

「故霸還長安子福名數於魯，奉夫子祀」。宋祁曰：「江南、淳化本作『長安』。浙本作『還長子福名數於魯』，無『安』字。晏公論羨『安』字甚堅。案：霸既詔許以八百户祀孔子，即是令長子福還名數於魯，以此八百户爲祀矣。雖浙本作『還』，『還』與『還』小異而大同。言『長安』則後人妄添，且復終始無義。昔潁川陳彭年亦以『安』字爲衍。」念孫案：陳、晏、宋説皆是也。或引龔説以此傳前言霸「徙名數於長安」，故此言「還長安子福名數」，其説殊謬，不足辯。景祐本及《太平御覽·禮儀部四》所引竝作「長子福」，無「安」字。

王商史丹傅喜傳

皇大子

「皇大子希得進見」。念孫案：景祐本「皇」下有「后」字，是也。「皇后大子，希得進見」，正對上文「傅昭儀及定陶王常在左右」言之，下文「皇后、大子皆憂」，又承此句言之，則當有「后」字明矣。若但言「大子希得進見」，則文偏而不具。《太平御覽·人事部九十三》引此正作「皇后大子」，《通鑑》同。《元后傳》亦云：「皇后自有子後，希復進見。」

子嗣

「喜以壽終……子嗣」。師古曰：「史不得其子名也。」念孫案：《表》云「高武貞侯傅喜薨……侯勁嗣」，此文傳寫脱「勁」字耳，非史失其名也。

薛宣朱博傳

賊取

「賊取錢財數十萬」。宋祁曰：「賊，浙本作『賦』。」念孫案：浙本是也。「賦」、「賊」字相似，據注云「斂取錢財」，則當作「賦」明矣。

手傷

「況首爲惡，明手傷，功意俱惡」。念孫案：「手傷」下原有「人」字。「況首爲惡」、「明手傷人」相對爲文，今本脱「人」字，則文義不明，而句法亦不協矣。據孟康注云「手傷人爲功，使人行傷人者爲意」，則正文本作「手傷人」明矣。《通典·刑四》無「人」字，則所見本已誤。《漢紀·孝哀紀》有「人」字。

痏人

「傳曰：『遇人不以義而見疻者，與痏人之罪鈞，惡不直也。』」應劭曰：「以杖手毆擊人，剥其皮膚，腫起青黑而無創瘢者，律謂之『疻痏』。遇人不以義爲『不直』，雖見毆，與毆人罪同也。」師古曰：「疻音侈，痏音鮪。」念孫案：正文之「痏人」本作「疻人」。「遇人不以義而見疻者，與疻人之罪鈞」，兩「疻」字上下相應。應注云「雖見毆，與毆人罪同」，兩「毆」字亦上下相應。若下句變「疻」言「痏」，則與上句不相應矣。應云「律謂之『疻痏』」，此是引律以釋正文「疻」字，非釋「痏」字也。師古曰「痏音鮪」，自爲應注「痏」字作音，非爲正文作音也。凡師古注爲舊注作音者，全部皆然，不可枚舉。後人不察，遂謂正文内有「痏」字，而改「疻人」爲

「痏人」，斯爲謬矣。師古注《急就篇》云：「毆人，皮膚腫起曰『疻』，毆傷曰『痏』。」是「疻」、「痏」大同而小異，又不得徑改「疻人」爲「痏人」也。《白帖》四十八、九十二竝作「遇人不以義而見疻者，與疻人之罪鈞」。《通典·刑四》同。

何與

「莽治況，發揚其罪，使使者以大皇大后詔賜主藥。主怒曰：『劉氏孤弱，王氏擅朝，排擠宗室，且嫂何與取妹披抉其閨門而殺之？』」師古曰：「敬武公主，宣帝女也。故謂元后爲『嫂』。『與』讀曰『豫』，豫，干也。言此事不干於嫂也。」念孫案：「與」讀如字，「何與」，猶何爲也。古者謂「爲」曰「與」，説見《釋詞》。主與況私亂，而莽矯元后詔賜之死，故主怒曰「嫂何爲取妹披抉其閨門而殺之」也。師古讀「與」爲「豫」，而以「且嫂何與」絶句，則與下文義不相屬矣。

間步

「博去吏，間步至廷尉中，候司咸事」。師古曰：「間步，謂步行而伺間隙以去。」念孫案：「候司」在下文，則此非「伺間隙」之謂也。間者，私也，謂私步至廷尉中也。古謂「私」爲「間」，説見《史記・魏公子傳》。

大丈夫

「大丈夫固時有是」。念孫案:「大」字後人所加。尚方禁以盜人妻見斫,面有瘢,故博笑謂之曰「丈夫固時有是」。據顔注云「言情欲之事,人所不免」,則不得言「大丈夫」明矣。景祐本及《白帖》四十一引此皆無「大」字。

用禁

「馮翊欲洒卿恥,抆拭用禁,能自效不」。念孫案:「禁」當爲「卿」。此涉上下文「禁」字而誤也。「欲洒卿恥,抆拭用卿」,兩「卿」字上下相承。《白帖》四十一、四十八引此竝作「用卿」。

尚相得死

「匹夫相要,尚相得死,何況至尊」。《通鑑・漢紀二十六》同。念孫案:「尚相得死」,文不成義。當依《漢紀・孝哀紀》作「尚得相死」。

翟方進傳

大都授

「候伺常大都授時」。引之曰：「大」字涉注文「大講授」而衍。「都」即大也，不當更有「大」字。《廣雅》：「都，大也。」《五行志》「豕出圂，壞都竈」，師古注：「都竈，烝炊之大竈也。」《武五子傳》「將軍都郎羽林」，注：「都，大也。謂大會試之。」《鄭吉傳》「故號都護」，注：「都，猶大也，總也。」《漢紀・孝成紀》有「大」字，亦後人依誤本《漢書》加之。據師古注云「都授，謂總集諸生大講授」，則正文本無「大」字。

簿

「官簿皆在方進之右」。宋祁曰：「簿，一作薄。」念孫案：《説文》無「簿」字，則一本是也。今《漢書》中「簿」字無作「薄」者，此一本作「薄」，乃古字之僅存者耳。漢《郃陽令曹全碑》「諸國禮遺，且二百萬，悉以薄官」，其字正作「薄」。又各碑中「主簿」字作「薄」者不可枚舉，是古字以「薄」爲「簿」也。

如勿收

「義部掾夏恢等收縛立，傳送鄧獄……恢白義可因隨後行縣送鄧。義曰：『欲令都尉自送，則如勿收邪！』」師古曰：「言若都尉自送至獄，不如本不收治。」念孫案：師古以「如勿收」爲「不如勿收」，則與「邪」字語意不合。余謂「如」猶將也，言汝欲令都尉自送，則將勿收邪！古者「如」與「將」同義，説見《釋詞》。

奔走

「若涉淵水，予惟往求朕所濟度，奔走以傅近奉承高皇帝所受命」。師古以「奔走」屬上讀。念孫案：「奔走」二字與「涉水」義不相屬，當以「予惟往求朕所濟度」爲句，此效經文之「予惟往求朕攸濟」也。「奔走以傅近奉承高皇帝所受命」爲句，「奔」與「賁」，「傅」與「敷」古字通用，此效經文之「敷賁敷前人受命」也。莽《大誥》皆用《今文尚書》，疑今文無上「敷」字，但作「奔傅前人受命」，而莽以「奔」爲「奔走」，「傅」爲「傅近」，亦用今文説也。

犯祖亂宗

「誕敢犯祖亂宗之序」。引之曰：當作「誕敢犯亂祖宗之序」。

民獻儀九萬夫

「宗室之儁有四百人，民獻儀九萬夫」。孟康曰：「民之表儀，謂賢者。」引之曰：正文本作「民儀九萬夫」，今本「儀」上有「獻」字者，後人據古文《大誥》加之也。下文師古注曰「我用此宗室之儁及獻儀者共謀圖國事」，則師古所見本已有「獻」字。然考孟注及下文皆言「民之表儀」而不言「民獻」，下文曰：「亦惟宗室之俊，民之表儀。」則此句内本無「獻」字明矣。案，古文《大誥》「民獻有十夫」，傳訓「獻」爲「賢」，《大傳》作「民儀有十夫」，孟康曰：「民之表儀，謂賢者。」《廣雅》亦曰：「儀，賢也。」蓋皆用《今文尚書》説也。古聲「儀」與「獻」通。《周官・司尊彝》「鬱齊獻酌」，鄭司農讀「獻」爲「儀」。郭璞《爾雅音》曰：「轙音儀。」《説文》曰：「轙，從車，義聲。或作『钀』，從金，獻聲。」皆其證也。漢《斥彰長田君碑》曰「安惠黎儀，伐討姦輕」，《泰山都尉孔宙碑》曰「乃綏二縣，黎儀以康」，《堂邑令費鳳碑》曰「黎儀瘁傷，泣涕連漉」，「黎儀」即《皋陶謨》之「萬邦黎獻」也。漢碑多用經文，此三碑皆言「黎儀」，則《皋陶謨》之「黎獻」今文必作「黎儀」矣。然則今文之「民儀」即古文之「民獻」，王莽本用今文，故曰「民儀九萬夫」。今據古文加入「獻」字，「民獻儀九萬夫」，斯爲不詞矣。班固《竇車騎將軍北征頌》曰「民儀響慕，羣英景附」，亦用今文也。

易定

「粤天輔誠，爾不得易定」。師古曰：「天道輔誠，爾不得改易天之定命。」念孫案：不言「易天之定命」而言「易定」，則文義不明。余謂「定」當爲「㝎」，《説文》「㝎」，古文「法」字，形與「定」相似而誤。《大誥》作「爾時罔敢易法」，是其證。

静言

「兄宣静言令色，外巧内嫉」。師古曰：「静，安也。令，善也。言其陽爲安静之言，外有善色，而内實嫉害也。」念孫案：「静言令色」即「巧言令色」，下文「外巧」二字統承「静言令色」言之，則「静」非「安静」之謂也。古文《尚書·秦誓》「惟截截善諞言」，今文作「惟諓諓善静言」，《漢書》皆用今文，故作「静言」也。「静」字或作「竫」，又作「靖」。文十二年《公羊傳》引《書》作「惟諓諓善竫言」，王注《楚辭·九辯》曰「静言諓諓而無信」，又注《九歎》曰「諓諓，讒言貌也」，引《書》曰「諓諓靖言」。《潛夫論·救邊篇》曰「諓諓善靖」，竝字異而義同。《越語》「又安知是諓諓者乎」，賈逵注曰：「諓諓，巧言也。」見《公羊釋文》。而《今文尚書》曰「惟諓諓善静言」，是「静言」即「巧言」也。師古不見今文，故訓「静言」爲「安静之言」，而加「陽爲」二字以足其義。

羣鴈

「有狗從外入，齧其中庭羣鴈數十，比驚救之，已皆斷頭」。引之曰：鴈者，鵝也，故曰「中庭羣鴈」。古謂「鵝」爲「鴈」，説見《經義述聞·周官》「膳用六牲」下。

谷永杜鄴傳

亦惟先正克左右

「經曰：『亦惟先正克左右。』」師古曰：「《周書·君牙》之辭也。」齊曰：「案，《君牙篇》作『亦惟先王之臣克左右，亂四方』，……所可疑者，西都袛行伏生今文，今文缺《君牙篇》，惟孔氏古文有之，然則谷永亦嘗見《古文尚書》者邪？」念孫案：顔、齊二説皆非也。此所引乃

《文侯之命》，非晚出古文之《君牙》。師古誤記耳。

則不深察

「陛下則不深察愚臣之言，忽於天地之戒，咎根不除，水雨之災，山石之異，將發不久」。念孫案：「則不深察」，若不深察也。古者「則」與「若」同義，説見《釋詞》。

變改

「如使危亡之言輒上聞，則商周不易姓而迭興，三王不變改而更用」。念孫案：「變」、「改」、「更」三字語意重疊，「改」當爲「政」，謂變其政而更用之也。「變政」與「易姓」對文。此因字形相似而誤。

能或滅之

「《詩》云：『燎之方陽，能或滅之？赫赫宗周，褒姒威之。』」師古曰：「言火燎方熾，寧有能滅之者乎？而宗周之盛，乃爲褒姒所滅，怨其甚也。」念孫案：師古此注，殆沿鄭箋之誤。此引《詩》作「能或滅之」，非謂「寧有能滅之者」也。案：能者，乃也。言燎火方熾，而乃有滅之者，以喻赫赫之宗周，而竟爲褒姒所滅也。「能」字古讀若「耐」，說見《唐韻正》。聲與「乃」相近，故義亦相同。昭十二年《左傳》「中美能黄，上美爲元，下美則裳」，「能」、「爲」、「則」三字相對爲文，能者，乃也，言中美乃黄，上美爲元，下美則裳也。《孫子·謀攻篇》：「故用兵之法，十則圍之，五則攻之，倍則分之，敵則能戰，少則能守，不若則能避之。」言敵則乃戰，少則乃守，不若則乃避之也。《魏策》曰：「奉陽君約魏，魏王將封其子，謂魏王曰：『王嘗身濟漳，朝邯鄲，抱葛、嶭、陰、成以爲趙養邑，而趙無爲王有也。王能又封其子河陽、姑宓乎？臣爲王不取也。』」言王乃又封其子乎？臣爲王不取也。《史記·淮陰侯傳》曰：「今韓信兵號數萬，其實不過數千，能千里而襲我，亦以罷極。」言韓信兵不過數千，乃千里而襲我，亦已疲極也。《太史公自序》序《佞幸傳》曰：「非獨色愛，能亦各有所長。」言非獨以色見愛，乃亦各有所長也。《列女傳·賢明傳》曰：「先生以不斜之故能至於此。」言以不斜之故乃至於此也。「能」與「乃」同義，故二字可以互用，《後漢書·荀爽傳》：「陳便宜策曰：『鳥則雄者鳴鴝，雌能順服；獸則牡爲唱導，牝乃相從。』」是也。「能」與「乃」同義，故又可以通用。《淮南·人間篇》「此何遽不能爲福乎」，《藝文類聚·禮部下》引此「能」作「乃」。《漢書·匈奴傳》「東援海代，南取江淮，然後乃備」，《漢紀》「乃」作「能」是也。「能」與「寧」一聲之轉，故此作「能或滅之」，《毛詩》作「寧或滅之」。宋祁曰：「姚本『能』作

『寧』。」此依《毛詩》改也。「寧」亦「乃」也。鄭《箋》誤解「寧」字。説見《經義述聞》「寧或滅之」下。

炮烙

「榜箠瘠於炮烙」。念孫案:「炮烙」本作「炮格」。格音古伯反,不音洛,故師古曰:「膏塗銅柱,此句釋「格」字。加之火上,令罪人行其上,輒墮炭中。此三句釋「炮」字。」《江鄰幾雜志》引《漢書》正作「炮格」。今諸書皆作「炮烙」者,後人不知古義而改之也。説見《史記·殷本紀》。

建治

「反除白罪,建治正吏」。念孫案:「建治」二字義不相屬,師古以爲「建議劾治」,此曲爲之説也。「建」當爲「逮」。逮,捕也。言罪之明白者則反而除之,吏之公正者則逮而治之也。《王莽傳》:「莽遺三公大夫逮治黨與。」隸書「建」字或作「逮」,見漢《北海相景君銘》《郎中鄭固碑》。與「逮」相似,故「逮」譌作「建」。

婧出

「悉罷北宮私奴車馬婧出之具」。師古曰：「『婧』亦『惰』字耳。惰出，惰游也。」宋祁曰：「姚本『婧』作『姷』，音又，耦也。蕭該《音義》亦作『姷』，音『侑』。」念孫案：「婧出」二字義不相屬，師古强訓爲「惰游」，非也。當依蕭該本作「姷出」。《説文》：「姷，耦也。從女，有聲。讀若『祐』。」或從「人」作「侑」。然則姷出者，耦出也。車馬耦出，謂與北宮私奴共乘車馬而出也。上文云「陛下挺身晨夜，與羣小相隨，閔免遁樂，晝夜在路」，故此云「絶羣小之私客，悉罷北宮私奴車馬姷出之具」也。「姷」與「婧」字相似，世人多見「婧」，少見「姷」，故「姷」譌爲「婧」矣。

貫行

「以次貫行，固執無違」。師古曰：「貫，聯續也。謂上所陳衆條諸事，宜次第相續行之，不當更違異也。」念孫案：「貫」可訓爲「聯」，不可訓爲「續」。今案：「貫行」猶言「服行」，謂以次服行之也。《後漢書·光武十王傳》「奉承貫行」，義與此同。《爾雅》曰：「服、貫，事也。」《廣雅》曰：「服、貫，行也。」是「貫」與「服」、「行」同義。《論語·衛靈公篇》：「子貢問曰：『有一言而可以終身行之者乎？』子曰：『其恕乎！』」《里仁篇》：「子曰：『吾道一以貫之。』曾子曰：『夫子之道，忠恕而已矣。』」「一以貫之」即「一以行之」也。

三朝之會　燕告急齊

「今年正月己亥朔，日有食之，三朝之會」。師古曰：「歲、月、日，三者之始，故云『三朝』。」念孫案：「三朝」上原有「於」字，於，猶在也，言日食在三朝之會也。今脱去「於」字，則上下義不相屬。《後漢書·班固傳》注、《文選·東都賦》注、鮑照《數詩》注引此竝作「日有食之於三朝之會」。又《匈奴傳》「山戎伐燕，燕告急齊」，「齊」上亦脱「於」字。《太平御覽·四夷部二十一》引此有「於」字，《史記》同。

法出而後駕

「願陛下保至尊之重，秉帝王之威，朝覲法出而後駕，陳兵清道而後行」。念孫案：「法出而後駕」當作「法駕而後出」，謂法駕既具而後出也。如淳注《文帝紀》曰：「法駕者，侍中驂乘，奉車郎御，屬車三十六乘。」今本「駕出」二字互誤，則文不成義。《漢紀·孝成紀》正作「朝覲法駕而後出」。

專攻

「前後所上四十餘事，略相反覆，專攻上身與後宮而已」。念孫案：「攻」字義不可通，「攻」當爲「政」，字之誤也。「政」與「正」同。正，諫也。《景十三王傳》云廣川王去師「數諫正去」，《王吉傳》云「忠直數諫正」，《鮑宣傳》云「唐林數上疏諫正」，《呂氏春秋·慎大篇》云「不可正諫」，《説文》作「証」，云「諫也」，《齊策》云「士尉以証靖郭君」。言永所諫正者，唯在上身與後宮而已，不言王氏專權之事也。《漢紀》正作「正上身與後宮」。

奥内

「所白奥内，唯深察焉。」師古曰：「奥内，室中隱奥之處也」。念孫案：「奥」亦内也。奥内，猶隱奥也。謂所言隱奥，唯將軍深察之，非謂「室中隱奥之處」也。《堯典》「厥民奥」，今本作「隩」，乃衛包所改，《尚書撰異》已辯之。《書大傳》「壇四奥」，鄭注竝云「奥，内也」。昭十三年《左傳》「國有奥主」，正義曰：「奥主，國内之主。」字或作「隩」，《周語》「宅居四隩」，韋注云：「隩，内也。」是「奥」、「内」二字同義。《爾雅》：「厓内爲隩。」《釋文》烏到、於六二反。「隩」與「奥」亦同義。

文母

「雖有文母之德，必繫於子」。師古曰：「文母，文王之妃大姒也。」劉奉世曰：「文母，文王之母也，所謂『繫於子』也。何預大姒？」引之曰：文母，謂文德之母，非因文王而稱之。劉說非也。辯見《經義述聞》「亦右文母」下。

何武王嘉師丹傳

學宮

「行部，必先即學宮見諸生」。師古曰：「學宮，學舍也。」念孫案：正文、注文之「學宮」，景祐本、毛本皆作「學官」，是也。《賈誼傳》「學者所學之官也」，注曰：「官，謂官舍。」《韓延壽傳》「脩治學官」，注曰：「學官，謂庠序之舍也。」《文翁傳》「脩起學官」，注曰：「學官，學之官舍也。」此傳注亦云「學舍」，則正文本作「學官」明矣。舊本《北堂書鈔・設官部二十四》陳禹謨本改「官」爲「宮」。《藝文類聚・職官部六》《太平御覽・職官部五十四》引此傳竝作「學官」。

此人

「此人顯於世者，何侯力也」。念孫案：「此人」當作「此四人」，謂兩龔、兩唐也。見上文。今本脱「四」字，則文義不明。

不宜

「往時孝惠、孝昭，少主之世，外戚吕、霍、上官持權，幾危社稷，今孝成、孝哀，比世無嗣，方當選立親近輔幼主，不宜令異姓大臣持權，親疎相錯，爲國計便」。師古曰：「異姓，謂非宗室及外戚。」宋祁曰：「南本徐鍇去『不』字。」予據顔注，去之爲允。」劉敞曰：「《周禮》『時揖異姓』，異姓，婚姻也，正謂外戚耳，恐不當去『不』字。」念孫案：宋説是，劉説非也。下文云「親疎相錯，爲國計便」，「便」字正承「宜」字而言。若作「不宜」，則與下文義不相屬，「不」字乃後人妄加之耳。《漢紀》作「今不宜置異姓大臣持權，親疎相錯，爲國計不便」，兩「不」字皆後人妄加。外戚親而異姓疎，故曰「宜令異姓大臣持權，親疎相錯，爲國計便」。然則「異姓」非謂外戚也。故顔注曰「異姓，謂非宗室及外戚」。下文云「於是武舉公孫禄，而禄亦舉武」，武與禄皆異姓而非外戚，是其明證矣。《翼奉傳》云「今左右亡同姓，獨以舅后之家爲親，異姓之臣又疏，「二后之黨滿朝」，此「異姓」亦非指外戚。劉引《周官》「時揖異姓」，非此所謂「異姓」也。此所謂「異姓」乃《周官》所謂「庶姓」耳。《太平御覽·治道部十一》引此正作「宜令異姓大臣持權」。

光禄大夫龔勝　勝獨以爲

「事下將軍中朝者。光禄大夫孔光、左將軍公孫禄、右將軍王安、光禄勳馬宫、光禄大夫龔勝劾嘉迷國罔上不道，請與廷尉雜治。勝獨以爲嘉坐薦相等，罪微薄，今本脱「罪」字，依《漢紀》補。以應迷國罔上不道，恐不可以示天下」。念孫案：「劾嘉」之上不當有「光禄大夫龔勝」六字，下文「勝獨以爲」上當有「光禄大夫龔」五字。此謂諸臣皆劾嘉迷國罔上，而光禄大夫龔勝獨以爲不然，故師古曰「孔光以下衆共劾嘉，而勝獨爲異議也」。若「劾嘉」上有「光禄大夫龔勝」六字，則與「勝獨以爲」之語相反。校書者不知此六字之爲衍文，反删去下文之「光禄大夫龔」五字，斯爲顛倒矣。《漢紀·孝哀紀》云「事下將軍中朝者，皆劾嘉迷國罔上不道。光禄大夫龔勝獨以爲嘉坐薦相等，罪微薄，應以迷國罔上不道，不可以示天下」，足正今本之誤。又《龔勝傳》云：「左將軍公孫禄、司隸鮑宣、光禄大夫孔光等十四人，皆以爲嘉應迷國不道法。勝獨曰：『嘉舉相等，過微薄。』」尤足與此傳互相證明。

尊卑

「今定陶共皇大后、共皇后……欲立官置吏，車服與大皇大后竝，非所以明尊卑亡二上之義也」。念孫案：「卑」字涉上文兩「尊卑」而衍。此言傅昭儀、丁姬不得與元后竝尊，故曰「尊無二上」。語出《曾子問》《坊記》。「尊」下不當有「卑」字。《通典・禮三十二》《通鑑・漢紀二十五》皆無「卑」字。

楊雄傳

段氏若膺曰：「『贊曰：雄之自序云爾』乃總上一篇之辭，故師古注曰『自《法言》目之前，皆是雄本自序之文也』。《漢書》記雄之年壽卒葬，皆於贊中補載，而不繫諸傳，與他篇體例不同，則傳文爲録雄自序不增改一字無疑。唐初自序已無單行之本，師古特就贊首一語明之。劉貢父《漢書注》云：『楊氏兩族，赤泉氏從「木」，子雲自敘其受氏從「扌」，而楊修書稱「修家子雲」，又似震族。』貢父所見雄自序必是唐以後僞作。雄果自序其受氏從『扌』不從『木』，《漢書音義》及師古注必載其説，何唐以前竝無此論，至宋而後有之？且班氏用序爲傳，但曰『其先食采於楊，因氏焉』。楊在河、汾之間，攷《左氏傳》，霍、楊、韓、魏皆姬姓國，而滅於晉。羊舌肸食采於楊，故亦稱『楊肸』。其子食我亦稱『楊石』。《漢書・地理志》『河東郡楊縣』，應仲遠謂即楊侯國。說《左傳》《漢書》家未有謂其字從『手』者，則雄何得變其受氏之始而從『手』也？修與雄姓果不同字，斷不曰『修家子雲』，以啟臨淄侯之欸笑，修語正可爲辨僞之一證矣。作僞《自序》者殆因班《傳》無『它楊於蜀』一語，不知師古注但云『蜀諸姓楊者皆非雄族』，不云諸姓楊者皆從『木』，與雄從『扌』異也。《廣韻》『揚』字注不言姓，『楊』字注則云『姓，出弘農、天水二望，本自周宣王子尚父，幽王邑諸楊，號曰「楊侯」，後并於晉，因爲氏。』然則姓有『楊』而無『揚』甚明。今貢父所見僞《自序》不知存否，而據班贊知班《傳》之外別無《自序》，其謂雄姓從『手』者，僞說也。」念孫案：若膺之論至確。景祐本、汪本、毛本「楊」、「揚」二字雜出於一篇之中，而明監本則皆改爲「揚」。其分見於各志各傳者，五行、地理、藝文三《志》，趙充國、谷永、游俠、匈奴、元后五《傳》及《敘傳》，又劉向、馮唐、司馬相如、司馬遷、東方朔五《傳贊》，《趙尹韓張兩王傳贊》、《王貢兩龔鮑傳序》。景祐本、汪本、毛本從「木」者尚多，而監本則否。余考漢《郎中鄭固碑》云「君之孟子有楊烏之才」，「烏」即雄之子也，而其字從「木」，則雄姓之不從「手」益明矣。

反離騷

「迺作書，往往摭《離騷》文而反之……名曰『反離騷』，又旁《離騷》作重一篇，名曰《廣騷》」。念孫案：「反離騷」，「離」字涉上下文而衍。下文「獨載反離騷」同。曰《反騷》，曰《廣騷》，其篇名皆省一「離」字。《後漢書·梁竦傳》「感悼子胥、屈原以非辜沈身，乃作《悼騷賦》」，《應奉傳》「追愍屈原，因以自傷，著《感騷》三十篇」，篇名皆省一「離」字，義與此同也。《文選·頭陀寺碑文》注引作「反離騷」，「離」字亦後人依誤本《漢書》加之。其《魏都賦》注、《贈秀才入軍詩》注、《陳情表》注、《與嵇茂齊書》注、《運命論》注、《辯命論》注皆引作「反騷」。又《水經·江水》注、《後漢書·馮衍傳》注、舊本《北堂書鈔·藝文部八》、陳禹謨本加「離」字。《藝文類聚·雜文部二》、《白帖》六十五、八十六、《太平御覽·文部十二》《百卉部三》亦皆引作「反騷」。吴氏《刊誤補遺》引此作「反騷」，則吴所見本尚無「離」字。

畔牢愁

「又旁《惜誦》以下至《懷沙》一卷，名曰『畔牢愁』」。李奇曰：「畔，離也。牢，聊也。與君相離，愁而無聊也。」念孫案：如李說，則「畔牢愁」三字義不相屬。訓「牢」爲「聊」，而又言

「無聊」，義尤不可通。余謂「牢」讀爲「懰」，《廣韻》：「懰，力求切，烈也。」《廣雅》曰：「烈烈，憂也。」是「懰」爲「憂」也。《集韻》：「懰慄，憂也。」《外戚傳》「懰慄不言」，師古曰：「懰慄，哀愴之意也。」義竝相近。「牢」字古讀若「劉」，說見《古韻標準》。故與「懰」通。「牢」、「愁」，疊韻字也。畔者，反也。或言「反騷」，或言「畔牢愁」，其義一而已矣。

天軌之不辟

「惟天軌之不辟兮，何純絜而離紛」。師古曰：「天軌，猶言天路。辟，開也。離，遭也。紛，難也。言天路不開，故使純善貞絜之人遭此難也。」念孫案：天軌，猶天道也。《周語》及《淮南・本經篇》注竝曰：「軌，道也。」辟，明也。見《王制》、《祭統》及《洪範五行傳》注。言天道不明，故使純絜之人遭此難也。若云天路不「開」，則去遭難之意尚遠。

竢慶雲而將舉

「《反離騷》曰：『懿神龍之淵潛兮，竢慶雲而將舉。』」念孫案：龍潛於淵，得雲而舉，不必「竢慶雲」也。竢慶雲而將舉，本作「慶竢雲而將舉」，此後人不知「慶」之讀爲「羌」，而妄改之耳。王逸注《離騷》曰：「羌，楚人語辭也。」「羌」與「慶」古字通。後《甘泉賦》曰「厥高慶而不可虖疆度」,《敘傳〈幽通賦〉》曰「慶未得其云已」,師古竝云:「慶,發語辭,讀與『羌』同。」晉灼曰「龍竢風雲而後升」,師古曰「龍潛居待雲」,皆但言「雲」而不言「慶雲」,則「慶」爲語辭明矣。又下文「慶天頓而喪榮」,張晏曰:「慶,辭也。」師古曰:「慶,亦與『羌』同。」明汪文盛本如此。監本改「亦」爲「讀」,非是。亦者,承上之辭,然則此注内本有「『慶』與『羌』同」之文,而後人妄删之也。宋祁説此句云:「蕭該《音義》曰:『慶,音羌。』今《漢書》亦有作『羌』字者。」此尤其明證矣。

鷤鴂

引之曰:杜鵑一名「鷤鴂」,一名「買鵤」,一名「子鳺」。鷤鴂,一作「鵜鳺」,一作「鶗鳺」。《楚辭·離騷》「恐鵜鳺之先鳴兮,使夫百草爲之不芳」,王注曰:「鵜鳺,一名『買鵤』,常以春分鳴。」《反騷》「徒恐鷤鴂之將鳴兮」,服虔曰:「鷤鴂,一名『鶪』,伯勞也。順陰氣而生,賊害之鳥也。」王逸以爲春鳥,謬也。見《文選·思玄賦》注。案,服意蓋謂春分之時,衆芳始盛,不得言「百草不芳」,因以爲五月始鳴之「鶪」,五月陰氣生,故百草爲之不芳也。今案,《離騷》言此者,以爲小人得志,則君子沈淪;野鳥羣鳴,則芳草衰謝。此乃假設爲文,不必實有其事,亦如《九章》云「鳥獸鳴以號羣兮,草苴比而不芳」,豈謂鳥獸羣號之時實有不芳之草哉!若然,則子鳺争鳴而衆芳歇絶,可無以「春鳥」爲疑矣。況「鷤鴂」、「杜鵑」一聲之轉，方俗所傳，尤爲可據，《玉篇》：「鷤搗，又名杜鵑。」《思玄賦》注引《臨海異物志》曰：「鶗鴂，一名杜鵑，至三月鳴，晝夜不止。」宋祁《筆記》引蕭該《漢書音義》曰：「蘇林『鷤搗』音『殄絹』。」是「搗」、「鵑」同聲也。子鴂，《太平御覽》引《蜀王本紀》作「子搗」，《華陽國志》作「子鵑」。「子搗」之爲「子鵑」，猶「鷤搗」之爲「杜鵑」矣。故《廣雅》亦以「鷤搗」爲「子鴂」也。而師古注《漢書》乃牽就其説，云「鷤搗常以立夏鳴，鳴則衆芳將歇」，張衡《思玄賦》舊注則云「鶗鴂以秋分鳴」。《廣韻》又云「鶗鴂春分鳴則衆芳生，秋分鳴則衆芳歇」，此皆於王、服兩家之説不能決定，故爲游移兩可之詞，而不知鷤搗春月即鳴，不得遲至立夏；物候皆記其始，又不得兼言「秋分」也。

雄鳩

「抨雄鳩以作媒兮，何百離而曾不壹耦」。師古曰：「《離騷》云『吾令鴆爲媒兮，鴆告余以不好。雄鳩之鳴逝兮，余猶惡其佻巧』。故云『百離不一耦』也。」宋祁曰：「鴆，江南本作『鳩』，監本作『鴆』，今從監本。」念孫案：宋校非也。《離騷》本作「雄鳩」，此文及注亦本作「雄鳩」。《離騷》先言「鴆」而後言「雄鳩」。此文但言「雄鳩」，又云「百離而曾不壹耦」，則不言「鴆」而「鴆」在其中，故注必兼引「鴆」與「雄鳩」，而其義乃全。而監本作「雄鴆」，即因注内「鴆」字而誤。雄鳩善鳴，故曰「雄鳩之鳴逝兮」，《淮南・天文篇》亦云「雄鳩長鳴」。若作「雄鴆」，則非其指矣。偏考諸書亦無「雄鴆」之文。子京不察，且并改注文之「雄鳩」爲「雄鴆」，則豈有上言「鴆」而下又言「雄鴆」者乎？弗思甚矣。

八神

「《甘泉賦》：『八神奔而警蹕兮。』」師古曰：「自『招搖』至『獝狂』，凡八神也。」劉攽曰：「此八神，齊之八神也。」劉奉世曰：「擊而出之，固非八神也。蓋自有八神耳。」《文選》李善注曰：「《漢書·武紀》曰『用事八神』，文穎曰：『八方之神也。』」念孫案：李説是也。《萬石君傳》「巡方州，禮嵩嶽，通八神以合宣房」，亦謂八方之神也。孟康曰：「八神，《郊祀志》『八神』也。」師古曰：「此説非也。自言致禮中岳，通敬八神耳。」《楚辭·九歎》「合五嶽與八靈」，王注亦云：「八靈，八方之神」。

鳥䀪

「柴虒參差，魚頡而鳥䀪」。師古曰：「頡䀪，上下也。䀪，胡岡反。」《文選》李善注云：「頡䀪，猶頡頏也。」念孫案：䀪者，「胻」之譌。「胻」字古讀胡岡反，《史記·龜策傳》「壯士斬其胻」，與「狂」爲韻。故借爲「頡頏」之「頏」。不知何時「肉」旁譌作「目」旁，而《集韻·十一唐》遂收入

「盻」字矣。《説文》《玉篇》《廣韻》皆無「盻」字。

唐其壇曼

「平原唐其壇曼兮」。鄧展曰：「唐，道也。」師古曰：「言平原之道，壇曼然廣大。」念孫案：訓「唐」爲「道」，雖本《爾雅》，然「平原道其壇曼」，殊爲不詞。今案，唐者，廣大之貌。唐其者，形容之詞。既言「唐」而又言「壇曼」者，言重詞複以形容之。若上文言「灕乎幓纚」矣。《説文》曰：「唐，大言也。」《白虎通義》曰：「唐，蕩蕩也。蕩蕩者，道德至大之貌也。」是「唐」爲廣大之名。

迣迣

「迣迣離宫般以相燭兮」。應劭曰：「言秦離宫三百，武帝復往往脩治之。」師古曰：「往往，言所往之處則有之。」《文選》李善注曰：「往往，言非一也。」念孫案：李説是。

柍桭

「列宿乃施於上榮兮，日月纔經於柍桭」。服虔曰：「柍，中央也。桭，屋梠也。」師古曰：「柍音鞅。」今本「鞅」譌作「央」。考《玉篇》《廣韻》《集韻》《類篇》，「柍」字俱無「央」音。宋祁引蕭該《音義》：「柍，於兩反。」李善《文選注》同，今據以訂正。念孫案：「柍」當作「央」，今作「柍」者，因「振」字而誤加「木」旁耳。凡字有上下相因而誤者，如「璿機」之爲「璿璣」，「鳳皇」之爲「鳳凰」，「窀夕」之爲「窀穸」，「展轉」之爲「輾轉」，「蓑笠」之爲「簑笠」，「畎畝」之爲「甽畝」，皆「柍振」之類也。「振」與「宸」同，《說文》：「宸，屋宇也。」即服注所謂「屋梠」。鄭注《士喪禮》曰：「宇，梠也。」即今人所謂「屋檐」。央振，謂半檐也。日月纔經於半檐，極言臺之高也。「央振」與「上榮」相對爲文，則「央」字不當作「柍」。服虔訓爲「中央」，則所見本亦必作「央」也。蕭該《音義》曰：「柍，於兩反。」則所見本已譌作「柍」矣。《西京賦》曰「消雰埃於中宸，集重陽之清澂」，彼言「中宸」，猶此言「央振」，則「央」之不當作「柍」益明矣。《魏都賦》「旅楹閑列，暉鑒柍桭」，張載曰：「柍，中央也。」則其字亦必作「央」，今本作「柍」亦是傳寫之誤。《說文》：「柍，柍梅也。於京切。」《玉篇》「於兩切」，此即《爾雅》所謂「時英梅」者也，與「央振」之義無涉。《集韻》：「柍，屋中央也。」則爲誤本《漢書》所惑矣。

穆羽相和

「陰陽清濁穆羽相和兮，若夔、牙之調琴」。張晏曰：「聲細不過羽，穆然相和也。」引之曰：羽聲「穆然相和」，不得謂之「穆羽」。且於五音之中獨言「羽」，則「相和」之義不著，張說非也。今案，「和」讀「唱和」之「和」。穆，變音也。羽，正音也。《淮南·天文篇》説律曰：「徵生宫，宫生商，商生羽，羽生角，角主姑洗，今本「主」譌作「生」，辯見《淮南》。姑洗生應鍾，不比於正音，今本脱「不」字，辯見《淮南》。故爲和。此「和」字讀「和睦」之「和」。下凡言「和穆」者竝同。應鍾生蕤賓，不比於正音，故爲繆。」「繆」與「穆」同。和穆，謂變宫、變徵也。「穆」在變音之末，言「穆」而「和」可知矣。「羽」在正音之末，言「羽」而「宫」「商」「角」「徵」可知矣。變聲與正聲相應，故曰「穆羽相和」。「唱和」之「和」。以律管言之，則變宫爲「和」，變徵爲「穆」；以琴弦言之，則當以少宫爲「和」，少商爲「穆」。琴有「和」、「穆」二音，而風聲似之，故曰「穆羽相和，若夔、牙之調琴也」。

熛訛碩麟

「炎感黄龍兮，熛訛碩麟」。師古曰：「言光炎熛盛，感神物也。訛，化也。熛音必遥反。」《文選》李善本「炎」作「猋」，注曰：「言猋熛熾盛，感動神物也。《字林》曰：『猋，火光也。』《爾雅·釋草》釋文引《字林》「弋劍反」。《説文》曰：『熛，火飛也。』毛萇《詩傳》曰：『訛，動也。』」念孫案：李説是。

爪華蹈衰

「《河東賦》：『秦神下讋，跖魂負沴；河靈矍踢，爪華蹈衰。』」服虔曰：「沴，河岸之坻也。」晉灼曰：「沴，渚也。」蘇林曰：「華，華山也。衰，衰山也。」宋祁曰：「江鄰幾云：『趙師民指中條山曰：「此所謂襄山，楊雄賦『爪華蹈襄』。」』檢余靖初校《漢書》監本作「衰」。馳介問之，云「據《郊祀志》，『衰』字誤矣。」』《郊祀志》云：『自華以西，名山七。華山，薄山。薄山者，襄山也。』《史記·封禪書》卻作『衰山』。徐廣云：『蒲坂縣有衰山。』則知二字紛錯久矣。又衰，一本作『嵟』。蕭該《音義》曰：『該案，《説文》《字林》並無「嵟」字，未詳其音，請俟來哲。』李善注《西京賦》引《河東賦》云：『河靈矍踢，掌華蹈衰。』」念孫案：「衰」與「沴」爲韻，則作「衰」者是也。今當先審定「沴」字之音，則「衰」、「襄」二字之孰是孰非，不辯而自明。案：《秦風·蒹葭篇》「宛在水中坻」，毛傳曰：「坻，小渚也。」「坻」與「沴」同字，故晉灼訓「沴」爲「渚」。李善注《南都賦》引郭璞《上林賦》注曰：「坻，岸也。」「坻」與「沴」同字，故服虔訓「沴」爲「河岸之坻」。張衡《思玄賦》曰「伏靈龜以負坻」，此賦曰「跖魂負沴」，「負沴」即「負坻」，此尤其明證也。「沴」字從「㐱」得聲，古音在諄部。「沴」又爲「災沴」之「沴」。《漢書·孔光傳》「六沴之作」，宋祁曰：「韋昭云：『沴，謂皇極五行之氣相沴戾不和。音持軫反。』」服虔曰：「沴音戾。」案：韋昭音

「持軫反」，則在諄部。服虔音「戾」，則又在脂部。「坻」字從「氐」得聲，古音在脂部。脂部之音多與諄部相通，故從「氐」之字亦與從「㐱」之字相通。《曲禮》「畛於鬼神」，鄭注曰：「畛，或爲『祗』。」《小雅·無將大車篇》曰「無思百憂，祗自疧兮」，《思玄賦》曰「思百憂以自疹」，「自疹」即「自疧」，是其證也。然則「負沴」之「沴」，古讀若「坻」，故與「衺」爲韻，若改「衺」爲「襄」，則與「沴」字不協。余靖初校本作「衺」是也。蕭該所見一本作「⿰山衺」者，雖非正體，然加「山」作「⿰山衺」，則其字之本作「衺」明矣。《郊祀志》作「襄」者，傳寫誤耳，未可引以爲據。宋祁所引《封禪書》及《西京賦》注竝作「衺」，而今本皆作「襄」，則又後人據《郊祀志》改之也。《封禪書》正義尚作「衺」，音色眉反，則「襄」字爲後人所改無疑。《義門讀書記》云，從汲古後人得小字宋本《史記》，「襄」字正作「衺」。《水經·河水注》引《封禪書》《河東賦》竝作「襄」，恐亦後人所改。

驂服

「麗鉤芒與驂蓐收兮，服玄冥及祝融」。宋祁曰：「『驂』字可删，『服』字當作『驂』。」念孫案：宋說是也。麗鉤芒與蓐收，所謂「兩服上襄」也。驂玄冥及祝融，所謂「兩驂鴈行」也。顏注「麗，竝駕也」，是釋上句，「驂，三馬也」，是釋下句。「言皆役服」，是總釋二句之義，而正文内本無「服」字也。今本「驂」誤作「服」，而上句又衍一「驂」字，則上句文不成義，且與下句不對矣。

豈或

「《羽獵賦》：『或稱戲農，豈或帝王之彌文哉？』」師古曰：「設或人云，言儉質者皆舉伏羲、神農爲之首，是則豈謂後代帝王彌加文飾乎？」念孫案：師古以「豈謂」二字代「豈或」，非也。或者，有也。「或」與「有」聲相近，義相同，而字亦相通，說見《釋詞》。言伏羲神農豈有後世帝王之彌文哉？

數千萬里

「蕭條數千萬里外」。念孫案：「萬」字後人所加，《文選》無。

列眥

「逢蒙列眥」。師古曰：「列，整也。」蕭該曰：「案：《淮南》曰：『瞋目裂眥。』《泰族篇》」念孫案：蕭說是也。《韓彭英盧吳傳贊》「咸得裂土，南面稱孤」，《燕王劉澤傳》「裂十餘縣，王之」，《史記》「裂」竝作「列」。《內則》「衣裳綻裂」，釋文云：「裂，本又作列。」《艮》九三「列其𧍙」，《大戴記·曾子天圓篇》「割列𧝄瘗」，《管子·五輔篇》「大袂列」，《荀子·哀公篇》「兩驂列」，楊倞注：「『列』與『裂』同。」皆古「分裂」字也。《説文》：「列，分解也。」「裂，繒餘也。」義各不同，今則「分列」字皆作「裂」，而「列」但爲「行列」字矣。

光純天地　黎淳燿于高辛

「光純天地」。李奇曰：「純，緣也。」李善引《方言》曰：「純，文也。」念孫案：二李説皆非也。「純」讀曰「焞」，焞，明也。「光焞天地」猶言「光燿天地」也。《説文》：「焞，明也。」引《鄭語》「焞燿天地」。今本「焞」作「淳」，云：「夫黎爲高辛氏火正，以淳燿敦大，天明地德，光昭四海，故命之曰『祝融』。」韋注曰：「祝，始也。融，明也。」「焞」、「淳」、「純」古竝通用。《敘傳》「黎淳燿于高辛」，義與《鄭語》同。應劭訓「淳」爲「美」，亦失之。《太玄·玄測序》「盛哉日乎，丙明離章，五色淳光」，范望亦曰：「淳，明也。」

沇沇　嘑虖紘中

「沇沇容容，遥嘑虖紘中」。宋祁曰：「沇，蕭該本作『沇』，音餘水反。《文選》亦作『沇沇』。」念孫案：蕭本是也。「沇容」雙聲字，謂禽獸衆多之貌也。上文「萃從允溶」，《文選》亦作

「沇溶」，李善曰：「沇溶，盛多之貌也。《上林賦》曰『沇溶淫鬻』。沇，以水切。今本「水」譌作「永」，據《上林賦》注改。溶音容。」是其證。「沇」、「沈」草書相似，故「沇」譌爲「沈」。《史記・六國表》索隱「鱒音屬沇反」，今本「沇」譌爲「沈」。而師古無音，則所見本已作「沈」矣。

晉灼曰：各本「晉灼」作「師古」，案，下有「師古曰」，則此非師古之注。今據《文選注》改。「口之上下名爲『噱』，言禽獸奔走倦極，皆遥張噱吐舌於紭罔之中也。」師古曰：「噱音其略反。紭，古『紘』字。」念孫案：晉以口之上下爲「噱」，則「噱虖紭中」四字義不相屬，故又言「張噱吐舌」以曲通其義，殆失之迂矣。余謂「噱」讀爲「窮極倦谻」之「谻」，字本作「卻」，又作「𠊱」。《方言》曰：「𠊱，㑥也。」「㑥」與「倦」同。《説文》作「卻」。《玉篇》《廣韻》竝「其虐切」。《廣雅》曰：「疲、羸、券、谻，極也。」「券」亦與「倦」同。谻，曹憲音巨略、去逆二反。《司馬相如傳〈子虚賦〉》「徼谻受詘」，郭璞曰：「谻，疲極也。」《上林賦》「與其窮極倦谻，驚憚讋伏」，郭璞曰：「窮極倦谻，疲憊也。」然則「遥噱虖紭中」，謂禽獸皆遥倦谻於羅網之中也。作「噱」者假借字耳。「谻」、「噱」竝音其略反，故字亦相通。

儲胥

「《長楊賦》：『木擁槍纍，以爲儲胥。』」蘇林曰：「木擁栅其外，又以竹槍纍爲外儲也。」師古曰：「儲，峙也。胥，須也。以木擁槍及纍繩連結以爲儲胥，言有儲蓄以待所須也。」宋祁曰：「黄朝英云：『漢武作儲胥館。「儲胥」猶言「皇居」也。不必言「有儲蓄以待所須」。《甘泉賦》云「近則洪崖、旁皇、儲胥、弩阹」，皆宫館名。』」念孫案：「儲胥」猶言「儲蓄」也。謂驅禽獸於阹中，外則木擁槍纍以爲儲蓄也。「儲胥」疊韻字。師古謂「有儲蓄以待所須」，分「儲胥」爲二義，已失之迂。若黄説以「儲胥」爲宫館名，則與「以爲」二字義不相屬，其失甚矣。

掶邑

「所麾城掶邑，下將降旗」。李奇曰：「掶，音『車幰』之『幰』。」師古曰：「掶，舉手擬之也。」《文選》「掶」作「撕」，李善曰：「《蒼頡篇》曰：『撕，拍取也。』」鄭玄《禮記注》曰：「撕之言芟也。」《禮器》「有撕而播也」注。《字林》曰：「撕，山檻切。」宋祁校《漢書》引韋昭曰：「撕，并也。音芟。」念孫案：「掶」當從韋本作「撕」。《玉篇》《廣韻》皆無「掶」字，蓋即「撕」字之譌。

平不隸險

「故平不隸險，安不忘危」。服虔曰：「隸，棄也。」師古曰：「隸，放也。不放心於險，言常思念也。」念孫案：「不棄險」、「不放險」於義皆有未安。若云「不放心於險」，則必加「心於」二字而其義始明矣。今案：「平不肆險，安不忘危」，「肆」亦「忘」也。「肆」讀曰「愫」，《廣雅》曰：「愫，忘也。」又曰：「愫，緩也。」高誘注《淮南·精神篇》曰：「肆，緩也。」是「肆」與「愫」通。

赤吾之族

「客徒欲朱丹吾轂，不知一跌將赤吾之族也」。師古曰：「見誅殺者必流血，故云『赤族』。」宋祁曰：「竇苹云：『古人謂空盡無物曰「赤」，如「赤地千里」，《南史》稱「其家赤貧」是也。赤族，言盡殺無遺。師古注以爲流血赤其族，大謬。』」念孫案：顔説是也。上言「朱丹」，下言「赤」，其義一也。猶云「客徒欲赤吾之轂，不知一跌將赤吾之族」耳。「赤」字正指血色言之，而竇乃以「空盡無物」爲「赤」，引「赤地」、「赤貧」爲證。夫「赤地千里」，謂徒有地在也，「其家赤貧」，謂其家一無所有，亦是徒有家在也。若「赤族」則非徒有族在之謂矣。以「赤地」、「赤貧」解「赤族」，所謂似是而非者也。

五剖

「往者周罔解結，羣鹿争逸，離爲十二，合爲六七，四分五剖，竝爲戰國」。宋祁曰：「剖，韋本作『𤗚』，匹力反。」念孫案：《文選》亦作「剖」。「剖」與「𤗚」義得兩通，然恐本是「副」字，而後人改之也。《説文》：「𤗚，判也。」又曰：「副，判也。」籀文作「疈」。《玉篇》「𤗚」、「副」竝普逼切。《大雅·生民篇》「不坼不副」，正義曰：「坼、副，皆裂也。」引《曲禮》「爲天子削瓜者，副之」是也。後人誤讀「副」爲去聲，遂不得其解，而改「副」爲「剖」耳。《匡謬正俗》曰：「副，本音普力反，義訓『剖劈』，後之學者但以爲『副貳』字，讀《詩》『不坼不副』，乃以朱點發『副』字。」而此字師古無音，則所見本已作「剖」矣。「副」與「𤗚」同音而俱訓爲「判」，故韋本作「𤗚」，若本是「剖」字，不得與「𤗚」通矣。且「結」、「逸」、「七」爲一韻，古音在質部。「副」、「國」爲一韻，古音在職部。若改「副」爲「剖」，則失其韻矣。《史記·楚世家》「陸終生子六人，坼副而産焉」，今本「副」作「剖」。《太平御覽·人事部二》引《史記》作「坼疈而生」。郭注《海内經》引《啟筮》曰「鮌死三歲不腐，副之以吴刀」，今本亦作「剖」。《初學記·武部》引《歸藏》曰「大副之以吴刀，是用出禹」。《吕氏春秋·行論篇》亦曰「殛之於羽山，副之以吴刀」。皆後人不識古字而妄改之也。

徽以糾墨

「徽以糾墨，制以質鈇」。師古曰：「徽、糾、墨，皆繩也」。念孫案：師古訓「徽」爲「繩」，義本《坎》卦之「係用徽纆」，不知「徽以糾墨」與「制以質鈇」對文，則「徽」非「徽纆」之「徽」。今云「徽、糾、墨皆繩」，則是「繩以繩」也。今案，《廣雅》：「徽，束也。」「束以糾墨」猶言「係用徽纆」耳。《太玄・養》次七云「小子牽象，婦人徽猛」，猛，虎也。見范望注。是「徽」爲「束」也。《文選》李注引服虔曰：「徽，縛束也。」今本「徽」譌作「制」。應劭曰：「徽，音『以繩徽弩』之『徽』。」今本譌作「束以繩徽弩之『徽』」，據宋祁引蕭該《音義》改。則舊注皆不誤。下文「免於徽索」之「徽」乃訓爲「繩」耳。

雀鳥　乘鴈　雙鳧

「譬若江湖之雀，勃解之鳥，乘鴈集不爲之多，雙鳧飛不爲之少」。應劭曰：「乘鴈，四鴈也。」師古曰：「『雀』字或作『厓』，『鳥』字或作『島』，其義兩通。」臧氏玉林《經義雜記》曰：「古『島』字有通借作『鳥』者，《書・禹貢》『鳥夷』，孔讀『鳥』爲『島』可證。此言江湖之厓，勃解之島，其地廣闊，故鴈鳧飛集，不足形其多少。子雲借『鳥』爲『島』，淺者因改『厓』作

『雀』以配之，師古不能定，因謂『其義兩通』也。若此文先言『雀』、『鳥』，則下文之『乘鴈』、『雙鳧』爲贅語矣。《文選》載此正作『江湖之崖，渤澥之島』。」念孫案：臧説是也。又案：應以「乘鴈」爲「四鴈」，非也。「雙鳧」當爲「隻鳧」，「乘鴈」、「隻鳧」謂一鴈一鳧也。子雲自言生逢盛世，羣才畢集，有一人不爲多，無一人不爲少，故以一鳥自喻，不當言「四鴈」、「雙鳧」也。「乘」之爲數，其訓不一。有訓爲「四」者，若經言「乘馬」、「乘禽」、「乘矢」、「乘壺」、「乘皮」之屬是也。有訓爲「二」者，《廣雅》曰：「雙、耦、匹、乘，二也。」《淮南·泰族篇》曰：「《關雎》興於鳥而君子美之，爲其雌雄之不乘居也。」今本「乘」譌作「乖」，辯見《淮南》。《列女傳·仁智傳》曰：「夫雎鳩之鳥，猶未見其乘居而匹處也。」是「乘」又訓爲「二」也。有訓爲「一」者，《方言》曰：「絓、挈、㒢、介，特也。楚曰『㒢』，晉曰『絓』，秦曰『挈』。物無耦曰『特』，獸無耦曰『介』，飛鳥曰『隻』，今本「隻」作「雙」，義與上文不合，乃後人所改。辯見《方言疏證補》。鴈曰『乘』。」《廣雅》曰：「乘、壹、弌也。」弌，古「一」字。《管子·地員篇》曰「有三分而去其乘」，尹知章曰：「乘，三分之一也。」是「乘」又訓爲「一」也。「乘鴈」、「隻鳧」即《方言》所謂「飛鳥曰『隻』，鴈曰『乘』」矣。應仲遠但知「乘」之訓爲「四」，而不知其又訓爲「一」，故以「乘鴈」爲「四鴈」，後人又改「隻鳧」爲「雙鳧」以配「四鴈」，殊失子雲之旨。《文選》作「雙鳧」亦誤。李善注引《方言》「飛鳥曰『雙』，四鴈曰『乘』」，四字亦後人所加，《方言》無「四」字。

頷頤

「蔡澤頷頤折頞」。師古曰：「頷，曲頤也。音欽。」宋祁曰：「頷，一作『顉』。蕭該《音義》作『顩』。韋昭曰：『曲上曰「顩」。』該案，《字林》曰：『顩，狹面鋭頤之貌也。』《倉頡篇》亦云。」念孫案：作「顉」者正字，作「顩」者借字，作「頷」者譌字也。注内「頷」字同。《玉篇》「顉」音欽，「曲頤也」，《廣韻》及殷敬順《列子·湯問篇》釋文竝同。音義與師古同。上文「蔡澤雖噤吟」，師古曰：「噤吟，顉頤之貌。」其字正作「顉」。故知此「頷」字爲「顉」字之譌。《玉篇》《廣韻》「頷」字皆無「欽」音。《集韻》：「顉，祛音切，曲頤也。或作『頷』。」此即惑於俗本《漢書》而誤。《文選》作「顩」，《後漢書·周燮傳》「燮生而欽頤折頞」，皆「顉」之借字。

浡滃雲

「《解難》：『泰山之高，不嶕嶢則不能浡滃雲而散歊烝。』」師古曰：「浡，盛也。各本「浡」下衍「滃」字，今刪。滃，雲氣貌。」念孫案：「浡滃雲」與「散歊烝」對文，則「浡」當訓爲「作」。《孟子》：「天油然作雲。」《爾雅》「浡，作也」，郭注曰：「浡然興作貌。」字或作「悖」，又作「勃」。莊十一年《左傳》「其興也悖焉」，《孟子·梁惠王篇》「則苗浡然興之矣」，《莊子·天地篇》「則勃然作色」，皆興作之貌。

獿

「獿人亡，則匠石輟斤而不敢妄斲」。服虔曰：「獿，古之善塗墍者也。施廣領大袖以仰塗，而領袖不污，有小飛泥誤著鼻，因令匠石揮斤而斲，知石之善斲，故敢使之也。」師古曰：「『墍』則今之『仰泥』也。獿，抆拭也。故謂塗者爲『獿人』。獿音乃高反，又乃回反。」「乃高反又」四字乃後人所加，辯見下。念孫案：「獿」當作「𢅥」。《說文》：「𢅥，今本譌作「𢅰」。《玉篇》《廣韻》同。墀地。《說文》：「墀，涂地也。」「涂」與「塗」同，故服注訓爲「塗墍」。以巾撋之。此即師古所謂「抆拭」。從巾，𡖈聲，「𡖈」，籒文「婚」字。今本「𡖈」譌作「夒」。讀若『水温𪅂』。」「𪅂」字注云：「安𪅂，温也。」《玉篇》「奴旦切」。徐鉉依《唐韻》「乃昆切」。《玉篇》奴回、奴昆二切。《廣韻》乃回、乃案二切。《廣雅》曰：「墀、墍、𢅥，塗也。」今本「𢅥」字亦譌作「𢅰」。「𢅥」字曹憲音「奴回」。《鹽鐵論·散不足篇》曰「富者堊𢅥壁飾」，今本「𢅥」譌作「憂」。《莊子·徐無鬼篇》「郢人堊慢其鼻端，若蠅翼，使匠石斲之」，釋文曰：「『郢人』，《漢書音義》作『𢅥人』，今本「𢅥」譌作「懮」。服虔云：此下引服注與今本同。韋昭『乃回反』。」以上《莊子釋文》。『𢅥音「温𪅂」。』今本脱「𪅂」字。近時盧氏紹弓刻本改「音温」爲「音鐃」，大謬。要而論之，此字本作「𢅥」，從巾𡖈聲，非從夒聲，音乃昆、乃回二反，非音乃高反。𡖈，籒文「婚」字，故「巎」從其聲而讀乃昆反。《車部》之「𨏈」字亦從𡟭聲而讀若「閔」，是其例也。許、服竝讀「巎」爲「温羼」，與「乃昆」之音相近。韋讀乃回反，則師古之音所本也。《廣韻》「乃昆」之音在魂部，「乃回」之音在灰部，古音魂、灰二部多相轉，故「巎」字亦兼「乃昆」、「乃回」二音。若「夒」字則在豪部，音乃高反，與「巎」字之音迥不相涉。祇以世人多見「夒」，少見「𡟭」，故《漢書》《説文》、《廣雅》之「巎」字遂譌爲「㛹」，與諧聲之理不合。然《玉篇》音奴回、奴昆二切，曹憲音「奴回」，師古音「乃回」，則字雖譌而音尚未譌也，不知《漢書》「巎」字何時又譌而爲「獿」，後人不察，遂增「乃高」一音於「乃回」之上，以從「獿」字之音，則誤之又誤矣。案《説文》：「獿，獿獶也。從犬夒聲。女交切。」《玉篇》「獿」與「猱」同，「獸也」，乃刀切。此與「乃昆」、「乃回」二反之「巎」字訓爲「塗墍」者，截然兩字。今服讀若「温羼」而訓爲「塗墍」，顔音乃回反而訓爲「拉㧜」，明是「巎」字，非「獿」字也。何得加以「乃高」之音乎？且「獿」字本無「乃回」之音，亦不得云「又乃回反」也。《玉篇》《廣韻》「獿」字皆無「乃回」之音。《集韻・上平聲・十五灰》「獿，奴回切，古之善塗墍者」，《下平聲・六豪》「夒，奴刀切，《説文》『貪獸也』。或作『獿』。一曰：獿，善塗墍者。」此皆惑於俗本《漢書》而誤。今本《莊子釋文》引《漢書》作「㥮」，其「心」旁即「巾」旁之譌，然則《漢書》「巎」字之從巾不從犬甚明。今改「獿」爲「巎」，以正其字；削去「乃高反」，以正其音。而正文、注文乃各還其舊矣。

即

「大氏詆訾聖人，即爲怪迂，析辯詭辭，以撓世事」。宋祁曰：「司馬温公云：『「大氏」下脱「不」字』。」念孫案：司馬説非也。即，猶或也，「或爲怪迂，析辯詭辭」也。師古注不誤，但未釋「即」字耳。「即」與「或」古同義，説見《釋詞》。

哲民情

「中和之發，在於哲民情」。師古曰：「哲，知也。「知」讀如字。」宋祁曰：「司馬温公云：『「哲」當作「晳」，晳，明也。言將發中和之政，在先明民情。』」念孫案：顔説是也。吴祕注亦云：「《五行傳》曰：『哲，知也。』」中和之發，則民之情僞無不先知。古書皆訓「哲」爲「知」，不當改爲「晳」。説見《法言·開明篇》。

漢書弟十四

儒林傳

六學

「六學者，王教之典籍，先聖所以明天道，正人倫，致至治之成法也」。念孫案：景祐本「六學」作「六蓺」，是也。此承上句「六蓺」之文而言，今本作「六學」者，涉下文「六學從此缺」而誤。

分析合二十九篇

「世所傳百兩篇者，出東萊張霸，分析合二十九篇，以爲數十」。引之曰：「合」字與上下文意不相屬，蓋「今」字之誤。今，謂伏生所傳之《書》也。分析今之二十九篇以爲數十也。上文曰「伏生求其書，亡數十篇，獨得二十九篇」是也。

不在

「爲治者不在多言，顧力行何如耳」。念孫案：「不在」，景祐本、毛本竝作「不至」，是也。今作「不在」者，後人以意改之耳。《霍去病傳》云：「上嘗欲教之吴孫兵法，對曰：『顧方略何如耳，不至學古兵法。』」《鹽鐵論·水旱篇》云：「議者貴其辭約而指明，可於衆人之聽，不至繁文稠辭。」文義竝與此相似。舊本《北堂書鈔·設官部八》陳禹謨本改「至」爲「在」。《太平御覽·人事部百一十五》引此竝作「不至」，《史記》《通鑑》同。《漢紀》作「不致」。

博士

「韋賢治《詩》，事博士大江公及許生」。念孫案：景祐本無「博士」二字，是也。晉灼曰：「大江公，即瑕丘江公也，以異下『博士江公』，故稱『大』。」則此文但作「大江公」，而無「博士」二字明矣。今本有者，即涉注内「博士江公」而誤。《經典釋文·序録》云「韋賢受《詩》於江公及許生」，即本此傳，而亦無「博士」二字。

狗曲

「江翁曰：『經何以言之？』式曰：『在《曲禮》。』江翁曰：『何狗曲也！』」師古曰：「意怒，故妄發言。言『狗』者，輕賤之甚也。」戴先生曰：「當作『何拘曲也』。」語含刺譏，不至妄詈。注非。

下固

「迺假固利兵，下固刺㒓」。念孫案：上已言「假固利兵」，則無庸更言「固」。「下固」當依《史記》作「下圈」，即承上「使固入圈擊㒓」而言，謂假以利兵，使之下圈刺㒓，不當言「下固」也。「圈」、「固」字相似，又涉上下文「固」字而誤。

循吏傳

廩廩

「此廩廩庶幾德讓君子之遺風矣」。師古曰：「廩廩，言有風采也。」念孫案：師古以序言

「君子之遺風」，故云「稟稟有風采」，所謂望文生義者也。今案：稟稟者，漸近之意，即所謂「庶幾」也。言此數人者，稟稟乎幾於德讓君子矣。《史記·孝文紀贊》曰：「漢興至孝文四十有餘載，德至盛也，稟稟鄉改正服封禪矣。」襄二十三年《公羊傳》注曰「稟稟近升平」，竝與此「稟稟」同義。

惇厚篤於故舊

「爲人惇厚，篤於故舊」。念孫案：「惇」下本無「厚」字。「惇」「篤」皆厚也。「爲人惇篤於故舊」作一句讀。《金安上傳》「惇篤有智」。加一「厚」字，則分爲兩句，而贅於詞矣。舊本《北堂書鈔·政術部十一》、陳禹謨本加「厚」字。《藝文類聚·人部六》及《十八》、《太平御覽·人事部七十》及《百十七》引此皆無「厚」字。

果然

「民果然共爲邑起冢立祠」。念孫案：「然」字後人所加。凡言果然者，皆謂果如此也。下既言「爲邑起冢立祠」，則「然」字爲贅文矣。《文選·潘尼〈贈河陽詩〉》注、《藝文類聚·禮部上》、《太平御覽·禮儀部四》及《三十二》引此皆無「然」字。

酷吏傳

上下相遁

「昔天下之罔嘗密矣，然姦軌愈起，其極也，上下相遁」。師古曰：「遁，避也。言吏避於君，民避於吏。」念孫案：如師古説，是「下遁上」，非「上下相遁」也。今案：遁者，欺也。言姦軌竝起，而上下相欺，猶《左傳》言「上下相蒙」也。《廣雅》曰：「遁，欺也。」《賈子・過秦篇》曰「姦僞竝起，而上下相遁」，義與此同也。《管子・法禁篇》曰「遁上而遁民者，聖王之禁也」，言爲人臣而上欺其君，下欺其民者，聖王之所禁也。「遁」字亦作「遯」。《淮南・脩務篇》「審於形者不可遯以狀」，高注曰：「遯，欺也。」

大笑之

「下士聞道大笑之」。師古曰：「《老子・德經》之言也。今本「德」譌作「道」，據《老子》改。念孫案：「大笑之」本作「大而笑之」。「大而笑之」猶言「迂而笑之」也。《文王世子》「況于其身以善其君乎」，鄭注曰：「『于』讀爲『迂』。迂，猶廣也，大也。」是「大」與「迂」同義。《老子》

又云「天下皆謂我道大，似不肖」，《莊子·逍遥遊篇》云「今子之言大而無用，衆所同去也」，竝與「大而笑之」同義。「上士聞道，勤而行之；中士聞道，若存若亡；下士聞道，大而笑之」，皆以四字爲句，且「大而笑之」與「勤而行之」句法相對，後人不得其解而删去「而」字，今本《老子》《史記》《漢書》皆然。則既失其義而又失其句矣。《牟子》引《老子》正作「大而笑之」，《晉書·葛洪傳》引《抱朴子序》云「世儒徒知服膺周、孔，莫信神仙之書，不但大而笑之，又將謗毁真正」，《抱朴子·微旨篇》亦云「大而笑之，其來久矣」，是牟、葛所見《老子》皆作「大而笑之」。又案，師古注云「大道玄深，非其所及，故致笑也」，「大道玄深」是釋「大」字，「故致笑也」是釋「笑之」二字，則《漢書》亦是「大而笑之」明矣。今本作「大笑之」，亦與顔注不合。

偶人

「匈奴至爲偶人象都」。師古曰：「以木爲人，象都之形也。偶，對也。」念孫案：《史記》文與此同。索隱曰：「偶人，《漢書》作『寓人』，『寓』即『偶』也，謂刻木偶類人形也。」據此則《漢書》本作「寓人」，注當云：「『寓』讀曰『偶』。偶，對也。」今則正文「寓」字既依《史記》改爲「偶」，且并删注文矣。「偶」與「寓」古同聲而通用，字或作「耦」。《史記·孝武紀》「以木耦馬代駒」，《漢書·郊祀志》「耦」作「寓」，是其證。後人不通古音，故必改「寓」爲「偶」而後可。

恣治

「義縱爲内史，憚之，未敢恣治」。宋祁曰：「或無『治』字。」念孫案：《史記》有「治」字，然據師古注云「言温舒憚縱，不得恣其酷暴」，但釋「恣」字而不釋「治」字，則《漢書》似無「治」字也。「治」字或後人依《史記》加之。

收司

「置伯落長，以收司姦」。師古曰：「置伯及邑落之長，以收捕司察姦人也。」念孫案：《史記》作「置伯格長以牧司姦盜賊」，徐廣曰：「街陌屯落，皆設督長也。」據此則「伯」與「陌」同。故《食貨志》《地理志》「阡陌」字竝作「仟伯」，《管子·四時篇》亦云「脩封疆，正千伯」。「伯」音莫白反，「伯落長」三字連讀。而師古云「置伯及邑落之長」，則「伯」讀如字，且分「伯」與「落長」爲二，斯爲謬矣。引之曰：「收」當依《史記》作「牧」。説見《史記·商君傳》。

湯素稱以爲廉武帝使督盜賊

「以刀筆吏稍遷至御史，事張湯。湯素稱以爲廉武，句帝使督盜賊」。念孫案：「帝」字後人所加。此言張湯素稱尹齊之廉武，使之督盜賊。上文《王温舒傳》曰「事張湯，遷爲御史，督盜賊」，下文《楊僕傳》曰「河南守舉爲御史，使督盜賊關東」。非謂「武帝使督盜賊」也。《史記》「使督」上無「帝」字，是其明證矣。後人誤以「廉」字絶句，而以「武」字屬下讀，因妄加「帝」字耳。下文曰「上以爲能，拜爲中尉」，方指武帝言之。

以避文法

「故盜賊寖多，上下相爲匿，以避文法焉」。念孫案：以避文法，本作「以文避法」，《史記》作「以文辭避法」，徐廣曰「詐爲虚文，言無盜賊」是也。今本「文」、「避」二字倒轉，則非其旨矣。《後漢書·杜林傳》注引《漢書》正作「以文避法」。

自乞之

「今縣官出三千萬自乞之」。師古曰：「自，句謂乞與之也。乞音氣。」宋祁曰：「自乞之，江南本作『自之』，徐鍇改『自』作『丐』。」念孫案：「乞」字後人所加，「自」當爲「匃」。《廣雅》曰：「匃，與也。」謂出三千萬與之，故師古曰「匃，謂乞與之也」。《漢紀》作「出三千萬錢與之」，是其證。隸書「匃」字作「匄」，形與「自」相似，因譌爲「自」。徐鍇改「自」作「丐」，即「匃」字也。江南本作「自之」，「自」下本無「乞」字，後人以師古云「乞音氣」，遂增入「乞」字，不知師古自爲注中「乞」字作音，非正文所有也。《西域傳》「我匃若馬」，師古曰：「匃，乞與也。乞音氣。」文義正與此同。《通鑑·漢紀十六》作「自乞之」，則所見《漢書》本已誤。

廢立

「延年劾奏光『擅廢立，亡人臣禮』」。宋祁曰：「『立』下當有『主』字。」念孫案：宋說是也。景祐本有「主」字。《漢紀》作「擅廢立主上」。

謂延年

「母畢正臘，謂延年」。念孫案：「謂」上原有「已」字，猶言「已而謂延年」也。上文云「趙禹爲中大夫，嘗中廢，已爲廷尉」。《郊祀志》云：「新垣平言上曰：『闕下有寶玉氣來者。』已視之，果有獻玉杯者。」《灌夫傳》云：「田蚡起爲壽，坐皆避席伏。已竇嬰爲壽，獨故人避席。」《李廣傳》云：「廣生得一人，果匈奴射鵰者也。已，縛之上山。」

《外戚傳》云："匃沐沐我，已，飯我。"今本無"已"字者，後人不解其意而删之耳。《通鑑》無"已"字，則所見《漢書》本已誤。《文選·辯命論》注、《太平御覽·時序部十八》引此皆有"已"字。

爲彈

"相與探丸爲彈"。師古曰："爲彈丸，作赤、黑、白三色，而共探取之也。下文云"得赤丸者斫武吏，黑者斫文吏，白者主治喪"。彈音徒旦反。"念孫案：正文内本無"爲彈"二字。"丸"即彈丸也。既言"探丸"，則不得更言"爲彈"。師古云"爲彈丸作赤、黑、白三色，而共探取之"者，此自釋"相與探丸"四字，非正文内有"爲彈"二字也。云"彈音徒旦反"者，此自爲注内"彈"字作音，非爲正文作音也。凡師古自音其注内之字者，全部皆然，不可枚舉。後人不察，而於正文内加"爲彈"二字，斯爲謬矣。《太平御覽·兵部八十一》引此有"爲彈"二字，亦後人依誤本《漢書》加之。其《地部二》《刑法部九》所引皆無此二字。

阿邑

"張湯以知阿邑人主，與俱上下"。蘇林曰："『邑』音『人相悒納』之『悒』。"師古曰："如蘇氏之説，『邑』字音烏合反。然今之書本或作『色』字，此言阿諛觀人主顔色而上下也。其義兩通。」念孫案：「邑」當音烏合反。阿邑人主，謂曲從人主之意也。「阿邑」雙聲字，或作「阿匼烏合反。」，《唐書·蕭復傳》云「盧杞諂諛阿匼」是也。師古欲從俗本作「色」，「以知阿色人主」，則大爲不詞，乃爲之説曰「言阿諛觀人主顔色而上下」，其失也迂矣。

貨殖傳

茬

「山不茬櫱」。師古曰：「茬，古『槎』字也。音士牙反。」引之曰：「茬」從在聲，古音屬之部。「槎」從差聲，古音屬歌部。二部絶不相通，無緣借「茬」爲「槎」。「茬」蓋「差」字之譌也。「差」、「槎」古同聲，故通用。隸書「差」字或作「荖」，漢《太尉劉寬碑》「咨嗟」是也。後人誤認「荖」上之「廿」爲艸頭，又因師古言「古『槎』字」，乃依篆文艸頭作「茬」，與「茬」字相似，因譌而爲「茬」矣。《玉篇》《廣韻》「茬」字竝士之切，無「槎」音。《集韻》以「茬」、「槎」爲一字，引《漢書》「山不茬櫱」，則北宋時《漢書》已譌作「茬」，故作韻者誤收，而《類篇》以下諸書竝沿其誤。

于越

「辟猶戎翟之與于越，不相入矣」。孟康曰：「于越，南方越名也。」師古曰：「于，發語聲也。戎蠻之語則然。『于越』猶『句吴』耳。」念孫案：「于越」本作「干越」。「干」音「干戈」之「干」。干越者，吴越也。《墨子·兼愛篇》曰「禹南爲江、漢、淮、汝，東流之，注五湖之處，以利荆楚干越與南夷之民」，今本脱「干」字，據《文選·江賦》注引補。《莊子·刻意篇》曰「夫有干越之劍者」，《釋文》：「司馬云：『干，吴也。吴越出善劍也。』案：吴有谿名『干谿』，越有山名『若邪』，竝出善鐵，鑄爲名劍也。」以上《莊子釋文》。《荀子·勸學篇》曰「干越夷貉之子」，楊倞曰：「『干越』猶言『吴越』。」宋本如是。近時嘉善謝氏刻本改「干」爲「于」，又改楊注「吴越」爲「於越」，非是。《淮南·原道篇》曰「干越生葛絺」，高注曰：「干，吴也。」《道藏》本如是。俗本改「干」爲「于」，與高注不合。是「干越」即「吴越」也。干、越爲二國，故云「戎翟之與干越」，猶《墨子》之言「荆楚干越」，《荀子》之言「干越夷貉」也。若《春秋》之「於越」即是「越」，而以「於」爲發聲，視此文之「干越」與「戎翟」對舉者不同。孟康所見本正作「干越」，故云「干越，南方越名也」。其意以干越爲越之一種，若漢時之有閩越、甌越、駱越耳。若「於越」則即是「越」，不得言「南方越名」矣。案，孟康之解「干越」，雖與高誘、司馬彪不同，然亦是「干」字，非「于」字。《文選·吴都賦》「包括干越」，宋尤延之本如是。今本或與宋本同，或改「干」爲「于」。李善注引此文正作「干越」，又引《音義》云「干，南方越名也」。此下有「《春秋》曰『于越入吴』，杜預注曰『于，越人發語聲』」十七字，乃後人所加，與李注不合。《太平御覽·州郡部十六》引此亦作「干越」，又引韋昭注云「干越，今餘干縣，越之別名」，案：韋以「干越」爲「餘干」，雖非確詁，然亦是「干」字，非「于」字。是其證。師古改「干」爲「于」，而以《春秋》之「於越」釋之，誤矣。「於」、「于」古雖通用，而《春秋》之「於越」未有作「于越」者。學者多聞「於越」，寡聞「干越」，故子史諸書之「干越」或改爲「于越」，皆沿師古之誤。

圉奪成家

「篡弒取國者爲王公，圉奪成家者爲雄桀」。師古曰：「圉，謂禁守其人也。」念孫案：師古以「圉」爲「禁守」，則「圉奪」二字義不相屬。今案：「圉」讀曰「禦」，「禦」、「圉」古字通。《大雅·桑柔篇》「孔棘我圉」，鄭箋「『圉』當作『禦』」，《逸周書·寶典篇》「不圉我哉」，《管子·大匡篇》「安能圉我」，《墨子·辭過篇》「邊足以圉風寒」，《莊子·繕性篇》「其來不可圉」，竝與「禦」同。又《大雅·烝民篇》「不畏彊禦」，《漢書·王莽傳》作「彊圉」，《莊子·讓王篇》「列禦寇」，《楚策》作「圉寇」。圉奪成家者，禦人而奪其財以成其家也。《孟子·萬章篇》「今有禦人於國門之外者」，趙注曰：「禦人，以兵禦人而奪其貨。」即此所謂「圉奪」也。《漢紀·孝文紀》作「劫奪成家」，義與「圉奪」同。

發貯

「子贛發貯鬻財曹、魯之間」。師古曰：「多有積貯，趣時而發。鬻，賣之也。」念孫案：師古説「發」字之義非是，「發」讀爲「廢」。宣八年《公羊傳》注曰：「廢，置也。」《周官・籥師》疏引《鄭志》同。謂廢置之，積貯之，以轉鬻於曹、魯之間也。《史記》作「廢著鬻財於曹、魯之間」，徐廣曰：「著，讀音如『貯』。」是其證也。「廢貯」猶「廢居」也。《平準書》云「富商大賈或蹛財役貧，轉轂百數，廢居居邑」，徐廣曰：「廢居者，貯畜之名也。有所廢，有所畜，言其乘時射利也。」有所廢，謂有所廢置也。師古注《食貨志》亦云「有所廢置，有所居畜」，劉伯莊以「廢」爲「出賣」，非是。《越世家》云「陶朱公約要父子耕畜，廢居，候時轉物」，「廢居」或作「廢舉」。《仲尼弟子傳》「子貢好廢舉，與時轉貨資」，裴駰曰：「『廢舉』謂停貯。」此即《貨殖傳》所云「子贛發貯鬻財」者也。「廢」與「發」古同聲而通用。《爾雅》曰：「廢、税，舍也。」《方言》曰：「發、税，舍，車也。」是「發」與「廢」同。《論語・微子篇》「廢中權」，廢鄭作「發」。《莊子・列御寇篇》「曾不發藥乎」，發司馬本作「廢」，云「置也」。張湛注《列子・黄帝篇》同。《荀子・禮論篇》「大昏之未發齊也」，《史記・禮書》「發」作「廢」。《史記・扁鵲傳》「色廢脈亂」，徐廣曰：「一作發。」

千合

「糵麴鹽豉千合」。師古曰：「麴糵以斤石稱之，輕重齊則爲『合』。鹽豉則斗斛量之，多少等亦爲『合』。合者，相配耦之言耳。今西楚荆沔之俗賣鹽豉者，鹽豉各一升，則各爲裹而相隨焉，此則『合』也。說者不曉，迺讀爲『升合』之『合』，又改作『台』，競爲解說，失之遠矣。」引之曰：師古以「合」爲「相配耦」，所謂曲說者也。上文云「荅布皮革千石，桼千大斗」，下文云「鮐鮆千斤，鯫鮑千鈞」，此獨不言「斗斛」，不言「斤石」，而以「相配耦」爲名，有是理乎？今考《史記·貨殖傳》作「糵麴鹽豉千荅」，徐廣曰：「或作『台』。器名有『瓵』，孫叔然云：（今本作「孫叔敖」，「敖」字乃淺學人所改。）『瓵，瓦器，受斗六升。』『台』當爲『瓵』，音貽。」案，徐說是也。《爾雅》「甌瓿謂之『瓵』」，郭注曰：「瓿甊，小甖，長沙謂之『瓵』。」徐所引「瓵，瓦器，受斗六升」，即孫炎《爾雅注》也。《列女傳·仁智傳》「臧文仲曰『斂小器，投諸台』」，「台」與「瓵」同，《史記》或本作「台」，是也。今本「台」作「荅」，乃「荅」字之譌。「荅」、「台」古同聲，故得通用。《漢書》作「合」，則又「台」之譌也。（《史記·高祖功臣侯表》「貰齊侯呂」，徐廣曰：「呂，一作『台』。」《漢書》作「合」。）師古不達，反以作「台」者爲誤，而强爲「合」字作解，其失甚矣。

人争取賤賈任氏獨取貴善富者數世

「人争取賤賈，任氏獨取貴善，富者數世」。師古斷「任氏獨取貴」爲句，注云：「言其居買之物，不計貴賤，唯在良美也。『賈』讀曰『價』。」又斷「善富者數世」爲句，注云：「折節力田，務於本業，先公後私，率道閭里，故云『善富』。」念孫案：師古讀「賈」爲「價」，又以「善富」二字連讀，皆非也。此當以「任氏獨取貴善」爲句，「富者數世」爲句。人争取賤賈者，「賈」讀爲「盬」，謂物之麤惡者也。《唐風·鴇羽》傳曰：「盬，不攻致也。」《小雅·四牡》傳曰：「盬，不堅固也。」《漢書·息夫躬傳》「器用盬惡」，鄧展曰：「盬，不堅牢也。」其字或作「榛楛」之「楛」，楊倞注《荀子·勸學篇》曰：「凡器物堅好者謂之『功』，濫惡者謂之『楛』。」《議兵篇》曰：「械用兵革，窳楛不便利。」或作「甘苦」之「苦」，《周官·典婦功》「辨其苦良」，鄭司農讀「苦」爲「盬」，謂「分別其縑帛與布紵之麤細」。《齊語》「辨其功苦」，韋注曰：「功，牢也。苦，脃也。」《淮南·時則篇》「工事苦慢」，高注曰：「苦，惡也。」《史記·平準書》曰「鐵器苦惡」。或作「沽酒」之「沽」，《喪服傳》「冠者沽功也」，鄭注曰：「沽，猶麤也。」《士喪禮記》曰「弓矢之新沽功」，《釋文》「沽」竝音「古」。或作「榮枯」之「枯」，《荀子·天論篇》「楛耕傷稼」，楊倞曰：「楛耕，謂麤惡不精也。」《韓詩外傳》「楛」作「枯」。或作「古今」之「古」，《士喪禮記》「沽功」，今文「沽」作「古」。此傳則作「商賈」之「賈」，《史記》同。皆以聲相近而字相通。「賤賈」猶言「賤惡」，争取賤賈，謂争取賤惡之物，非謂「争取賤價」也。謂人之買物皆争取其賤而惡者，任氏獨取其貴而善者。「貴善」與「賤惡」正相對也。若以「任氏獨取貴」爲句，則與上句不對；以「善富者數世」爲句，則文不成義矣。師古以「先公後私，率道閭里」爲「善」，所謂曲説者也。此但言其所居之物，必取貴善，故富及數世耳。下文云「然任公家約，公事不畢則不得飲酒食肉，以此爲閭里率」，方敘及其「先公後私，率道閭里」之事，若此處先稱其善，則下文皆成贅語矣。《史記索隱》曰「謂買物必取貴而善者，不争賤價」，斷「任氏獨取貴善」爲句，是也。唯讀「賈」爲「價」，亦與師古同誤。《索隱》引晉灼曰：「争取賤賈金玉也。」則晉灼已誤讀「賈」爲「價」矣。

游俠傳

飲其德

「然終不伐其能，飲其德」。孟康曰：「有德於人而不自美也。」師古曰：「飲，没也。謂不稱顯之。」劉奉世曰：「『飲』字當蒙『不』字言，『没』非義也。飲者，猶飲物自飫，言不飲有其德。」念孫案：「飲」蓋「欽」字之譌。隸書從金、從食之字多相亂。《孟子·盡心篇》「是以言銛之也」，今本「銛」譌作「餂」。《史記》作「歆」。歆，喜也。言不以德自喜也。《周語》「民歆而德之」，韋注曰：「歆，猶喜服也。」《學記》「不興其藝」，鄭注曰：「興之言喜也，歆也。」正義引《爾雅》「歆、喜，興也」。今《爾雅》作「歆、熙，興也」。是「歆」爲「喜」也。「歆」、「欽」聲相近，「歆」之通作「欽」，猶「歆」之通作「廞」矣。見上注。《小雅·鼓鍾篇》「鼓鍾欽欽」，毛傳曰：「欽欽，言使人樂進也。」是「欽」字亦有「喜樂」之義，故曰「不伐其能，欽其德」。又案：孟云「有德於人而不自美」，非「欽」字之義，蓋所見本正作「欽」也。

大將軍

「天下騷動，大將軍得之若一敵國云」。宋祁曰：「浙本無『軍』字。」念孫案：浙本是也。條侯以大尉將諸軍擊吴楚，故曰「大將」，「將」下「軍」字，後人以意加之耳。且其時大將軍乃竇嬰，非條侯也。《藝文類聚·人部十七》《白帖》五十一、《太平御覽·兵部六》《後漢書·吴漢傳》注引此竝無「軍」字。

静悍

「解爲人静悍」。師古曰：「性沈静而勇悍。」念孫案：「静」與「精」同，故《史記》作「精悍」。《藝文類聚·人部十七》《太平御覽·人事部百七十三》引《漢書》亦作「精悍」，「精」與「悍」義相近，故以「精悍」連文。《儒林傳》「韓嬰其人精悍」，《酷吏傳》「嚴延年爲人短小精悍」。作「静」者聲近而字通耳。若以「静」爲「沈静」，則與「悍」字義相遠矣。

剽攻　休乃鑄錢掘冢

「臧命作姦剽攻，師古曰：「剽，劫也。攻，謂穿窬而盜也。」劉攽曰：「『攻』直謂攻奪而取之耳，何因知其是『穿窬』也？然『剽』是用刀淺小之稱，『攻』則用力重害，二者異耳。」念孫案：「剽」字顔説是，「攻」字劉説是。「剽攻」是一事，不分盜、賊，亦不分大、小。休乃鑄錢掘冢」。齊曰：「《史記》作『藏命作姦剽攻不休』，則『休』字屬上句，《漢書》省去『不』字，遂屬下句。」念孫案：《史記》原文亦作「藏命作姦剽攻，休乃鑄錢掘冢」，「休」字本屬下句讀，因「乃」字譌作「及」字，後人不得其解，遂於「休」上加「不」字，而以「休」字屬上句讀，非孟堅省去「不」字，乃後人誤讀《史記》也。辯見《史記》。

其陰賊著於心本發於睚眦

「其陰賊著於心本發於睚眦」。師古曰：「著音直略反。心本，猶言本心也。」念孫案：師古斷「陰賊著於心本」爲句，而訓「心本」爲「本心」，所謂强解者也。今案，當以「其陰賊著於心」爲句，「本」當依《史記》作「卒」，「卒」字下屬爲句。卒，猶終也。言其陰賊在心而終發於睚眦也。隸書「本」字或作「夲」，「卒」字或作「卆」，二形相似，故「卒」譌爲「本」。《司馬相如傳》「王者之卒業」，師古曰：「『卒』字或作『本』。」《墨子·備高臨篇》「足以勞卒，不足以害城」，今本「卒」譌作「本」，皆其證也。

見哀

「萬章曰：『吾以布衣見哀於石君。』」師古曰：「言爲石顯所哀憐。」念孫案：哀者，愛也。言吾以布衣之賤，見愛於石君。上文曰「章與石顯相善」，是其事也。《吕氏春秋·報更篇》「人主胡可以不務哀士」，《淮南·説林篇》「鳥飛反鄉，兔走歸窟，狐死首丘，寒將翔水，各哀其所生」，高注竝曰：「哀，愛也。」「哀」與「愛」聲相近而義相通，故字亦相通。《樂記》「肆直而慈愛者」，鄭注曰：「愛，或爲哀。」《管子·形勢解》「見愛之交，幾於不結」，《形勢篇》「愛」作「哀」。

谷子雲筆札樓君卿脣舌

「長安號曰：『谷子雲筆札，樓君卿脣舌。』」念孫案：此本作「谷子雲之筆札，樓君卿之脣舌」，後人删去兩「之」字，則句法局促不伸。《太平御覽·人事部百三十六》引此無兩「之」字，亦後人依誤本《漢書》删之。其《人事部百四》《文部十一》《二十二》引此皆有兩「之」

字。又《北堂書鈔·藝文部九》及《十》、《藝文類聚·人部十七》《雜文部四》、《文選·陸厥〈答内兄希叔詩〉》注引此亦皆有兩「之」字，《漢紀》同。又《白帖》三十引「樓君卿之脣舌」。

獨死

「涉性略似郭解，外温仁謙遜，而内隱好殺。睚眦於塵中，獨死者甚多。」念孫案：「獨死」二字義不可通，「獨」當爲「觸」，草書之誤也。塵中，猶言塵市中也。言涉於塵市中，數以睚眦之怨而殺人，故曰「睚眦於塵中，觸死者甚多」。《郭解傳》云「少時陰賊感槩，不快意所殺甚衆」，義亦與此同。《漢紀·孝哀紀》作「獨死」，亦後人以誤本《漢書》改之。《孝武紀》云「郭解任俠，睚眦觸死於塵中者甚衆」，即用此篇之文，故知《孝哀紀》「獨」字爲後人所改。《後漢書·王允傳》「是時宦者横暴，睚眦觸死」，注引此文云「睚眦於塵中，觸死者甚多」，《文選·西京賦》注所引同，足正今本之誤。

佞幸傳

推上天

「文帝嘗夢欲上天，不能，有一黄頭郎推上天」。念孫案：「推」下有「之」字，而今本脱之，則文義不暢。《太平御覽·人事部十七》及《四十》引此竝作「推之上天」，《史記》《漢紀》同。

賢父子親屬宴飲

「後上置酒麒麟殿，賢父子親屬宴飲」。念孫案：「賢」上脱「與」字，則上下句義不相屬。《太平御覽·人事部九十三》引此正作「與賢父子親屬宴飲」，《漢紀》同。

匈奴傳

肉食

「兒能騎羊，引弓射鳥鼠，少長，則射狐菟，肉食。士力能彎弓，盡爲甲騎」。師古解「肉食」

二字云：「言無米粟，唯食肉。」念孫案：師古説非也。「肉食」二字若承上文「少長」言之，
則肉食固匈奴之俗，自幼時已然，不待「少長」也。若不承「少長」言之，則「肉食」二字與上
下文皆不相屬。今案：「肉食」當爲「用食」，字之誤也。隸書「肉」字作「月」，「用」字作「用」，二形相似，
故「用」譌爲「肉」。用，猶以也，言射狐兔以食也。《史記》作「少長則射狐兔用爲食」，是其明證
也。「以」訓爲「用」，故「用」亦訓爲「以」。《一切經音義》七引《倉頡篇》曰：「用，以也。」
「用」與「以」義同而聲亦相近，故「用」亦可讀爲「以」。《剥·象傳》「終不可用也」，與「災」、
「尤」、「載」爲韻，《豐·象傳》「終不可用也」，與「災」、「志」、「事」爲韻，「用」字竝讀爲「以」。
《太玄·止·測》曰「反弓馬恨，終不可以也」，即用《易·象傳》文，則《象傳》「用」字之讀爲
「以」明矣。「用」可讀爲「以」，故與「以」字通用。《井》九三「可用没」，《史記·屈原傳》引
作「可以没」。《吕刑》「報虐以威」，《論衡·譴告篇》引作「報虐用威」。《大雅·板篇》「勿
以爲笑」，《荀子·大略篇》引作「勿用爲笑」。《桑柔篇》「逝不以濯」，《墨子·尚賢篇》引作
「逝不用濯」。《士喪禮》「用二鬲」，《周官·小祝》注引作「盛以二鬲」。《明堂位》「加以璧
散、璧角」，《周官·司尊彝》注引作「加用璧散、璧角」。《雜記》「枇以桑」，《特牲饋食禮》注
引作「枇用桑」。《史記·吕后紀》「以彊吕氏」，《平準書》「張湯以峻文決理」，《韓長孺傳》
「治天下終不以私亂公」，《平津侯傳》「以不能罷歸」，《漢書》「以」竝作「用」。《漢書·司馬

相如傳》「何爲無以應哉」，《貨殖傳》「以貧求富」，《史記》「以」竝作「用」，皆其證也。此言匈奴習於騎射，自爲兒時已能騎羊射鳥鼠，少長，則射狐兔，及長而爲士，則力能彎弓者盡爲甲騎，非記其飲食之事也。下文云「自君王以下咸食畜肉」，乃始言食肉耳。

作鳴鏑

「冒頓乃作鳴鏑」。念孫案：「作」下原有「爲」字，後人以「爲」即是「作」，故删去「爲」字，不知古書言「作爲」者多矣。《通鑑·漢紀三》已脱「爲」字，《文選·左思〈詠史詩〉》注、《曹植〈名都篇〉》注、《陸機〈從軍行〉》注、《張協〈七命〉》注、《丘遲〈與陳伯之書〉》注、《顔延之〈陽給事誄〉》注，六引《漢書》皆作「作爲鳴鏑」。《史記》同。

隔昆龍

「後北服渾窳、屈射、丁零、隔昆龍、新薶之國」。師古曰：「五小國也。」念孫案：五小國者，一「渾窳」，二「屈射」，三「丁零」，四「隔昆」，五「新薶」，「龍」字蓋涉上文「龍城」而衍。《史記》《漢紀》皆無「龍」字。

天下莫不咸嘉使

「朕與單于俱由此道，順天恤民，世世相傳，施之無窮，天下莫不咸嘉。使漢與匈奴鄰敵之國」。劉奉世曰：「『鄰』上宜有『有』字，不然，衍『使』字。」念孫案：劉説非也。「天下莫不咸嘉使」本作「天下莫不咸便」。便，安也。言順天恤民，天下咸安之也。下文「漢與匈奴鄰敵之國」，乃起下之詞，非承上之詞，「便」與「使」形相近，因誤爲「使」。後人不得其解，遂於「咸」下增「嘉」字，讀「天下莫不咸嘉」爲句，而以「使」字下屬爲句。「使」字屬下讀，則其義不可通，故劉疑「使」爲衍文，而不知其爲「便」字之誤也。《史記》作「天下莫不咸便」，是其證。

跂行喙息

「跂行喙息蝡動之類」。師古曰：「跂行，凡有足而行者也。喙息，凡以口出氣者也。蝡蝡，動貌。」念孫案：跂者，行貌也。喙者，息貌也。謂跂跂而行，喙喙而息，蝡蝡而動也。《禮樂志》〈郊祀歌〉》「跂行畢逮」，《公孫弘傳》「跂行喙息，咸得其宜」，義竝與此同。《説文》曰：「蝡，動也。」「跂，行也。」《文選·洞簫賦》注、《七發》注竝引《説文》云：「蚑，行也。凡生類之行皆曰『蚑』。」較今本多一句。《東方朔傳》云「跂跂脈脈善緣壁」。「跂」與「蚑」通。《方言》曰：「喙，息也。自關而西，秦晉之間或曰『喙』。」《廣雅》曰：「喘、喙，息也。」「喙息」猶言「喘息」。《新語・道基篇》曰「跂行喘息，蜎飛蝡動之類」，王褒《洞簫賦》曰「蟋蟀、蚸蠖，蚑行喘息」，是其證也。《逸周書・周祝篇》曰「跂動噦息」，《淮南・俶真篇》曰「蠉飛蝡動，跂行噲息」，「噦」、「噲」竝與「喙」通。「喙」訓爲「息」，故病而短氣亦謂之「喙」。《晉語》「余病喙矣」，韋注曰「喙，短氣貌」是也。懼而短氣亦謂之「喙」，宋玉《高唐賦》曰「虎豹豺兕，失氣恐喙」是也。師古以「跂」爲「足」，「喙」爲「口」，則與「蝡動」之文不類矣。

縱兵

「漢兵約單于入馬邑而縱兵」。師古曰：「放兵以擊單于。」念孫案：「縱」下「兵」字，後人以意加之也。《史記》作「漢兵約單于入馬邑而縱」，縱，謂縱兵擊之也。《史》《漢》中多謂「縱兵」爲「縱」。《史記・高祖紀》曰「高祖與項羽決勝垓下，孔將軍、費將軍縱」，《李廣傳》曰「中貴人將騎數十縱」，《漢書》「縱」作「從」，師古誤訓「從」爲「隨」，辯見前「將數十騎從」下。又曰「聞鼓聲而縱，聞金聲而止」，《朝鮮傳》曰「卒遼東兵先縱」，以上二條，《漢書》同。本書《王莽傳》曰「今年刑在東方，誅貉之部先縱焉」，皆其證也。「縱」下本無「兵」字，故師古釋之曰「放兵以擊單于」，若本作「縱兵」則無煩訓釋矣。《韓長孺傳》「約單于入馬邑縱兵」，師古無注。後人加「兵」字，何弗思之甚也。

并軍介　介弟兵

「趙信以前將軍與右將軍并軍，介獨遇單于兵，故盡没」。師古曰：「介，特也。本雖并軍，至遇單于時特也。」念孫案：「介」即獨也，《廣雅》：「介，獨也。」既言「獨」，不必又言「介」，且既「與右將軍并軍」，何以「獨遇單于」？今案：「并軍介」當依《史記》作「并軍分行」，謂始而并軍，繼而分行，故獨遇單于兵而盡没也。「分」誤爲「介」，「介」本作「[illegible]」，「分」俗作「[illegible]」，二形相似，故「分」誤爲「介」。《杜周傳》「執進退之分」，師古曰：「『分』字或作『介』。」莊三十年《穀梁傳》「周之分子也」，釋文：「分，本或作介。」《莊子·漁父篇》「遠哉其分乎道也」，釋文：「分，本又作介。」又脱去「行」字。師古以「介獨」二字連讀，非也。又《南粤傳》「嘉遂出，介弟兵就舍」，李奇曰：「介，被也。」師古曰：「介，甲也，被甲而自衛也。」念孫案：「被弟兵」、「甲弟兵」皆文不成義。「介弟兵」亦當依《史記》作「分弟兵」，小司馬謂「分取其兵」是也。蓋呂嘉之弟本將兵居宮外，今王太后欲殺嘉，故嘉分取其兵以自衛也。李、顔二説皆非。

爲

「單于陽許曰:『吾爲遣其大子入質於漢,以求和親。』」念孫案:爲,猶將也,言吾將遣大子入質也。下文「漢使王烏等如匈奴,匈奴紿王烏曰『吾欲入漢見天子,面相結爲兄弟』」,彼言「欲」猶此言「爲」矣。古者「爲」與「將」同義。《盧綰傳》曰「綰妻與其子亡降,會高后病,不能見,舍燕邸,爲欲置酒見之」,言高后將欲置酒見之也。《霍去病傳》曰「去病始爲出定襄當單于。捕虜,虜言單于東,迺更令去病出代郡」,言始將出定襄,後更出代郡也。《史記》竝同。《孟子·梁惠王篇》「克告於君,君爲來見也」,趙注曰:「君將欲來。」然則「吾爲遣大子」即「吾將遣大子」也。師古不曉「爲」字之義,乃云「言爲王烏故,遣大子入質」,失之矣。

莫相勸而歸

「軍吏畏亡將而誅,莫相勸而歸」。念孫案:此言浞野侯已爲匈奴所獲,軍吏皆恐失將而誅,故莫相勸歸也。「勸」下不當有「而」字,蓋涉上句而衍。《史記》無。

追邪徑

「御史大夫軍至追邪徑，句無所見，句還」。師古曰：「從疾道而追之，不見虜而還也。」念孫案：下文有「速邪烏」，是地名，則此「追邪徑」亦是地名。言御史大夫軍至此地，不見虜而還也。師古以「邪徑」爲「疾道」，「追邪徑」爲「從疾道追之」，皆是臆説。且「御史大夫軍至追邪徑」作一句讀，與下「重合侯軍至天山」文同一例。若如師古所云，則「御史大夫軍至」當别爲一句矣。但言「至」而不言所至之地，恐無是理也。

護發兵烏孫西域

「及校尉常惠使護發兵烏孫西域」。念孫案：次句顛倒，不成文理，當云「使護烏孫兵發西域」。《宣紀》云「校尉常惠持節護烏孫兵」，《常惠傳》云「以惠爲校尉持節護烏孫兵」，《西域傳》云「遣校尉常惠，使持節護烏孫兵」，皆其證。

逗遛

「祁連知虜在前，逗遛不進，下吏，自殺」。念孫案：遛，本作「留」，此依俗改也。若正文作

「遛」，則師古當有音，今「逗」字有音而「遛」字無音，則本作「留」明矣。《宣紀》云「祁連將軍廣明有罪自殺」，晉灼曰：「廣明坐逗留。」如淳注《韓長孺傳》云：「軍法，行而逗留畏愞者，要斬。」其字竝作「留」，故知此「遛」字爲後人所改也。《說文》有「逗」字，無「遛」字。《後漢書・光武紀》「不拘以逗留法」，其字亦作「留」。又《元后傳》「吏畏愞逗遛當坐者」，「遛」字師古無音，亦是後人所改。《文選・范彦龍〈效古詩〉》注引《匈奴傳》、舊本《北堂書鈔・政術部十四》引《元后傳》竝作「逗留」。

爲

「屠耆單于使日逐王先賢撣兄右奥鞬王爲烏藉都尉各二萬騎，屯東方」。劉攽曰：「衍『爲』字。」劉奉世曰：「爲，當作『與』。」念孫案：《管子・戒篇》曰「自妄之身之不爲人持接也」，尹知章曰：「爲，猶與也。」是「爲」字可訓爲「與」。《孟子・公孫丑篇》曰「不得不可以爲悦，無財不可以爲悦，得之爲有財，古之人皆用之」，言得之與有財也。《齊策》曰「犀首以梁爲齊戰於承匡而不勝」，言以梁與齊戰也。《韓策》曰「嚴仲子避人，因爲聶政語」，言與聶政語也。《韓詩外傳》曰「寡人獨爲仲父言，而國人知之，何也」，言獨與仲父言也。《史記・淳于髡傳》曰「豈寡人不足爲言邪」，言不足與言也。《李斯傳》曰「斯其猶人哉，安足爲謀」，言安足與謀也。然則「右奥鞬王爲烏藉都尉」即「右奥鞬王與烏藉都尉」也。或以「爲」爲衍字，或以爲誤字，皆未曉古人文義。「與」、「爲」一聲之轉，故「爲」有「與」義，「與」亦有「爲」義。互見《薛宣傳》「何與」下。

羣臣

「詔單于母謁，其左右當户之羣臣皆得列觀」。念孫案：「臣」字後人所加，「左右當户之羣」統「當户」以下衆官而言，猶言左右當户之屬耳。上文云「匈奴置左右大當户」。《宣紀》云「其左右當户之羣皆列觀」，是其證。後人於「羣」下加「臣」字，則義不可通。《通鑑》删去「之羣」二字，亦非。

逢擊　逢受

「勒兵逢擊烏孫，破之。」師古曰：「以兵逆之，相逢即擊，故云『逢擊』。」念孫案：《方言》：「逢，迎也。自關而西，或曰『迎』，或曰『逢』。」「逢擊」猶「迎擊」耳，師古之説迂矣。《西域傳》「單于執二王以付使者，莽使中郎王萌待西域惡都奴界上逢受」，亦謂迎受之也，師古曰「逢受，謂先至待之，逢見即受取」，亦非。

聞甌脱皆殺之

「郅支單于遣使上書求侍子。漢遣谷吉送之，郅支殺吉。漢不知吉音問，而匈奴降者言聞甌脱皆殺之」。師古曰：「於甌脱得聲問，云『殺之』。」劉敞曰：「郅支殺谷吉，漢不聞音問，而降者言甌脱殺吉。甌脱屬呼韓邪，故漢責其使也。言『皆』者，吉有徒衆。」念孫案：劉説是矣，而未盡也。上言「郅支殺吉，漢不知吉音問」，則此「殺之」二字乃專謂殺吉，非兼徒衆言之，不得云「皆殺之」也。余謂「皆」字當在「言」字上，謂匈奴降者皆言聞甌脱殺之耳。

攜國歸死

「逮至元康、神爵之間，大化神明，鴻恩溥洽。而匈奴内亂，五單于争立，日逐、呼韓邪攜國歸死，扶服稱臣」。念孫案：「歸死」二字於義不可通，「歸死」當爲「歸化」，字之誤也。此承上「大化神明」而言，謂單于攜一國之人來歸王化也。下文曰「今單于歸義，懷款誠之心」，「歸義」猶「歸化」耳。《通鑑·漢紀二十六》作「歸死」，則所見《漢書》本已誤。《漢紀·孝哀紀》《通典·邊防十一》竝作「歸化」。

印

「漢賜單于印，言『璽』不言『章』，又無『漢』字，諸王已下迺有『漢』言『章』。今印去『璽』加『新』，與臣下無別」。念孫案：景祐本「今印」作「今即」，是也。即者，若也。《西南夷傳》注：「即，猶若也。」餘見《釋詞》，不能備載。言今若去「璽」加「新」，則與臣下無別也。今本「即」作「印」者，後人不曉「即」字之義，而以意改之耳。《太平御覽·儀式部四》引此正作「即」。

物土貢

「故先王度土中，立封畿，分九州，列五服，物土貢，制外内」。師古曰：「物土貢者，各因其土所生之物而貢之也。」念孫案：《贊》言「物土貢」，非謂「各因其土所生之物而貢之」也。今案，物，猶類也。言類九州、五服之土貢，若《禹貢》「某州貢某物」，《周官》「某服貢某物」也。《周官·載師》「掌任土之灋，以物地事」，《草人》「掌土化之灋，以物地」，義竝與「類」同。桓六年《左傳》及《晉語》注竝曰「物，類也」，《學記》曰「比物醜類」，文十八年《左傳》曰「醜類惡物」，正義曰：「物，亦類也。」《周語》曰「象物天地，比類百則」。

西南夷兩粵朝鮮傳

出不意

「竊聞夜郎所有精兵可得十萬，浮船牂柯，出不意，此制粵一奇也」。念孫案：「出」下脱「其」字，則語意不暢。《通典·邊防三》無「其」字，即沿誤本《漢書》也。舊本《北堂書鈔·政術部十四》陳禹謨本删「其」字。《太平御覽·州郡部十七》引《漢書》皆有「其」字。《史記》《漢紀》同。

巴莋關

「乃拜蒙以郎中將，劉攽曰：「當作『中郎將』。」將千人，食重萬餘人，從巴莋關入」。念孫案：巴莋關，本作「巴符關」。《水經》云：「江水東過符縣北，邪東南。此三字有誤。鰼部水從符關東北注之。」注云：「縣故巴夷之地也。漢武帝建元六年，以唐蒙爲中郎將，從萬人出巴符關者也。」是「符關」即在符縣，而縣爲故巴夷之地，故曰「巴符關」也。漢之符縣在今瀘州合江縣西。今合江縣南有符關，仍漢舊名也。若莋地則在蜀之西，不與巴相接，不得言「巴莋關」矣。隸書「符」字作「苻」，與「莋」相似，又涉上下文「莋」字而誤。《史記》作「巴蜀莋關」，《通鑑・漢紀十》同。多一「蜀」字，於義尤不可通。蓋因上文「巴蜀」而衍，上文「略巴黔中以西」，「巴」下亦衍「蜀」字，辯見《史記》。舊本《北堂書鈔・政術部十四》引《漢書》正作「巴符關」。陳禹謨依俗本《漢書》改「符」爲「莋」。

保就

「稍令楗爲自保就」。念孫案：「保就」猶言「保聚」。僖二十六年《左傳》「我敝邑，用不敢保聚」是也。「聚」、「就」一聲之轉〔一〕，《逸周書・謚法篇》曰：「就，會也。」是「就」有「聚會」之義。師古訓「就」爲「成」，則與「保」字義不相屬，乃云「令自保守，且脩成其郡縣」，則增字爲解，而非其本旨矣。

一州王

「各自以一州王，不知漢廣大」。念孫案：「王」當爲「主」。上文云「名爲外臣，實一州主」，

〔一〕轉，原作「傳」，據《國學基本叢書》本改。

《南粤傳》云「此亦一州之主」，皆其證。《太平御覽·四夷部十一》引此正作「主」，《史記》及《通鑑·漢紀十一》同。

南擊邊邑

「閩粤王郢興兵南擊邊邑」。念孫案：此本作「閩粤王郢興兵擊南粤邊邑」，今本「擊南」二字誤倒，又脱「粤」字，則文義不明。且南粤在閩粤之西，不當言「南擊」也。《文選·長楊賦》注引此正作「興兵擊南越邊邑」，《史記》及《通典·邊防四》《通鑑·漢紀九》竝同。

鏦嘉以矛

「大后怒，鏦嘉以矛，王止大后」。宋祁曰：「『鏦』字上別本有『欲』字。」念孫案：別本是也。若無「欲」字，則與下文不合。景祐本及《史記》皆有「欲」字。

東粤

「東粤請舉國徙中國」。念孫案：「東粤」當依上文作「東甌」，此涉下文「東粤」而誤。下文「立餘善爲東粤王」，始有「東粤」之名，此不當稱「東粤」也。《史記》及《通典·邊防二》《通鑑・漢紀九》竝作「東甌」。

甌駱將左黄同

「故甌駱將左黄同斬西于王，封爲下鄜侯」。念孫案：「故甌駱將左黄同」當作「故甌駱左將黄同」。《功臣表》云「下鄜侯左將黄同，以故甌駱左將斬西于王功侯」。《史表》作「左將軍黄同」，索隱曰：「《漢書・西南夷傳》『甌駱將左黄同』，則『左』是姓，恐誤。《漢表》云『左將黄同』，則『左將』是官不疑。」

始燕時

「自始燕時，嘗略屬真番、朝鮮」。念孫案：始燕時，本作「始全燕時」。全燕者，指戰國時燕國言之，所以別於漢之燕國也。《鄒陽傳》曰「全趙之時」，《枚乘傳》曰「今漢據全秦之地」。今本脱「全」字，則文義不明。《後漢書・東夷傳》注引此正作「全燕時」，《史記》《通典》《通鑑》同。

恐不能與

「獨左將軍并將，戰益急，恐不能與」。如淳曰：「不能與左將軍相持也。」師古曰：「此説非也。『不能與』猶言『不如』也。」《史記》「恐不能與」下有「戰」字。念孫案：如、顏皆未曉「與」字之義，《史記》「與」下有「戰」字，則後人妄加之也。與，猶敵也。言左將軍并將兩軍，而戰益急，恐不能敵也。古者謂相敵曰「與」，《匈奴傳》曰「單于自度戰不能與漢兵」，言不能敵漢兵也。《史記》作「不能如漢兵」，「如」亦「敵」也。《董仲舒傳》曰「乘富貴之資力，以與民争利於下，民安能如之哉」，言安能敵之也。《宋策》曰：「夫宋之不足如梁也，寡人知之矣」，高注曰：「如，當也。」「當」亦敵也，言宋不足以敵梁也。《廣雅》曰：「與，如也。」此言「不能與」，即《史記·匈奴傳》之「不能如」。師古曰「『不能與』猶言『不如』」，雖訓「與」爲「如」，而非「相敵」之謂，則非特未曉「與」字之義，并未曉「如」字之義也。襄二十五年《左傳》曰：「閭丘嬰與申鮮虞乘而出，行及弇中，將舍，嬰曰：『崔、慶其追我！』鮮虞曰：『一與一，誰能懼我？』」懼，病也。説見《經義述聞》「一與一誰能懼我」下。言狹道之中一以敵一，雖崔、慶之衆不能病我也。哀九年《傳》曰「宋方吉，不可與也」，言宋不可敵也。《越語》曰「彼來從我，固守勿與」，《老子》曰「善勝敵者不與」，皆謂兩軍相敵也。《管子·輕重戊篇》曰「即以戰鬭之道與之矣」，與之，敵之也。《秦策》曰「以此與天下，天下不足兼而有也」，言以此敵天下也。《淮南·人間篇》曰「大之與小，强之與弱也，猶石之投卵，虎之啗豚」，言以大敵小，以强敵弱也。《史記·燕世家》曰「龐煖易與耳」，《白起傳》曰「廉頗易與」，《淮陰侯傳》曰「吾平生知韓信爲人，易與耳」，「易與」皆謂易敵也。《高祖紀》曰「上自東往擊陳豨，聞豨將皆故賈人也。上曰：『吾知所以與之。』」，言吾知所以敵之也。後人不知「與」之訓爲「敵」，故或曰「不能與左將軍相持」，或曰「『不能與』猶言『不如』」，又或於《史記》「恐不能與」之下妄加「戰」字，蓋古義之失其傳久矣。杜預注《左傳》「不可與」曰「不可與戰」，韋昭注《越語》「固守勿與」曰「勿與戰」，王弼注《老子》「善勝敵者不與」曰「不與爭」，蓋皆誤釋「與」爲「與其」之「與」，而以「戰」字、「爭」字增成其義，不知「與」訓爲「敵」，即是「戰」、「爭」之義也。如淳曰「不能與左將軍相持」，亦是增字以成其義，而讀《史記》者，遂於「與」下加「戰」字矣。

沮陽

「最以父死頗有功，爲沮陽侯。」念孫案：沮陽，《史記》作「溫陽」，「沮」、「溫」皆「涅」字之誤。隸書「沮」字或作「涅」，與「涅」相似。《景武昭宣元成功臣表》云：「涅陽康侯最，以父朝鮮相路人，漢兵至，首先降，道死，子侯。」《史》表略同。《水經・湍水》注云：「涅水東南逕涅陽縣故城西。《地理志》涅陽屬南陽郡。漢武帝元封四年，封路最爲侯國。」皆其證。舊本《北堂書鈔・封爵部中》引此正作「涅陽侯」。陳禹謨依俗本改「涅」爲「沮」。

漢書弟十五

西域傳

三百餘里　三百里

「蒲昌海，一名鹽澤者也。去玉門、陽關三百餘里，廣袤三百里」。戴先生《水地記》曰：「玉門關在故壽昌縣西百一十八里，陽關在縣西六里。壽昌本漢龍勒縣地，今安西府西百五十里有壽昌城。鹽澤去玉門千三百餘里，前、後《書》皆脱去『千』字。」念孫謹案：郭璞《西山經》注及《爾雅音義》引《漢書》見《釋水》釋文。皆無「千」字，蓋後人據《漢書》删之也。《漢紀·孝武紀》作「去陽關三千餘里」，即「千三百餘里」之誤。《水經·河水注》作「東去玉門、陽關一千三百里」，以二書考之，則《漢書》原有「千」字明矣。又案：廣袤三百里，本作「廣袤三四百里」，謂澤之廣袤不能知其確數，大約在三四百里之間也。《水經注》無「四」字，亦後人據《漢書》删之。《太平御覽·地部三十七》引《水經注》作「廣輪四百里」，又脱去「三」字，然據此知《水經注》原有「四」字也。《漢紀》作「廣長三四百里」，《西山經》注及《通典·州郡四》竝作「廣袤三四百里」，郭璞《爾雅音義》引《漢書》作「廣輪三四百里」，《禹貢》正義及《史記·大宛傳》正義、《爾雅·釋水》疏竝引作「廣袤三四百里」，則今本脱去「四」字明矣。

焉耆

「北道西踰蔥領，則出大宛、康居、奄蔡、焉耆」。念孫案：景祐本無「耆」字，是也。「焉」字絶句。「焉」下「耆」字，則後人妄加之也。大宛、康居、奄蔡皆在蔥領之西，自都護治所西至大宛四千三十一里，至康居五千五百五十里，又自康居西北至奄蔡可二千里，竝見下文。故曰「西踰蔥領出大宛、康居、奄蔡」也。若焉耆，則在蔥領之東，且在都護治所之東北四百里，亦見下文。豈得云「西踰蔥領出焉耆」乎？《漢紀·孝武紀》《後漢書·西域傳》《通典·邊防七》「焉」下皆有「耆」字，此後人依誤本《漢書》加之耳。《通鑑·漢紀十一》無「耆」字，與景祐本同，則北宋本尚未誤也。故知諸書内「耆」字皆後人所加。

得職

「自貳師將軍伐大宛之後，西域震懼，多遣使來貢獻，漢使西域者益得職」。師古曰：「賞其勤勞，皆得拜職也。」胡三省曰：「顔説非也。此言漢使入西域諸國，不敢輕忽，爲得其職耳。得職者，不失其職也。」念孫案：胡解「職」字亦未了。「職」非「職事」之「職」，「職」猶「所」也。言自大宛王以殺漢使見誅，西域諸國皆不敢輕忽漢使，故漢之使西域者皆得其所也。哀十六年《左傳》「克則爲卿，不克則烹，固其所也」，《史記・五子胥傳》作「固其職也」，是「職」與「所」同義。《景紀》曰「令亡罪者失職」，《武紀》曰「有冤失職，使者以聞」，《宣紀》曰「其加賜鰥寡孤獨高年帛，毋令失職」，《管子・明法解篇》曰「孤寡老弱不失其職」，「失職」皆謂「失所」也。故「得所」亦謂之「得職」，《趙廣漢傳》曰「廣漢爲京兆尹，廉明，威制豪彊，小民得職」，師古彼注曰：「得職，各得其常所也。」是其證。《高五王傳》「朱虛侯章忿劉氏不得職」，《鹽鐵論・輕重篇》「衆人未得其職」。

孔道

「婼羌國辟在西南，不當孔道」。師古曰：「『辟』讀曰『僻』。孔道者，穿山險而爲道，猶今言

『穴徑』耳。」念孫案：師古之説甚迂。「孔道」猶言「大道」，謂其國僻在西南，不當大道也。《老子·道經》「孔德之容」，河上公注曰：「孔，大也。」《太玄·羨》次五曰：「孔道夷如，蹊路微如。」「孔」字亦作「空」，《張騫傳》「樓蘭姑師小國當空道」是也。《説文》曰：「孔，通也。」故大道亦謂之「通道」，今俗語猶云「通衢大道」矣。

山國　脱四字

「鄯善國，王治扜尼城……西北去都護治所千七百八十五里，至山國千三百六十五里，西北至車師千八百九十里」。念孫案：「山國」當作「墨山國」，寫者脱「墨」字耳。《漢紀》及《後漢書·西域傳》作「山國」，皆後人依顔本《漢書》改之。《水經·河水注》曰：「扜泥城西北去烏壘千七百八十五里，上文云「都護治烏壘城」。至墨山國千八百六十五里，本傳「八」作「三」，未知孰是。西北去車師千八百九十里。」皆本此傳。墨山，山名也，因以爲國名。若但云「山國」，則不知爲何山矣。而師古云「此國山居，故名山國」，則曲爲之説也。又下文「山國，王……西至尉犂二百四十里」，「山國」亦當作「墨山國」。「墨山國，王」下當有「治墨山城」四字。《水經注》曰「墨山國治墨山城，西至尉犂二百四十里」，亦本此傳。是國與城皆以墨山得名。「墨山國，王治墨山城」猶上文之「皮山國，王治皮山城」也。寫者脱去「墨」字及「治墨山城」四字，而師古遂云「常在山下居，不爲城治也」，亦是曲説。

依耐國王治　難兜國王治

「依耐國，王治」。念孫案：上文皆言「某國，王治某城」，此「依耐國，王治」下不言某城者，闕文也。下文「難兜國，王治」同。

盧城

「無雷國，王治盧城」。念孫案：此本作「無雷國，王治無雷城」，猶之「且末國，王治且末城」，「精絶國，王治精絶城」也。隸書「盧」字作「盧」，其上半與「雷」相似，故「雷」譌作「盧」，《周官・職方氏》「其浸盧維」，鄭注：「『盧維』當爲『雷雍』，字之誤也。」又脱「無」字耳。《太平御覽・四夷部十八》引此正作「無雷城」。

好治食

「織罽，刺文繡，好治食」。念孫案：「治食」二字義無所取，《通典・邊防八》「治」作「理」，避高宗諱也。則唐本《漢書》已誤作「治」。《漢紀》作「好酒食」，是也。下文「大宛俗耆酒」，義與此同，今本「酒」

作「治」者，涉上文「治園田」、「治宫室」而誤。

市列

「有金銀銅錫，以爲器。市列」。《通典》同。念孫案：「市列」上脱「有」字，則文不成義。《漢紀》作「有市肆」，「肆」即「列」也。

鎖

「後軍候趙德使罽賓，與陰末赴相失，陰末赴鎖琅當德，殺副已下七十餘人」。念孫案：「琅當」上本無「鎖」字，乃後人誤取注文加之也。古者以鐵連環係罪人，謂之「琅當」。《説文》作「琅鐺」，云：「瑣也。」「瑣」，古「鎖」字。「琅當德」即鎖德也。故師古云「琅當，長鎖也」，不得又於「琅當」上加「鎖」字。又《王莽傳》「以鐵鎖琅當其頸」，「鎖」字亦後人所加。「琅當其頸」即鎖其頸，不得又加「鎖」字。《太平御覽·刑法部十》引《王莽傳》有「鎖」字，則所見本已誤。《白帖》四十五引作「以鐵琅當其頸」，無「鎖」字。

所以爲

「凡中國所以爲通厚蠻夷，㥞快其求者，爲壤比而爲寇也」。念孫案：上「爲」字涉下「爲」字而衍。

悔過來

「前親逆節，惡暴西域，故絶而不通。今悔過來」。念孫案：悔過來，本作「悔過來順」，「順」字與上文「逆」字相應，而今本脱之，則語意不完。《通鑑·漢紀二十二》已與今本同，《後漢書·西域傳》注引此正作「悔過來順」。

大馬爵

「安息國有大馬爵」。念孫案：「爵」上亦有「大」字，而今本脱之，則爲不詞矣。《太平御覽·四夷部十四》引此正作「有大馬、大爵」。《漢紀·孝武紀》《通典·邊防八》竝同。

書革

「書革旁行爲書記」。念孫案：上「書」字本作「畫」，胡脈反。謂畫革爲字，而旁行之，以爲書記也。師古曰：「今西方胡國及南方林邑之徒，書皆横行，不直下。」此是釋「旁行爲書記」五字，非釋「書革」也。今作「書革」者，即涉下文「書記」而誤。《漢紀》《通典》作「書革」，皆後人以誤本《漢書》改之。《史記·大宛傳》作「畫革」，索隱曰「畫音獲」，引韋昭《漢書注》爲解，不言《漢書》作「書革」也。《太平御覽·四夷部十四》引《漢書》正作「畫革」，《水經·河水注》同。

月氏

「老上單于殺月氏，以其頭爲飲器」。念孫案：「月氏」下脱「王」字，當依《張騫傳》補。

皆絲漆

「其地皆絲漆，不知鑄鐵器」。念孫案：「皆」本作「無」。無絲漆、不知鑄鐵器，皆言其與中國異也。今作「其地皆絲漆」者，涉上文「旁人皆深目」而誤。《通典·邊防八》正作「無絲漆」。

相接

「東與匈奴、西北與康居、西與大宛、南與城郭諸國相接」。念孫案:「相」字後人所加。此傳凡言「某國與某國接」者,「接」上皆無「相」字,則此亦當然。《漢紀·孝武紀》《通典·邊防八》竝作「南與城郭諸國接」,無「相」字。

以肉爲食

「穹廬爲室兮旃爲牆,以肉爲食兮酪爲漿」。念孫案:「肉」上本無「以」字,後人以上下文皆八字爲句,而此句獨少一字,故加「以」字耳。不知「穹廬爲室」「旃爲牆」「肉爲食」「酪爲漿」皆相對爲文,不得獨於「肉」上加「以」字也。《太平御覽·樂部八》所引已誤,《北堂書鈔·樂部二》《藝文類聚·樂部三》《文選·答蘇武書》注所引皆無「以」字。

采繒

「賜金二十斤,采繒」。念孫案:下文「賜姑莫匿等金人二十斤,繒三百匹」,則此文「采繒」

下亦當有匹數，而今本脱之也。

烏孫男女

「公主與烏孫男女三人俱來至京師」。念孫案：「烏」字涉上下文「烏孫」而衍。孫男女三人者，公主之孫男、孫女共三人也。「孫」上不留有「烏」字。下文「公主卒，三孫留守墳墓」，是其證。《漢紀》有「烏」字，亦後人依誤本《漢書》加之。《太平御覽·禮儀部三十二》引此無「烏」字。

不可乏

「食宜給足，不可乏」。念孫案：此承上文而言，既有美田可以種穀，又以錐刀、黄金、采繒易穀於他國，則食宜給足不乏也。「不乏」二字之間不當有「可」字，此涉上文「可以易穀」而衍。《日知録》云「『不可乏』當作『可不乏』」，非也。既言「宜給足」，又言「可不乏」，則文義重複。

匈奴困敗

「易之，卦得《大過》，爻在九五，匈奴困敗」。《通典·邊防七》同。念孫案：「匈奴」上有「曰」字，今本脱之，則文義不明。曰者，衆人之言也。《大過》九五《象傳》曰：「枯楊生華，何可久也！」故衆人皆曰「匈奴必困敗矣」。《漢紀·孝武紀》有「曰」字。

卦諸將

「卦諸將，貳師最吉」。《通典》同。師古曰：「上遣諸將，而於卦中貳師最吉也。」念孫案：師古所説於文義不順。「卦」當作「卜」，言卜諸將孰吉，則貳師最吉也。下文云「上漢軍，一將不吉」，即其證。今作「卦」者，涉上下文「卦」字而誤。《漢紀》正作「卜」。

狐胡　車師柳谷

「狐胡國，王治車師柳谷」。念孫案：國名無上下二字同音者。狐胡，當依《太平御覽》所引作「孤胡」，《四夷部十八》字之誤也。「孤胡」、「龜茲」皆國名之疊韻者。龜茲，應劭音「丘慈」。案：古讀「丘」如「欺」。又案：「孤胡」與「車師」異地，不當云「治車師柳谷」，「師」字蓋涉下文「車師」而衍。《御覽》作「治車柳谷」，無「師」字。

表河曲

「迺表河曲，列四郡」。念孫案：「曲」當爲「西」，字之誤也。武帝所開四郡武威、張掖、酒泉、敦煌。皆在河西，故云「表河西，列四郡」。《食貨志》云「初置張掖、酒泉郡，而上郡、朔方、西河、河西開田官，斥塞卒六十萬人戍田之」，《霍去病傳》云「開河西酒泉之地」，《後漢書·西羌傳》云「武帝開河西，列置四郡」，皆其證。四郡非在河曲中，不得言「表河曲」也。《漢紀·孝武紀》作「河曲」，乃後人以誤本《漢書》改之。《通典·邊防八》《太平御覽·四夷部十三》引此《贊》竝作「河西」。

犀布

「故能睹犀布、瑇瑁，則建珠崖七郡」。念孫案：「犀布」連文，殊爲不類。「布」當爲「象」，「象」、「布」二字篆文下半相似，故「象」譌作「布」。「犀」「象」「瑇瑁」皆兩粤所産，故曰「睹犀、象、瑇瑁則建珠崖七郡」也。下文云「明珠、文甲、通犀、翠羽之珍，鉅象、師子、猛犬、大雀之羣」，正與此「犀象」、「瑇瑁」相應，則當作「象」明矣。《太平御覽·珍寶部六》引此已誤作「犀布」，《漢紀·孝武紀》《通典·邊防八》引此竝作「犀象」。

外戚傳

適

「適稱皇后」。師古曰：「『適』讀曰『嫡』。」念孫案：此文本作「正適稱皇后」。後人以「適」即是「正」故，删去「正」字。案《大雅・大明》傳曰：「紂，殷之正適也。」《初學記・儲宮部》引《白虎通義》曰「周以天子之正嫡爲王后，秦稱皇后，漢因之」，是古書多以「正適」連文。《後漢書・皇后紀》注、《班固傳》注、《文選・西都賦》注、《後漢書・皇后紀・論》注、《藝文類聚・后妃部》《初學記・中宮部》《太平御覽・皇親部一》及《十一》引此竝作「正適稱皇后」。《通典・職官十六》同。

充依視千石　良人視八百石

「八子視千石，充依視千石」。念孫案：充依不當與八子同視千石，當依《漢紀》作「充依視九百石」，此涉上「千石」而誤。《文選注》《太平御覽》引此皆誤。又下文「七子視八百石」，「良人視八百石」，案，良人亦不當與七子同視八百石，當依《漢紀》作「良人視七百石」，此亦涉上

「八百石」而誤。《御覽》引此亦誤。《文選注》引此正作「視七百石」。

誅之

「乃召趙王誅之」。念孫案：「誅之」上有「欲」字，而今本脱之，則文義不明。此時趙王尚未至，不得遽言「誅之」也。《太平御覽·皇親部二》引此正作「欲誅之」。《漢紀》同。

脱三字

「孝惠張皇后，宣平侯敖尚帝姊魯元公主，有女」。念孫案：此文本作「孝惠張皇后，宣平侯敖女也。敖尚帝姊魯元公主，有女」，今本脱「女也敖」三字，則上下文義不貫。此因兩「敖」字相亂而脱去三字。《太平御覽·皇親部二》引此有「女也敖」三字，又《皇親部十一》《人事部百三十五》引首二句皆有「女也」二字。

即爲所爲

「大后安能殺吾母而名我！我壯即爲所爲」。師古曰：「爲其所爲，謂所生之母也。竝音于僞反。」念孫案：兩「爲」字皆讀平聲。爲所爲者，謂爲變也。爲變者，殺吕后以報母仇也，故下文云「大后恐其作亂」。《史記》作「我壯即爲變」，尤其明證矣。若讀「爲」爲去聲，而云「爲所生之母」，則詞不達意。

觀津

「竇皇后親蚤卒，葬觀津」。師古曰：「觀津，清河之縣也。」念孫案：《地理志》觀津屬信都，不屬清河。

逃匿

「女逃匿」。念孫案：「逃匿」下有「牀下」二字，而今本脱之。《太平御覽·封建部五》引此正作「女逃匿牀下」。續《史記·外戚世家》亦云「女亡匿内中牀下」。

吐棄我意

「今見我毁壞，顔色非故，必畏惡，句吐棄我意，句尚肯復追思閔録其兄弟哉」。念孫案：「吐棄」上有「有」字，而今本脱之，則文義不明。《太平御覽·皇親部二》引此正作「有吐棄我意」。《漢紀》同。

元始

「元始三年生昭帝」。念孫案：「元始」當依景祐本作「大始」。

鉤弋

「聞昔堯十四月而生，今鉤弋亦然」。念孫案：「鉤弋」下原有「子」字。上文云「生昭帝，號鉤弋子」，下文云「鉤弋子年五六歲，壯大多知」，皆其證。「今鉤弋子亦然」，對上句「堯十四月而生」言之，下句云「迺命其所生門曰『堯母門』」，其所生者，鉤弋子所生也。脱去「子」字，則上下句皆不可通矣。《太平御覽·皇親部二》引此已脱「子」字。《漢紀·孝武紀》有「子」字。

恐事急

「後人有上書告諸醫侍疾無狀者，皆收繫詔獄，劾不道。顯恐事急，即以狀具語光」。念孫案：「急」上本無「事」字，恐急者，既恐且急，猶言「惶遽」耳。言顯既恐且急，即具以毒殺許后之事告光也。《霍光傳》：「霍山謂顯曰：『聞民間讙言霍氏毒殺許皇后，寧有是邪？』」顯恐急，即具以實告。」文義正與此同。後人不達而於「急」上加「事」字，失其旨矣。景祐本及《漢紀·孝宣紀》《通鑑·漢紀十六》皆無「事」字。

署衍勿論

「其後奏上，署衍勿論」。李奇曰：「光題其奏也。」師古曰：「言之於帝，故解釋耳，光不自署也。」胡三省曰：「據《霍光傳》，光薨後帝始聞毒許后事，光於是時，安敢言之於帝邪？李説爲是。」

成君

「既使淳于衍陰殺許后，顯因爲成君衣補，治入宫具」。念孫案：「成君」上脱「女」字，則文義不明。《太平御覽》引此正作「女成君」。

禁闥扃

「應門閉兮禁闥扃」。師古曰：「扃，短關也。」念孫案：「扃」亦「閉」也。《淮南·主術篇》「中扃外閉」，亦以「扃」、「閉」對文。

銅沓冒

「切皆銅沓冒黄金塗」。師古曰：「切，門限也。沓，冒其頭也。」念孫案：「冒」字涉注文而衍，景祐本無「冒」字，是也。冒即沓也。注訓「沓」爲「冒」，則正文無「冒」字明矣。《後漢書·班固傳》注、《文選·西都賦》注、《藝文類聚·居處部一》《太平御覽·皇親部十》引此皆無「冒」字。《漢紀》及《續列女傳》亦無。

不使

「少主幼弱則大臣不使」。師古曰：「不使，不可使從命也。」念孫案：注説稍迂。余謂《爾雅》曰：「使，從也。」不使即不從也。《管子·小匡篇》曰「魯請爲關内之侯，而桓公不使也」，《史記·龜策傳》曰「大將不彊，卒不使令」，《春秋繁露·五行相勝篇》曰「將帥不親，士卒不使」，「不使」皆謂「不從」。

妬媢

「誣汙先帝傾惑之過，成結寵妾妬媢之誅」。念孫案：「妬媢」二字義不相屬，「媢」當爲

「娼」。鄭注《大學》云：「娼，妬也。」《五行志》「桓有妬娼之心」，《史記·五宗世家》「王后以妬娼，不常侍病」，《黥布傳贊》「妬娼生患」，皆其證。隸書「眉」或作「肙」，見漢《涼州刺史魏元丕碑》。與「冐」相似，故書傳中「娼」字或譌作「媢」。《顔氏家訓》已辯之。

富平侯家

「成帝每微行出，常與張放俱，而稱富平侯家」。念孫案：「家」下當有「人」字。富平侯即張放，故帝與放俱，而稱「富平侯家人」也。脱去「人」字，則文義不明。《五行志》正作「稱富平侯家人」。

六人

「鄭氏、傅氏侯者凡六人」。念孫案：「六」當爲「四」，此涉下文「六人」而誤。四人者，一傅喜，二傅晏，三傅商，四鄭業也。竝見上文。《五行志》注引此正作「四人」。

元后傳

西白虎

「土山漸臺西白虎」。宋祁曰：「浙本『西』字上有『象』字。」今本「上」譌作「下」。念孫案：浙本是也。師古曰：「皆放效天子之制也。」「放效」二字正釋「象」字，且此歌以四字爲句，脱去「象」字，則文義不明，而句法亦不協矣。下文曰「園中土山漸臺似類白虎殿」，「似類」亦「象」也。《水經・渭水注》《文選・西征賦》注、《太平御覽・人事部一百六》引此皆作「象西白虎」。《漢紀》同。

户青瑣

「殿上赤墀，户青瑣」。念孫案：「户」下原有「下」字，「起土山」「立兩市」，「殿上赤墀」「户下青瑣」，皆相對爲文，今本脱「下」字，則句法參差矣。《藝文類聚・産業部》《太平御覽・資産部七》引此皆有「下」字。

漢高祖

「初，漢高祖入咸陽」。念孫案：「高祖」上不當有「漢」字，此涉下文「漢傳國璽」而衍。《北堂書鈔·儀飾部二》《太平御覽·儀式部三》引此皆無「漢」字。

飲酒食

「大后至漢家正臘日，獨與其左右相對飲酒食」。念孫案：《太平御覽·服章部五》引此，「食」下有「肉」字，於義爲長。

王莽傳

不嗣

「《書》曰：『舜讓于德，不嗣。』」師古曰：「言舜自讓德薄，不足以繼帝堯之事也。」念孫案：「不嗣」本作「不台」。《古文尚書》「舜讓于德弗嗣」，今文作「不怡」，《漢書》皆用今文，故作「不台」。《史記·五帝紀》「舜讓於德不懌」，徐廣曰：「《今文尚書》作『不怡』。怡，懌也。」

又《自序》曰「唐堯遜位，虞舜不台」，皆用今文也。《文選·典引》「有于德不台，淵穆之讓」，李善曰：「《尚書》曰：『舜讓于德不嗣。』」《漢書音義》：「韋昭曰：『古文「台」爲「嗣」。』」《後漢書·班固傳》注曰：「《前書》曰『舜讓于德不台』，《音義》曰：『「台」讀曰「嗣」。』」據此則二李所見《漢書》皆作「不台」。師古依古文改「台」爲「嗣」，而取僞《孔傳》以釋之，不自知其圜鑿而方枘也。

逡儉

「逡儉隆約以矯世俗」。師古曰：「逡，退也。」引之曰：「逡儉」與「隆約」對文，則「逡」非「退」也。「逡」讀爲「遵」，遵，循也。謂循儉尚約以矯世俗之奢侈也。「遵」與「逡」古字通，《爾雅》曰：「遵，循也。」《方言》曰：「逡，循也。」《集韻》「逡」亦作「逡」，故「遵儉」之爲「逡儉」，亦猶「遵循」之爲「逡循」。「遵」之通作「逡」，亦猶「逡」之通作「遵」。《晏子春秋·外篇》「晏子遵循而對」，「遵循」即「逡巡」。

陷假

「霍光即席常任之重，「即」與「則」同。乘大勝之威，未嘗遭時不行，陷假離朝」。服虔曰：「言光未嘗陷假不遇，而離去朝也。莽嘗退就國，是『陷假』也。」師古曰：「假，升也。陷假者，被陷害而去所升之位。」念孫案：師古訓「假」爲「升」，則「陷假」二字義不相屬，乃云「被陷害而去所升之位」，其鑿也甚矣。余謂「假」讀爲「瑕」，「陷瑕離朝」謂陷於瑕讁而去其位，服説是也。「瑕」與「假」古字通。《淮南·精神篇》「審乎無瑕」，《莊子·德充符篇》「瑕」作「假」。《古今人表》「公肩瑕」，《檀弓》作「假」。《高祖功臣表》「中水夷侯吕瑕」，《史》表作「假」。

平作

「越若翊辛丑，諸生、庶民大和會，十萬衆竝集，平作二旬，大功畢成」。師古曰：「平作，謂不促遽也。『平』字或作『丕』，『丕』亦大也。」《義門讀書記》曰：「《書》『庶殷丕作』，字當爲『丕』也。」念孫案：何説是也。上文云「公以八月載生魄庚子奉使朝，用《書》臨賦營築」，亦用《雒誥》文也。隸書「丕」字或作「丕」，與「平」字相近，因譌而爲「平」。《後漢書·劉玄傳》「右輔都尉嚴本」，「本」或作「平」，或作「丕」，《耿秉傳》「太醫令吉丕」，「丕」或作「平」，皆其證也。

拂其頸

「方今天下聞崇之反也，咸欲騫衣手劒而叱之。其先至者，則拂其頸，衝其匈，刃其軀，切其肌」。師古曰：「拂，戾也。」念孫案：師古訓「拂」爲「戾」，望文生義，非其本指也。「拂」讀爲「刜」，刜，斫也。謂以劒斫其頸也。「拂其頸」、「衝其匈」、「刃其軀」、「切其肌」皆承上文「手劒」而言。《説文》曰：「刜，擊也。」《廣雅》曰：「刜，斫也。」昭二十六年《左傳》「苑子刜林雍，斷其足」，正義曰：「今江南猶謂刀擊爲『刜』。」《齊語》曰「刜令支，斬孤竹」，《楚辭·九歎》「執棠谿以刜蓬兮」，王注亦曰：「刜，斫也。」作「拂」者，假借字耳。《説苑·雜言篇》曰「干將、鏌鎁，拂鐘不錚」，亦借「拂」爲「刜」也。若以「拂其頸」爲「戾其頸」，則上與「手劒」不相承，下與「衝其匈」三句皆不相比附矣。

荷銿

「父子兄弟負籠荷銿」。荷，舊本作「倚」。宋祁曰：「『倚』當作『荷』。」各本皆從宋改。念孫案：「倚」字古讀「阿」上聲，《老子》「禍兮福所倚，福兮禍所伏」，「禍」、「倚」爲韻，「福」、「伏」爲韻。詳見《唐韻正》。是「倚」字古讀與「荷」相近，故字亦相通。《説文》：「何，儋也。」是「儋何」字本作「何」，作「荷」者借字耳。借字本無一定，何必「荷」之是，而「倚」之非乎？

師禮侯

「其以杜衍户千封嘉爲師禮侯」。念孫案：「師禮」當爲「帥禮」，「帥」與「率」同。下文云「明德侯劉龔、率禮侯劉嘉等」，是其證。《太平御覽・封建部四》引此正作「帥」。

備

「所征殄滅，盡備厥辜」。「備」字師古無注。念孫案：「備」讀爲「伏」。《漢書》言「伏辜」者多矣，字或作「服」。「服」、「伏」、「備」三字古皆讀如「匍匐」之「匐」，說見《六書音均表》。故字亦相通。《趙策》「今騎射之服」，《史記・趙世家》「服」作「備」，是其例也。

阿乳母

「以大鴻臚府爲定安公第，皆置門衛使者監領。敕阿乳母不得與語」。念孫案：「阿」下當有「保」字，謂敕阿保及乳母也。《李尋傳》云「諸保阿乳母」，史傳皆以「阿保」竝言。若云「敕阿乳母」，則於文爲不詞，於事爲不備矣。《漢紀・孝平紀》正作「勑阿保乳母」。

欲諫

「令王路設進善之旌，非謗之木，欲諫之鼓」。念孫案：「欲諫」當依景祐本及《賈誼傳》作「敢諫」。

赤繢

「侍郎王盱見人衣白布單衣，赤繢方領」。師古曰：「繢者，會五采也。以布爲單衣，以赤加繢爲其方領也。」引之曰：正文明言「赤繢」，則非五采也。赤繢方領，謂以赤色之組爲方領也。說見《經義述聞·周官》「繢純」下。

堂威

「命堂威侯王奇」。念孫案：「堂威」當依下文作「掌威」，後放此。隸書「掌」字或作「𡭊」，與「堂」相似而誤。

病悸

「大師王舜自莽篡位後病悸，寖劇」。宋祁曰：「『悸』舊作『喘』。」念孫案：此本作「病喘悸」，舊本、新本各脱其一字耳。「喘」、「悸」二形不相似，無緣彼此互譌，故知原有兩字，而新舊本各脱其一也。韋昭注《酷吏傳》云「心中喘息曰『悸』」，是也。見宋祁校本。《太平御覽·疾病部四》引此正作「病喘悸」。

民怨

「莽知民怨」。《通典·食貨一》作「莽知民愁」。念孫案：作「愁」者原文，作「怨」者後人不曉古義而改之也。「愁」即「怨」也。《説文》：「慍，怨也。」今本「怨」作「怒」，乃後人所改。據《詩·緜》正義及《一切經音義》卷五、卷九、卷十三、卷十九引訂正。「恚，恨也。」《廣雅》：「慍、愁，恚也。」《後漢書·明帝紀》云「百姓愁怨，情無告訴」，是「愁」與「怨」同義。《秦策》云「上下相愁，民無所聊」，謂上下相怨也。《淮南·詮言篇》云「己之所生，乃反愁人」，謂反怨人也。下文「天下愈愁」即承此「愁」字而言，則本作「愁」明矣。又「莽知民愁」四字，《食貨志》凡兩見。

部監二十五人見禮如三公

「置州牧、部監二十五人，見禮如三公。監位上大夫，各主五郡」。念孫案：此文本作「置州牧，其禮如三公。郡監二十五人，監位上大夫，各主五郡」。「其禮如三公」謂州牧之禮秩如三公也。下文云「州牧位三公」，是其證。「郡監」以下謂分天下爲百二十五郡，見下文。郡監二十五人，人主五郡也。今本「其禮」誤作「見禮」，「郡監」誤作「部監」，而「部監二十五人」又誤在「見禮如三公」之上，遂致文不成義。《後漢書·隗囂傳》注所引已與今本同。《漢紀》作「置州牧，其禮如三公。郡監二十五人，位上大夫，各主五郡」，足正今本之失。

訛言

「訛言黃龍墮死黃山宮中」。念孫案：「訛言」上脱「民」字，則語意不完。《漢紀·孝平紀》《通鑑·漢紀三十》皆有「民」字。或謂「民」字與下文「百姓」相複，非也。古人之文往往如是，「子庶民，則百姓勸」，豈嫌於複乎？

不渫

「前後相乘，憒眊不渫」。師古曰：「渫，散也，徹也。」念孫案：「不散」、「不徹」皆與「憒眊」義不相屬。余謂渫者，治也，言事務煩多，故莽憒眊而不能治也。《井》九三「井渫不食」，荀爽曰：「渫，去穢濁，清潔之意也。」釋文引黄穎云：「渫，治也。」《史記・屈原傳》「《易》曰『井泄不食』」，集解引向秀曰：「泄者，浚治去泥濁也。」皆其證。

七部

「大司馬保納卿、言卿、仕卿、作卿、京尉、扶尉、兆隊、右隊、中部左洎前七部」。劉奉世曰：「『七部』當爲『七郡』，然共有二十二郡，尚未及二十五郡，疑字當有誤者。」念孫案：「七部」當爲「十郡」，合下文之「五郡」、「十郡」，共二十五郡也。

愁民

「又坐鄰伍鑄錢挾銅，姦吏因以愁民。民窮，悉起爲盜賊」。「愁」字師古無注。念孫案：「愁」讀爲「揫」。子由反。揫，斂也。言民坐鄰伍鑄錢挾銅，姦吏遂借此以斂取民財。故下句云「民窮，悉起爲盜賊」也。《爾雅》曰：「揫、斂，聚也。」《鄉飲酒義》「秋之爲言愁也」，鄭注曰：「『愁』讀爲『揫』。揫，斂也。」是「揫」與「愁」古字通。

在御旁

「威斗既成，令司命負之，莽出在前，入在御旁」。念孫案：此本作「莽出則在前，入則御旁」。御，侍也。此常訓，不煩引證。言出則在前，入則侍側也。後人不曉「御」字之義，而改「入則御旁」爲「入在御旁」，又删去上句「則」字，其失甚矣。《通鑑》已與今本同，《太平御覽·人事部百二十七》《器物部十》引此竝作「出則在前，入則御旁」。

僊上天

「大一黄帝皆僊上天」。念孫案：此本作「皆僊而上天」，今本脱「而」字，則句法局促不伸。《初學記·地部上》《太平御覽·時序部一》引此竝作「僊而上天」。

帝虞

「二曰帝虞始祖昭廟」。念孫案：「帝虞」當爲「虞帝」。

帶高

「帶高增下」。師古曰：「本因高地而建立之，其旁下者更增築。」念孫案：因高地而立廟，不得謂之「帶高」，「帶」當爲「席」。《劉向傳》「吕産、吕禄席太后之寵」，《蒯通傳》「乘利席勝」，師古竝云：「席，因也。」然則「席高增下」即「因高增下」，故此注云：「本因高地而建立之，其旁下者更增築。」隸書「席」字或作「廗」，見漢《司隸從事郭究碑》《益州大守高眹脩周公禮殿記》。俗作「廗」，《鹽鐵論·論功篇》「旃席爲蓋」，今本「席」作「廗」。《顔氏家訓·書證篇》論俗書云「席中加帶」，正謂此也。又脱其「广」而爲「帶」矣。

黄衣幘

「力士三百人，黄衣幘」。念孫案：「幘」上原有「赤」字，力士赤幘者，《續漢書·輿服志》云：「武吏常赤幘，成其威也。」今本脱「赤」字，則義既不明，而句又不安矣。《太平御覽·車部一》引此正作「黄衣赤幘」。

經博

「平原女子遲昭平能説經博以八投」。念孫案：「經博」當爲「博經」，故服注云「博弈經，以八箭投之」。「弈」字疑衍。

杜陵史氏女爲皇后

「進所徵天下淑女，句杜陵史氏女爲皇后」。念孫案：「杜陵」上原有「立」字，謂於所徵淑女中，選立史氏女爲后也。今本脱「立」字，則文不成義。《太平御覽・皇王部十四》引此有「立」字。《通鑑》同。

復思

「遣使壞渭陵、延陵園門罘罳，曰：『毋使民復思也。』」念孫案：此本作「毋使民復思漢也」，今本脱「漢」字，則文義不明。《太平御覽・皇王部十四》《居處部十三》引此正作「復思漢」，《漢紀・孝平紀》《水經・穀水注》竝同。

敍傳

州城

「方今雄桀帶州城者，皆無七國世業之資」。宋祁曰：「『城』或作『域』。」念孫案：作「域」者是也。雄桀帶州域者，謂雄桀竝立，各帶一州之域也。《周官·大司徒》曰「九州之地域」，《史記·天官書》曰「天則有列宿，地則有州域」，《漢書·食貨志》曰「有國彊者兼州域」。若作「州城」，則非其指矣。「域」與「城」字形相似而誤。《管子·八觀篇》「國域大而田野淺狹」，《吕氏春秋·勿躬篇》「平原廣域」，《史記·天官書》「爲其環域千里内占」，《大宛傳》「漢遣驃騎破匈奴西域」，今本「域」字竝誤作「城」。《漢紀·孝平紀》《後漢書·班彪傳》《宋書·符瑞志》竝作「州域」。

短褐之褻

「《王命論》：『夫餓饉流隸，飢寒道路，思有短褐之褻，儋石之畜。』」師古曰：「褻，謂親身之衣也。音先列反。」念孫案：「褻」與「褺」不同字。褻，親身衣也，從衣，埶聲，讀若「漏泄」之「泄」。先列反。褺，重衣也，字本作「褺」，從衣，執聲，讀若「重疊」之「疊」。大篋反。其「執」字或在「衣」中作「褻」，轉寫小異耳，與「褻衣」之「褻」字從「埶」者不同。此言「短褐之褻」，謂飢寒之人，思得短褐以爲重衣，非謂親身之褻衣也。《漢紀》及《文選》竝作「短褐之襲」，李善曰：「《説文》曰：『襲，重衣也。』《字林》曰：『襲，大篋反。』」舊本「反」譌作「也」。據宋祁引蕭該《音義》改。此即「褺」之借字也。何以明之？《説文》：「褺，重衣也。從衣，執聲。」《一切經音義》十五：「褻，與「褺」同。徒俠反。」引《通俗文》曰：「重衣曰『褻』。」宋祁引蕭該《音義》曰：「《字林》曰：『褻，重衣也。舊本「重衣」作「衷衣」，乃後人誤以爲「褻衣」而改之，今據《説文》《玉篇》《廣韻》訂正。大篋反。』」舊本「大」譌作「丈」，據《文選注》引改。正與李善所引同，則「襲」爲「褺」之借字明矣。《説文》以「襲」爲左衽袍，以「褺」爲重衣。今經史中「重衣」之字皆作「襲」，而「褺」字遂廢，唯此一處作「褻」，與「褺」同。乃古字之僅存者，而師古云：「褻，謂親身衣也。先列反。」是直不辨「褻」、「褺」之爲兩字矣。《廣韻》「褻」在《十七薛》，「襲」在《二十六緝》，「褺」在《三十怗》，「褺」與「襲」聲相近，故《漢紀》《文選》皆作「襲」。若「褻」與「襲」則聲遠而不可通矣。

幺䯢

「又況幺䯢，尚不及數子」。鄭氏曰：「䯢音麼，小也。」晉灼曰：「此『骨偏䯢』之『䯢』也。」師古曰：「鄭音是也。『幺』、『䯢』皆微小之稱也。䯢音莫可反。『骨偏䯢』自音摩，各本「摩」譌作

「麻」，據《説文》《玉篇》《廣韻》改。案，鄭氏曰：「𦝫音麽。」《玉篇》：「麽，亡可切。又亡波切。」是「𦝫」、「麽」古同聲。師古必分平上二讀，非也。與此義不相合，晉説失之。」《漢書攷異》曰：「案：《説文》無『麽』字，徐鉉等新附。而有『髍』字。髍，瘺病也。與『𦝫』同。『幺』言其小，『𦝫』言其病。童謠所稱『見一蹇人，言欲上天』，隗囂少病蹇，以是刺之也。晉説得之。」念孫案：錢説非也。「𦝫」之言「靡」也，張揖注《上林賦》曰：「靡，細也。」「幺𦝫」二字連文，俱是微小之意。《廣雅》：「紗、麽，小也。」「紗」與「幺」同。《漢紀》《文選》竝作「幺麽，不及數子」。李善注引《鶡冠子》曰：「無道之君，任用幺麽；有道之君，任用俊雄。」見《道端篇》。又引《通俗文》曰：「不長曰『幺』，細小曰『麽』。」作「𦝫」者，古字假借耳。「幺𦝫，不及數子」謂囂勇不如信、布，彊不如梁、籍，成不如王莽，非譏其病蹇也。若以「𦝫」爲「病蹇」，則上與「幺」字不相比附，下與「不及數子」之文不相連屬矣。《説文》：「髍，瘺病也。」「瘺，半枯也。」此即今偏枯之病，亦非蹇病也。

苟昧於權利

「而苟昧於權利，越次妄據，外不量力，内不知命」。念孫案：「於」字衍。「苟昧權利」以下句法相同，首句多一「於」字，則累於詞矣。《漢紀》《文選》皆無「於」字。

畏若禍戒

「英雄誠知覺寤，畏若禍戒」。師古曰：「若，順也。」念孫案：「畏順禍戒」，殊爲不詞。「禍戒」可以言「畏」，不可以言「順」也。今案上文云「喪保家之主」、「失天年之壽」、「遇折足之凶」、「伏鈇鉞之誅」，即此所謂「禍戒」也。此云「畏若禍戒」者，「若」猶「此」也。言畏此禍戒也。「若」字即指上四者而言。隱四年《公羊傳》「公子翬恐若其言聞乎桓」，謂此其言也。莊四年《傳》「有明天子，則襄公得爲若行乎」，謂此行也。《論語·公冶長篇》「君子哉若人」，謂此人也。

嬴取威於百儀

「嬴取威於百儀兮，姜本支虖三止」。應劭曰：「嬴，秦姓也，伯益之後也。伯益爲虞，有儀鳥獸百物之功，秦所由取威於六國也。」念孫案：《廣雅》曰：「威，德也。」《周頌·有客篇》「既有淫威，降福孔夷」，正義曰：「言有德故易福。」《風俗通義·十反篇》曰：「《書》曰『天威棐諶』，言天德輔誠也。」《呂氏春秋·應同篇》曰：「黄帝曰：『因天之威，與元同氣。』」是「威」與「德」同義。此言伯益有儀百物之德，而嬴氏以興，故曰「嬴取威於百儀」，非謂取威於六國也。而劉仲馮乃云「『百儀』則『柏翳』也，語訛耳」，不知「百儀」與「三止」相對爲文。應劭曰：「止，禮也。齊，伯夷之後，伯夷爲秩宗，典天地人鬼之禮也。」《鄭語》：「伯夷能禮於神以佐堯，伯翳能議百物以佐舜。」《地理志》「伯翳」作「伯益」，「議」作「儀」。且「儀」字古讀若「俄」，見《唐韻正》。不得與「翳」通也。

旦筭祀于挈龜

「《幽通賦》：『嫣巢姜於孺筮兮，旦筭祀于挈龜。』」李奇曰：「筭，數也。祀，年也。周公卜居雒，得世三十，年七百也。」劉敞曰：「筭祀挈龜，亦言田完耳。其兆有五世八世，是『祀』也。」念孫案：祀者，年也。故《左傳》曰「卜年七百」，《宣三年》又曰「載祀六百」。若五世八世，乃父子相傳之代，不得謂之「祀」。且旦者，周公之名也。若謂「筭祀挈龜」指田完言之，則「旦」字當作何解？弗思甚矣。「旦」與「嫣」相對爲文。此賦以上下句對文者，皆各指一事言之，劉謂兩句皆指田完言之，謬矣。

皓頤志而弗營

「皓頤志而弗營」。師古曰：「皓，四皓也。處商洛深山，高祖求之不得，自養其志，無所營屈。」引之曰：師古說「營」字之義未當。營者，惑也。《說文》本作「䁝」，云「惑也」。字亦作「熒」，又作

「榮」。言自養其志而不惑於利禄也。高誘注《吕氏春秋·尊師篇》《淮南·原道篇》竝云「營，惑也」。《否·象傳》「不可榮以禄」，虞翻本「榮」作「營」，營，惑也。言不可惑以禄也。説見《經義述聞》。《大戴禮·文王官人篇》曰「煩亂以事而志不營」，又曰「臨之以貨色而不可營」，《淮南·俶真篇》曰「耳目不燿，思慮不營」，《東都賦》曰「形神寂漠，耳目弗營」，漢《老子銘》曰「樂居下位，禄埶弗營」，《堂邑令費鳳碑》曰「退己進弟，不營榮禄」，義竝與此同。下文云「四晧遯秦，古之逸民。不營不拔，嚴平鄭真」，即此所謂「晧頤志而弗營」也。《文選》「弗營」作「弗傾」，蓋後人不曉「營」字之義而改之耳。

風雲

「彼皆躡風雲之會，履顛沛之埶」。念孫案：「風雲」當依《文選》作「風塵」。此涉上文「跨騰風雲」而誤。風塵之會，謂七國兵争時也。商鞅、李斯之遇合與下文所稱「周望」、「漢良」者不同，皆不得言「風雲之會」。

據徼

「據徼乘邪，以求一日之富貴」。師古曰：「徼，要也。據可以要迎之時也。『徼』音工堯反。」念孫案：「據可以要迎之時」不得謂之「據要」。《老子釋文》云：「徼，小道也。古弔反。」班固《西都賦》「徼道綺錯」，謂小道相錯也。然則「據徼乘邪」云云，猶言據小道、乘邪途以求富貴耳。

說難既酉

「《說難》既酉，其身迺囚」。應劭曰：「『酉』音『酋豪』之『酋』。酋，雄也。」宋祁引蕭該《音義》曰：「酉，鄭氏曰：『酉，孰也。』」「孰」與「熟」同，今本「孰」譌作「執」，據《方言》《廣雅》及《月令》、《鄭語》注改。韋昭曰：『酉，終也。』」念孫案：「酉」讀爲「就」。就，成也。言《說難》之書既成，而其身乃囚也。《太玄・玄文》曰：「酉，西方也，秋也，物皆成象而就也。」又曰：「酉考其就。」范望曰：「考，成也，物咸成就也。」《史記・魯世家》「魯公伯禽卒，子考公酉立」，索隱曰：「酉，世本作『就』。」「就」與「酉」聲近而義同，故字亦相通也。韋訓「酉」爲「終」，「終」與「就」義相近，故《爾雅》「酉」、「就」竝訓爲「終」。鄭訓「酉」爲「熟」，則於義稍疏，應訓爲「雄」，則於義甚疏，而師古獨取其說，誤矣。

邳沂

「漢良受書於邳沂」。晉灼曰：「沂，崖也。下邳水之崖也。」師古曰：「沂音牛斤反。」宋祁曰：「沂，韋昭作『垠』，今本「垠」譌作「恨」。曰：『垠，限也，謂橋也。吾恩反。』《文選》亦作『垠』。」念孫案：下邳，縣名，非水名，則不得言「邳崖」。韋本作「垠」而訓爲「橋」是也。良受書於老父，本在橋上，非在水濱。「邳垠」即《良傳》所云「下邳汜上也」。服虔曰：「汜音頤，楚人謂橋曰『汜』。」「汜」、「垠」語之轉，作「沂」者，借字耳。

罔漏于楚

「秦人不綱，罔漏于楚」。師古曰：「言秦失綱維，故高祖因時而起。罔漏于楚，謂項羽雖有害虐之心，終免於患也。一說，楚王陳涉初起，後又破滅也。」念孫案：高祖不爲項羽所害，豈得謂之「漏罔」？且與上「秦人不綱」誤分兩事。陳勝破滅，尤與「罔漏」之義無涉。二說皆謬。罔漏于楚，謂陳勝作亂，而秦不能制也。此但言秦罔漏於陳勝，下乃言高祖起兵之事。李注《文選》引項岱曰「綱漏於楚，謂陳涉反而不能誅」，是也。

同晷

「應天順民，五星同晷」。師古曰：「晷，景也。」念孫案：五星光不及地，則不得有景，師古説非也。「晷」即「軌」字。軌，道也。五星同道，謂高帝元年五星聚東井也。《淮南·本經篇》「五星循軌而不失其行」，高注云：「軌，道也。」《廣雅》《周語》注竝同。是其證。「軌」、「晷」聲相同，故字相通。《説文》：「氿，音軌。水厓枯土也。」引《爾雅》「水醮曰『氿』」，今《爾雅》作「厬」。「氿」之通作「厬」，猶「軌」之通作「晷」矣。《太平御覽·天部五》引此正作「五星同軌」。

方命

「孝景涖政，諸侯方命」。孟康曰：「《尚書》云：『方命圮族。』」念孫案：正文、注文之「方命」皆本作「放命」。《今文尚書》作「放命」，本字也。《古文尚書》作「方命」，借字也。《釋文》：「馬云：『方，放也。』」《正義》曰：「鄭、王以『方』爲『放』，謂放棄教命。」是馬、鄭、王皆讀「方」爲「放」也。《漢書》皆用今文，孟注所引亦是今文，故皆作「放命」。後人見古文而不見今文，故皆改爲「方命」耳。《文選·五等論》「放命者七臣」，李善曰：「班固《漢書·述》曰『孝景莅政，諸侯放命』，韋昭曰：『放命，不承天子之制。』」今本李注「放命」作「方命」，「韋昭曰『放命』」作「韋昭曰『方，放命』」，皆與正文不合，明是後人所改。《太平御覽·皇王部十三》引此亦作「放命」，則所見皆是未改之本，今據以訂正。《傅喜傳》「同心背畔，放命圮族」，《朱博傳》「今晏放命圮族」，其字皆作「放」。桓九年《穀梁傳》亦云：「則是放命也。」今本「放」譌作「故」，據范注及《唐石經》改。

亦有紹士

「景征吳楚，武興師旅，後昆承平，亦有紹土」。宋祁曰：「監本、浙本、越本作『亦猶有紹』。」念孫案：監本、浙本、越本是也。「紹」字在小韻，「楚」、「旅」二字在語韻。二韻古聲相近，故漢人多有通用者。下文曰：「河圖命庖，雒書賜禹，八卦成列，九疇逌敘。世代寔寶，光演文武，春秋之占，咎徵是舉。告往知來，王事之表。」又曰：「大上四子，伯兮早夭，仲氏王代，斿宅于楚，戊實淫骵，平陸迺紹。」又曰：「宗幽既昬，淫于褒女。戎敗我驪，遂亡豐鄗。」又曰：「西戎即序，夏后是表。周穆觀兵，荒服不旅。」皆以語、小二韻通用。本傳而外，可無須別證也。後人不知古音，而改爲「亦有紹土」，則文不成義矣。師古曰：「言景、武之時以軍功故封侯者多，昭、宣以後雖承平，尚有以勳獲爵土者。」據注云「尚有」，則正文原有「猶」字明矣。紹，繼也。原注當云「尚有能繼之者」，而今本云「尚有以勳獲爵土者」，蓋既改正文爲「亦有紹土」，遂并改注文耳。

薰胥

「嗚呼史遷，薰胥以刑」。晉灼曰：「齊、韓、魯《詩》作『薰』。薰，帥也。從人得罪相坐之刑也。」師古曰：「晉説近是矣。《詩·小雅·雨無正之篇》曰：『若此無罪，淪胥以鋪。』胥，相也。鋪，徧也。言無罪之人遇於亂政，横相牽率，徧得罪也。《韓詩》『淪』字作『薰』，薰者，謂相薰蒸，亦漸及之義耳。此《敘》言史遷因坐李陵，横得罪也。」念孫案：晉説是也。「淪」、「薰」聲相近，故《爾雅》《毛詩》訓「淪」爲「率」，《韓詩》訓「薰」爲「帥」。「帥」與「率」同。薰胥以刑，謂相率而入於刑也。若以「薰胥」爲「相薰蒸」，則望文生義，而失其本旨矣。説詳《經義述聞》「淪胥以鋪」下。

如台不匡

「矧乃齊民，作威作惠，如台不匡，禮法是謂」。如淳曰：「台，我也，我國家也。」念孫案：「台」字若訓爲「我」，則「如我不匡，禮法是謂」，二句文意上下不相聯屬矣。今案，如台，猶奈何也。言游俠之徒，以齊民而作威作惠如此，奈何不匡之以禮法也。《湯誓》「夏罪其如台」，《史記·殷本紀》作「有罪其奈何」，《高宗肜日》「乃曰『其如台』」，《史記》作「乃曰『其奈何』」，《西伯戡黎》「今王其如台」，《史記》作「今王其奈何」，是古謂「奈何」爲「如台」也。《盤庚》「卜稽曰『其如台』」，亦謂「卜問曰『其奈何』」也。《法言·問道篇》：「莊周、申、韓不乖寡聖人而漸諸篇，則顏氏之子，閔氏之孫，其如台？」言莊周、申、韓若不詆訾聖人，則顏、閔之徒其奈之何也。班固《典引》「伊考自遂古，乃降戾爰茲，作者七十有四人，今其如台而獨闕也」，言今其奈何而獨闕也。說者皆訓「台」爲「我」，而其義遂不可通。段氏若膺《古文尚書撰異》辨之詳矣。

外寓

「攸攸外寓，閩越、東甌」。念孫案：「寓」當爲「㝢」，字之誤也。《說文》「㝢」，籀文「宇」字。閩越、東甌皆在漢之南徼外，故曰「外㝢」。王粲《鶡賦》：「震聲發乎外㝢。」猶下文言「燕之外區」也。若作「寄寓」之「寓」，則義不可通。劉逵《吳都賦》注引此作「悠悠外宇」，故知「寓」爲「㝢」之譌。張衡《思玄賦》「怨高陽之相㝢兮」，《風俗通義·祀典篇》「營㝢夷泯」，今本「㝢」字竝譌作「寓」。而此字師古無音，則所見本已譌作「寓」矣。

漢書弟十六

連語

凡連語之字，皆上下同義，不可分訓。説者望文生義，往往穿鑿，而失其本指。如訓「流貤」則曰「無有差次，不得流行」。《武紀》「受爵賞而欲移賣者，無所流貤」，應劭曰：「貤音移，言軍吏士斬首虜，爵級多無所移與，今爲置武功賞官，爵多者分與父兄子弟及賣與他人也。」師古曰：「此説非也。許慎《説文解字》云：『貤，物之重次弟也。』此詔言欲移賣爵者，無有差次，不得流行，故爲置官級也。貤音弋賜反，今俗猶謂凡物一重爲一貤也。」念孫案：「貤」讀與「施于中谷」之「施」同。《敘傳》曰「貤于子孫」，「貤」即「施」也。《周南·葛覃》傳曰：「施，移也。」故今人猶謂「移封」爲「貤封」。《喪服傳》「絶族無施服」，鄭注曰：「在旁而及曰施。」《大傳》「施」作「移」，是「施」與「移」通也。此言「流貤」，亦取「旁及」之義，故應劭讀爲「移」。若以「貤」爲「重次弟」，則「流貤」二字義不相屬，且此詔「貤」字在「流」字之下，若如師古説以爲「無有差次，不得流行」，則當移「貤」字於「流」字之上，仍須加數字以解之，而其義始明，何其謬也！《説文》以「貤」爲「重次弟物」，乃「貤」字之本訓。此詔借「貤」爲「流移」之「移」，則非「重次弟」之謂矣。《記》曰：「夫言豈一端而已，夫各有所當也。」「撟虔」則曰「矯稱上命以貨賄用爲固」，或曰「稱詐爲矯，强取爲虔」。《武紀》「將百姓所安殊路，而撟虔吏因乘埶以侵蒸庶邪？何紛然其擾也」，孟康曰：「虔，固也。矯稱上命以貨賄用爲固。《尚書》曰：『敓攘矯虔。』」韋昭曰：「『撟』與『矯』同，矯，託也。虔，固也。妄託上命而堅固爲邪惡者也。」念孫案：諸説分「撟虔」爲二義，皆非也。《吕刑》「敓攘矯虔」，《周官・司刑》疏引鄭注曰：「矯虔，謂撓擾。《春秋傳》曰『虔劉我邊垂』，謂劫奪人物以相撓擾也。」如鄭君説，是「矯虔」爲「撓擾」之義，故與「敓攘」連文，此詔於「撟虔吏」下即云「乘埶以侵蒸庶」，又云「紛然其擾」，則「撟虔」之爲「撓擾」益明矣。

「奔踶」則曰「乘之即奔，立則踶人」。《武紀》「故馬或奔踶而致千里」，師古曰：「踶，蹋也。奔踶者，乘之即奔，立則踶人也。」念孫案：師古分「奔」、「踶」爲二義，非也。「踶」亦「奔」也。踶之言馳，奔踶，猶奔馳耳。《説文》曰：「赽，踶也。」「赽」字或作「趹」。《史記・張儀傳》「探前趹後」，索隱曰：「言馬之走勢疾也。」《淮南・脩務篇》「墨子跌蹏而趍千里」，高注曰：「跌，疾行也。蹏，趍走也。」「蹏」與「踶」同。是疾行謂之「踶」也。馬行疾則能致遠，故曰「馬或奔踶而致千里」。馬行疾則恐有覆車之患，故下文曰「泛駕之馬」，亦在御之而已。若訓「踶」爲「蹋」，則與下文都不相涉矣。

「勞倈」則曰「勞者，恤其勤勞，倈者，以恩招倈」。《宣紀》「今膠東相成勞來不怠，流民自占八百餘口」，師古曰：「勞來者，言慰勉而招延之也。」又《平當傳》「使行流民幽州，舉奏刺史二千石勞倈有意者」，師古曰：「勞倈，謂勸勉也。勞者，恤其勤勞。倈者，以恩招倈之。」念孫案：「勞來」雙聲字，「來」亦「勞」也。字本作「勑」。《説文》曰：「勑，勞勑也。」經史通作「來」，又作「倈」。「勞來」二字有訓爲「勸勉」者，有訓爲「恩勤」者。《孟子・滕文公篇》曰「勞之來之」，《成帝紀》曰「勉勸農桑，出入阡陌，致勞來之」，《龔遂傳》曰「勞來循行，郡中皆有畜積」，此皆訓爲「勸勉」者也。《爾雅》曰：「勞、來，勤也。」《小雅・大東篇》「職勞不來」，毛傳曰：「來，勤也。」正義曰：「以不被勞來爲不見勤，故《采薇》序曰『《杕杜》以勤歸」，即是『勞來』也。」《鴻鴈》序曰：「萬民離散，不安其居，而能勞來，還定安集之。」此皆訓爲「恩勤」者也。《宣紀》之「勞來」，對下文「流民八百餘口」而言，《平當傳》之「勞倈」，亦承上文「行流民」而言，皆是「恩勤」之義。師古訓爲「勸勉」，已失其指，又以「倈」爲「招倈」，而分「勞倈」爲二義，愈失之矣。

「陵夷」則曰「若丘陵之漸平」。《成紀》「帝王之道日以陵夷」，師古曰：「陵，丘陵也。夷，平也。言其穨替若丘陵之漸平也。又曰『陵遲』，亦言如丘陵之逶遲，稍卑下也。他皆類此。」念孫案：師古以「陵」爲「丘陵」，非也。「陵」與「夷」皆平也。《文選・長楊賦》注引薛君《韓詩章句》曰「四平曰『陵』」，是「丘陵」之「陵」本取「陵夷」之義，非「陵夷」之取義於「丘陵」也。《史記・高祖功臣侯年表》曰「始未嘗不欲固其根本，而枝葉稍陵夷衰微也」，「陵夷衰微」四字平列，「陵夷」不可謂「如陵之夷」，猶「衰微」不可謂「如衰之微」也。「陵夷」之爲「陵遲」，猶「逶夷」之爲「逶遲」，故王肅《家語注》曰：「陵遲，猶陂池也。」《淮南・泰族篇》曰「河以逶蛇故能遠，山以陵遲故能高」，「逶蛇」、「陵遲」相對爲文，「陵遲」不可謂「如陵之遲」，猶「逶蛇」不可謂「如逶之蛇」也。又案《説文》：「夌，夌徲也。」其字作「夌」不作「陵」，則非「丘陵」之「陵」益明矣。

「儀表」則曰「爲禮儀之表率」，或曰「有儀形可表明者」。《哀紀》云：「爲宗室儀表。」《酷吏傳贊》云：「其廉者足以爲儀表。」念孫案：立木以示人，謂之「儀」，又謂之「表」。《説文》：「檥，榦也。從木，義聲。」經傳通作「儀」，故《爾雅》云「儀，榦也」。《呂氏春秋・慎小篇》注云：「表，柱也。」故德行足以率人者，亦謂之「儀表」。《緇衣》曰：「上之所好惡，不可不慎也，是民之表也。」鄭注：「言民之從君，如景逐表。」《荀子・君道篇》曰：「君者，儀也，儀正而景正。」是「儀」即「表」也。《管子・形勢解篇》曰：「法度者，萬民之儀表也。禮義者，尊卑之儀表也。」《淮南・主術篇》曰：「言爲文章，行爲儀表。」文六年《左傳》曰：「陳之藝極，引之表儀。」或言「儀表」，或言「表儀」，其義一也。師古注《哀紀》則云「言爲禮儀之表率」，注《酷吏傳》則云「謂有儀形可表明者」，望文生義，而注各不同，皆由不知「儀」、「表」之同爲立木，又不知「儀」爲「檥」之借字故也。

「狙詐」則

曰「狙，伺也」。《諸侯王表》「秦據埶勝之地，騁狙詐之兵」，應劭曰：「狙，伺也。因間伺隙出兵也。狙音若『蛆』。」念孫案：應分「狙詐」爲二義，非也。「狙詐」叠韻字，「狙」亦「詐」也。《荀子・大略篇》「藍苴路作，似知而非」，楊倞注引趙蕤注《長短經・知人篇》曰：「姐者，類智而非智。」「苴」、「姐」竝與「狙」同。狙詐者有似於智，故曰「藍苴路作，似知而非」，「作」即「詐」字也。《月令》曰「毋或作爲淫巧，以蕩上心」，鄭注曰「今《月令》『作爲』爲『詐僞』」是也。《敘傳》曰「吳、孫狙詐，申、商酷烈」，「狙」、「詐」同義，「酷」、「烈」同義，是其明證矣。「囹圄」則曰「囹，獄也。圄，守也」。《禮樂志》「囹圄空虛，四十餘年」，師古曰：「囹，獄也。圄，守也。」念孫案：師古分「囹圄」爲二義，非也。鄭注《月令》曰：「囹圄，所以禁守繫者，若今別獄矣。」然則「囹圄」爲獄名，而又取「禁守」之義，不得訓「囹」爲「獄」，訓「圄」爲「守」也。囹之言令，圄之言敔也。《説文》曰：「敔，禁也。」《廣雅》曰：「令、敔，禁也。」是「囹圄」皆「禁守」之義。或但謂之「圄」，《晏子春秋・諫篇》曰「拘者滿圄，怨者滿朝」是也。《月令》正義引蔡邕《章句》曰：「囹，牢也。圄，止也。所以止出入。」《釋名》曰：「囹，領也。圄，禦也。領録囚徒，禁禦之也。」皆誤分「囹圄」爲二義。又案《説文》曰：「囹，獄也。」又曰：「囹圉，所以拘罪人。」是《説文》「囹圄」字本作「圉」。《説文》又曰：「圄，守之也。」此自訓「圄」爲「守」，非謂「囹圉」也。師古曰：「囹，獄也。圄，守也。」蓋用《説文》，而未考其實。「提封」則曰「舉四封之内」。「無慮」則曰「大率無小計慮」。「辜榷」則曰「辜，固也。榷，專也，謂規固販鬻，專略其利」，或曰「言己自專之，它人取者輒有辜罪」。「揚搉」則曰「揚，舉也。搉，引也。舉而引之，陳其趣也」。《刑法志》「一同百里，提封萬井」，蘇林曰：「提音祇。陳留人謂舉田爲『祇』。」李奇曰：「提，舉也。舉四封之内也。」師古曰：「李説是也。『提』讀如本字。蘇音非也。説者或以爲積土爲封，謂之『堤封』，既改文字，又失義也。」念孫案：諸説皆非也。《廣雅》曰：「堤封，都凡也。」都凡者，猶今人言「大凡」、「諸凡」也。「堤」與「提」古字通。「都凡」與「提封」一聲之轉，皆是大數之名。「提封萬井」猶言「通共萬井」耳。《食貨志》曰「地方百里，提封九萬頃」，《地理志》曰「提封田一萬四千五百一十三萬六千四百五頃」，《匡衡傳》曰「樂安鄉本田提封三千一百頃」，《王莽傳》曰「於是遂營長安城南，提封百頃」，義竝與此同。若訓「提」爲「舉」，訓「封」爲「四封」，而云「舉封若干井」，「舉封若干頃」，則甚爲不詞。又《東方朔傳》曰「迺使大中大夫吾丘壽王與待詔能用算者二人，舉籍阿城以南，盩厔以東，宜春以西，提封頃畝及其賈直」，亦謂舉籍其頃畝之大數及其賈直耳。若云「舉封頃畝」，則尤爲不詞。且上言「舉籍」，下不當復言「舉封」，以此知諸説之皆非也。提，《廣雅》作「堤」，蘇林音「祇」，曹憲音「時」。《集韻》音常支切，字作「隄」，引《廣雅》「隄封，都凡也」。李善本《文選·西都賦》「提封五萬」，五臣本及《後漢書·班固傳》竝作「隄封」。「提封」爲「都凡」之轉，其字又通作「堤」、「隄」，則亦可讀爲「都奚反」，凡假借之字，依聲託事，本無定體，古今異讀，未可執一。師古以蘇林音「祇」爲非，《匡謬正俗》又謂「『提封』之『提』不當作『隄』字，且不當讀爲『都奚反』」，皆執一之論也。○《食貨志》「天下大氐無慮皆鑄金錢矣」，師古曰：「『大氐』猶言『大凡』也。『無慮』亦謂大率無小計慮耳。」「無」字或作「亡」，《趙充國傳》「亡慮萬二千人」，師古曰：「亡慮，大計也。」念孫案：師古以「無慮」爲「大計」是也，而又云「無小計慮」，則是以「無」爲「有無」之「無」，「慮」爲「計慮」之「慮」，其失甚矣。今案：「無慮」疊韻字也。「慮」古讀若「閭」。《溝洫志》「浩浩洋洋，慮殫爲河」，《河渠書》「慮」作「閭」。宣十一年《左傳》釋文曰：「無慮，如字，一音力於反。」是其證也。《廣雅》曰：「無慮，都凡也。」高誘注《淮南·俶真篇》曰：「無慮，大數名也。」《周髀算經》「無慮後天十三度十九分度之七」，趙爽曰：「無慮者，粗計也。」《後漢書·光武紀》：「將作大匠竇融上言：『園陵廣袤，無慮所用。』」李賢曰：「謂請園陵都凡制度也。」是「無慮」爲「都凡」之名，非「無小計慮」之謂也。「無慮」或但謂之「慮」，《荀子·議兵篇》「焉慮率用賞慶刑罰，埶詐而已矣」，楊倞曰：「慮，大凡也。」《賈誼傳》「慮亡不帝制而天子自爲者」，師古曰：「慮，大計也。言諸侯皆欲同帝制而爲天子之事。」是「慮」亦「都凡」之意也。總計物數謂之「無慮」，故總度事宜亦謂之「無慮」。《禮運》曰「聖人耐以天下爲一家，以中國爲一人者，非意之也」，鄭注曰：「意，心所無慮也。」「心所無慮」謂心揣其大略也，《正義》乃云「謂於無形之處用心思慮」，失其指矣。宣十一年《左傳》「使封人慮事以授司徒」，杜注曰：「慮事，無慮計功。」「無慮計功」，猶言約略計功也，正義乃云「城築之事，無則慮之，訖則計功」，愈失之矣。○《陳萬年傳》「没入辜榷財物」，師古曰：「辜，罪也。榷，專固也。」《翟方進傳》「多辜榷爲姦利者」，師古曰：「榷，專也。辜榷者，言己自專之，它人取者輒有辜罪。」念孫案：「辜榷」或作「辜較」，又作「嫴榷」。《一切經音義》二十引《漢書音義》曰：「辜，固也。較，專也。謂規固販鬻，專略其利。」分「辜榷」爲二義，已失之迂，師古乃訓「辜」爲「罪」，訓「榷」爲「專」，又云「己自專之，它人取者輒有辜罪」，則其謬滋甚。今案，辜榷雙聲字也。《廣雅》曰：「嫴榷，都凡也。」故總括財利謂之「辜榷」，略陳指趣亦謂之「辜榷」。《孝經》「蓋天子之孝也」，孔傳曰：「蓋者，辜較之辭。」劉炫曰：「辜較，猶梗槩也。孝道既廣，此纔舉其大略也。」「梗槩」與「辜榷」一聲之轉。分言之則或曰「辜」，或曰「榷」。《武帝紀》「初榷酒酤」，韋昭曰：「以木渡水曰『榷』，謂禁民酤釀，獨官開置，如道路設木爲榷，獨取利也。」《王莽傳》曰「豪吏猾民，辜而榷之」，《廣雅》曰：「嫴，榷也。」是「辜榷」二字分而言之，亦「都凡」之意也。○《敘傳》「揚搉古今，監世盈虛。述《食貨志》第四。」師古曰：「揚，舉也。搉，引也。揚搉者，舉而引之，陳其趣也。」念孫案：「揚搉」猶「辜榷」也。《廣雅》曰：「揚搉，都凡也。」「揚搉古今」猶言「約略古今」，非「舉而引之」之謂也。上文曰「略存大綱，以統舊文。述《禮樂志》第二」，下文曰「略表山川，彰其剖判。述《地理志》第八」，皆是此意。《莊子·徐無鬼篇》「則可不謂有大揚搉乎」，《淮南·俶真篇》作「物豈可謂無大揚搉乎」，高誘注曰：「揚搉，猶無慮，大數名也。」《莊子釋文》引許慎注曰：「揚搉，粗略法度也。」然則大揚搉者，猶言「大略」也。左思《蜀都賦》「請爲左右揚搉而陳之」，劉逵注曰：「韓非有《揚搉篇》，班固曰『揚搉古今』，其義一也。」然則「揚搉而陳之」，猶言「約略而陳之」也。張晏注《古今人表》曰：「略舉揚較，以起失謬。」「較」與「搉」同。或謂之「大較」，《史記・律書》「世儒闇於大較」，索隱曰：「較音角。『大較』猶『大略』耳。」或但謂之「較」，《文選・養生論》「較而論之」，李善音角，「較而論之」猶言「約而論之」耳。「提封」、「無慮」、「辜榷」、「揚搉」皆大數之名，故《廣雅》通訓爲「都凡也」。「寖尋」則曰「尋，用也」，或曰「尋，就也」。《郊祀志》「上始巡幸郡縣，寖尋於泰山矣」，鄭氏曰：「尋，用也。」晉灼曰：「寖尋，遂往之意也。」師古曰：「二説皆非也。寖，漸也。尋，就也。」《史記・孝武紀》作「侵尋」，索隱曰：「侵尋，即浸淫也。」故晉灼云「遂往之意也」，小顔云「浸淫漸染之意」，蓋「尋」、「淫」聲相近，假借用耳。念孫案：晉及司馬説是。「營惑」則曰「營，謂回繞之也」。《吴王濞傳》「御史大夫朝錯營或天子」，《劉向傳》「營或耳目」，《淮南王安傳》「營惑百姓」，師古竝曰：「營，謂回繞之也。」念孫案：師古訓「營」爲「回繞」，則分「營」與「惑」爲二義，失其指矣。今案，「營」亦「惑」也。「營惑」即「熒惑」，字本作「䁝」。《説文》曰：「䁝，惑也。從目，熒省聲。」《玉篇》「唯并」、「胡亭」二切。字或作「熒」，通作「營」，又通作「榮」。高誘注《吕氏春秋・尊師篇》及《淮南・原道篇》竝曰：「營，惑也。」《否・象傳》「不可榮以禄」，虞翻本「榮」作「營」，謂「不可惑以禄」也。《大戴禮・文王官人篇》曰「臨之以貨色而不可營」，《莊子・人閒世篇》「而目將熒之」，向、崔本「熒」作「營」。《淮南・齊俗篇》曰「無以自見，則動而惑營」，「惑營」猶「營惑」也。《史記・孔子世家》「匹夫而熒惑諸侯」，司馬貞本作「營惑」。《漢書・吴王濞傳》、《淮南王安傳》之「營惑」，《史記》竝作「熒惑」，則「營」非「回繞」之義明矣。餘見前「營亂富貴之耳目」條下。「感槩」則曰「感念局狹，爲小節槩」。《季布欒布傳贊》「夫婢妾賤人，感槩而自殺」，師古曰：「感槩，謂感念局狹，爲小節槩。」《游俠傳》「少時陰賊，感槩不快意，所殺甚衆」，師古曰：「感槩者，感意氣而立節槩也。」念孫案：師古以「槩」爲「節槩」，則「感槩」二字義不相屬，故必加數字以曲成其説也。今案感槩而自殺，《史記》作「感慨而自殺」，感槩不快意，《史記》作「慨不快意」，是「感

「槩」即「感慨」也。「感慨」之爲「感槩」，猶「慨然」之爲「槩然」。《莊子·至樂篇》曰「是其始死也，我獨何能無槩然」是也。又案，「感槩不快意」當作一句讀，「感槩」即「不快意」之貌也。師古斷「少時陰賊感槩」爲句，尤非。「魁梧」則曰「梧者，言其可驚悟」，「魁岸」則曰「岸者，有廉稜如崖岸」。《張陳王周傳贊》「其貌魁梧奇偉」，應劭曰：「魁梧，丘虚壯大之意也。」蘇林曰：「梧音悟。」師古曰：「魁，大貌也。梧者，言其可驚悟。今人讀爲『吾』，非也。」念孫案：師古以「梧」爲「驚悟」，則義與「魁」大不相屬，故又加一「可」字以增成其義，其失也鑿矣。今案，「魁」、「梧」皆大也。「梧」之言「吴」也。《方言》曰：「吴，大也。」《後漢書·臧洪傳》「洪體貌魁梧」，李賢曰：「梧音吾。」蓋舊有此讀。「魁」、「梧」、「奇」、「偉」四字平列，「魁」與「梧」同義，「奇」與「偉」同義。應劭以「魁梧」爲「丘虚壯大之意」，是也。又《江充傳》「充爲人魁岸，容貌甚壯」，師古曰：「魁，大也。岸者，有廉稜如屋岸之形。」念孫案：《傳》言「魁岸」，不言「魁如岸」，師古説非也。今案，魁岸者，高大之貌。《小爾雅》曰：「岸，高也。」《廣雅》曰：「魁岸，雄傑也。」「魁岸」猶「魁梧」，語之轉耳。「留落」則曰「留，謂遲留；落，謂墜落」，《霍去病傳》「諸宿將常留落不耦」，師古曰：「留，謂遲留。落，謂墜落。故不諧耦而無功也。」念孫案：「留落」即「不耦」之意。耦之言遇也，言無所遇合也。故《史記》作「留落不遇」。留落者，牢落也。陸機《文賦》「心牢落而無偶」，是「牢落」即「無偶」之意。《易林·比之否》曰「失意懷憂，如幽狴牢」，《明夷之旅》曰「膠目啟牢，振冠無憂」，《姤之大壯》曰「亡羊補牢，毋損於憂」，《釋名·釋衣服》曰：「留幕，留牢也。幕，絡也。言牢絡在衣表也。」是「牢」字古讀若「留」，故「牢落」通作「留落」。今人言「流落」，義亦相近也。「留落」雙聲字，不得分爲兩義。「留落」與「不耦」亦不得分爲兩義。「狼戾」則曰「狼性貪戾」。《嚴助傳》「今閩越王狼戾不仁」，師古曰：「狼性貪戾，凡言『狼戾』者，謂貪而戾。」念孫案：師古以「狼」爲「豺狼」之「狼」，非也。「狼」亦「戾」也。「戾」字或作「盭」，

《廣雅》曰：「狼、戾，很也。」又曰：「狼、很，盭也。」是「狼」與「戾」同義。《燕策》曰「趙王狼戾無親」，《淮南・要略》曰「秦國之俗貪狼」，「狼戾」、「貪狼」皆兩字平列，非謂如狼之戾，如狼之貪也。《文選・洞簫賦》「貪饕者聽之而廉隅，狼戾者聞之而不懟」，《長笛賦》「氣噴勃以布覆，乍跱蹠以狼戾」，「貪饕」、「布覆」、「狼戾」亦皆兩字平列。惟《吴都賦》曰「料其虓勇則鵰悍狼戾」，「狼戾」與「鵰悍」相對，則始誤以「狼」爲「豺狼」之「狼」矣。不知「狼戾」乃雙聲之字，不可分爲二義。若必謂「如狼之戾」，則「樂歲粒米狼戾」，又將何説乎？「奥渫」則曰「蔽奥渫汙，不章顯也」。《王褒傳〈聖主得賢臣頌〉》「去卑辱奥渫，而升本朝」，張晏曰：「奥，幽也。渫，狎也，汙也。言蔽奥渫汙，不章顯也。」《文選注》引如淳曰：「奥音郁。」念孫案：張訓「奥」爲「幽」，則誤分「奥渫」爲二義。如音「郁」是也。奥者，濁也。言去卑辱汙濁之中，而升於朝廷也。班固《典引》「有沈而奥，有浮而清」，蔡邕曰：「奥，濁也。」《廣雅》「澳，濁也」，曹憲音「於六反」。「澳」與「奥」同。「尉薦」則曰「安尉而薦達之」。《胡建傳》「所以尉薦走卒，甚得其心」，師古曰：「尉者，自上安之也。薦者，舉藉也。」《趙廣漢傳》「其尉薦待遇吏，殷勤甚備」，如淳曰：「尉，亦薦藉也。」師古曰：「尉薦，謂安尉而薦達之。」念孫案：如説是也。「薦」、「藉」一聲之轉，「尉薦」猶「尉藉」耳。《匈奴傳》「慰薦撫循」，《漢紀》作「慰藉」，是其證。「慰」與「尉」通。若以「薦」爲「舉薦」，則上與「尉」字不相比附，下與「甚得其心」及「殷勤甚備」之文皆不相連屬矣。「醖藉」則曰「醖，言如醖釀也。藉，有所薦藉也」。《薛廣德傳》「爲人温雅有醖藉」，服虔曰：「寬博有餘也。」師古曰：「醖，言如醖釀也。藉，有所薦藉也。」《匡張孔馬傳贊》「其醖藉可也」，師古説與《薛廣德傳》同。《酷吏傳》「義縱治敢往，少温藉」，師古曰：「少温藉，言無所含容也。」念孫案：服説及顔注《酷吏傳》是也。温藉者，含蓄有餘之意。或作「醖藉」，又作「藴藉」，不必分「醖」爲「醖釀」，「藉」爲「薦藉」也。《小雅・小宛篇》「飲酒温克」，鄭箋曰：「飲酒雖醉，猶能温藉自持以勝。」《禮器》「故禮有擯詔，樂有相步，温之至也」，鄭注曰：「皆爲温藉重禮也。」含蓄謂之「温藉」，故和柔亦謂之「温藉」，《内則》「柔色以温之」，鄭注曰：「温，藉也。」轉之則爲「慰藉」矣。「驚鄂」則曰「鄂者，阻礙不依順」。《霍光傳》「羣臣皆驚鄂失色，莫敢發言」，師古曰：「凡言『鄂』者，皆謂阻礙不依順也。後字作『愕』，其義亦同。」念孫案：鄂，亦驚也。若以爲「阻礙不依順」，則上與「驚」字不相比附，下與「失色」二字不相連屬矣。《廣雅》曰：「愕，驚也。」《燕策》曰：「羣臣驚愕，卒起不意，盡失其度。」今人猶曰「驚愕」，曰「愕然」，豈「阻礙不依順」之謂乎？凡若此者，皆取同義之字而彊爲區別，求之愈深，失之愈遠，所謂「大道以多岐亡羊」者也。